Fragmenta Comica · Band 10.9

Fragmenta Comica (FrC)

Kommentierung der Fragmente der griechischen Komödie

Projektleitung Bernhard Zimmermann

Im Auftrag der Heidelberger Akademie der Wissenschaften herausgegeben von Glenn W. Most, Heinz-Günther Nesselrath, S. Douglas Olson, Antonios Rengakos, Alan H. Sommerstein und Bernhard Zimmermann

Band 10.9 · Aristophanes fr. 590–674

Andreas Bagordo

Aristophanes fr. 590–674

Übersetzung und Kommentar

VA
Verlag Antike

Dieser Band wurde im Rahmen der gemeinsamen Forschungsförderung von Bund und Ländern im Akademienprogramm mit Mitteln des Bundesministeriums für Bildung und Forschung und des Ministeriums für Wissenschaft, Forschung und Kultur des Landes Baden-Württemberg erarbeitet.

UNION
DER DEUTSCHEN AKADEMIEN
DER WISSENSCHAFTEN

Bibliografische Information der Deutschen Nationalbibliothek
Die Deutsche Nationalbibliothek verzeichnet diese Publikation in der Deutschen Nationalbibliografie; detaillierte bibliografische Daten sind im Internet über http://dnb.d-nb.de abrufbar.

Satz Martin Janz, Freiburg
Einbandgestaltung disegno visuelle kommunikation, Wuppertal
Einbandmotiv Dionysos-Theater, mit freundlicher Genehmigung von Bernhard Zimmermann
Druck und Bindung AZ Druck und Datentechnik GmbH, Kempten
Gedruckt auf säurefreiem und alterungsbeständigem Papier
Printed in Germany

ISBN 978-3-946317-00-5

www.verlag-antike.de

Inhalt

Vorwort

Dieser Kommentar ist im Rahmen des Projekts der Heidelberger Akademie der Wissenschaften „Kommentierung der Fragmente der griechischen Komödie“ (KomFrag) entstanden. Es ist der erste von drei Bänden mit Aristophanes-Fragmenten, die ohne Angabe eines Komödientitels überliefert sind. Für fr. 590 besteht ein dringender Verdacht, daß es aus dem *Anagyros* stammt. Für alle anderen Fragmente erweist sich eine Zuweisung zu einer Komödie als nichts mehr als spekulativ.

Mein erster Dank gilt, wieder einmal, den Freiburger Mitgliedern der sog. KomFrag-Kolloquien, in denen fast die gesamte Arbeit bis ins kleinste Detail diskutiert wurde: Prof. Dr. Bernhard Zimmermann (Initiator und Leiter des Projekts), PD Dr. Christian Orth, Dr. Stylianos Chronopoulos, Dr. Francesco Paolo Bianchi, Elisabetta Miccolis, Dr. Claudia Michel, Dr. Anna Novokhatko, Virginia Mastellari, Federico Favi, Sara De Martin.

Den Mitgliedern des Wissenschaftlichen Beirats der Reihe *Fragmenta Comica* sowie der akademieinternen Kommission sei für ihr Engagement in diesem Projekt gedankt.

Den römischen Freunden sei auch herzlich gedankt: Prof. Dr. Michele Napolitano hat das Manuskript durchgesehen und mit wertvollen Beobachtungen bereichert; Prof. Dr. Maurizio Sonnino danke ich für seine Beratung in besonders heiklen Grammatiker-Fragen; Dr. Lucio Del Corso stellte mir seine umfassende papyrologische Kompetenz großzügig zur Vergügung.

Die Teilnahme an der Tagung ‚Testi greci e latini in frammenti: metodi e prospettive‘ (Trient 13.–14.10.2015) gab mir die Gelegenheit, die Interpretationen einiger schwieriger Fragmente in diesem Band einer anregenden Diskussion zu unterziehen (dies gilt insbesondere für die Fragmente, in denen mein Text von dem von Kassel–Austin abweicht – fr. 600. 606. 609. 635. 654).

Der Dank an Claudia Michel beschränkt sich bei weitem nicht auf die intelligente und präzise Art, mit der sie sich – inzwischen zum dritten Mal – mit der sprachlich-stilistischen Fassung meiner Manuskripte befaßt, sondern auch auf ihre zahlreichen, nicht weniger intelligenten und präzisen, inhaltlichen Eingriffe.

Rom, im Oktober 2015

Vorbemerkung

Die Fragmente der Komiker sind nach PCG zitiert; für den Text der Aristophanes-Komödien wurden folgende Editionen verwendet: *Acharner* (Olson 2002), *Ritter* (Wilson 2007), *Wolken* (Dover 1968), *Wespen* (MacDowell 1971), *Frieden* (Olson 1998), *Vögel* (Dunbar 1995), *Lysistrate* (Henderson 1987), *Thesmophoriazusen* (Austin–Olson 2004), *Frösche* (Dover 1993), *Ekklesiazusen* (Wilson 2007), *Plutos* (Wilson 2007). Für die Editionen der Zitatträger vgl. den entsprechenden Abschnitt in ‚Literatur' (S. 253). Wenn nicht anders angegeben, sind alle anderen antiken Werke nach den im TLG verwendeten Editionen zitiert.

Fragmenta

fr. 590 K.–A. (P. Oxy. XXXV 2737 = CGFP 56 = CLGP 27; *Anagyros*?)

fr. A col. I (Numerierung nach K.–A.)

— — —

. . . . .]τος τουτ[
. . . . .]τατονδε̣[. . .]ον
. . . .]τ̣α ἀπὸ Διοτίμου, ἐφ' ο[ὗ̣
πρῶτ]ον οἱ Ἀριστοφάνους
Δαιτ]α̣λεῖς ἐδιδάχθησαν. τ ὴ (ν)
. . . .]μ ὴ ν ἵ ζ ο υ σ ι ν ὅ π ω ς β α -
λ α ν ε ύ]σ̣ η̣ ἐ ν λ ε ι ψ υ δ ρ ί α̣ π ο υ
. . . .] μ̣ α τ ο ς α ὖ θ ι ς ἀ π α ν τ λ ή -
σ α ς τ ὸ] π α λ α ι ὸ ν λ ο ύ τ ρ ι ο ν α̣[. .
. . . .]ω τ ο ς· μετὰ τὸ π[. .
. . . ο]ὐ̣ φέρεται τὸ λοιπὸ̣ν̣
τοῦ σ]τίχου. τάχ' ἂν οὖν τὸ
νῦν] ἀ̣σαφὲς λόγου τοῦ ἑξῆς
τῶν σ]τίχων σαφὲς ἂν ἦν
. . . .]πληρωμ[. .]ο[. . .]στι̣[
. .]. . ληνογεν̣[. . . . . .]τ. [
. .]φησ̣[]λούτριον[. . . . .] . [
λ]έγουσί τινες ἀ. [
—
π]ροείρηται ἐν Ἱππεῦσι.   κ ύ -
>
κ ν] ο ς ὑ π ὸ π τ ε ρ ύ γ ω ν τ ο ι ό ν δ ε
. .]το μὲν Ἀριστάρχειον δο-
κο]ῦν ὅτι Τερπάνδρου ἐστὶ(ν)
ἡ] ἀρχή. Εὐφρόνιος δὲ ὅ̣τι ἐκ
τ]ῶν Ἴ̣[ω]νος μελῶν, ὁ δὲ τὴ(ν)
π]αραπλ̣οκὴν ὅτι ἐκ τῶν Ἀλ-
κ]μᾶνος. ἔστι δ' ἐκ τῶν εἰς Ὅμη-
ρ]ον ὕμνων.   ἀ λ λ' ἐ χ ρ ῆ ν χ ο ρ ὸ (ν)
>
δ ι] δ ό ν τ α ς τ̣ ὸ ν ἐ π̣ ὶ̣ Λ η ν α ί -
ῳ̣] σ κ ο π ε [ῖ] ν / ε. [. . .]οσ̣[ ]εστιπ[ ]ι
]ν̣ειθ. [   ]εται
]στων. [   ] . [   ]ων μα

] . [   ]ω̣νειστον
]. τωνδε
Λ]ηναϊκὸν

fr. A col. II (Numerierung nach K.–A.)

— — —

. . .]ν εἶναι τὰ θεα[
.] α̣ϊκα τὸ δὲ Ληναϊκ[
. . . . .]ρ̣ίως ἐνδοξο[
. . . . .]ι̣ τάχα καὶ διὰ τὸ ε[
. . . συ]μμαχ[. . . .]ηδη αφ[
. . . . .] . α̣ . [   ]ν καταθ[
. [πρ]αγματ[ευ-
σομεν[   ] ρ ὸ σ τ . [
>
π ό λ ι ν ε̣[   ]δη τὰ Διο-
νύσια·   φη̣[σὶ δὲ] κ̣α̣ὶ Ἐρατοσθ̣έ-
—
νης περὶ Πλάτωνος ὅτι
ἕως μὲν ἄ̣λ̣λ̣οις ἐδίδου τὰς
κωμωιδίας εὐδοκίμει, δι’
αὑτοῦ δὲ πρῶτον διδάξας
τοὺς Ῥαβδούχους καὶ γενό-
μενος τέταρτος ἀπεώσθη
πάλιν εἰ̣ς τοὺς Ληναϊκούς.
>
χ ρ υ σ ο κ ό μ α̣ φ ι λ ό μ ο λ π ε·   Ἀλ-
—
κμᾶ̣νος ἡ̣ ἀ̣ρχή.   ὡ ς δ ί κ α ι ο ν
>
ε ὐ θ έ ω ς κ α τ α π α λ α ί̣ ε ι ν ἐ σ τ ὶ
τ ο ύ τ ο̣ υ̣ [ς τ ο] ὺ̣ ς ν έ ο υ ς δ ι δ α -
σ κ ά λ ο [υ ς· το]ῦτο βο̣ύ̣λεται
—
λέγειν· κ̣[ατ]α̣παλαίεσ̣θαι τού-
τ̣[ου]ς̣ τοὺς [. . . . .] ὑπὸ τῶν
[. . . . . . . διδασκά]λων. ε ὐ τ ε -
[λ -   ] ω ν τ̣ α ι· αι. [
[   ]ι̣ ὀλιγ. [
. [. . .] . ν . [
>

μ α τ τ ο ν τ ọ[
τ ο ὐ β ο λ ο ῦ σ[
—
δ’ ὅτι [Ἐρ]ατọ[σθένης
λεγον μαλ[
ἐρίων. τ ή ν̣ [δ ’ ἕ ω λ ο ν ἀ ν α β ε-]
β ρ α σ μ έ ν η ν · διαλελυμ[ένην
>
εἶτα νεναγμένην πάλι[ν.
. . . ọịṿος. ἔστι πάντως ω[
fr. B (Numerierung nach K.–A.)
ος κ ε κ ρ α μ [
—
παραχε[
φησιν ε[
κεκραμ[
ταλλα[.].[φ α -
>
κ ο ὺ ς π[
—
νῦν φ[
φακού̣[ς
δεφα[
τοὺς φακο[ύς
>
π ρ ὸ ς τ ὴ ν ε.[
ἵνα δραμα[
ται χορὸς κạ[
πρῶτον τ[
>
μ ε ν ο υ μ [
μ ι α ν α ρ α [
η Τ ρ ι κ ο ρ ụ[
—
ὅτι τονδ̣[
τον κω[
ταδ’ Ἑρμι[ππ
—
δε τὴν ἀρχ[ὴν Αἰ-
σχύλου. α[

>
πασα δη πα[
Δ̣ίρκης ἀγχ[
]τ̣[
— — —

1–2 Ἀν|τιφῶν]τα Hofmann δε[ύτερ]ον vel δέ[κατ]ον Lobel **6** [δ’ αὐχ]-μήν Uebel **8** σμήγ]ματος Lobel **9–11** α[ὐ|τοῖς πρ]ῶτος· μετὰ τὸ π[ρῶ|τος Luppe **15** πε]πληρωμ[έν]ο[Lobel: δι’ ἐκ]πληρώμ[ατ]ο[ς τοῦ] Luppe **15–6** στί̣|[χου π̣λὴν Luppe **17–8** λούτριον [δ’ εἶνα]ι̣ [ὃ | λ]έγουσί τινες Luppe **18** ἀπ̣[όλουμα vel ἀπ̣[όλουτρον vel ἀπ̣[όνιπτρον (quod probavit Luppe) Lobel **27** ‹ἀναφερομένων› ὕμνων Austin (post Lobel) **35** μὲ]ν Luppe θέα[τρα vel θεά[ματα Luppe **35–6** Λη|ν]α̣ϊ̣κὰ Lobel (dub.), Austin: εἴ|ρ]η̣κα Luppe **44** φη̣[σὶ δὲ] καὶ Luppe **59** ἄλλων διδασκά]λων Luppe **59–61** εὐτε̣-|λ- (lemma) Luppe **65** Ἐ̣ρατο̣[σθένης Kassel–Austin: ο̣ἱ̣ Ἀττ̣[ικοὶ Luppe **67** τήν̣[δ’ ἕωλον suppl. Hofmann **67–8** ἀναβε]|βρασμένην corr. (67 βραγμενην pap.) et suppl. Lobel **70** πάρ]ο̣ινος (lemma)· ἔστι πάντως ὠ[ι|νωμένος Luppe **87** fort. Τρικόρυ̣[ν]θος Luppe **93** πᾶσα δ’ ἡ πα[τρὶς νᾶρας τε Mette (cl. Aesch. fr. 347 R.), probante Luppe

fr. A col. I (Numerierung nach K.–A.)

. . . . .]*tos* dies[
. . . . .]*ta* den z[wei]ten / z[ehn]ten
. . . .]*ta* von Diotimos, unter dessen Archontat (428/7 v. Chr.)
zum ers]ten Mal Aristophanes’
Dait]*alēs* auf die Bühne gebracht wurden. Die
. . . .] *mē* lassen sie sedimentieren, damit er ein Ba[d
berei]tet, etwa bei Wassermangel
vom . . . .] *ma* wieder ausschöp-
fend das] alte Badewasser a[
. . . .]*ōtos*: nach dem *p*[
. . . n]icht überliefert (ist) der Rest
der Z]eile. Vielleicht könnte also der
nun] unklare Sinn des folgenden Teils
der Z]eilen klar sein
. . . .] *plērōm*[. .] *o*[. . .] *st*. [
. .] . . *lēnogen*[. . . . . .] *t*. [
. .]*phēs*[ ] Spülwasser [. . . . .] . [
s]agen manche *a*.[

ist vorher in (dem Kommentar zu) den *Rittern* gesagt worden. Der Sch-
w]an beim Flügelschlag einen solchen [Gesang singen]
. .] *to* (ist) wenigstens Aristarchs Mei-
nu]ng, von Terpander (Terp. SLG 6 = fr. 1 Gost.) sei das
das] Incipit. Euphronios aber (meint), daß es aus
I[o]ns (Ion. TrGF 19 F 35[c]) Liedern stammt, und der Verfasser von
Über Interpolation (meint), daß es von Al-
k]man ist (Alcm. PMGF S 1). Aber es ist aus den Home-
rischen Hymnen (h.Apoll. 1). Aber es wäre nötig gewesen,
daß die, die den Chor zuwiesen, den beim Lenäen-
wettbewerb betrachtet hätten *e.* [. . .] . . [ ] *estip*[ ]*i*
]*neith.* [ ]*etai*
]*stōn.* [ ] . [ ]*ōn ma*
] . [ ]*ōneiston*
]. *tōnde*
L]enäischen/es

fr. A col. II (Numerierung nach K.–A.)

. . .]*n* sein die *thea*[
.] *aïka* und der/den Lenäisch[e/-en
. . . . .]*riōs* renommiert[
. . . . .]*i* vielleicht auch durch das *e*[
. . . Al]liiert[. . . .]*ēdē aph*[
. . . . .] . a . [ ]*n katath*[
. [Ge]schäf[te (werden sie
erledigen?) [ ] *r o s t* . [
Stadt *e*[. . . . .]*dē* die Dio-
nysien: es s[agt aber] auch Eratosthe-
nes (Erat. AntTrDr 43 F 18) über Platon (Plat. test. 7), daß er,
solange er [an]deren seine
Komödien anvertraute, einen guten Ruf genoß,
als er aber zum ersten Mal
unter seinem Namen die *Rhabdouchoi* auf die Bühne brachte und
Vierter wurde, wurde er wieder
zu den Lenäen-Wettbewerben zurückgeschickt.
„(du) goldhaariger Liedliebender“: des Al-
kman (Alcm. PMGF S 1) ein Incipit (ist es). Daß es gerecht ist,

daß sie sie sofort niederringen,
diese jungen Bühnen-
dicht[er: die]s will
heißen: niedergerungen werden sollten die-
[se] [jungen] Männer von den
[. . . . . Bühnendich]tern *eute-*
[l-]*ōntai*: *ai.* [
[ ]*i* wenig. [
. [. . .] . *n* . [
knet[-
für einen Obolos *s*[
(und) daß / weil [Er]ato[sthenes
legon mal[
der Wolle (?). Die[se abgestandene da, die wieder
zum K]ochen gebracht wurde: aufgel[öst,
dann wieder zusammengepreßt (Akk. Fem. Sg.)
. . . *oinos* heißt völlig *ō*[

fr. B (Numerierung nach K.–A.)

os. gemischt[
]schenk[-
sagt *e*[
gemischt[´
talla [Lin-
sen *p*[
nun *ph*[
Linse[n
depha[
die Lins[en
zu der *e.*[
damit ein Bühnenstück[
tai ein Chor *ka*[
zuerst *t*[
menoum[
mian ara[
bzw. Trikory[thos
daß diese[n
ton kō[
diese Sachen (des?) Hermi[ppos
de den Beg[inn des Ai-
schylos. *a*[

d i e g a n z e *p a* [
d e r D i r k e *a n c h* [
]*t*[

Metrum Anapästische Tetrameter (Z. 5–10, a = Anapäste bzw. parabatische Rhesis);
Daktylen (Z. 19–20, b = Ode);
trochäische Tetrameter (Z. 27–9, c = Epirrhema);
Daktylen (Z. 52, b′ = Antode);
trochäische Tetrameter (Z. 53–6 [67–8?], c′ = Antepirrhema):

a Z. 5–10 v. 1 [⏕– ⏕– ⏕] τὴν [⏕]μὴν ἴζουσιν ὅπως βαλανεύσῃ
(4an^) [⏕– ⏕– ⏕]–[⏕]– | ––⏖– ⏖–– ||
v. 2 ἐν λειψυδρίᾳ που σμήγ]ματος αὖθις ἀπαντλή[-σας τὸ] παλαιὸν
––⏖– ––⏖– ⏖––[– ⏑]⏑–– ||
v. 3 λούτριον [⏕– ⏕–⏕– ⏕–⏕– ⏕––] ||
–⏖[⏕– ⏕–⏕– ⏕–⏕– ⏕––] ||

b Z. 19–20 v. 4 κύκνος ὑπὸ πτερύγων τοιόνδε
(da) –⏖ –⏖ –– –⏑[⏑]

c Z. 27–9 v. 5 ἀλλ' ἐχρῆν χορὸν διδόντας τὸν ἐπὶ Ληναίῳ σκοπεῖν
(4tr^) –⏑–⏑ –⏑–⏑ ⏖⏑–– –⏑–

b′ Z. 52 v. 6 χρυσοκόμα φιλόμολπε
(da) –⏖ –⏖ –⏑[⏑]

c′ Z. 53–6 v. 7 [–⏑–⏒ –⏑–⏒] ὡς δίκαιον εὐθέως
(4tr^) [–⏑–⏒ –⏑–⏒] –⏑–⏑ –⏑–
v. 8 καταπαλαίειν ἐστὶ τούτους τοὺς νέους διδασκάλους
⏖⏑–– –⏑–– –⏑–⏑ –⏑–

Zitatkontext In diesem Papyrus-Kommentar aus dem späten 2. Jh. n. Chr. (zuerst ediert in Lobel 1968; eine kommentierte Neuedition in Montana 2012[2], 157–82 [CLGP 27]; vgl. auch Perrone 2010, 91–2) sind Reste einer verlorenen aristophanischen Komödie erhalten. Dabei handelt es sich um acht unvollständige, aber metrisch skandierbare Verse (Z. 5–9. 19–20. 27–9. 52. 53–6; vgl. hier oben, Metrum); hinzu kommen weitere neun stark verstümmelte Bruchstücke, in denen sich oft nicht einmal ein sicherer Wortlaut wiederherstellen läßt (Z. 42–3. 59–60. 63–4. 67–8. 71. 75–6. 81. 85–7. 93–4).

Die aristophanische Urheberschaft der Verse ist durch den Hinweis auf ein früheres *hypomnema* zu den *Rittern* garantiert (π]ροείρηται ἐν Ἱππεῦσι, Z. 19; falls das Anordnungskriterium wie so oft chronologisch war, dürfte dieser Hinweis als Indiz für eine Datierung der hier kommentierten Komödie nach den *Rittern*, d.h. nach 424 v.Chr., gelten). Das selektive Verfahren des Kommentars, zusammen mit syntaktischen Inkongruenzen, die nur durch Epitomierung bzw. Manipulation entstanden sein können (vgl. etwa die Brachylogien in Z. 24–5 ὁ δὲ τὴ(ν) π]αραπλοκὴν für ὁ δὲ Περὶ τῆς παραπλοκῆς γράψας oder Z. 26–7 τῶν εἰς Ὅμηρον [ἀναφερομένων] ὕμνων), sowie das Fehlen von Werktiteln (vgl. Trojahn 2002, 198; vgl. auch Gelzer 1972, 145), lassen auf die epitomierte Fassung eines ausführlichen *hypomnema* schließen; dieses verrät – u.a. durch das Heranziehen von Aristarch (Z. 21–3; zugleich *terminus post quem* für die Entstehung des *hypomnema*), Euphronios (Z. 23), Eratosthenes (Z. 44–5; Erat. AntTrDr 43 F 18 Bagordo) und dem anonymen Verf. einer Schrift Περὶ παραπλοκῆς (Z. 25) – ein Produkt alexandrinischer Philologie (Montana 2012², 160–2, der bei der erhaltenen Epitome einen Schwerpunkt in der historischen Kontextualisierung des Bühnenstücks sowie in intertextuellen Fragen erkennt und an Didymos denkt, bei dem die rein philologischen und sprachstilistischen Aspekte jedoch mit Sicherheit nicht so zu kurz gekommen seien wie hier); Spuren des Eratosthenes sind auch in Z. 65 erkennbar, wo Ἐ̣ρατο̣[σθένης (so Lobel 1968 und Kassel–Austin) als wahrscheinlicher gilt als ο̣ἱ̣ Ἀττ̣[ικοὶ von Luppe 1971, 107 (vgl. Montana 2012², 164 [zu Z. 31]: „delle prime due lettere incerte resta la parte superiore; la prima pare ε (Lobel) piuttosto che ο (Luppe); la seconda può essere ι ο ρ“).

Die Ergänzung Ἀν|τιφῶν]τα (Z. 1–2) ist durch den Versuch von Hofmann 1970 veranlaßt, die Datierung mit der des *Anagyros* in Einklang zu bringen, und an sich höchst fragwürdig (vgl. hier unten, Interpretation). Das πρῶτ]ον in Z. 2 ist eine ungenaue Angabe (wohl eine der Inkongruenzen der Epitomierung; vgl. hier oben): sie bezieht sich nämlich nicht auf die erste Aufführung der *Daitalēs*, sondern auf die erste Bühnenaufführung des Aristophanes überhaupt. In Z. 15 bietet das δι' ἐκπληρώμ[ατ]ο[ς τοῦ] von Luppe 1971, 99 A. 2, anhand von schol. Ar. Av. 1343 (μετὰ τοῦτον ἑνὸς στίχου φέρουσί τινες διάλειμμα, καὶ Ἀριστοφάνης [Ar. Byz. fr. 394 Sl.] πλήρωμα οὕτως) die bessere Lösung. Die Rekonstruktion von Luppe 1971, 104–5 der Z. 35–42 hätte ein Pendant in Ar. Ach. 504–6 (αὐτοὶ γάρ ἐσμεν οὑπὶ Ληναίῳ τ' ἀγών, / κοὔπω ξένοι πάρεισιν· οὔτε γὰρ φόροι / ἥκουσιν οὔτ' ἐκ τῶν πόλεων οἱ ξύμμαχοι).

In den Z. 44–51 finden sich brisante Informationen über zwei vieldiskutierte Fragen mit weitreichenden Implikationen für die Theatergeschichte der Zeit: die Zahl der Konkurrenten, die zu den dramatischen Agonen in der Zeit des Peloponnesischen Kriegs zugelassen wurden, und die Rückkehr Platons des

Komikers zu den Lenäen nach dem Mißerfolg seiner *Rhabdouchoi* an den ‚Städtischen' Dionysien (vgl. Sonnino 1998, 21 und die ausführliche Diskussion in Montana 2012^2, 174–8).

Textgestalt Die Ergänzung [δ' αὐχ]μήν (Z. 6) von F. Uebel (in Luppe 1971, 97) basiert auf Phryn. Praep. soph. p. 10,4 (αὐχμὸς καὶ αὐχμή) und erscheint plausibel. Die Ergänzung σμήγ]ματος (Z. 8) von Lobel 1968, 42 ist mit der Lücke besser kompatibel als etwa ῥύμ]ματος. Zwei Begriffe stehen unter Verdacht, Lemmata zu sein und somit zum Wortlaut des Aristophanes zu gehören: in Z. 43–4 ist]δη τὰ Διονύσια (–⏑⏑⏑–⏑⏑) mit der Sequenz in einem 4tr^ nicht inkompatibel (als –⏑–⏓– oder ⏓–⏑–⏓⏑; vgl. Montana 2012^2, 174); in Z. 70 hat Luppe 1971, 108–9 πάροινος als Lemma und πάντως ᾠνωμένος als Interpretamentum erkannt (anhand von Phryn. Praep. soph. p. 118,12 ὕποινος· ὁ οἰνώμενος). Die durchaus plausible Wiederherstellung von Z. 93–4 als πᾶσα δ' ἡ πα[τρὶς νᾶρας τε] | Δίρκης wurde durch Mette 1968, 534 (vgl. auch Luppe 1971, 110) anhand von Aesch. fr. 347 R. (νᾶρας τε Δίρκης) vorgenommen und würde ein parodiertes Aischylos-Zitat bei Aristophanes suggerieren (vgl. auch Radt zu Aesch. fr. 347 R.: „quae coniectura si vera est, Aristophanes in illa comoedia hunc locum ἐπαρῴδησεν"), selbst wenn die Erwähnung des Tragikers in Z. 91–2 zum vorigen Lemma (wohl ein anderes parodiertes Aischylos-Zitat) gehört, wie die *diple obelismene* nach Z. 92 zeigt (vgl. Montana 2012^2, 182; es ist jedoch nicht die einzige Möglichkeit einer tragischen Parodie; zu Dirke in der Tragödie vgl. hier unten, zu Z. 93–4).

Interpretation Daß die lesbaren oder gut rekonstruierbaren Lemmata aus verschiedenen Teilen einer Parabase stammen, wurde bereits von Ed. Fraenkel erkannt (in Lobel 1968, 39; vgl. hier oben, Metrum).

In Z. 5–10 wurde das Bild von jemandem, der in Zeiten von Trockenheit im Badewasser eines anderen badet, als Anspielung auf einen Plagiatsvorwurf gedeutet, den Aristophanes in der Parabase an einen rivalisierenden Dichter richten würde (so Hofmann 1970, 5–7, der auch auf Ar. fr. 59 [*Anagyros*] ἀλλὰ πάντας χρὴ παραλοῦσθαι καὶ τοὺς σπόγγους ἐᾶν ‚aber alle sollten ein Bad nehmen und die Schwämme lassen' und fr. 58 [*Anagyros*] ἐκ δὲ τῆς ἐμῆς χλανίδος τρεῖς ἀπληγίδας ποιῶν ‚und aus meinem Obergewand drei einfache Gewänder machend' verweist – die allerdings in Eupolideen sind – und Eupolis als mögliche Zielscheibe suggeriert; vgl. auch Sonnino 1998, 31–4; für die Textilmetaphorik in diesem Kontext vgl. auch Lysipp. fr. 4 [*Bakchai*] οὐδ' ἀνακνάψας καὶ θειώσας τὰς ἀλλοτρίας ἐπινοίας, mit Bagordo 2014b, z. St.). Der Vorwurf könnte sich alternativ gegen die geringe Originalität von Komikern richten, die sich ständig wiederholen und nichts

Neues hervorbringen (so etwa Luppe 1971, 98: „einfallsarme Konkurrenten bringen ein und dieselbe Idee zum zweiten Male auf die Bühne").

Lexikalische Kontaktpunkte mit aristophanischen Lemmata des Kommentars erweisen sich zum einen in Eur. Or. 1641–2 (ὡς ἀπαντλοῖεν χθονὸς / ὕβρισμα θνητῶν ἀφθόνου πληρώματος) für ἀπαντλήσας (Z. 8–9) und]πληρωμ[(Z. 15), zum anderen in Phryn. Praep. soph. p. 33,15 (ἀρύταινα· σκεῦος τι, ᾧ οἱ βαλανεῖς χρῶνται πρὸς τὸ παρέχειν τὸ ὕδωρ. ἀπὸ τοῦ ἀρύεσθαι, ὅ ἐστιν ἀπαντλεῖν; vgl. Ar. fr. *450 [*Pelargoi*] βαλανεὺς δ' ὠθεῖ ταῖς ἀρυταίναις) für βαλανεύσῃ (Z. 6–7) und ἀπαντλήσας (Z. 8–9).

Aufgrund der Übereinstimmung des Lemmas τὴν̣[. . . . . βε-]βρασμένην (Z. 67–8) mit einem *Anagyros*-Fragment (Ar. fr. 51 [*Anagyros*] τήνδ' ἕωλον ἀναβεβρασμένην ‚diese abgestandene da, die wieder zum Kochen gebracht wurde', überliefert in Phot. α 1404 = Hsch. α 4193 ἀναβεβρασμένη· ἀνακεκινημένη) sowie der – deutlich schwächeren – zwischen dem *balaneion*-Bild in Z. 1–5 und der auf ein Plagiat übertragenen Textilmetaphorik in fr. 59 [*Anagyros*] wurde das Fragment dieser Komödie zugewiesen (so Mette 1968, 534 und Hofmann 1970, 4, der auch die zu weit hergeholte Vermutung anstellt, in Z. 1–5 werde die Aufführung ins J. 418/7 v. Chr. datiert – Archontat des Antiphon: vgl. Z. 1–2 Ἀν|τιφῶν[τα –, was mit der Datierung des *Anagyros* – zwischen 419 und 412 v. Chr., nach Geißler 1969[2], 50 – vereinbar wäre; gegen die Identifikation, aus metrischen Gründen – die parabatischen Fragmente des *Anagyros* sind in Eupolideen – Gelzer 1972, der vorsichtig an den *Proagōn* denkt; vgl. Luppe 1973, der – auch abgesehen von den metrischen Argumenten – der Zuweisung zum *Anagyros* grundsätzlich zustimmt, u. a. mit dem Vergleich zwischen κύκνος ὑπὸ πτερύγων, Z. 19–20, und fr. 62 [*Anagyros*] ἀμφιανακτίζειν; skeptisch noch Kassel–Austin z. St. [Z. 67–8]: „sed scrupulum iniciunt cum explicatio [d. h. διαλελυμ[ένην εἶτα νεναγμένην πάλιν] ab illa [d. h. ἀνακεκινημένη] diversa in qua Photium Aristophanis verba laudantem cum Hesychio consentire videmus (fr. 51) tum numeri parabasis (cf. fr. 58. 59)"; vgl. aber Montana 2012[2], 160, der zu Recht die Kompatibilität von Z. 67–8 τὴν̣ [...........βε-]βρασμένην mit Ar. fr. 51 [*Anagyros*] schwerlich als Produkt des Zufalls ansehen möchte).

Es liegt nahe, daß die parabatische Ode und Antode jeweils durch zwei Lyrikerzitate mit Apollon-Anrufungen eröffnet wurden (vgl. Luppe 1973, 278–81): 1) das Incipit von Terp. PMG 697 = fr. 2 Gost. (ἀμφί μοι αὖτις ἄνακτα; vgl. Gostoli 1990, 128–9), das im Anschluß an das aristophanische κύκνος ὑπὸ πτερύγων (Z. 19–20) in fr. 591 C+D+E col. I,5–8 zitiert wird (vielleicht ein weiteres Terpander-Incipit: Terp. SLG 6 = fr. 1 Gost.); 2) das mit Terpander respondierende alkmanische Incipit χρυσοκόμα φιλόμολπε (Z. 52; Alcm. PMGF S 1 = fr. 1 Cal.).

In Z. 93–4 wurde ein (parodiertes) Aischylos-Zitat erkannt (vgl. hier oben, Textgestalt).

5–10 τὴ(ν) –]ωτος Für die sich um Badewasser drehende Metapher vgl. hier oben, Interpretation.

5 τὴ(ν) [⏑⏑⏑]μὴν ἴζουσιν Zum konjizierten αὐχμή vgl. hier oben, Textgestalt.

6–7 ὅπως βαλανεύσῃ Das denominale Verb aus βαλανεύς (das etwa in Ar. Equ. 1403 und Ran. 710 sogar als Schimpfwort verwendet wird) kommt in der Komödie in verschiedenen Bedeutungen vor (vgl. Ginouvès 1962, 183–224): in Pac. 1103 (ἀλλ' εἰ ταῦτα δοκεῖ, κἀγὼ 'μαυτῷ βαλανεύσω) heißt es ‚Bademeister sein' (für sich selbst; vgl. Olson 1998, z. St.: „i. e. "I'll handle the arrangements for myself"; the phrase eventually became proverbial [...], if it was not already"), in Lys. 336–8 (στελέχη / φέροντας ὥσπερ βαλανεύσοντας / εἰς πόλιν ὡς τριτάλαντα βάρος) steht es für ‚das Bad heizen', während es in Pher. fr. 137,6 [*Persai*] (ὁ Ζεὺς δ' ὕων οἴνῳ καπνίᾳ κατὰ τοῦ κεράμου βαλανεύσει) ‚benetzen' heißt; vgl. auch das obskure Timocl. fr. 2 [*Balaneion*] (⏓–⏑ καὶ τὸ γλωττόκομον βαλανεύσατε).

7 ἐν λειψυδρίᾳ που Nur hier in der Komödie und in der klass. Zeit bezeugt (dann erst in Thphr. De caus. plant. V 12,1 und zumeist beschränkt auf historisch-geographische Prosa), wird der Begriff λειψυδρία bei den Lexikographen anhand seiner durchsichtigen Etymologie einfach nach seinen Kompositumsteilen seziert (vgl. z. B. Zonar. p. 1297,7 = Sud. λ 401 λειψυδρία· ἡ λεῖψις τοῦ ὕδατος); der Name der attischen Ortschaft Leipsydrion ist davon abgeleitet (z. B. Ar. Lys. 668).

8 σμήγ]ματος Das sonst der Komödie fremde σμῆγμα ‚Seife', ‚Salbe' gehört mit dem synonymen σμῆμα (erst in Antiphan. fr. 134,2–3 [*Kōrykos*] δότω τις δεῦρ' ὕδωρ / καὶ σμῆμα; vgl. auch Philox. Leuc. PMG 836b,40 und Theocr. 15,29–31; beide aus σμᾶν) zum medizinischen Wortschatz (bereits Hipp. Acut. 65); zum entsprechenden Verb vgl. hier unten, zu fr. 656 ([ἐξεσ] μ̣ήχετο).

8–9 αὖθις ἀπαντλή-|σας Das Verb ἀπαντλεῖν (aus ἄντλος ‚Schiffsboden-, Kielwasser') erscheint zunächst in der Tragödie, in einem übertragenen Sinn (außer dem zitierten Eur. Or. 1641–2 – vgl. hier oben, Interpretation – auch Alc. 354 und Aesch. PV 83–4), während die nächsten Belege für den eigentlichen Sinn Plat. Rep. 407d und Aristot. Probl. 870b 16 sind.

9 τὸ] παλαιὸν λούτριον Das λούτριον ist das Wasser, das beim Waschen oder zum Baden verwendet worden ist (vgl. Ar. Equ. 1401 κἀκ τῶν βαλανείων πίεται τὸ λούτριον und fr. 319 [*Hērōes*] μήτε ποδάνιπτρον θύραζ' ἐκχεῖτε μήτε λούτριον, mit Ginouvès 1962, 74); insofern erscheint παλαιόν als etwas pleonastisch.

19–20 κύκνος – τοιόνδε Zum vermutlichen Lyrikerzitat vgl. hier oben, Interpretation; die Verbindung zwischen Schwänen und Apollon findet sich außer im in Z. 26–7 herangezogenen h.Apoll. 1 (Φοῖβε σὲ μὲν καὶ κύκνος ὑπὸ πτερύγων λίγ' ἀείδει) auch in Ar. Av. 769–72 (τοιάδε κύκνοι / τιο τιο τιο τιο / συμμιγῆ βοὴν ὁμοῦ πτε-/ροῖσι κρέκοντες ἴακχον Ἀπόλλω; vgl. auch 869 καὶ κύκνῳ Πυθίῳ καὶ Δηλίῳ), das ebenfalls für die Verbindung τοιάδε κύκνοι relevant ist (für weitere Stellen, welche die Zugehörigkeit von τοιόνδε zum Lemma garantieren, vgl. Gelzer 1972, 145–9).

27–9 ἀλλ' ἐχρῆν – σκοπεῖν Ein Urteil über die Kriterien in der Zuweisung des Chors durch den Archon Basileus beim lenäischen Wettbewerb (vgl. Wilson 2000, 62–3: „It is impossible to say whether the plural here implies that responsibility for the selection at the Lenaia lay in more hands than those of the Arkhon Basileus, as opposed to being a generalised swipe at past Arkhons, and the fragment breaks off before giving any indication of what criteria the comic voice was about to propose as the rightful means of selecting festival poets").

27–8 χορὸν διδόντας Der technische Charakter des Ausdrucks χορὸν διδόναι, der in der Komödie sonst nur in Cratin. fr. 17,1 [*Boukoloi*] (ὃς οὐκ ἔδωκ' αἰτοῦντι Σοφοκλέει χορόν) erscheint, wird explizit in Aristot. Poet. 1449b 5 (καὶ γὰρ χορὸν κωμῳδῶν ὀψέ ποτε ὁ ἄρχων ἔδωκεν, mit Pickard-Cambridge 1968², 84).

28–9 τὸν ἐπὶ Ληναίῳ Bei τὸν ἐπὶ Ληναίῳ ist ἀγῶνα zu verstehen (so auch in Ar. Ach. 504 αὐτοὶ γάρ ἐσμεν οὑπὶ Ληναίῳ τ' ἀγών, mit Olson 2002, z. St.: „the phrase ἐπὶ Ληναίῳ [...] is almost certainly a fossilized remnant of an earlier period when less formal dramatic competitions were held in the precinct itself", mit Verweis auf Plat. Prot. 327d und IG II² 1496,74. 105); das Lenaion, über dessen Lage (ob auf der Agora oder woanders) weiterhin diskutiert wird, war ein Heiligtum des Dionysos Lenaios, bei dem die Lenäischen Bühnenfeste stattgefunden haben sollen, wobei auch die Existenz eines Theaters *am Lenaion* im 5. Jh. v. Chr. nicht archäologisch gesichert ist (vgl. Travlos 1977, 566, Kolb 1981, 20–58, Slater 1986 und Schnurr 1995; eine Abwandlung der Formel ἐπὶ Ληναίῳ findet sich in Sannyr. fr. 2 [*Gelōs*] Μέλητον τὸν ἀπὸ Ληναίου νεκρόν, mit Orth 2015, z. St.).

52 χρυσοκόμα φιλόμολπε Zum Lyrikerzitat (Alcm. PMGF S 1 = fr. 1 Cal.) vgl. hier oben, Interpretation; vgl. Ar. Av. 216–7 (ὁ χρυσοκόμας / Φοῖβος).

54–6 καταπαλαίειν – διδασκάλους Zur agonistischen Herkunft des Begriffs καταπαλαίειν (‚jdn. zugrunde richten', d. h. in der πάλη ‚Ringkampf') vgl. Campagner 2001, 179–81 (insbes. zu dieser Passage vgl. 180: „tentando un'interpretazione, se al rigo 55 consideriamo τούτους oggetto e τοὺς νέους διδασκάλους soggetto, risulterebbe che è giusto che i giovani διδάσκαλοι (cioè i poeti comici), affrontino e *mettano al tappeto* (καταπαλαίειν) "costoro", cioè i rivali più anziani").

Der eigentliche Sinn von *didaskalos* im Theaterbetrieb ist *Chorlehrer*, hier steht es aber für *Bühnendichter*, d. h. den Komödiendichter selbst, wie oft speziell in der Komödie und in parabatischen Kontexten (vgl. Ar. Ach. 628–9 ἐξ οὗ γε χοροῖσιν ἐφέστηκεν τρυγικοῖς ὁ διδάσκαλος ἡμῶν, / οὔπω παρέβη πρὸς τὸ θέατρον λέξων ὡς δεξιός ἐστιν; vgl. auch ποιητής in 633. 644. 649. 654; Equ. 507–9 εἰ μέν τις ἀνὴρ τῶν ἀρχαίων κωμῳδοδιδάσκαλος ἡμᾶς / ἠνάγκαζεν λέξοντας ἔπη πρὸς τὸ θέατρον παραβῆναι, / οὐκ ἂν φαύλως ἔτυχεν τούτου; Pac. 734–8 χρῆν μὲν τύπτειν τοὺς ῥαβδούχους, εἴ τις κωμῳδοποητὴς / αὑτὸν ἐπῄνει πρὸς τὸ θέατρον παραβὰς ἐν τοῖς ἀναπαίστοις. / εἰ δ' οὖν εἰκός τινα τιμῆσαι, θύγατερ Διός, ὅστις ἄριστος / κωμῳδοδιδάσκαλος ἀνθρώπων καὶ κλεινότατος γεγένηται, / ἄξιος εἶναί φησ' εὐλογίας μεγάλης ὁ διδάσκαλος ἡμῶν; vgl. auch Av. 912–3, Thesm. 88, Cratin. fr. 276,1–2 [*Hōrai*]).

64 τοὐβολοῦ = τοῦ ὀβολοῦ; die Form mit Krasis (zu diesem Typ vgl. Waeschke 1875, 29) ist die gängige im Attischen der Komödie und auf diese beschränkt (Ar. Equ. 649. 662. 945, Av. 1079, Timocl. fr. 20,3 [*Kaunioi*], Antiphan. fr. 133,2 [*Kōrykos*], Men. Epitr. 130; vgl. auch Eup. fr. 198 [*Marikas*] τῶν γὰρ πονηρῶν μικρὸν † ἐπὶ τοῦ ὀβολοῦ).

67–8 βε-]βρασμένην Vgl. hier oben, Interpretation.

71 κεκραμ[Das Partiz. κεκραμένος (vgl. hier unten, zu fr. 598, Textgestalt) läßt an eine Mischung von Wein und Wasser denken, zumal in Verbindung mit dem παραχε[des Kommentars, wenn es sich dabei, wie es naheliegt, um eine Form von παραχεῖν handelt.

75–6 φακούς In der Archaia, in der der Linsenverzehr in der Form von φακῆ (‚Linsensuppe') allgegenwärtig ist, findet sich der Pl. (‚Linsen') sonst nur in Pher. fr. 73,3–4 [*Koriannō*] ([B.] ἰδοὺ κύλιξ σοι καὶ τράπεζα καὶ φακοί. / [A.] μή μοι φακούς, μὰ τὸν Δί', οὐ γὰρ ἥδομαι), wo die Pointe in der Ambiguität von *phakoi* als trockenem Snack für ein Symposion oder Suppe für eher arme Leute liegen dürfte (vgl. Urios-Aparisi 1992, 237: „The first speaker asks for 'dry-fruits' and the second one brings the lentil-soup, probably because of a misunderstanding"), und Eup. fr. 378 (τῇ νῦν καταδέχεσθε τοὺς φακούς, dessen Zitatträger Cornelianus irrtümlich behauptet, daß der Begriff φακοί – anders als φακῆ – nicht für *gekochte* Linsen verwendet werden könne; vgl. Olson 2014, z. St.).

85 μενουμ[Es könnte z. B. das Ende eines Partiz. Med.-Pass. (-μένου μ-), eine Form von μένειν (1. Pers. Pl. Fut.) oder die Sequenz μὲν οὐ μ- sein.

87 Τρικορυ̣[Trikory(n)thos war ein attischer Demos, dessen Bewohner Trikorysioi hießen (vgl. Ar. Lys. 1032 οὐκ ἐμπίς ἐστιν ἥδε Τρικορυσία;); es könnte sich theoretisch auch um das Adj. τρίκορυς ‚mit drei Federn' handeln (woher der Ortsname stammt), dann wohl als paratragisches Epitheton (vgl. Eur. Or. 1480b τρικόρυθος Αἴας, Bacch. 123 τρικόρυθες, gesagt von den Korybanten).

93–4 πασα δη πα[| Δίρκης ἀγχ[Vgl. hier oben, Textgestalt. Dirke ist der Name zugleich einer Quelle und eines kleinen Flusses bei Theben (außer dem hier vielleicht parodierten Aesch. fr. 347 R. – vgl. Sept. 273 Δίρκης τε πηγαῖς ὕδατί τ' Ἰσμηνοῦ λέγω, Eur. HF 573 Δίρκης τε νᾶμα λευκόν, Phoen. 102 Δίρκης τε νᾶμα, 131 Δίρκης ὕδωρ, 368 Δίρκης θ' ὕδωρ, 932 Δίρκης ναμάτων, Bacch. 5 Δίρκης νάμαθ' Ἰσμηνοῦ θ' ὕδωρ), benannt nach der Tochter des Ismenos und Gattin des Königs von Theben Lykos (sie gehört als Quälerin ihrer Nichte Antiope, Mutter von Amphion und Zethos, zum thebanischen Sagenkreis).

fr. 591 K.–A. (P. Flor. II 112 = CGFP 63 = CLGP 28)

fr. A col. I (Numerierung nach CLGP 28)

– – –
] .
]τ̣ην̣ . ν . . ι
]απ. [
] . ερδανε̣ι̣ς̣
] . σκειω̣ς .
]πραγμα
] . ευφρανεν
] . ω εἰς τὸ γ[.]
] . το πρὸ του
] . . . πε̣
] . ι̣ναπωρ
]ς̣ καὶ λει
]νος λε
] . ισων̣
]α̣σεισε̣ι̣ . .
] . οθεν
]ξέλθω
] . αεκ
]πος το
] . β̣ες ζη
]ε̣στους
]μ̣ατων

]καταλ
]η̣δορ

4 κερδανεῖς ?

fr. A col. I (Numerierung nach CLGP 28)

] .
]*tēn*. n . . i
]*ap*[
du wirst v]erdienen (?)
] . *skeiōs*.
]Sache
] . erfreute
] . *ō* in das g[.]
] . *to* vor *tou* (/ zuvor)
]. . . *pe*
] . *inapōr*
]*s* und *lei*
]*nos le*
] . *isōn*
]*aseisei*. .
] . *othen*
au]sgehe
] . *aek*
]*pos to*
] . *bes zē*
]*es* die (Akk. Mask. Pl.)
]*matōn*
]*katal*
]*ēdor*

fr. A col. II (Numerierung nach CLGP 28)

— — —
θε[
χο[
—
απτ. [
ανδ[
οτισυ[
νομαζ[
—

παρεμ. [
οις λεγο[ἐ-]
⁒ πιβάται . [
σθαι . [
—
σητον̣[
⁒ ὅτι Ἰοφ[ῶν
—
τὴν τέχνην κ.[
χρὴ π̣ολὺ νικῶν [.].[
γυς π̣ρ̣ῶτος ἢ δεύτερο̣[ς τρί-]
⁒ τος δ̣[ὲ] σχεδὸν ἅπαξ . [
σται ἐοίκασιν αἱ διδα[σκαλίαι
τοῦ πλείστου μέρους . [
—
ὡς πικρόν τις ἀνέκραγε̣[ν. τίς ἄρα
ποτ᾽ ἄλλος ἐστὶν ἀντὶ Φ[ιλοκλέους;
σ[υ]ν[ε]χῶς αὐτὸν πικρόν [καλεῖ· τὴν ποί-
η̣σιν γὰρ κατὰ τὸν νοῦν . [
τὰς κωμ[ῳ̣δία]ς̣ μελο. [
τιουμελ̣[.....]....[

15 δεύτερο[ς ἐγένετο, τρί-] Hofmann, Luppe 19 τίς ἄρα Luppe 20 suppl. Wilamowitz 21 [καλεῖ Edmonds: [φασι Wilamowitz: [λέγουσι Körte τὴν ποί-] Wilamowitz

fr. A col. II (Numerierung nach CLGP 28)

the[
cho[
apt. [
and[
daß du(?)[
nomaz[
parem. [
ois sag[P-]
⁒ assagiere. [
sthai . [
sēton[
⁒ daß / weil Ioph[on
die Kunst *k*.[
soll bei soviel Überlegenheit [.].[

gys erster oder zweite[r drit-
⁒ ter aber nur einmal . [
stai scheinen die *Dida*[*skalien*
des größten Teils . [
‚w i e b i t t e r ‘, s c h r i e e i n e [r. ‚W e r a u c h i m m e r
i s t d a s a n d e r e s , w e n n e s n i c h t P h [i l o k l e s
i s t ?‘ (Philocl. TrGF 24 T 9)
st[ä]n[d]ig (nennt er) ihn bitter [: die Kom-
position nämlich, gemäß dem Sinn . [
die Kom[ödie]n Gesan(g)[
tiou Gesan[g(?) . . . .] . . . . [

fr. B (Numerierung nach CLGP 28)

– – –
]μ̣ακυ[
]νουτ[
]ο̣ιων κ .[
]ṭακη υφ[
]εγημε[
]παραλλο[
]πεδητ[
] . ιν οινο[
]ν̣ νεοκρ̣[
]τομεν̣[
] . α . . [ ]ṭον σπα̣[
]ουν. . . ν̣τα ε . [
]π̣ο̣νων σ̣[
]ṭι „δω‹σ›ω φέρω[ν
] ν̣εοκρᾶτά̣ ṭι̣ς π̣[οιείτω“
] π . [.] κ̣απηλίδων [
] . διαλιθου. [.] . τιφ[
]θεισφω[
]υ̣ γενήσομαι [
]ε̣ις περικω[
π]εριενέγκαι α . [
]ω̣ν κεραμων[
]ν̣οιον ευζων. [
] κ α ὶ Ζ̣ ε̣ ῦ Σ ῶ̣ τ ε ρ [

7 Καλλίας ἐν]Πεδήτ[αις e. g. Körte 9 fort. νεοκρ̣[ατ- Kassel 14 δωω pap.: corr. Hagedorn 14–5 suppl. Hagedorn cl. Plat. fr. 71,8, probaverunt Kassel–

Austin 20 ἐν το]ῖς περὶ κω[μῳδίας e. g. Crönert: περικω[μάζειν ? Montana 23 εὐζων. [Kassel–Austin: εὔζων[οι Crönert 24] καὶ Ζ̣ε̣ῦ Σῷτερ [leg. Bastianini: τ̣[ο]ὺς ἑτέρ[ους Austin: τ̣ο̣ὺς ἑτέρ[ους Kassel–Austin

fr. B (Numerierung nach CLGP 28)

]*maky*[
]*nout*[
]*oiōn k* .[
]*takē hyph*[
]*egēme*[
]*parallo*[
]*pedēt*[
] . *in* Wein[
]*n* frisch-gem[ischt
]*tomen*[
] . a . . [ ]*ton spa*[
]*oun. . . nta e* . [
]*ponōn s*[
]*ti* „werde ich geben herbeibringen[d
] frisch-gemischt möge jemand (den Wein) m[achen“ (Plat. fr. 71,7–8 [*Lakōnes ē Poiētai*])
] *p*. [.] der Wirtinnen [
] . *dialithou*. [.] . *tiph*[
]*theisphō*[
]*y* werde ich sein / werden [
]*eis perikō*[
u]mlaufen lassen *a*. [
]*ōn* (der) Tongefäße [
]*noion euzōn*. [
] und (du) Zeus Soter [

fr. C+D+E col. I (Numerierung nach CLGP 28)

— — —
] . [ ] ουδ̣[
] . ανεξαναπ[
] . ξη[
] . [ ] . [
]ρ. . . . [ ]μ̣άτιον. ἀ μ φ ί μ . [
ἄ ν] θ ρ ω π ο ν . [.] ή τ η · παρὰ τὴν ξα̣[
] . ακην ἀρχ̣ή̣ν· ἀμφί μοι αὖτ[ις

κυκ̣νων παλ̣[λε]ῦ̣κ̣ων·κ(αὶ) τοῦτο τοῦ Βοιωτίου [νόμου
ἄνα[κ]τα. τ ῶ ν μ ὰ ν ἤ τ ε β ί α ν ἤ τ ε κ λ ε[
α · τὸ {[ἀ]ντὶ τοῦ} ἤτε α̣ ντὶ τοῦ εἴτε [οὐκ̣[ε]
Δίδυμος τοῦ προοιμί̣[ο]υ̣ του π[ρ]ῴ̣τ̣ου νόμου.
ο ὐ κ ἐ τ ὸ ς [ἐ] γ ὼ μ ε τ [ὰ] δ̣ ε̣ [ῖ] π̣ ν ο ν · οὐκ̣α̣τ̣α̣τ̣[
. . [. .] ει τις τὰ νῦν τὸ ἐτὸς ἂν εἰκ̣[ό-
τω[ς.] ὁ ρ ᾷ̣ ς ἄ ρ ʼ ὡ ς ἐ ν ῆ ν τ ι κἄ ν κ ι θ̣ [ά-
% ρ̣ ω̣[ι] κ̣ α κ ὸ ν · πρὸς τὴν παροιμίαν προ-
φέ̣[ρ]ε̣τ̣α̣[ι, ὡς Καλλίστρατος, ἔστιν κι-
θάρ[.] . μ̣[.] . [. κ]ακόν. τὸ δὲ πλῆρες· ὁρῶ
—
ὡς ἐνῆν τι. [ὥ] σ π ε ρ π ε λ ε κ ᾶ ς π λ α τ υ -
—
γ ί ζ ω ν · καὶ ἐν τοῖς Ὄρνισιν „πελεκᾶν-
% τι“ ἔλεγεν. ο ἴ μ ο ι τ ο ῦ χ ε ί λ ο υ ς · τὸν γέ-
% ρ̣[οντ]α ἐπʼ ἀληθείας τύπτουσιν. ὤ μ ο ι
—
τ ῆ ς ἀ λ έ α ς , ἣ ν ἄ ν θ ρ ω π ό ς μ ʼ ἀ π ο δ ύ σ α ς
% φ ε ύ γ ε [ι]{ς} σ υ γ κ ύ ψ α ς · τῆς ἐκ τῶν πλη-
γῶν θερμασίας. ἀ λ λ ὰ δ ῆ τ ʼ ε ἰ ς τ ο ῦ σ τ ρ α -
—
τ η γ ο ῦ κ ω μ ά σ ω τ ο ῦ Σ κ ε λ λ ί ο υ · εἴρηται
ὅτι Ἀρι[σ]τ̣οκράτης διέταττε σὺν Θη-
% ραμένει τότε καὶ αὐτὸ[ς] τὰ πράγμα-||[τα

2] . αν ἐξ ἀναπ[αίστων? 5 κομ]μάτιον Wilamowitz 5–6 ἀμφί μ[οι αὖτʼ| ἄν]θρωπον γ[υ]ήτη Luppe 6 Ξά[νθοιο Crönert 6–7 παρὰ τὴν [ξα̣] προ|οι]-μ̣ι̣ακὴν Luppe 8 κλέ[μμ- Luppe supra lin. schol. κυκ̣νων παλ̣. [±2]. κ̣ων (leg. Bastianini: παλ̣[λε]ύ̣κων suppl. Montana) καὶ τοῦτο τοῦ Βοιωτίου Kassel–Austin [νόμου suppl. Wilamowitz 9 [ἀ]ντὶ τοῦ del. Kassel 10 [ἐ]γὼ μετ[ὰ] δ̣ε[ῖ]π̣νον Luppe supra lin. schol. Δίδυμος (fr. nov.) [ἐκ] Edmonds προοιμ[ίου] Comparetti: του π[ρ]ῴ̣τ̣ου legit et suppl. Montana: τοῦ Π[υ]θ̣ίου? Kassel: τοῦ‹το› το̣[ῦ Ὀρ]θ̣ίου Luppe οὐκ̣ α̣τ̣ά̣κ̣[τως ? e. g.. Montana: possis οὐ κ̣α̣τ̣ὰ̣ τ̣[ὸ(ν) vel τ̣[ὴν

fr. C+D+E col. I (Numerierung nach CLGP 28)

— — —
] . [ ] *oud*[
] . *anexanap*[
] . *xē*[
] . [ ] . [
]*r*. . . . [ ]*mation*. B e i m (i)[r

den M]ann .[.] *ē t ē*: nach dem *xa*[
]. *akēn* Anfang: „Bei mir ern[eut
denHer[r]n.“ Von denen sei es mit Gewalt oder Bet[ru
g (?): das *ēte* statt *eite* [*ouk*[*e*]
nichts Besonderes, (wenn) ich nach dem Mahl: *oukatat*[
..[..] *ei ouk etos* (würde) man heute (sagen) *an eik*[*o-*
tō[*s.*] Siehst du, daß auch im Stein[b-
⁒ utt] etwas Übles war: nach dem Sprichwort wird
das gefo[r]m[t, wie Kallistratos (sagt), „es ist der St-
nbu[tt] . m [.] . [. Ü]bles“. Und in voller Form: ich sehe,
daß es etwas darin war. [S]o wie ein Pelikan plät-
schernd: auch in den *Vögeln* sagte er *pelekan-*
⁒ *ti* (Ar. Av. 884). Auwei, meine Lippe!: den Al-
⁒ t[e]n prügeln sie in Wahrheit. Weh mir,
welche Hitze!, vor der der Mann, nachdem
er mich ausgezogen hatte,
⁒ flieh[t]{st} vorwärts gebeugt: das durch die Schlä-
ge (verursachte) Brennen. Auf, zum Stra-
tegen werde ich feiern gehen, zu Skellias’ Sohn:
es wurde gesagt,
daß Ari[s]tokrates beitrug, mit The-
⁒ ramenes, damals auch selbst zur Restauration der politischen
Situat||[ion

fr. C col. II (Numerierung nach CLGP 28)

———

⌊„κατηγόρησαν δέ μου καὶ⌋
περὶ τῆς ἱκετηρί⌋ạς ⌊ὡς καταθεί/
ην ἐγ⌋ῲ ⌊ἐν τῷ Ἐλε⌋ụσινίῳ, νό-
μος δ’ ẹἴη πά⌊τριος, ὃ⌋ς ἂν καταθῇ ἱκε-
τη⌋ρίαν μυστηρίοις τεθνάναι“. καὶ
με]τ’ οὐ πολλά· „ἔπειτα δὲ νόμον
πά⌋τριον λέγεις, ἡ δὲ στήλη παρ’ ῇ̣
ἕστ⌋ηκας χιλίας δραχμὰς κελεύει
ὀφε⌋ίλειν ἐάν τις ἱκετηρίαν θῇ
ἐν⌋ τῷ Ἐλευσινίῳ“ (Andoc. De myst. 110. 116). φέρε νῦν ἐ-
γὼ τ]ῆ̣ν δαίμον’, ἣν ἀνήγαγον, / ἐς τὴν
ἀ]γọρὰν ἄγων ἱδρύσωμαι βοΐ· προεί-
ρ]ηται ὅτι ἔλεγον χύ̣τραις ἱδρύ-
εσθαι καὶ ἱερείῳ, οἷον βοῒ ἢ ὀτῳ-

οὖν. καὶ ἐν τῇ Εἰρήνῃ ἔφη. δεῦρ᾽ ὦ
—
π]ότṿια βάḍιζ̣ε. γενναῖον δέ ̣σοι τα-
χέως ὑπακούειν· ὅτι γενναῖον
⁒ ἀντὶ τοῦ συγγενές, πρὸς τὸ παρ᾽ Ὁμή-
—
ρῳ. ἐλαφρὸν οἷά τις μόλυβδος· ὅ-
⁒ τι οὐ καλῶς παίζει, ἀλλὰ ἐπεὶ γε-
ρόντων ὁ χορός. ἔκυσα νῦν ἐνταῦ-
—
θ᾽ ἐγὼ ταύτην δοκῶν φορμὸν πλέ-
κ̣ε̣ι̣ν· μήποτε οἱ πλέκοντες τοὺς
⁒ φορμοὺς προσῆγον τὸ στόμα, ὥστε
κα[τ]έχειν ἢ ἐπισφίγγειν· ἅμα δε
]εκάθισαν, ἀτρέμας ἔλαβο[ν]

1–3 ita disp. Edmonds, prob. Luppe, Montana: [κατηγορησ][αν δε μου και περι της ϊκετηριας ως] | [καταθειην εγω εν τωι Ελευ]σεινιωι Comparetti, prob. Kassel–Austin **12** ϊδρυσομαι pap.: corr. van Leeuwen **16** π]ότṿια βάḍι[ζ]ε Hagedorn: οτι ḍιαβάḍι[ζ]ε Luppe **20** καλῶς Edmonds: κακῶς Comparetti: κα . ῶς Luppe

fr. C col. II (Numerierung nach CLGP 28)

⌊„und sie bezichtigten mich auch⌋
des Bittgesuc⌋hs, ⌊daß ich ihn gestel-
lt hätt⌋e im Ele⌋usinion, und es sei Bra-
uch⌋ des Va⌊terlandes, daß we⌋r einen Bittgesuch ste-
l]le an den Mysterien, der solle sterben.“ Und
ni]cht viel weiter: „und dann berufst du dich auf das Gesetz
des Va⌋terlandes, die Stele aber, bei der
du st⌋ehst, verlangt eine Strafe von tausend Drachmen
zu zah⌋len, wenn jemand ein Bittgesuch stellt
i]n dem Eleusinion“ (Andoc. De myst. 110. 116). Komm nun!
D]ie Göttin, die ich zurückführte, / auf den
Ma]rktplatz sie tragend, werde ich weihen mit
einem Ochsen: es wurde schon vorher ge-
s]agt, daß sie sagten ‚mit irdenen Töpfen wei-
hen und mit einem Opfer‘, wie etwa einem Ochsen oder irgend-
etwas. Auch im *Frieden* sagte er es (Ar. Pac. 923. 925). Hierher
du H]errin, nähere dich. Dir angeboren ist es, so-
fort zu gehorchen: mit *gennaion*
⁒ im Sinne von *syngenes*, wie bei Hom-

er (Hom. E 253). Leichtfüssig so wie ein Bleistück: w-
⁒ as kein gelungener Witz ist, aber daher begründet ist, daß
der Chor aus Alten besteht. Ich küßte nun hie-
r diese da, und dachte dabei, eine Matte zu fle-
chten: vielleicht weil die Flechter der
⁒ Matten ihren Mund ihnen näherten, so daß
sie sie fest und gebunden halten konnten: und (?) gleichzeitig
]setzten sie (?), ohne Zittern nahmen sie (?)

Metrum Iambische Trimeter; (katalektische) trochäische Tetrameter; daktylische Hexameter bzw. anapästische Tetrameter; Daktylo-Epitriten:

fr. A col. II

19	[⏒–⏑– ⏒] ὡς πικρόν τις ἀνέκραγε̣[ν.
(3ia)	[⏒–⏑– ⏒]–⏑– ⏑⏖⏑–
19/20	τίς ἄρα] ποτ’ ἄλλος ἐστὶν ἀντὶ Φ[ιλοκλέους;
(3ia)	⏑⏖]⏑– ⏑|–⏑– ⏑[⏖⏑–

fr. C+D+E col. I

5/6	ἀμφί μ[οι αὖτ’| ἄν]θρωπον γ[υ]ήτη
(da-ep)	–⏖––––⏑––
8/9	τῶν μὰν ἤτε βίαν ἤτε κλέ[μμ|α
(da-ep)	–––⏖––⏑––
10	οὐκ ἐτὸς [ἐ]γὼ μετ[ὰ] δ̣ε̣[ῖ]π̣νον [– ⏒–⏑–]
(3ia)	–⏖⏑– ⏖–⏑|[– ⏒–⏑–]
12/13	ὁρᾷς ἄρ’ ὡς ἐνῆν τι κἂν κιθ[ά]ρ̣ῳ̣[ι] κ̣ακὸν
(3ia)	⏑–⏑– ⏑–⏑|– ⏖–⏑–
16/17	[ὥ]σπερ πελεκᾶς πλατυγίζων
(4an^/6da)	––⏖–⏖––
18	οἴμοι τοῦ χείλους
(4an^/6da)	–––––
19/20	ὤμοι τῆς ἀλέας, ἣν ἄνθρωπός μ’ ἀποδύσας
(4an^/6da)	–––⏖––––––⏖––
21	φεύγε[ι]{ς̣} συγκύψας
(4an^/6da)	–––––
22/23	ἀλλὰ δῆτ’ εἰς τοῦ στρατηγοῦ κωμάσω τοῦ Σκελλίου
(4tr^)	–⏑–– –⏑–– –⏑–– –⏑–

fr. C col. II

10/11	φέρε νῦν ἐγὼ τ]ὴ̣ν δαίμον’, ἣν ἀνήγαγον
(3ia)	⏖–⏑– ––⏑|– ⏑–⏑–
11/12	ἐς τὴν [ἀ]γορὰν ἄγων ἱδρύσωμαι βοΐ

(3ia) ––⏕– ⏑–⏑– ––⏑–
15/16 δεῦρ’ ὦ π]ότν̣ια βάδ̣ιζε. γενναῖον δέ σ̣οι
(3ia) ––]⏕– ⏑–⏑|– ––⏑–
16/17 ταχέως ὑπακούειν [–⏑– ⏓–⏑–]
(3ia) (e. g.) ⏕–⏕– –[–⏑– ⏓–⏑–]
19 [⏓–⏑] ἐλαφρὸν οἷά τις μόλυβδος[–]
(3ia) (e. g.) [⏓–⏑]⏕ ⏑–⏑|– ⏑–⏑[–]
21/22 [⏓–⏑–] ἔκυσα νῦν ἐνταῦθ’ ἐγὼ
(3ia) [⏓–⏑–] ⏑–⏑|– ––⏑–
22/23 [⏓–⏑–] ταύτην δοκῶν φορμὸν πλέκ̣ε̣ιν
(3ia) [⏓–⏑–] ––⏑– ––⏑– (?)

Zitatkontext Bei diesem Florentiner Papyrus (vielleicht aus Oxyrhynchos; aufbewahrt in der Biblioteca Medicea Laurenziana) handelt es sich um sechs Bruchstücke aus einem Kommentar (aus dem 2./3. Jh. n. Chr.) zu einer unidentifizierten Komödie des Aristophanes (Erstedition in Comparetti 1908, 9–18; eine kommentierte Neuedition in Montana 2012^2, 183–211 [CLGP 28]; vgl. auch Perrone 2010, 87–9). Die Anordnung der fr. A, B, C, D und E ist z.T. umstritten: Kassel–Austin folgen Edmonds I 608 in der Interpretation von fr. A col. I und fr. B als Reste derselben Kolumne, wohingegen u. a. Luppe 1972, 75–6. 80 an der alten Sequenz festhält: diese wurde auch hier (abweichend von Kassel–Austin) aufgrund der zuletzt in Montana 2012^2, 184–6. 197 vorgelegten Argumente, mitsamt der Anordnung und Numerierung dieser letzten Edition, übernommen.

Das oft in der hypomnematischen Lit. vorkommende *semeion* ⁒ soll zur Teilung des Kommentars in Sektionen gedient haben. Der Kommentar ist in fr. C+D+E col. I mit zwei interlinearen Scholien versehen, in denen u. a. auf Didymos verwiesen wird: oberhalb von Z. 8 ist von einem *nomos Boiotios* des Terpander die Rede; oberhalb von Z. 10 wird Didymos für das Prooimion eines *nomos* wiederum des Terpander herangezogen, der – je nach Ergänzung – der *Pythios* oder der *Orthios* sein könnte (vgl. Montana 2012^2, 202–3. 206–7, der für κυκ̣νων im ersten Interlinearscholion, wo seit Comparetti κυκλίων gelesen worden war, eine weitere aristophanische Anspielung auf ein Terpander-Zitat vermutet – κύ[κν]ος ὑπὸ πτερύγων, das zweifelhafte Terp. SLG 6 = fr. 1 Gost.; vgl. hier oben, zu fr. 590,19–20).

Die aristophanische Urheberschaft der kommentierten Komödie ist durch zwei Verweise auf *Vögel* (fr. C col. I 10) und *Frieden* (fr. C col. II 16), beide ohne Autornamen, garantiert. Die Zuweisung zu einer bestimmten Komödie muß weiterhin offen bleiben (vgl. hier unten, Interpretation).

Ausgehend von der neuen Transkription von fr. C+D+E col. I 2 als].ανεξαναπ[(Montana 2012^2, 194; bei Kassel–Austin war noch].α̣ν̣θ̣ιαναπ[zu lesen) läßt sich vielleicht die Sequenz] . αν ἐξ ἀναπ[αίστων/-ου wiedergeben (weitere Formen, wie ἀναπ[αιστικ- sind auch möglich), Ausdrücke, die v.a. in den Scholien, auch zu Aristophanes, reichlich belegt sind (als bei weitem weniger wahrscheinliche Alternative gilt das in der philosophischen Prosa nicht seltene ἐξ ἀναπ[οδείκτων; liest man die Sequenz als ἐξαναπ-, dann kämen theoretisch nur die Verben ἐξαναπληροῦν ‚liefern' / ‚ersetzen' oder ἐξανάπτειν ‚an etwas hängen' in Frage): die Interpretation als 4an^ der darauffolgenden Z. 16–21 würde wohl dadurch näher liegen als etwa die hexametrische Skansion von Luppe 1972.

In fr. C+D+E col. I 14 wird der alexandrinische Philologe Kallistratos erwähnt, ein Schüler des Aristophanes von Byzanz (vgl. Ar. test. 115), während das Verhältnis zum in den exegetischen Nachträgen erwähnten Didymos (vgl. fr. C+D+E col. I, interlin. 9/10) kontrovers diskutiert wurde (die Komplexität der Frage wird u. a. durch das Ergebnis von Gelzer 1971, 1555 deutlich: „Exzerpt aus Didymoskommentar mit Nachträgen aus einem anderen Exemplar"; zum *status quaestionis* vgl. Montana 2012^{2}, 189, nach dem das *hypomnema* v.a. aufgrund der zahlreichen gelehrten Zitate und Verweise eine alexandrinische Herkunft verrät, wobei das Fehlen textkritischer und sprachlicher Beobachtungen als mögliches Indiz für eine Epitomierung des ursprünglichen *hypomnema* zu deuten wäre).

In fr. A col. II 12 ist der Name des Tragikers Iophon, Sohns des Sophokles, erkennbar (Ioph. TrGF 22 T 3), der auch in Ar. Ran. 73–9 verspottet wird (zu seiner Karriere, auf die vielleicht anschließend Bezug genommen wird, vgl. schol. Ar. Ran. 73); ob der darauffolgende Hinweis (Z. 13) auf eine τέχνη (die *tragische Kunst*?) mit ihm zu tun haben könnte, läßt sich nicht bestimmen. In Z. 13–8 ist in jedem Fall von einem Bühnendichter die Rede (wohl einem Tragiker, vielleicht Iophon selbst), der *viele Siege* bei dramatischen Agonen errungen hat (dazu etliche Zweitplatzierungen und eine einzige Drittplatzierung). In fr. B 14–5 wird Plat. fr. 71,7–8 [*Lakōnes ē Poiētai*] in einem unklaren Kontext herangezogen (vgl. hier unten, Interpretation).

In fr. C+D+E col. I 5–8 wird bezüglich der wahrscheinlichen aristophanischen Terpander-Parodie (vgl. hier unten, Interpretation) im Kommentar bemerkt – zumindest nach der Rekonstruktion von Luppe 1972, 88–9 –, daß im Terpander-Zitat die *prooimiakē archē* (d. h. der Proömienanfang) zu erkennen sei, wobei gerade diese Begriffe (ἀρχή, προοίμιον und jeweilige Derivate) in der scholiastischen und lexikographischen Tradition zur Erklärung des Terpander-Verses verwendet werden (vgl. etwa schol. Ar. Nub. 595c, Hsch. α 3944, Phot. α 1304, Sud. α 1700. 1701).

In fr. C col. II 1–10 werden zwei für einen Aristophanes-Kommentar ungewöhnlich lange Prosa-Passagen zitiert, welche die vorgesehene Strafe für die Profanierung der eleusinischen Mysterien betreffen (Andoc. De myst. 110. 116).

In Z. 20–1 fällt das ästhetische Urteil über einen angeblich mißlungenen Witz (ἐλαφρὸν οἷά τις μόλυβδος in Z. 19) auf, wobei das Ganze durch die folgende Bemerkung relativiert wird: die ironische Pointe ließe sich durch die Präsenz der *gerontes* rechtfertigen, welche ihrerseits die gewiß nicht leichte Statue der Göttin nur schwer bewegen können (vgl. Montana 2012^2, 210).

Für die Z. 25–6, die von Luppe 1972, 85 (der in ἅμα δὲ | [καὶ] ἐκάθισαν eine ‚Regie'-Bemerkung erkennen möchte) und Kassel–Austin u. a. aus metrischen Gründen nicht als Lemma betrachtet werden, wurde anhand von Ar. Plut. 653–748 – der Erzählung von Plutos' Heilung durch Asklepios – zumindest eine Paraphrase des aristophanischen Textes für möglich gehalten (u. a. wegen der wohl beibehaltenen Aoristformen und des schwerlich zum exegetischen Wortschatz gehörenden ἀτρέμας), in der jemand einem initiatorischen Ritus unterzogen werde und jetzt von diesem berichte (Montana 2012^2, 210–1).

Textgestalt In fr. A col. I 4 ist für].ερδανεις kaum eine andere Sequenz als κερδανεῖς vorstellbar (vgl. etwa Ar. Vesp. 796 ὁρᾷς ὅσον καὶ τοῦτο δῆτα κερδανεῖς, Eccl. 207 ἰδίᾳ σκοπεῖσθ' ἕκαστος ὅ τι τις κερδανεῖ); ebensowenig anfechtbar ist in Z. 7 die Form εὔφρανεν (vgl. Eup. fr. 290 [*Philoi*] εὐφρανῶ δὲ νώ). In fr. A col. II 19–20 wird das τίς ἄρα] | ποτ' von Luppe 1972, 79 durch Ar. Pac. 1045 (τίς ἄρα ποτ' ἐστιν;) unterstützt, während in Z. 20 das ἀντὶ Φ[ιλοκλέους von Wilamowitz allgemein akzeptiert wird. In fr. B 24 ersetzt καὶ Ζεῦ Σῶτερ (G. Bastianini in Montana 2012^2) definitiv das noch in Kassel–Austin gedruckte τ̣ο̣ὺς ἑτέρ[ους. In fr. C+D+E col. I 5–6 bietet die Rekonstruktion von Luppe 1978, 161–2 ἀμφί μ[οι αὗτ'| ἄν]θρωπον γ[υ]ήτη eine schwer widerlegbare Lösung; etwas fragwürdiger und dennoch annehmbar ist auch sein κλέ[μμ|α in Z. 8–9. In Z. 16 ist hingegen das π]ότνια βάδιζε von D. Hagedorn in Kassel–Austin z. St. dem οτι διαβάδι[ζ]ε von Luppe 1972, 85 entschieden vorzuziehen.

Interpretation Die für die unbekannte Komödie relevanten Elemente sind folgende (vgl. Montana 2012^2, 187): 1) die Präsenz eines γέρων, der verprügelt wird, nachdem er ein Kleid gestohlen hat (fr. C+D+E col. I 18–22); 2) der durch γέροντες gebildete Chor (fr. C col. II 20–1); 3) eine nicht vor 410 v. Chr. datierbare Aufführung (aufgrund des Hinweises auf Aristokrates in fr. C+D+E col. I 24–[25]; vgl. hier unten). Unter den verschiedenen Zuweisungen erfreuten sich die zum *Gēras* (Crönert 1908, 1200; so u. a. Sicking 1964 und Gelzer 1971, 1555) und zum *Gērytadēs* (Körte 1911, 270–1 und Körte 1913, 255; so u. a. Geißler 1969^2, 62, Schmid 1946, 209–10 und Austin 1973, zu fr. 63) der größten Resonanz.

Erkennbar sind ferner Spuren der Tragiker-Verspottung: hierfür spricht die Erwähnung Iophons durch den Kommentator in fr. A col. II 12, während in Z. 19–20 Aristophanes' Verse explizit gegen den Tragiker Philokles gerichtet sind (Philocl. TrGF 24 T 9; vgl. auch Wright 2012a, 167), der sonst oft als *bitter* persifliert wird und den Spitznamen Χολή (‚Galle') erhielt (zu Philokles als *kōmōdoumenos* vgl. Bagordo 2002); in Z. 21–4 wird darauf hingewiesen, daß Aristophanes ihn regelmäßig verspottet, und zwar anscheinend gerade für Mängel in der *melopoiia* (vgl. schol. Ar. Vesp. 462b), wofür er auch hier – zumindest vom Wortlaut des Kommentars ausgehend (τὴν ποί-|ησιν in Z. 20–1 sowie μελο.[in Z. 23 und vielleicht μελ[in Z. 24) – kritisiert worden sein dürfte.

In fr. B lassen die vielen, verschiedentlich mit Wein assoziierbaren Begriffe – bei denen es nicht deutlich zum Vorschein kommt, welche als aristophanische Lemmata aufzufassen sind und welche zu deren Interpretationen gehören – an eine Trinkszene denken, ob symposial oder anderer Natur: vgl. οινο[in Z. 8, νεοκρ[in Z. 9 (zu νεοκράς vgl. Hsch. ν 331 = Poll. VI 24), καπηλίδων in Z. 16, π]εριενέγκαι in Z. 21, κεραμων[in Z. 22; vgl. auch die zu einer symposialen Spende passende Anrede Ζεῦ Σῶτερ in Z. 24; hinzu kommt "δω‹σ›ω φέρω[ν |] νεοκρᾶτά τις π[οιείτω" in Z. 14–5, in dem das Komödienzitat Plat. fr. 71,7–8 [*Lakōnes ē Poiētai*] (στέφανον δ' ἔπειθ' ἑκάστῳ / δώσω φέρων τῶν ξυμποτῶν. νεοκρᾶτά τις ποιείτω ‚einen Blumenkranz werde ich dann / mitbringen und jedem der Symposiasten geben. Möge jemand frischgemischten Wein zubereiten') von D. Hagedorn in Kassel 1977, 56 A. 12 erkannt wurde, und das von Montana 2012^2, 200 anhand von Ar. Vesp. 1025 (οὐδὲ παλαίστρας περικωμάζειν πειρῶν) durchaus plausibel konjizierte περικω[μάζειν in Z. 20 (vgl. κωμάσω in Z. 23).

In fr. C+D+E col. I 5–8 wurde ein aristophanisches Zitat des berühmten Incipit von Terpanders *nomos Orthios* (Terp. PMG 697 = fr. 2 Gost.) erkannt (vgl. hier unten, zu Z. 5–8); dabei handelt es sich nicht unbedingt um eine Parodie (vgl. Kugelmeier 1996, 90–1, zu Ar. Nub. 595 ἀμφί μοι αὖτε Φοῖβ' ἄναξ).

Ein weiterer *kōmōdoumenos* ist der Politiker Aristokrates (fr. C+D+E col. I 24–[25]; PA 1904; PAA 171045; vgl. Davies 1971, 56–7 und Sommerstein 1996, 337), der mit Theramenes zur Restauration der Demokratie nach dem oligarchischen Regime von 411 v. Chr. beitrug (vgl. Thuc. VIII 89,2. 92,2–4, Aristot. Ath. pol. 33,2) und auch in Ar. Av. 125–6 ([ΕΠ.] ἀριστοκρατεῖσθαι δῆλος εἶ ζητῶν. [ΠΕ.] ἐγώ; / ἥκιστα· καὶ τὸν Σκελλίου βδελύττομαι) verspottet wird.

In fr. C col. II 10–7 ist von einer weiblichen Gottheit die Rede, die der Sprechende von irgendwo (vielleicht aus dem Hades) zurückgeholt bzw. heraufgebracht hat, um sie – d. h. ihre Statue – dann auf die Agora zu tragen bzw. dort aufzustellen und mit einem Opfer zu weihen (Z. 10–3); an einer weiteren Stelle (hier in Z. 15–7) wendet sich der Sprechende direkt an die Göttin und bittet um ihre Aufmerksamkeit. Die Vermutung von Cassio 1981, es handele sich bei den Wörtern γενναῖον δέ σοι τα-|χέως ὑπακούειν (Z. 16–7), und womöglich auch beim δεῦρο von Z. 15, um eine Anrede an Hermes – er sei nämlich eine feste Figur in Anodos-Szenen, etwa als *psychopompos*, und v.a. als Diener unter den Göttern häufig dargestellt –, mußte leider durch die Wiederherstellung der Anrede π]ότ̣νια βάδ̣ιζε (vgl. hier oben, Textgestalt) an Plausibilität einbüßen; die von Montana 2012², 209 vorgeschlagene Identifikation der Göttin, die in den Z. 10–7 ein und dieselbe Figur wäre, mit Iris ist hingegen durchaus überzeugend (für ihre *Schnelligkeit* vgl. u.a. Ar. Av. 1204 Ἶρις ταχεῖα; für ihre Aufgaben im *Dienste* der olympischen Götter, und speziell des Zeus, vgl. Av. 1253–5 σὺ δ' εἴ με λυπήσεις τι, τῆς διακόνου / πρώτης ἀνατείνας τὼ σκέλει διαμηριῶ / τὴν Ἶριν αὐτήν). Auf die Statue der Göttin ist wohl auch das ἐλαφρὸν οἷά τις μόλυβδος in Z. 19 zu beziehen (vgl. hier oben, Zitatkontext).

fr. A col. II 12

13 τὴν τέχνην Vgl. Bagordo 2013, zu Telecl. fr. 39,2 (ταύτης τῆς τέχνης).

14 πολὺ νικῶν Vgl. Ar. Ach. 651 (καὶ τῷ πολέμῳ πολὺ νικήσειν τοῦτον ξύμβουλον ἔχοντας, mit Olson 2002, z.St.: „'they would prevail greatly', i.e. 'unambiguously'"), Nub. 1335 ([ΣΤ.] τουτὶ σὺ νικήσεις; [ΦΕ.] πολύ γε καὶ ῥᾳδίως; vgl. auch Thuc. VII 34,7).

19–20 ὡς πικρόν – Φ[ιλοκλέους; Zur Verspottung des Philokles als *bitter* vgl. hier oben, Interpretation. Die Konstruktion τίς ἄλλος ἀντί ... hat eine Parallele in Ar. Nub. 653 ([τίς ἄλλος ἀντὶ τουτουὶ τοῦ δακτύλου;], von Dover 1968 expungiert), wobei ἀντὶ Φιλοκλέους den Sinn von ‚dem Philokles ähnlich (aber nicht er)' hat (vgl. Montana 2012², 199).

fr. B

24 καὶ Ζεῦ Σῶτερ Wohl eine Epiklese im Kontext einer symposialen Spende, bei der der dritte und letzte Krater dem Zeus Soter gilt (vgl. die Komödienbelege in Athen. XV 692f sowie in XI 486f; zum Kult des Zeus Soter am Piräus vgl. Sommerstein 2001, zu Ar. Plut. 1175, der ebenfalls darauf hinweist, daß alle aristophanischen Belege für Zeus Soter ab 411 v.Chr. datieren, ein wohl für unser Fragment relevantes Element).

fr. C+D+E col. I

5–6 ἀμφί μ.[| ἄν]θρωπον .[.]ήτη Rekonstruiert als ἀμφί μ[οι αὖτ'| ἄν]θρωπον γ[υ]ήτη (Luppe 1978, 161–2; vgl. hier oben, Textgestalt); es sieht nach einer Parodie vom anschließend zitierten ἀμφί μοι αὖτις ἄνακτα aus (vgl. Terp. PMG 697 = fr. 2 Gost. ἀμφί μοι αὖτις ἄναχθ' ἑκαταβόλον ἀειδέτω φρήν, alcm+reiz für Gostoli 1990, 129, 6da für Robbins 1992; vgl. hier oben, Interpretation; zu den Terpander-Zitaten bei Aristophanes vgl. auch Montana

2009, der den aristophanischen Vers als daktylo-epitritisch deutet; vgl. auch Z. 8–9). Die Ergänzung γυήτη (Luppe 1978, 162) basiert auf dem einzigen Beleg des Wortes in Hsch. γ 978 = Theognost. p. 108 (γυήτης· χωλός) sowie auf Hom. A 607 (ἀμφιγυήεις, Epitheton des Hephaistos).

8–9 τῶν μὰν ἤτε βίαν ἤτε κλέ[μμ|]α Die dor. Partikelform μάν verrät die lyrische Herkunft des Verses (auch dies, wie Z. 5–6, daktylo-epitritisch; vgl. Montana 2009, 50). Das von Luppe 1978, 163 ergänzte κλέμμα (auch in Ar. Equ. 1203 τὸ μὲν νόημα τῆς θεοῦ, τὸ δὲ κλέμμ' ἐμόν) dürfte eine Bestätigung in der u. a. in Soph. Phil. 644 (ὅταν παρῇ κλέψαι τε χἀρπάσαι βίᾳ) bezeugten Kombination von *Stehlen* und *Gewalt* finden (skeptisch wegen der ungewöhnlichen Worttrennung Montana 2012², 203).

10 οὐκ ἐτὸς [ἐ]γὼ μετ[ὰ] δε[ῖ]πνον Zu οὐκ ἐτός im Incipit eines 3ia vgl. Ar. Av. 915, Eccl. 245, Lys. 138, Plut. 404. 1166; vgl. auch Ach. 411 (mit Olson 2002, z. St.: „οὐκ ἐτός is 'it's no wonder that . . .'; elsewhere only in comedy [..] and Plato [Plat. Rep. 414c. 568a], and thus presumably colloquial"), Ach. 413, fr. 9,1 [*Aiolosikōn*], Philetaer. fr. 5,2 [*Korinthiastēs*] = fr. 8,1 [*Kynagis*] und Anaxil. fr. 29,1 [*Charites*]. Mit dem Ausdruck μετὰ δεῖπνον werden gewöhnlich die sog. δεύτεραι τράπεζαι eingeführt (vgl. Athen. III 101b), d. h. das eigentliche Trinkgelage, begleitet u. a. von Kleinigkeiten zum Knabbern (am ausführlichsten geschildert in Alex. fr. 252 [*Philiskos*], mit Arnott 1996, z. St.).

12–3 ὁρᾷς ἄρ' ὡς ἐνῆν τι κἂν κιθ[ά-|ρῳ[ι] κακόν Ein Sprichwort (vgl. Kassel 1977, 54. 56; vgl. Leutsch zu CPG II p. 111 A. 8), wie in Pher. fr. 43,3–4 [*Doulodidaskalos*] (ἐκεῖνο θράττει μ', ὅτι λέγουσιν, ὦ 'γαθή· / ἔνεστιν ἐν κιθάρῳ τι κακόν, zitiert in Athen. VII 305f mit weiteren Komödienbelegen und Archestr. fr. 32 O.–S., das ein Rezept enthält); der *kitharos* ist ein nicht besser identifizierbarer Plattfisch, oft assoziiert mit dem *rhombos* und, aufgrund der Namensähnlichkeit mit *kithara*, auch dem Apollon heilig (vgl. Apollod. FGrHist 244 F 109b) – dem Instrument verdankt wiederum der Fisch aufgrund der platten Form bzw. der Knochenstruktur (so Et. magn. p. 513,26) seinen Namen (vgl. Strömberg 1943, 38. 74 und Thompson 1947, 114–5); eine medizinische Erklärung des sprichwörtlichen κακόν im Fisch bietet Xenocr. Aphr. 27 (I p. 124 Ideler), der von einem ungesunden Saft spricht (er bezeichnet den Fisch als κακόχυμος).

16–7 [ὥ]σπερ πελεκᾶς πλατυ-|γίζων Die Form πελεκᾶς ist attisch für das gemein-griech. πελεκάν (vgl. schol. Ar. Av. 884, mit Perrone 2010, 88); das Verb πλατυγίζειν (wörtl. ‚das Wasser mit den Flügeln schlagen'; Umbildung nach πλαταγεῖν < πλατύς, wohl ebenfalls unter dem Einfluß von πτερυγίζειν entstanden; vgl. Frisk GEW, s. v.) wird in Ar. Equ. 830–2 (τί θαλαττοκοπεῖς καὶ πλατυγίζεις, / μιαρώτατος ὢν περὶ τὸν δῆμον / τὸν Ἀθηναίων;) im übertragenen Sinn von *Lärm machen* verwendet (bezogen auf Paphlagon); für das

Plätschern von Vögeln sonst nur in Eub. fr. 114,3 [*Charites*] (ἢ χῆνα πλατυγίζοντα καὶ κεχηνότα).

18 οἴμοι τοῦ χείλους Die Kombination von οἴμοι/ὤμοι mit dem Gen. des Ausrufs (vgl. dazu Poultney 1936, 125) auch in Ar. Ach. 67 (οἴμοι τῶν δραχμῶν), 209–10 (οἴμοι τάλας τῶν ἐτῶν τῶν ἐμῶν), Nub. 925 ([HT.} ὤμοι σοφίας – [KP.] ὤμοι μανίας, mit Dover 1968, z. St., der die tradierte Form der Interjektion „without conviction" druckt), Plut. 389 (οἴμοι τῶν κακῶν), Eup. fr. 289 [*Philoi*] (οἴμοι τῶν κακῶν), Men. Dysc. 189 (οἴμοι τάλαινα τῶν ἐμῶν ἐγὼ κακῶν), Mis. 247–8 (οἴμοι τάλ̣αινα τῆς ἐμῆς / ἐγὼ τύχης); vgl. hier unten, Z. 19–20.

19–20 ὤμοι | τῆς ἀλέας Zur Interjektion mit Gen. vgl. hier oben, zu Z. 18; zu ὤμοι in der Komödie vgl., außer der hier oben genannten Stelle, Ar. Nub. 1462 (ὤμοι, πονηρά γ', ὦ Νεφέλαι, δίκαια δέ), 1473 (ὤμοι δείλαιος, / ὅτε καὶ σὲ χυτρεοῦν ὄντα θεὸν ἡγησάμην).

Das bereits homerische ἀλέα ‚(Sonnen-)Wärme', ‚Hitze' (Hom. ρ 23; seit Hippokrates fast ausschließlich in der Prosa) findet sich auch, mit dem entsprechenden Verb ἀλεαίνειν ‚erwärmen', in Ar. Eccl. 539–42 (ψῦχος γὰρ ἦν, ἐγὼ δὲ λεπτὴ κἀσθενής· / ἔπειθ' ἵν' ἀλεαίνοιμι τοῦτ' ἠμπεσχόμην. / σὲ δ' ἐν ἀλέᾳ κατακείμενον καὶ στρώμασιν / κατέλιπον, ὦνερ).

20 μ' ἀποδύσας Transitiv mit Akk. der *ausgezogenen* Person, wie in Ar. Thesm. 636 (ἀπόδυσον αὐτόν) und 744–5 (ἀπέδυσας ὦναίσχυντέ μου τὸ παιδίον / τυννοῦτον ὄν).

21 φεύγε[ι] συγκύψας Der Partizipialform von συγκύπτειν ist sonst ein politisch-konspirativer Charakter nicht fremd (vgl. Hdt. III 82,4 οἱ γὰρ κακοῦντες τὰ κοινὰ συγκύψαντες ποιεῦσι, in Dareios' Kritik der Demokratie, VII 145,2 καὶ [εἰ] συγκύψαντες τὠυτὸ πρήσσοιεν πάντες, bezogen auf die Versuche durch die Griechen, ein geheimes Abkommen mit Xerxes zu schließen); so auch in der Komödie, in bezug auf verschiedentlich konspirative Cliquen: in Ar. Equ. 854 (τοῦτο δ' εἰς ἕν ἐστι συγκεκυφός) verschwören sich die jungen Gerber gegen Paphlagon (vgl. van Leeuwen 1900, z. St.: ‚*et id omne conspirat in unum*, sodalicium quoddam efficiunt'; so auch Neil 1901, z. St.: „'make common cause', 'put their heads together': in Attic a comic word, like κύπτω generally, though Herodotus uses it seriously in two well-known passages": eine Ambiguität im Gebrauch von συγκύπτειν ist in den Komikerbelegen allerdings nicht vorhanden); in Vesp. 570 (τὰ δὲ συγκύψανθ' ἅμα βληχᾶται) geht es um die von den Athenern ausgedachten Tricks, um vor Gericht freigesprochen zu werden (vgl. auch Phryn. fr. 3,6–7 [*Epialtēs*] μεγάλας ἀμυχὰς καταμύξαντες καὶ συγκύψαντες ἅπαντες / γελῶσι, mit Stama 2014, z. St.: „Attraverso il vocabolo la *persona loquens* sembra dunque puntare il dito contro quell'atteggiamento bifrontista dei giovani, quando, seduti in gruppo sui βάθρα e badando di non essere visti, irridono (γελῶσι: v. 7) quelle stesse persone che, poco prima, avevano sfacciatamente adulato con parole al miele (v. 5)"; ähnlich Luc. Bis acc. 4 εἰς τὸ φανερὸν μὲν οὐ τολμῶσι λέγειν, ὑποτονθορύζουσι δὲ συγκεκυφότες αἰτιώμενοι τὸν χρόνον ,in der Öffentlichkeit trauen sie sich nicht zu reden, / aber sie murmeln *zusammengeduckt*').

22–3 ἀλλὰ – τοῦ Σκελλίου Zu Aristokrates vgl. hier oben, Interpretation; zum κῶμος in der Komödie vgl. jetzt Orth 2013, 249–51 und Stama 2014, 105 (jeweils zu Ameipsias' und Phrynichos' *Kōmastai*).

fr. C col. II

10–2 φέρε νῦν – ἱδρύσωμαι βοΐ Die Göttin, an deren Statue der Sprechende einen Ochsen weihen möchte, läßt sich nicht mit Sicherheit identifizieren (vgl. hier unten, zu Z. 15–7; Körte 1911, 269–71 dachte an eine Personifikation der *Archaia Poiēsis*, die der Protagonist aus dem Hades *heraufgebracht* hätte; zu diesem Usus von ἀνάγειν, speziell bezogen auf eine Anodos aus dem Hades, vgl. auch Ar. Av. 699 und Ran. 77, mit Cassio 1981, 17 A. 1; gegen diese Identifikation Sicking 1964, 159); vergleichbare Weihungsszenen sind die von Eirene in Pac. 922–38 (vgl. insbes. 923–6 [ΤΡ.] τί δ' ἄλλο γ' ἢ ταύτην χύτραις ἱδρυτέον; / [ΧΟ.] χύτραισιν, ὥσπερ μεμφόμενον Ἑρμίδιον; / [ΤΡ.] τῷ δαὶ δοκεῖ; βούλεσθε λαρινῷ βοΐ; / [ΧΟ.} βοΐ; μηδαμῶς, ἵνα μὴ βοηθεῖν ποι δέῃ; hierauf nimmt der Kommentar in Z. 15 Bezug) und – ebenfalls mit dem Verb ἱδρύεσθαι (und den χύτραι) – von Plutos in Plut. 1191–207 (vgl. Montana 2012^2, 208).

15–7 δεῦρ' – ὑπακούειν Zur möglichen Identifikation der Angeredeten mit Iris vgl. hier oben, Interpretation.

19 ἐλαφρὸν οἷά τις μόλυβδος Ironisch gemeint (für diese Art von Ironie vgl. Ar. Ran. 55 μικρός, ἡλίκος Μόλων, mit schol., Pher. fr. 175 [A.] ποῖ κῆχος; [B.] ἐγγύς, ἡμερῶν γε τεττάρων und Bagordo 2014a, zu Call. fr. 30), wohl auf die Statue der oben genannten Göttin bezogen, die speziell für die älteren Männer, die den Chor der Komödie bilden, schwer zu bewegen gewesen sein soll; zum Blei in der Antike vgl. Blümner 1886, IV 88–91 und Forbes 1950, 201–13. Ein durch οἷα eingeleiteter Vergleich ist in der Komödie selten (vgl. Autocr. fr. 1,1 [*Tympanistai*] οἷα παίζουσιν φίλαι, 10 οἷα κίγκλος ἅλλεται, Anaxandr. fr. 47,1 [*Tēreus*] ἀλλ' οἷα νυμφὴ βασιλὶς ὠνομασμένη), in der hohen Dichtung jedoch häufig (vgl. etwa Hom. γ 73, Alcm. PMGF 56,4 = fr. 125,4 Cal., Pind. O. 1,16, Aesch. Ag. 1142), woraus wohl Folgerungen für die Bestimmung des Stilregisters zu ziehen sind.

21–3 ἔκυσα – φορμὸν πλέ-|κειν Das Verb κυνεῖν kann in der Komödie zwar für ein *Küssen* unter Liebenden stehen (z. B. in Ar. Pac. 709 und Ran. 755; erotisch konnotiert in Ach. 1209), aber auch für ein Zeichen der liebevollen Rücksicht, wie in Nub. 81 (vgl. Komornicka 1981, 65), was hier – falls hinter ταύτην immer noch die Statue der Göttin erkannt werden könnte (vgl. Pac. 923 τί δ' ἄλλο γ' ἢ ταύτην χύτραις ἱδρυτέον;, wo, in der hier oben geschilderten Szene – vgl. hier oben, zu Z. 10–2 –, das Demonstrativum auf Eirene bezogen ist) – nicht fehl am Platz wäre; möglich sind aber auch ganz andere Situationen, die sich um das Bild des Mattenflechters drehen (vgl. etwa Comparetti 1908, 17: „ se si tratta di una donna, come pare, dovremmo pensare che questa fosse vecchia e tutta ruvida di grinze, tanto che a colui, nel baciarla, paresse posar le labbra su una stuoia"); zu dieser Art von *Matte* vgl. Ar. fr. 168 [*Gērytadēs*] (φορμῷ σχοινίνῳ), mit Blümner 1912², I 300; zu πλέκειν vgl. Orth 2015, 262 A. 379.

fr. 592 K.–A. (P. Oxy. II 212 = CGFP *62; v. 35 = fr. 599 K.)

]ξομαι
]έρχεται·
]ạνῇ̣ σχολή·
]παγε
]χμάς·
]γύναι·
]ατι
]
] . ομαι
]δεσοι
]λ̣έγω·
— — —
(desunt versus fere 9)
ὑβριζόμεναι. (B.) μὰ Δί', ἀλλ' ἐγω[
ἢν νοῦν ἔχωμεν, σκεψ. [
μηδὲν πλέον τούτους . [
(A.) τί οὖν γένοιτ' ἄν; (B.) ἔχ' α . [
τί ἐστι τοῦθ' ὃ λέγουσι τ[ὰς Μιλησίας
παίζειν ἐχούσας, ἀντιβολῶ, [τὸ σκύτινον;
(A.) φλυαρία καὶ λῆρος ὕβρεω[ς
κἄλλως ὄνειδος καὶ κατ[άγελως
το[ύτ]ῳ γὰρ ὥσπερ τοῖσιν [ᾠοῖς
τ[οῖς] ἀνεμιαίοις ὅτι νεοτ[τ
. . [. .] δὲ καὶ τοῦτ' ἐστίν· ευ[
ἐς [τοῦ]το χρήσει· καὶ πονο[
(B.) κα[ὶ μ]ὴν λέγεταί γ' ὥς ἐσθ[' ὅμοιον ποσθίῳ

ἀλη[θ]ινῷ κ[αὶ τ]οῦτο. (Α.) νὴ Δ[ί’
ὥσπερ [σ]ελήνη γ’ ἡλίῳ· τὴν μὲ[ν χρόαν
ἰδεῖν ὅμοιόν ἐστι, θάλπει δ’ οὐ[δαμῶς.
(Β.) οὐκ ἄξιον γάρ ἐστι; (Α.) διὰ τοὐπὸν[
(Β.) φέρ’, εἰ [δ]ὲ τοῖς θεράπουσι κοινωσ[αίμεθα
τὸ πρ[ᾶ]γμα, τί ἂν εἴη; λάθρα̣ τε̣πι̣α̣[
(Α.) ἐγὼ μ[ὲ]ν οὔτε π . ότερον αὐτησ̣[
— — —
]. . [
]τραγικω[
] ̣ιν θύραζ[
ἐκφέρετε πεύκας κα⌋τ’ Ἀγάθω⌊να φωσφόρους
]εστινασφ[
]ταπαις ὦ ’γ[
]τον θεὸν
]εν ἐν ᾠδαῖς
]ν̣ κἀμὲ π̣[
]· οιδαγα[
]νειχομ̣[
]φιληκο[
]σι πλεο̣[
]υλ̣ι̣[
— — —

5 δρα]χμάς Austin **6** ὦ φίλη] γύναι Sommerstein **14** σκεψό̣[μεθα ed. pr. **15** ἔχ’ ἀπ̣[όκριναί μοι τόδε ed. pr.: ἔχ’ ἀτ̣[ρέμ’, οἶδ’ ὃ δράσομεν vel οἶδ’ ἐγὼ πόρον Kassel **17–8** ‘possis ἀντιβολῶ; (A:) τὸ σκύτινον; φλυαρία κτλ.’ Kassel–Austin **18** -[ς ἔμπλεως van Herwerden: ἀνάπλεως Wilamowitz **21** νεοτ[τοὺς οὐκ ἔχει Kassel **24** [’ ὅμοιον ποσθίῳ Wilamowitz **31** πρότερον? **33** ἵνα σοι καὶ] τραγικώ[τερον λαλῶ e. g. Kannicht **35** Athen. XV 701b **36** ἐστὶν ἀσφ[αλὲς Crönert:]ες τινας φ[ίλους Austin

]*xomai*
]*geht*:
]*anēi* Freizeit:
]*page*
Dra]chmen (?):
](du) Frau (?):
]*ati*
]
] . *omai*
]*desoi*

]ich sage (?):

— — —

(Lücke von etwa 9 Versen)

beleidigte [Nom. Fem. Pl.]. (B.) Nein, beim Zeus! Aber / Sondern ich[...
wenn wir vernünftig sind, (werden wir) betracht[en ...
nichts mehr [...] diese (Männer). [. . .
(A.) Was wäre dann? (B.) Schau mal[...
was ist denn dieses Ding, mit dem sie sagen, daß d[ie Milesierinnen
sich amüsieren, ich bitte dich, [das lederne Ding?
(A.) Quatsch und Geschwätz, der Frechhei[t ...
und sonst Blamage und Sp[ott ...
denn (wenn sie sich) di[es]es Dings (bedienen, es ist) wie bei den [Eiern,
den Wind-Eiern, da (ein) Kük[en (/ eine Brut) ...
. . [. .] und das ist auch dieses: *eu*[...
[da]zu wirst du es brauchen: und Mühe[...
(B.) Un[d den]noch heißt es, es sei [einem Penis ähnlich,
einem ec[h]ten, au[ch d]ieses Ding. (A.) Ja, beim Ze[us! ...
wie der [M]ond mit der Sonne: zwar (ist es) d[er Farbe / Oberfläche nach
ähnlich anzusehen, in der Wärme aber kei[neswegs.
(B.) Ist es also nichts wert? (A.) Durch *toupon*[
(B.) Sag mal, [u]nd wenn wir es mit den Sklaven teilen w[ürden,
das D[i]ng, wie wäre es? Heimlich *tepia*[
(A.) Ich würde weder vor(?) *autēs*[

— — —

]. . [
](mehr?) tragisch[
]*in* drauße[n
bringt die Pinienfackeln raus, die, wi⌋e Agatho⌊n (sagt), lichtbringenden
]*estinasph*[
]*tapais* o 'g[
]den Gott
]*en* in Liedern
]*n* und mich *p*[
]: *oidaga*[
]*neichom*[
]*philēko*[
]*si* (viel)meh[r
]*yli*[

Metrum Iambische Trimeter:

[⏒–⏑– ⏒–⏑– ⏒–]⏑–
[⏒–⏑– ⏒–⏑– ⏒]–⏑–
[⏒–⏑– ⏒–⏑–] ⏒–⏑–
[⏒–⏑– ⏒–⏑– ⏒–]⏑–
[⏒–⏑– ⏒–⏑– ⏒–⏑]–
[⏒–⏑– ⏒–⏑– ⏒–]⏑–
[⏒–⏑– ⏒–⏑– ⏒–]⏑–
[⏒–⏑– ⏒–⏑– ⏒–⏑–]
[⏒–⏑– ⏒–⏑– ⏒–]⏑–
[⏒–⏑– ⏒–⏑– ⏒–]⏑–
[⏒–⏑– ⏒–⏑– ⏒–]⏑–

⏑–⏖– ⏖–⏑– [⏒–⏑–]
––⏑– –|–[⏑– ⏒–⏑–]
––⏑– ––[⏑– ⏒–⏑–]
⏑–⏑– ⏑|⏖[⏑– ⏒–⏑–]
⏑–⏑– ⏖–⏑|[– ⏒–⏑–]
––⏑– –|–⏖– [⏒–⏑–]
⏑–⏑– ––⏑|⏖ –[–⏑–]
––⏑– –|–⏑[– ⏒–⏑–]
––⏑– –|–⏑[– ⏒–⏑–]
–⏖⏑– –|⏖⏑–[⏒–⏑–]
⏒–]⏑– ––⏑|– [⏒–⏑–]
––⏑– –|–⏑– [⏒–⏑–]
––⏖– ––[⏑– ⏒–⏑–]
⏑–⏑– ––⏑|– ⏑[–⏑–]
––⏑– –|–⏑– ––[⏑–]
⏑–⏑– ⏑–⏑|– ––[⏑–]
––⏑– ⏑–⏑|⏖ ––[⏑–]
⏑–⏑– ⏖–⏑|– –[–⏑–]
⏑–⏑⏖ ––⏑– ⏖–[⏑–]
⏑–⏑– ⏑⏖⏑|– –[–⏑–]
[…]
–⏖⏑– –|⏖⏑– ⏑–⏑–

Zitatkontext In diesem Oxyrhynchos-Papyrus aus dem 1./2. Jh. n. Chr. sind drei Bruchstücke aus einer unbekannten Komödie erhalten, die aller

Wahrscheinlichkeit nach von Aristophanes stammt (zu den Zuweisungen – *Thesmophoriazousai* II und *Lēmniai* – vgl. hier unten, Interpretation; Erstedition in Grenfell–Hunt 1899, 20–3, mit wesentlichen Beiträgen für die Restitution des Textes durch F. Blass; vgl. auch Ronconi 2005, der im Papyrus dieselbe Hand wie in P. Oxy. XXXVII 2808 = com. adesp. fr. 1111 – ebenfalls mit spärlichen Resten aus einer unbekannten Komödie [Euripides wird in v. 7 erwähnt, eine *Atalantē* in v. 8] erkennt und eine Herkunft aus derselben, in die 2. Hälfte bzw. das Ende des 1. Jhs. v. Chr. datierten Papyrusrolle vermutet).

Der v. 35]τ' Ἀγάθω[wurde anhand von Athen. XV 701b (ἵνα κἀγὼ κατὰ τὸν καλὸν Ἀγάθωνα ἀναφωνήσω τάδε τὰ τοῦ ἡδίστου Ἀριστοφάνους· ἐκφέρετε πεύκας κατ' Ἀγάθωνα φωσφόρους) wiederhergestellt (*ed. pr.*), wo der Vers mit Angabe des Autors, aber nicht des Stücktitels, im Rahmen einer Diskussion über *lychnoi* zitiert wird.

Am Rande von v. 26 dürfte das marginale Zeichen X die metaphorische Redewendung ὥσπερ [σ]ελήνη γ' ἡλίῳ markieren (so auch z. B. zu com. adesp. fr. 1062,3. 4, in v. 4 wohl auf den metaphorischen Gebrauch von ἐκπίνει τε καὶ κατεσθίει bezogen; vgl. Stama 2014, 377–8).

Textgestalt In v. 5 ist δρα]χμάς von Austin 1973, z. St. eine fast obligatorische Ergänzung; ebenso eine Form von σκέπτεσθαι in v. 13 (am wahrscheinlichsten σκεψό[μεθα der *ed. pr.*). Zu ὦ φίλη] γύναι in v. 6 (Sommerstein 2009, 29 A. 43) vgl. hier unten, zu]γύναι. Die Ergänzung in v. 15 der *ed. pr.* (ἔχ' ἀπ[όκριναί μοι τόδε) fand in einer Revision des Papyrus durch Austin keine Bestätigung (wegen des π[), worauf Kassel 1978 das paläographisch vertretbare ἔχ' ἀτ[ρέμ', οἶδ' ὃ δράσομεν (anhand von Pher. fr. 6,3 [*Agrioi*] ἔχ' ἀτρέμ', ἐγῷδα, Χαῖρις) bzw. οἶδ' ἐγὼ πόρον (nach Ar. Thesm. 769 οἶδ' ἐγὼ καὶ δὴ πόρον) vorschlug. Weitere Ergänzungsversuche, die zum Verständnis des Textes beitragen und als *exempli gratia* zu nehmen sind, sind ἔμπλεως (van Herwerden 1900, 124) bzw. ἀνάπλεως (Wilamowitz 1927, 130) am Ende von v. 18 und νεοτ[τοὺς οὐκ ἔχει (Kassel 1978) am Ende von v. 21. Dasselbe gilt für die Rekonstruktion von v. 33 (ἵνα σοι καὶ] τραγικώ[τερον λαλῶ) durch Kannicht zu Agath. TrGF 39 F 15 (vgl. Men. fr. 602,8 ἵνα σοι ‹καὶ› τραγικώτερον λαλῶ), während v. 35, wo nur]ταγάθω[zu lesen ist, seine komplette Restitution (gesichert durch den Akzent) dem Zitat in Athen. XV 701b verdankt (vgl. hier oben, Zitatkontext); in v. 31 scheint π[ρ]ότερον (vor αὐτηϲ) keine Alternative zu haben (Henderson 2007, z. St. gibt es mit „ahead of her" wieder), da das in der *ed. pr.* bevorzugte πιότερον keine komischen Parallelen aufweist; in v. 36 sind das ἐστὶν ἀσφ[αλές von Crönert 1901, 512 und das]ες τινας φ[ίλους von Austin 1973, z. St. beide plausibel.

Interpretation Die in den vv. 12–31 gut rekonstruierbare Szene ist ein Dialog zwischen zwei (oder mehreren) Frauen, die wohl im Namen anderer Frauen behaupten, ein nicht zu bestimmendes Unrecht erlitten zu haben (ὑβριζόμεναι, 12) und, wahrscheinlich damit die Männer mit diesem Unrecht aufhören (μηδὲν πλέον [...] τούτους, 14), einen Plan (zu deren Ungunsten) anvisieren; im Anschluß daran dreht sich das Gespräch um die mögliche Lösung des Problems, die – zumindest aus der Sicht der Frau B (vv. 15–7) – im Gebrauch eines ledernen Penis bestehen würde (weder der eigentliche Begriff *olisbos* noch synonyme Ausdrücke sind im verstümmelten Text erhalten, aber es ergibt sich unverkennbar aus dem Kontext, daß es darum geht). Auf die zurückweisende Reaktion der Frau A, die aus verschiedenen Gründen dagegen argumentiert (vv. 18–23), u. a. mit technischen Defiziten des milesischen Manufakts, kontert die Frau B mit einem einzigen, aber entscheidenden Vorteil (der naturgetreuen Ähnlichkeit), von dem sie gehört habe (vv. 24–5); aber auch darauf reagiert die Frau A ironisch, indem sie allerdings eine direkte, aber anscheinend enttäuschende Erfahrung mit dem *olisbos* implizit bekennt (vv. 25–7); die Frau B zeigt sich langsam resigniert, wobei ihr letzter Überzeugungsversuch (v. 29–30) wohl ebenfalls – soweit aus der negativ klingenden, aber nur partiell lesbaren Replik der Gesprächspartnerin (v. 31) zu schließen – zum Scheitern bestimmt zu sein scheint.

Die restlichen, kaum lesbaren vv. 32–45 enthalten einen Hinweis auf etwas *Tragisches* (v. 33) und die anhand eines weiteren Zitatträgers rekonstruierbare Parodie eines Agathon-Verses (v. 35; vgl. hier oben, Zitatkontext; vgl. Butrica 2001, 73: „The claims of this fragment to belong to a play with literary connections, such as one containing a travesty of Euripides would be, are strengthened by the few scraps of fr. B, where some adjectival or adverbial form of τραγικός; appears (]τραγικω[, 33), followed soon after by]ταγάθω[(35), which the accent shows is a form of the name of the tragic poet Agathon, who is associated with Euripides in the extant *Thesmophoriazusae* as well. It is also possible that the mention of Agathon overlaps fr. 341, cited from *Thesmophoriazusae* (καὶ κατ' Ἀγάθων' ἀντίθετον ἐξυρημένον); but Kassel and Austin restore here another fragment of Aristophanes with precisely the same collocation of letters"; vgl. auch Wright 2012a, 167).

Die Präsenz vom *olisbos* (*penis coriaceus*) in der Komödie ist auf wenige andere Stellen beschränkt (zum *olisbos* in der griech. Kultur vgl. Dover 1978, 102, mit Taf. R 1071, und Neri 2013, 16–8; zur weiblichen Masturbation Henderson 1991², 221–2): in Ar. Lys. 107–10 (ἀλλ' οὐδὲ μοιχοῦ καταλέλειπται φεψάλυξ. / ἐξ οὗ γὰρ ἡμᾶς προὔδοσαν Μιλήσιοι, / οὐκ εἶδον οὐδ' ὄλισβον ὀκτωδάκτυλον, / ὃς ἦν ἂν ἡμῖν σκυτίνη 'πικουρία), ebenfalls einer Konversation unter Frauen (hier spricht Lysistrate), ist nach Milets Abtrünnigkeit nicht einmal mehr der *olisbos* (ein milesisches Produkt) vorhanden; in fr. 332,13 [*Thesmophoriazousai* II] (πομφόλυγας, ἀποδέσμους, ὀλίσβους, σάρδια) stehen die *olisboi* in einem detaillierten Katalog von weiblichen Accessoires, die sonst zu Kosmetik, Bekleidung, Schmuck oder Frisur gehören, als einziges sexuell konnotiertes Objekt etwas isoliert da (selbst im letzten Teil der Liste, der immerhin durch das allusive τὰ μέγιστα δ' οὐκ εἴρηκα τούτων, d. h. ‚das Beste kommt noch', v. 9, eingeleitet wird; Henderson 1991², 113 will im κεκρύφαλον von v. 6 ein *double entendre* mit „secret phallus" erkennen); in Cratin. fr. 354 (μισηταὶ δὲ γυναῖκες ὀλίσβοισι χρήσονται) ist eine Anspielung auf den bevorstehenden Peloponnesischen Krieg denkbar, bei dem die Frauen allein gelassen werden (vgl. Kassel–Austin z. St.); in Stratt. fr. 57 [*Psychastai*] (Σαννυρίωνος σκυτίνην ἐπικουρίαν, mit Orth 2009, z. St.) könnte die *lederne Hilfe* (in der Parodie der sprichwörtlichen Redewendung συκίνη ἐπικουρία) in der Verspottung des Komikers Sannyrion eher als auf den *olisbos* (so, anhand von schol. Ar. Lys. 109, Henderson 1991², 221 A. 48) auf den von den Komödien-Schauspielern getragenen Phallus hindeuten, dessen allzu unbefangener Einsatz als komisches Mittel etwa in Ar. Nub. 538 als vulgär kritisiert wird. Über die *olisboi* unterhalten sich Frauen auch in Herond. 6, wo aber das Objekt – anders als bei Aristophanes – sie nicht gleichgültig läßt (vgl. Headlam 1922, zu Herond. 6,19 und Hunter 1995, 161 mit A. 28 [= 2008, 219 mit A. 28]).

Die Frage der Zuweisung dieses Fragments zu einer bekannten aristophanischen Komödie hat eine rege Diskussion ausgelöst, die wie so oft in solchen Fällen, zu keinem endgültigen Ergebnis gelangen kann. Die ersten Editoren (Grenfell–Hunt 1899, 20) dachten – als reine Hypothese – an die *Thesmophoriazousai* II, und zwar – außer wegen der weiblichen Sprechenden – auch anhand von Ar. fr. 341 [*Thesmophoriazousai* II] (καὶ κατ' Ἀγάθων' ἀντίθετον ἐξυρημένον), wo Agathon, sogar mit der gleichen Formulierung (κατ' Ἀ.) wie in v. 35, verspottet wird (so auch Fraccaroli 1999, Cavallo 1986 114 mit A. 224 [= 2002, 94]; vgl. auch Carrière 2000, 218; dagegen Ronconi 2005, der für dieses Fragment wie für com. adesp. fr. 1111 – vgl. hier oben, Zitatkontext – die Herkunft aus einer und derselben unbekannten aristophanischen Komödie nahelegt; zur noch offenen Debatte um die Aufführung der *Thesmophoriazousai* II vgl. Butrica 2000, Austin–Olson 2004, lxxvii–lxxxix und Karachalios 2006); dagegen bestreitet Handley 1983, 85 A. 1 jegliche Zuweisung, während Ciriello 1989, 83–8 die *Lēmniai* suggerierte (vgl. auch Delneri 2006, 211; an die „vorargonautische Phase des sexuellen Notstands der Frauen", die für die Zuweisung zu dieser Komödie sprechen würde, denkt zuletzt auch Zimmermann 2011, 777, unter Verweis auf Mastromarco 1994, 72; zu den Ähnlichkeiten mit der *Lysistrate* vgl. Wilamowitz 1927, 130 und Gelzer 1971, 1419,15–7 A. 32).

6]γύναι Vgl. Sommerstein 2009, 29 A. 43: „only a man may address an individual woman simply as 'woman' (γύναι); any woman may be so addressed [...], though most often it is the speaker's wife. Ar. fr. 592.6 is not provably an exception, since only the last five letters of the line survive and the full vocative expression may have been [ὦ φίλη] γύναι as in *Lys.* 95".

12 ὑβριζόμεναι Zu ὑβρίζειν vgl. Olson 2002, zu Ar. Ach. 479 (ἀνὴρ ὑβρίζει): „ὕβρις is outrageously hostile behaviour designed not so much to injure as to humiliate its victim".

14 μηδὲν πλέον Vgl. Men. Coneaz. 17 Sandb. (τοῖς πόνοις δ' εἰργαζόμην / οὐδὲν πλέον).

15 τί οὖν γένοιτ' ἄν; Vgl. Ar. Equ. 13 (τίς οὖν γένοιτ' ἄν; – bezogen auf σωτηρία ‚Ausweg'); vgl. auch Lys. 191 (τίς ἂν οὖν γένοιτ' ἂν ὅρκος;).

ἔχ' ἀτ̣[ρέμα Zur plausiblen Ergänzung von Kassel 1978 vgl. hier oben, Textgestalt; der Ausdruck in der Komödie auch in Ar. Nub. 743, Av. 1200 (ἔχ' ἀτρέμας), 1244, Thesm. 230 (vgl. auch Nub. 261 ἀλλ' ἔχ' ἀτρεμεί).

16 τ[ὰς Μιλησίας Die milesische Herkunft des *olisbos* auch im zitierten Ar. Lys. 108–9 (ἐξ οὗ γὰρ ἡμᾶς προὔδοσαν Μιλήσιοι, / οὐκ εἶδον οὐδ' ὄλισβον ὀκτωδάκτυλον; vgl. Sud. α 169 ὄλισβος· αἰδοῖον δερμάτινον, ᾧ ἐχρῶντο αἱ Μιλήσιαι γυναῖκες, ὡς τριβάδες καὶ αἰσχρουργοί· ἐχρῶντο δὲ αὐτοῖς καὶ αἱ χῆραι γυναῖκες).

17 ἀντιβολῶ Für die Formulierung εἴπ', ἀντιβολῶ, τί(ς) ἐστι; – mit ἀντιβολεῖν im Sinne von ‚fragen', ‚bitten' – verweisen Kassel–Austin z. St. auf Ar. Equ. 109. 142. 1202, Nub. 155. 224. 314, Eccl. 1071 (vgl. auch Plat. fr. 189,3 [*Phaōn*] ἔστι δ', ἀντιβολῶ σε, τοῦτο τί; und fr. 207,1 πρῶτον μὲν οὖν μοι λέξον, ἀντιβολῶ; für die auf die Komödie beschränkte Bedeutung ‚anflehen', ‚dringend bitten' vgl. hingegen Olson 2002, zu Ar. Ach. 414, der den Ausdruck für „colloquial" halten möchte).

[τὸ σκύτινον Vgl. hier oben, Interpretation (speziell Ar. Lys. 109–10 οὐκ εἶδον οὐδ' ὄλισβον ὀκτωδάκτυλον, / ὃς ἦν ἂν ἡμῖν σκυτίνη 'πικουρία; vgl. auch Hsch. σ 1200 σκύτινον καθειμένον· διεζωσμένοι εἰσῄεσαν οἱ κωμικοὶ ὑποκριταί. οἱ δὲ αἰδοῖα δερμάτινα τοῦ γελοίου χάριν ἀνωτέρω τῶν ἰσχίων καὶ τῶν αἰδοίων περικείμενοι, schol. Ar. Nub. 538b σκύτινον] δέρμα, αἰδοῖον, δερμάτινον).

18 φλυαρία καὶ λῆρος ὕβρεω[ς Vgl. Ar. Lys. 159 (φλυαρία ταῦτ' ἐστὶ τὰ μεμιμημένα); zur Junktur, die idiomatisch in der att. Konversation gewesen sein soll, vgl. Plat. Hipp. ma. 304b (ἵνα μὴ δοκῇ λίαν ἀνόητος εἶναι λήρους καὶ φλυαρίας ὥσπερ νῦν μεταχειριζόμενος) und Gorg. 486c (εἴτε ληρήματα χρὴ φάναι εἶναι εἴτε φλυαρίας); vgl. auch Aristot. Protr. fr. 110,4 (ὡς τὰ ἄλλα γε πάντα φλυαρία τις ἔοικεν εἶναι πολλὴ καὶ λῆρος), Plut. De comm. not. 1065c (τῶν ταῦτα ληρούντων καὶ φλυαρούντων), Cass. Dion. Hist. Rom. p. 122,8 (τί γὰρ δεῖ μοι λήρου καὶ φλυαρίας, ἐξὸν καὶ παρὰ τῷ Ἄρει τῷ προπάτορι ἡμῶν κριθῆναι;) und Artemid. IV 47 (ὅσα δὲ παντελῶς ἐξίτηλα καὶ φλυαρίας καὶ λήρου μεστά, ὡς τὰ περὶ τὴν γιγαντομαχίαν); eine interessante Kombination beider Begriffe mit der ὕβρις findet sich in Plut. Quaest. conv. 716f (τὸ δὲ ληρεῖν οὐδέν ἐστιν ἀλλ' ἢ λόγῳ κενῷ χρῆσθαι καὶ φλυαρώδει· λαλιᾶς δ' ἀτάκτου καὶ φλυαρίας εἰς ἄκρατον ἐμπεσούσης ὕβρις καὶ παροινία τέλος ἀμουσότατον καὶ ἀχαριστότατον; vgl. Hdn. Partit. p. 77 Boiss. λῆρος, ἡ φλυαρία· ληρῶ, τὸ φλυαρῶ· ληρωδία, ἡ ὕβρις).

19 κἄλλως ὄνειδος καὶ κατ[άγελως Vgl. Eup. fr. 192,100–1 [*Marikas*] (καὶ γὰρ αἱ γυναῖκ[ε]ς / ὅσαι μ[ὲν ἂν] νεανίαις ξυνῶσ[ι / καταγελῶνται); zu καταγελᾶν und Derivaten bei Aristophanes vgl. Sommerstein 2009, 108–12.

20–1 [ᾠοῖς] / τ[οῖς] ἀνεμιαίοις Das ᾠὸν ἀνεμιαῖον (oder ὑπηνέμιον) ist das *vom Wind befruchtete Ei*, das nichts als Luft enthält (eine ausführliche Erklärung in Aristot. De gen. anim. 750b 3–751a 24; vgl. auch Athen. epit. II 57e; Kassel–Austin z. St. verweisen auf Zirkle 1936; damit verbunden ist wohl die theriomorphe Darstellung meteorologischer Phänomene, darunter der Winde: insbes. für Boreas vgl. De Angelis 2010, 335–9); in der Komödie wird es sonst in Ar. Av. 694–5 (Ἐρέβους δ' ἐν ἀπείροσι κόλποις / τίκτει πρώτιστον ὑπηνέμιον Νὺξ ἡ μελανόπτερος ᾠόν; zu den vermeintlichen Bezügen auf eine orphische Kosmogonie vgl. Dunbar 1995, z. St.), fr. 194 [*Daidalos*] (ἐνίοτε πολλαὶ τῶν ἀλεκτρυόνων βίᾳ / ὑπηνέμια τίκτουσιν ᾠὰ πολλάκις), Arar. fr. 6 [*Kaineus*] (ἀνεμιαῖον ᾠόν, kontextlos zitiert in Antiatt. p. 81,3, der sonst nur auf Platons *Theaitetos* verweist: vgl. Plat. Theaet. 151e. 157d. 161a. 210b) erwähnt (vgl. auch – ohne ᾠόν – Men. fr. 99 [*Daktylios*] ἀνεμιαῖον ἐγένετο).

21 νεοτ[τ Es bietet sich eine Form νεοττίον (vgl. Ar. Av. 547. 767) an, von νεοττός (835. 1350. 1357) – beide Begriffe bedeuten ‚Küken' (vgl. aber Diph. fr. 120 ᾠῶν δ' ἐν αὐτῇ διέτρεχεν νεοττία [Phot., νεόττια Sud.] und Men. fr. 40 [*Andria*] καὶ τεττάρων / ᾠῶν μετὰ τοῦτο, φιλτάτη, τὸ νεοττίον, wo es für *Eigelb* steht) – oder auch eine Form von νεοττιά ‚Brut' (Ar. Av. 641 εἰσέλθετ' εἰς νεοττιάν τε τὴν ἐμήν).

25 ἀλη[θ]ινῷ Nur hier in der Archaia.

νὴ Δ[ί' Stark affirmative Partikel, die fast immer mit dem Akk. einer Gottheit, zumeist Zeus, vorkommt (häufig v.a. in Komödie und Prosa).

26 ὥσπερ [σ]ελήνη γ' ἡλίῳ Ein nur hier bezeugter Ausdruck (mit sentenziösem Charakter) für zwei Dinge, die sich nur annähernd vergleichen lassen (hier ein *olisbos* mit einem echten Penis).

τὴν μὲ[ν χρόαν Das hier konjizierte χρόα kommt in der Komödie sonst nur in Ar. Ran. 1311–2 (τέγγουσαι νοτίοις πτερῶν / ῥανίσι χρόα δροσιζόμεναι) vor; die alternative Form χροιά ist häufiger (Nub. 1012 χροιὰν λαμπράν, 1017 χροιὰν ὠχράν, 1171*b* ὡς ἥδομαί σου πρῶτα τὴν χροιὰν ἰδών, Plut. 1020 ὄζειν τε τῆς χροιᾶς ἔφασκεν ἡδύ μου); vgl. hier unten, zu fr. 623 (ῥόαν).

27 **θάλπει** Da θάλπος speziell auf die *Sonnenhitze* bezogen wird (vgl. etwa Aesch. Ag. 565. 969, Suppl. 747, Soph. Trach. 145; so auch beim Verb: Ant. 417 καῦμ' ἔθαλπε, Ar. Av. 1091–2 οὐδ' αὖ θερμὴ πνίγους ἡμᾶς / ἀκτὶς τηλαυγὴς θάλπει), scheint der Begriff an das vorige Bild *Mond* / *Sonne* in v. 26 anzuknüpfen: dem Mond fehlt es an *Wärme* im Vergleich zur Sonne, wie dem künstlichen im Vergleich zum echten Penis.

29 **φέρ', εἰ [δ]ὲ τοῖς θεράπουσι κοινωσ[αίμεθα** Zu den Sklaven als Liebhabern der Frauen bei Abwesenheit der Ehemänner vgl. Ar. Thesm. 490–2 (ταῦτ' οὐδεπώποτ' εἶφ', ὁρᾶτ', Εὐριπίδης· / οὐδ' ὡς ὑπὸ τῶν δούλων τε κὠρεωκόμων / σποδούμεθ', ἢν μὴ 'χωμεν ἕτερον, οὐ λέγει ‚diese Dinge, seht ihr, hat Euripides nie gesagt: / und er sagt auch nicht, daß wir uns von Sklaven und Eseltreibern / bumsen lassen, wenn wir keinen anderen da haben'), fr. 715 (ὅστις ἐν ἡδυόσμοις / στρώμασι παννυχίζων / τὴν δέσποιναν ἐρείδεις), Eup. fr. 192,100–2 [*Marikas*] (καὶ γὰρ αἱ γυναῖκ[ε]ς / ὅσαι μ[ὲν ἂν] νεανίαις ξυνῶσ[ι / καταγελῶνται, / [ὅσαι δ' [...]].[.] καὶ δούλοισιν / ὠφελοῦνται) sowie Herond. 5 (mit Headlam 1922, xlv–vi; vgl. Butrica 2001, 73: „Unless Aristophanes was exaggerating female sexual drive for humorous effect more than usual, the frustration apparent here seems to imply a longer period of abstinence than the three days of the Thesmophoria; and if the fragment really does come from the lost *Thesmophoriazusae*, then perhaps we can hazard the guess that the women were frustrated and angry at Euripides because his "slanders" had been so successful that Athenian men were avoiding women entirely in response. In addition, sex is perhaps "the thing" that they apparently discuss sharing – in secret – with slaves [...]. It is tempting to speculate that the *therapontes* mentioned here are not the women's household slaves (in which case the women would be contemplating adultery after their return home) but slaves hired to help them move their provisions after their stay at the Thesmophoria, and tempting further to suggest that the *therapon* of fr. 340 is one of them").

Zum Verb κοινοῦν mit Dat. der Person und Akk. der Sache vgl. Ar. Nub. 196–7 (μήπω γε μήπω γ', ἀλλ' ἐπιμεινάντων, ἵνα / αὐτοῖσι κοινώσω τι πραγμάτιον ἐμόν); eine stringente Parallele wegen des ähnlichen Kontextes, in einer leicht variierten Konstruktion (Gen. statt Akk.), in Eur. Andr. 932–3 (σὺ τὴν κακίστην αἰχμάλωτον ἐν δόμοις / δούλην ἀνέξῃ σοι λέχους κοινουμένην;), wo Hermione berichtet, man habe sie gefragt, ob sie es hinnehme, daß eine Sklavin ihr Ehebett teile.

35 **ἐκφέρετε πεύκας κα⌋τ' Ἀγάθω⌊να φωσφόρους** Zur Wiederherstellung des Textes vgl. hier oben, Zitatkontext. Aus dieser aristophani-

schen Parodie wird der sonst nur in Athen. XV 701b überlieferte Agathon-Vers erschlossen (Agath. TrGF 39 F 15); Agathon wird in der Archaia außer in den erhaltenen *Thesmophoriazusen* auch in Ar. Ran. 83, in fr. 178 [*Gērytadēs*] und in fr. 341 [*Thesmophoriazousai* II] (καὶ κατ᾽ Ἀγάθων᾽ ἀντίθετον ἐξυρημένον) erwähnt (vgl. Karachalios 2006, 5 A. 18: „We have two more mentions in the fragments: the one in 592.35 (from an *incerta fabula*) does not even concern Agathon as a person; Aristophanes merely attributes to him the phrase he used (ἐκφέρετε πεύκας κατ᾽ Ἀγάθωνα φωσφόρους). The other is to be found in the *Gerytades* (fr. 178) and consists of the usage of the epithet *Agathōneios* in order to denote effeminate poetry. Ironically, fr. 592 has been attributed to the lost *Thesmophoriazusae* (see Butrica 2001: 72-3) but whether this is correct is beside my point; this is a papyrus fragment, and it does not betray an awareness of the content of the lost play at the time when the misattribution of fr. 341 probably occurred“).

fr. 593 K.–A. (P. Amh. II 13 = CGFP 61; cf. CLGP 29; v. 2 = fr. 665 K.)

] . σ᾽ ἢ μὴ ᾽μβάλω·
νεῖν⌋ ἐξ ὑπτίας·
] . . ινω .
]τί δὴ μαθὼν
]λ̣έ̣γ̣ειν
]οτι
]
]ο̣τ̣ασ̣
] . τ̣ατω̣ν
τοσο]υτουὶ χρόνου·
]χρόνος
]Βυζαντίου
]ι̣α̣ πόλις
]. ος ἦρξ᾽ ἐγώ·
]λλ. . ι̣ου·
]οῦντά̣ σε·
]ι̣ μάρτυρας
]νιεῖ
]μέρω̣.
] . [.] . σθαί μ᾽ αὐτίκα
δεῖ τὴν γραφὴ[ν
ἀλλ᾽ ἐκκαλῶ γο[

ὃν ἐγὼ φιλῶ μ[
ὃς καίπερ ὄντα[
παῖ παῖ· τ̣ο . [
. . . .]ο̣[
— — — —

1]ι̣ς Demiańczuk ἐκβαλῶ]ν σ' ἢ μὴ 'μβαλῶ Allen: fort. ἐκβάλ]ω Grenfell–Hunt **2** νεῖν⌋ ἐξ ὑπτίας suppl. Grenfell–Hunt **5** ἐκ]λ̣έ̣γειν suppl. Grenfell–Hunt **14** πρότε]ρ̣ος vel φαλακ]ρ̣ός Allen **15** Ἑ]λλ[αν]ίου **18** ἀγω]νιεῖ Allen **19** τη]μέρῳ Edmonds: ἐφη]μέρῳ Grenfell–Hunt, Kassel–Austin **22** Γό[ργιππον Blass: γοῦν αὐτόν Austin **23** μ[άλιστα Allen

] wenn ich dich nicht reinwerfe:
zu schwimmen ⌋ rückwärts:
] . . *inō.*
]wozu?
]*legein*
]*oti*
]
]*otas*
] . *tatōn*
für so]lange Zeit wie diese:
]Zeit
]von Byzantion
]*ia* Stadt
]. *os* herrschte ich:
]*ll. . iou*:
]*ounta* dich:
]*i* Zeugen (Akk. Pl.)
]*niei*
]*merō.*
] . [.] . *sthai* mich sofort
es ist nötig, daß die Anklag[e
aber ich werde herausrufen *go*[
den ich liebe *m*[
welcher ihn/die Dinge, obwohl er ist/sie sind[
Sklave! Sklave! *to* . [
. . . .]*o*[

P. Amh. II 13 (col. I = 1–20, col. II: 21–6; cf. CLGP 29)
marg. dextr. schol.: **1** ε̣ἴ̣(ρηται) παρὰ τὸ φορτικ(ὸν) ἐκ̣πράσ̣ω̣ν̣ | ἢ μὴ 'μπρασ̣ . . [.] . . . . α̣ι̣ρου( )] | εἰς Μάγνητα **5** ἀν(τὶ τοῦ) συλλέγειν **11–2** τὸ τέλος τὴν

δα̣[πάνην | πότερον ἀπολ̣[| θεῶι τω[suppl. Grenfell–Hunt   **14** μα̣δ[: μαδῶν Allen **15** κιμο̣[| πα̣ί̣ζε̣ι̣ παρὰ[**19** ἀν(τὶ τοῦ) σημερινῶι
marg. sin.: **24** antisigma Ͻ ἐπιστομιεῖ τ̣οσ̣[

Scholion am rechten Rand:
1 es wurde g[esagt] nach dem gemeinen *ekprasōn* (‚wer verramschen wird') | oder nicht *'mpras..*[.].... *airou*( )] | gegen Magnes   **5** statt ‚sammeln'   **11–2** am Schluß die Aus[gabe] | ob *apol*[|dem Gott *tō*[| *mad*[**15** *kimo*[| er macht sich lustig über [**19** statt *sēmerinō*
Scholion am linken Rand: **24** wird zügeln soviel[

Metrum Iambische Trimeter:

[⏒–⏑– ⏒–⏑–] ––⏑–
[⏒–⏑– ⏒–⏑–] ––⏑–
[⏒–⏑– ⏒–⏑– ⏒–]⏑–
[⏒–⏑– ⏒–⏑–] ⏑–⏑–
[⏒–⏑– ⏒–⏑– ⏒–]⏑–
[⏒–⏑– ⏒–⏑– ⏒–]⏑–
[⏒–⏑– ⏒–⏑– ⏒–⏑–]
[⏒–⏑– ⏒–⏑– ⏒–]⏑–
[⏒–⏑– ⏒–⏑– ⏒–]⏑–
[⏒–⏑– ⏒–⏑]– ––⏑–
[⏒–⏑– ⏒–⏑– ⏒–]⏑–
[⏒–⏑– ⏒–⏑–] ⏑–⏑–
[⏒–⏑– ⏒–⏑–] ⏑–⏑–
[⏒–⏑– ⏒–⏑–] ⏑–⏑–
[⏒–⏑– ⏒–⏑– ⏒–]⏑–
[⏒–⏑– ⏒–⏑– ⏒]–⏑–
[⏒–⏑– ⏒–⏑– ⏒]–⏑–
[⏒–⏑– ⏒–⏑– ⏒–]⏑–
[⏒–⏑– ⏒–⏑– ⏒–]⏑–
[⏒–⏑– ⏒–⏑–] ⏒–⏑–
––⏑– [⏒–⏑– ⏒–⏑–]
––⏑– ⏒[–⏑– ⏒–⏑–]
⏖–⏑– [⏒–⏑– ⏒–⏑–]
––⏑– ⏑|[–⏑– ⏒–⏑–]
––⏑[– ⏒–⏑– ⏒–⏑–]
[⏒–⏑– ⏒–⏑– ⏒–⏑–]

Zitatkontext Im Papyrus Amherst II 13 ist ein Aristophanes-Fragment mit Marginalscholien lexikalischen Interesses enthalten (aus dem Anfang des 3. Jhs. n. Chr.; Erstedition in Grenfell–Hunt 1901; eine kommentierte Neuedition in Montana 2012², 212–8 [CLGP 29]; vgl. auch Perrone 2010, 96–8).

Die Zuweisung zu Aristophanes ergibt sich aus der Kombination vom Ausdruck νεῖν ἐξ ὑπτίας (Z. 2; Grenfell–Hunt 1901, z. St., anhand von Poll. VII 138 νεῖν δ' ἐξ ὑπτίας μάθημα κολυμβητῶν εἴρηκεν Ἀριστοφάνης καὶ Πλάτων [Plat. Rep. 529c, Phdr. 264a]) und der Marginalglosse εἰς Μάγνητα (zu Z. 1; vgl. Bagordo 2014b, zu Magn. test. 10). In Z. 14 der Marginalscholien basiert die Ergänzung in μαδῶν von Allen 1901, 425 auf schol. Ar. Plut. 266e (μαδῶντα· φαλακρόν).

In Z. 24 ist Ͻἐπιστομιεῖ· ṭoσ̣[zu lesen (zu der Frage, ob es sich bei der Verbform um ein Lemma handelt, vgl. die ausführliche Diskussion in Montana 2012², 218), was ein Pendant in Ar. Equ. 845 (τοὺς ἐμοὺς ἐχθροὺς ἐπιστομίζειν ‚meine Feinde zügeln') hätte.

Textgestalt Das ἐκβαλῶ]ν σ' ἢ μὴ 'μβαλῶ (v. 1) stammt von Allen 1901, 425; zum νεῖν⌋ ἐξ ὑπτίας (v. 2) vgl. hier oben, Zitatkontext; das ἐκ]λ̣ἐ̣γειν (v. 5) von Grenfell–Hunt 1901, z. St. basiert auf dem Marginalscholion ἀν(τὶ τοῦ) συλλέγειν; etwas spekulativ sind πρότε]ρος bzw. φαλακ]ρός (v. 14), ἀγω]νιεῖ (v. 18), beide von Allen 1901, 425, sowie das Γό[ργιππον (v. 22) von Blass 1901, wohingegen das μ[άλιστα (v. 23) von Allen 1901, 425 und das γο[ῦν αὐτόν (v. 22) von Austin 1973, z. St. sich jeweils durch Ar. Plut. 251 (ὃν ἐγὼ φιλῶ μάλιστα μετὰ σέ) und Thesm. 250 (ἀλλ' ἱμάτιον γοῦν χρῆσον) unterstützen lassen.

Der Kommentar zu v. 15 setzt zwar die Verspottung von jemandem voraus, was jedoch nicht unbedingt für eine Ergänzung Ἑ]λλ[ην]ίου (nach Ar. Equ. 1253 Ἑλλάνιε Ζεῦ, σὸν τὸ νικητήριον) eher als für ἀ]λλ' [ἠξ]ίου spricht (beide in Grenfell–Hunt 1901, z. St.; vgl. Montana 2012², 217: „L'integrazione Ἑ]λληνίου nel testo [...] ben si presterebbe a un contesto di parodia religiosa o letteraria (tragica)"), da eine Verspottung des Zeus schwer vorstellbar ist.

Anhand von schol. (RV) Ar. Nub. 699b.β = Sud. τ 509 (τήμερος· ὁ σημερινός. καὶ ἔστι τεταγμένον ἐπὶ σώματος. τὸ δὲ τήμερον ἐπὶ χρόνου λέγεται. καὶ ἐν [τῇ om. Sud.] Εἰρήνῃ [Ar. Pac. 242–3]· „ἰὼ Λακεδαῖμον, τί ἄρα πείσῃ τήμερον;" [Ar. fr. 420 [*Holkades*]] ἀντὶ τοῦ σημερινή; vgl. auch schol. Hom. Α 424 ἐπιρρηματικῶς ὡς καὶ τὸ τήμερος παρὰ τοῖς Ἀττικοῖς) läßt sich das mit ἀν(τὶ) σημερινῷ glossierte]μέρῳ (v. 19) durch τη]μέρῳ (Edmonds I 960) vielleicht besser ergänzen als durch das bei Aristophanes nicht bezeugte ἐφη]-μέρῳ (so hingegen Grenfell–Hunt 1901, z. St.; auch in Kassel–Austin, z. St., Henderson 2007, z. St. und Montana 2012², 215 abgedruckt).

Interpretation Jemand erzählt etwas in erster Person. Die Formulierung von v. 1 mit ἢ μή und dem Konj. Aor. suggeriert eine Entscheidung mit ungewissem Ausgang. Aus den spärlichen Resten läßt der Hinweis auf *Zeugen* und eine *Anklage* (vv. 17. 21) sonst nur Elemente einer gerichtlichen Situation erkennen (Allen 1901, 425 dachte an eine agonale Szene der *Daitalēs* – allerdings aufgrund fragwürdiger Konjekturen; vgl. hier oben, Textgestalt). Der Verweis im Scholion zu v. 1 ‚gegen Magnes', kombiniert mit der Ergänzung ἐκβαλῶ]ν, wurde mit Ar. Equ. 525 (ἐξεβλήθη πρεσβύτης ὤν, bezogen auf Magnes) assoziiert (vgl. Montana 2012², 216). Ein Sklave wird in v. 25 gerufen.

2 **ἐξ ὑπτίας** Vgl. hier oben, Zitatkontext und Ginouvès 1962, 113 A. 12.

4 **τί – μαθών;** Idiomatischer Ausdruck der attischen Konversation für ein etwas unhöfliches ‚Warum?', mit dem der Sprechpartner brüskiert wird (zu dieser Redensart und dem lat. Pendant *qua ratione?* vgl. Bagordo 2001, 140–2): vgl. Ar. Ach. 826 (τί δὴ μαθὼν φαίνεις ἄνευ θρυαλλίδος;), Nub. 402 (τί μαθών;), 1506–7 (τί γὰρ μαθόντες τοὺς θεοὺς ὑβρίζετε / καὶ τῆς σελήνης ἐσκοπεῖσθε τὴν ἕδραν;), Vesp. 251–2 (τί δὴ μαθὼν τῷ δακτύλῳ τὴν θρυαλλίδ' ὠθεῖς, / καὶ ταῦτα τοῦ 'λαίου σπανίζοντος, ὦ 'νόητε;), Lys. 599 (σὺ δὲ δὴ τί μαθὼν οὐκ ἀποθνῄσκεις;), Plut. 908 (σύ; τί μαθών;), Pher. fr. 70,1–3 [*Ipnos ē Pannychis*] (κᾆτα μυροπωλεῖν τί μαθόντ' ἄνδρ' ἐχρῆν καθήμενον / [...] / [...] ἐλλαλεῖν δι' ἡμέρας;), Men. Dysc. 109–10 (εἰς τὸ χωρίον δέ μου / ἥκεις ‹σύ;› τί μαθών;), Nicol. fr. 1,17–8 (τί γὰρ μαθών, ἄνθρωπε, πρὸς τῶν δαιμόνων / βούλει παρασιτεῖν;); in Eup. fr. 193,3–4 [*Marikas*] (ἀνὴρ ὁμολογεῖ Νικίαν ἑορακέναι. / καίτοι τί μαθὼν ἂν εἶδεν, εἰ μὴ προὐδίδου;) ist die Lesart τί παθών alles andere als auszuschließen (vgl. aber, im indirekten Fragesatz, fr. 392,3 ὅ τι μαθόντες).

10 **τοσο]υτουὶ χρόνου** Zu dem deiktischen Pronomen vgl. hier unten, zu fr. 622; für die Verbindung mit χρόνος vgl. Eur. HF 618 (χρόνον δὲ πῶς τοσοῦτον ἦσθ' ὑπὸ χθονί;), sonst häufig in der Prosa (seit Thuc. VII 12,3).

12 **Βυζαντίου** Die Stadt Byzantion wird in der Archaia sonst v.a. mit in den anderen griechischen Städten ungewöhnlichen *eisernen Münzen* in Verbindung gebracht (vgl. Ar. Nub. 248–9 τῷ γὰρ ὄμνυτε; / [ἦ] σιδαρέοισιν, ὥσπερ ἐν Βυζαντίῳ; und Plat. fr. 103 [*Peisandros*] χαλεπῶς ἂν οἰκήσαιμεν ἐν Βυζαντίῳ, / ὅπου σιδαρέοισι τοῖς †νομίσμασι†); in Ar. Vesp. 236–7 (ἥβης ἐκείνης, ἡνίκ' ἐν Βυζαντίῳ ξυνῆμεν / φρουροῦντ' ἐγώ τε καὶ σύ) spielt der Chor der Alten auf die Stationierung athenischer Soldaten in der Stadt aufgrund eines Aufstands gegen die athenische Herrschaft im J. 440/39 v.Chr. an.

17 **μάρτυρας** Vgl. Ar. Vesp. 936 (τοὺς μάρτυρας γὰρ ἐσκαλῶ).

19 **]μέρῳ** Vgl. hier oben, Textgestalt.

21 **δεῖ τὴν γραφή[ν** In der Komödie ist γραφή stets im technischen Sinn von ‚(öffentlicher) Anklage' zu finden (vgl. Ar. Nub. 1480–1 καί μοι γενοῦ ξύμβουλος, εἴτ' αὐτοὺς γραφὴν / διωκάθω γραψάμενος, εἴθ' ὅτι σοι δοκεῖ,

Vesp. 841–2 μὰ Δί' οὐκ ἔγωγ', ἀλλ' ἅτερός φησιν κύων / κατηγορήσειν, ἥν τις εἰσάγῃ γραφήν, 894 ἀκούετ' ἤδη τῆς γραφῆς, 907–8 τῆς μὲν γραφῆς ἠκούσαθ' ἣν ἐγραψάμην, / ἄνδρες δικασταί, τουτονί).

22 γο[Für die Ergänzung von γο[vgl. hier oben, Textgestalt.

23 ὃν ἐγὼ φιλῶ μ[Vgl. hier oben, Textgestalt.

24 ὅς καίπερ ὄντα[Für καίπερ + ὤν vgl. Ar. Nub. 889–90 (δεῖξον σαυτὸν / τοῖσι θεαταῖς καίπερ θρασὺς ὤν), Lys. 825–7 (ἀλλ' ὅμως ἂν οὐκ ἴδοις / καίπερ οὔσης γραὸς ὄντ' αὐ-/τὸν κομήτην), 917–8 (μὰ τὸν Ἀπόλλω, μή σ' ἐγὼ / καίπερ τοιοῦτον ὄντα κατακλινῶ χαμαί), Thesm. 369–70 (ἡμῖν θεοὺς παραστατεῖν / καίπερ γυναιξὶν οὔσαις), Plut. 571 (ἀλλ' οὐ ψεύδει τούτων γ' οὐδέν, καίπερ σφόδρα βάσκανος οὖσα).

25 παῖ παῖ So werden in der Komödie Sklaven gerufen (vgl. Ar. Ach. 395. 1097–8. 1118–9, Nub. 132 [παῖ, παιδίον], 1145, Vesp. 1251. 1307, Pac. 255, Av. 57. 850, Ran. 37 [παιδίον, παῖ, ἠμί, παῖ], 464, Men. Epitr. 1076; vgl. auch Aesch. Cho. 653–4).

fr. 594 K.–A. (P. Oxy. XI 1403 = CGFP *60)

— — —
]..[
]υ̣κκεν[
]υ̣σ̣άμενοσ̣
]νωτ̣ο̣ν̣ τ̣[
— — — —
— — — —
].
]
]τ̣ο̣υ̣ντ .[
].ο̣ι̣κενα̣[
]. .[
— — — —

2]υ̣κκεν[3]υ̣σ̣άμενοσ̣: possis e. g. παυσάμενος vel λουσάμενος 4]νωτ̣ο̣ν̣ τ̣[: possis e. g. λιβανωτόν vel νῶτον 8].ο̣ι̣κενα̣[: possis δεδοικέναι vel ἔοικεν α-

———
]..[
]*ykken*[
]*ysamenos*

]*nōton t*[
– – – –
– – – –
].
]
]*tount*.[
].*oikena*[
]. .[
– – – –

Metrum Ungewiß.

Zitatkontext Überliefert in einem Oxyrhynchos-Papyrus aus dem 5. Jh. n. Chr. (vv. 1–4 *recto* und vv. 5–9 *verso*; Princeton, University Library P.Princ. inv. AM 9048), wurde das Fragment zusammen mit anderen Blättern aus einem Codex u. a. mit Werken des Aristophanes (P. Oxy. XI 1371–1374) gefunden; es stammt aus derselben Hand wie P. Oxy. XI 1374 = CFGP 34, in dem Bruchstücke aus Aristophanes' *Wespen* (mehr als 150 Verse aus der Mitte des Stücks) erhalten sind (vgl. Cavallo–Maehler 1987, 92 und Kassel–Austin z. St.: „frustulum eadem manu scriptum est atque Pap. Ox. 1374 (CGFP 34), ubi Vesparum ramenta servantur"): daher die Wahrscheinlichkeit, daß es einen aristophanischen (bisher unbekannten) Text enthält (so bereits Grenfell–Hunt 1915, 247: „not from the *Wasps*, although presumably Aristophanes"; vgl. aber Montana 2012², 224; „differenze di scrittura e di *mise en page* portano a escludere che 1371-1374 (contenenti, rispettivamente, resti di *Nub.* con *marginalia*; *Ran.*; *Pax* ed *Eq.*; *Ve.*), 1402 ed eventualmente 1403 appartenessero a un medesimo manoscritto").

Textgestalt Keine einzige Sequenz von Buchstaben läßt eindeutig auf ein Wort schließen. Nur beispielsweise ergäben sich aus einer auf Aristophanes beschränkten Recherche folgende Möglichkeiten für]υ̣σ̣άμενοσ̣ (v. 3), eine Buchstabenfolge, die am wahrscheinlichsten zu einem Partizip zu ergänzen sein dürfte (theoretisch auch -ύσαμεν ὅσ-), hier in lemmatisierter Form: παυσάμενος (5mal), λουσάμενος (4mal), λυσάμενος, ὑποδυσάμενος, ῥυσάμενος, βουλευσαμένους, θηρευσάμενος, ἐκκρουσαμένους (als Aoristformen vgl. auch ἐνεβύσαμεν, ἠκούσαμεν und κατεδύσαμεν; mit Menander kommen noch παρακρουσάμενος, ἐκ[λυσά]μενος, ἱδρυσάμενος hinzu).

Für]νωτο̣ν̣ τ̣[(v. 4) wäre die erste Option λιβανωτόν ‚Weihrauch', Akk. (7mal bei Aristophanes, davon 6 im Akk., 4mal bei Menander, 2mal bei Antiphanes, je 1mal bei Hermippos, Eupolis, Platon, Nikostratos, Alexis; vgl. auch das ἀλιβάνωτος bei Platon); als zweite Möglichkeit ist νῶτον ‚Rücken' zu erwägen (5mal bei Aristophanes, immer Akk., 1mal bei Antiphanes); weitere denkbare Formen sind die aristophanischen γοργόνωτον, τυρόνωτον und Ἀρίγνωτον (vgl. κυφονώτου bei Antiphanes).

Für].ọịκενα̣[(v. 8) kommen wohl eher δεδοικέναι oder ἔοικεν α- in Betracht (beide bei Aristophanes).

Interpretation Keine Interpretation ist möglich (vgl. hier oben, Textgestalt). Die Kombination von zwei der wahrscheinlichsten Ergänzungsmöglichkeiten – λουσάμενος und λιβανωτόν, Akk. (vv. 3–4) – würden zwar einen rituellen bzw. sakrifikalen Kontext suggerieren – *waschen, Weihrauch* –, aber jegliche Spekulation erweist sich unter solchen Umständen lediglich als leeres Gedankenspiel.

fr. *595 K.–A. (CGFP 294[K])

β.[. . .] ἔπειθ' | ὑπ̣[. . . . . .]εν | αν[. . . . .] | φ̣[. . . . .] |
ε[. . .]ọ.[. . . .] | χ.[. .] δὲ Σοφο|κλ̣[έα] λαβών, |
πα[ρ' Α]ἰ̣σχύλου | ν̣[. . .]ρ ὅσον | . .[.].εσθ', ὅλον |
Εὐριπίδην, | πρὸς τοῖσι | δ' ἐμβαλ̣εῖν | ἅλας,
μẹμνη|μένος δ' ὅπως | ἅλα̣ς καὶ μὴ λά|λας

1 ut Satyri verba [διε]βά̣[λλετο] vel [διε]βλ̣[ήθη] ἔπειθ' ὑπ' [ἄλλων] ἐναν[τίων] St. West 2 Σοφοκλ[έα] Demiańczuk: Σοφοκλ[έους] Kuiper (longius) 3 ν̣[έκτα]ρ von Arnim (longius) 4 τοῖσι δ' von Arnim: τοισίδ' Hunt

...
... man nehme Sophokles,
von Aischylos [...] wie viel [...] den ganzen
Euripides, und zu denen gebe man Salz hinzu,
indem man aber beachtet: Salz und kein Geschwätz

Satyr. Vit. Eur. F 6 fr. 39 XVI 1–37 Schorn
—— (B) ἐοίκασιν | ἀνδρὸς εἶναι | τῶν ἀ[ντι]δι|δασκόντω̣ν (ἀντιδ- Wilamowitz) αὐτῶ[ι], καθά|περ εἶπας. | ἀτ[ὰ]ρ σιναμώ|ρως γε κἀνταῦ|θα πάλιν ὁ κω|μω[ι]δοδιδάσκαλ̣ος ἐπέ|δακ[ε]ν̣ (ἐπέδακνεν Hunt, sed longius) τὸν Εὐρ[ι]πίδην. (A) τοῦ (τ. δ' Hunt) [ἐπ]ομένου χ‹ε›ιμ[ῶ]νος ἄλ|λαι̣ [κ]α̣ὶ̣ ἄ̣λ̣λ̣ο̣ι (ἄλ. κ. ἄλ. Schorn) | πα.[. . . . .]ọς (πά[λιν] Leo) | ει̣[. . . . .] | οτ̣[. . . . .] | λοι̣[. . . . .] | .[- - -

—— (B) Das scheinen Worte eines seiner Mitbewerber (im tragischen Agon) zu sein, wie du gesagt hast. Aber auch hier schnappte der Komödiendichter erneut eifrig nach Euripides. (A) Im folgenden Winter andere ...

Metrum Iambische Trimeter (vv. 2–5):

[⏓–⏑– ⏓–⏑]⏑⏖ ⏑–⏑–
⏑–⏑– [⏓–⏑– ⏖]–⏑–
––⏑– ––⏑|– ⏑–⏑–
––⏑– ⏑–|⏑– ––⏑–

Zitatkontext Das Aristophanes-Zitat wird in einem Abschnitt aus der Euripides-Biographie des Satyros zitiert, in dem es – im breiteren Kontext von Euripides' Anfeindungen in Athen (Satyr. Vit. Eur. F 6 fr. 39 X–XVIII 23) – speziell um das getrübte Verhältnis zu seinen Konkurrenten geht (XV 17–XVI 23; zur Rekonstruktion von Gesprächsverläuf und Sprecherverteilung in XVI – das ganze Werk ist in Dialogform verfaßt – vgl. Schorn 2004, 317). Die Identifikation des *kōmōdodidaskalos* mit Aristophanes ist aufgrund seiner ständigen Heranziehung durch Satyros höchst wahrscheinlich, wobei die einzige weitere Euripides-Verspottung durch einen Komiker ebenfalls auf Aristophanes zurückgeht (fr. 39 XII 1a–16; zitiert werden Ar. Thesm. 373–4. 335–7).

Textgestalt Es ist nicht klar, wo die einleitenden Worte des Satyros enden und das Aristophanes-Zitat beginnt; in der Rekonstruktion durch West 1966, 550 (διεβάλλετο bzw. διεβλήθη ἔπειθ' ὑπ' ἄλλων ἐναντίων) gehört Z. 1 zum Zitatträger. Weitere Ergänzungsvorschläge wie Σοφοκλ[έους] (Kuiper 1913, 240) und ν[έκτα]ρ (von Arnim 1913) sind laut dem letzten Herausgeber zu lang (vgl. Schorn 2004, 107).

Interpretation Das Fragment läßt sich als ein Rezept für die Komposition einer Tragödie interpretieren, welches aus *Sophokles* (Soph. test. 138 R.), *etwas Aischylos* (Aesch. test. 124 R.) und *dem ganzen Euripides* (Eur. test. 175 Kn.) besteht und wahrscheinlich von einem der minderwertigen Tragiker-Kollegen ausgesprochen wird (vgl. Schorn 2004, 313. 315); die Verspottung des *witzlosen* und doch *geschwätzigen* Charakters der euripideischen Tragödie dreht sich um das Wortspiel ἅλας / λάλας (über seine Geschwätzigkeit vgl. Ar. fr. 392 [*Nephelai* I] Εὐριπίδῃ δ' ὁ τὰς τραγῳδίας ποιῶν / τὰς περιλαλούσας οὗτός ἐστι, τὰς σοφάς).

Ähnlich verspottet wird der Tragiker Sthenelos (TrGF 32 T 1) in Ar. fr. 158 [*Gērytadēs*] [A.] καὶ πῶς ἐγὼ Σθενέλου φάγοιμ' ἂν ῥήματα; / [B.] εἰς ὄξος ἐμβαπτόμενος ἢ ξηροὺς ἅλας): seine Ausdrucksweise sei nur dann genießbar, wenn sie passend gewürzt werde; eine Zugehörigkeit zum *Gērytadēs* aufgrund dieses Fragments sowie der allgemeinen fr. 162 [*Gērytadēs*] (θεράπευε καὶ χόρταζε τῶν μονῳδιῶν) und fr. 164 [*Gērytadēs*] (ἀκροκώλι', ἀρτοί, κάραβοι, βολβοί, φακῆ) erscheint schon allein deshalb als fragwürdig (*pace* Kuiper 1913, 241), als die Eßmetaphorik für literaturkritische Äußerungen in der Komödie durchaus geläufig ist (vgl. Bagordo 2013, zu Telecl. fr. 41 Μνησίλοχός ἐστ' ἐκεῖνος ‹ὅς› φρύγει τι δρᾶμα καινὸν / Εὐριπίδῃ, καὶ Σωκράτης τὰ φρύγαν' ὑποτίθησιν; die wichtigsten Stellen sind Ar. Equ. 537–40 = Cratet. test. 6, Ar. fr. 347 [*Thesmophoriazousai* II], Cratin. fr. 182,3 [*Pylaia*], Metag. fr. 15,1–2 [*Philothytēs*]; speziell auf Euripides bezogen ist Ar. fr. 128 [*Gēras*] ὀξωτά, σιλφιωτά, βολβός, τευτλίον, / ὑπότριμμα, θρῖον, ἐγκέφαλος, ὀρίγανον, / καταπυγοσύνη ταῦτ' ἐστὶ πρὸς κρέας μέγα), wo mit einem obszönen Bild auf die fehlende Nahrhaftigkeit in Euripides' viel zu verfeinerten Gerichten angespielt wird (vgl. auch Taillardat 1965², § 751–755).

Es handelt sich um das wohl früheste bekannte Beispiel für die namentliche Zusammenstellung der drei Tragiker, die später den Dreierkanon bilden werden (hier in noch deutlicherer Form als in Ar. Ran. 786–94 ([ΞΑ.] κἄπειτα πῶς / οὐ καὶ Σοφοκλέης ἀντελάβετο τοῦ θρόνου; / [ΟΙ.] μὰ Δί' οὐκ ἐκεῖνος, ἀλλ' ἔκυσε μὲν Αἰσχύλον, / ὅτε δὴ κατῆλθε, κἀνέβαλε τὴν δεξιάν· / κἀκεῖνος ὑπεχώρησεν αὐτῷ τοῦ θρόνου. / νυνὶ δ' ἔμελλεν, ὡς ἔφη Κλειδημίδης, / ἔφεδρος καθεδεῖσθαι· κἂν μὲν Αἰσχύλος κρατῇ, / ἕξειν κατὰ χώραν· εἰ δὲ μή, περὶ τῆς τέχνης / διαγωνιεῖσθ' ἔφασκε πρός γ' Εὐριπίδην).

ἅλας καὶ μὴ λάλας Eine syntaktisch ähnliche, auf dem Homoioteleuton basierende Sequenz ist Ar. fr. 724 (οὐχὶ ταμίας ἀλλὰ Λαμίας; vgl. hier oben, zu fr. 629, Zitatkontext); zur λαλιά des Euripides vgl. Dover 1993, 22.

fr. 596 K.–A. (580 K.)

Κηφισοφῶν ἄριστε καὶ μελάντατε,
σὺ γὰρ συνέζης ὡς τὰ πόλλ' Εὐριπίδῃ
καὶ συνεποίεις, ὥς φασι, τὴν μελῳδίαν

1 κράτιστε Fritzsche ταλάντατε Seidler 2 δὲ pro γὰρ G 3 ὥς φασι, τὴν Rossignol: ὥς (om. V) φησι καὶ τὴν codd.: ὦ φθισικέ, τὴν Nauck: Κηφισιακὴν Kaibel

Kephisophon, Bester und Dunkelhäutigster,
du lebtest nämlich die meiste Zeit mit Euripides
und machtest, wie sie sagen, bei der Komposition der Musik mit

Vit. Eur. 6 p. 6,2 Schw. (codd. VGQHW)
εἶχεν οἰκογενὲς μειράκιον ὀνόματι Κηφισοφῶντα. πρὸς τοῦτον ἐφώρασε τὴν οἰκείαν γυναῖκα ἀτακτοῦσαν. τὸ μὲν οὖν πρῶτον ἀπέτρεπεν ἁμαρτάνειν· ἐπεὶ δ' οὐκ ἔπειθε, κατέλιπεν αὐτῷ τὴν γυναῖκα βουλομένου αὐτὴν ἔχειν τοῦ Κηφισοφῶντος. λέγει οὖν καὶ ὁ Ἀριστοφάνης· ——

er (d. h. Euripides) hatte einen im Hause geborenen Sklavenjungen namens Kephisophon. Er ertappte seine Ehefrau, als sie mit diesem Mann unzüchtig verkehrte. Zunächst versuchte er, sie von diesem fehlerhaften Benehmen abzuhalten; da sie ihm aber nicht gehorchte, ließ er ihm seine Frau, da Kephisophon sie haben wollte. Auch Aristophanes sagt also: ——

Metrum Iambische Trimeter:

––⏑– ⏑–⏑|– ⏑–⏑–
⏑–⏑– –|–⏑– ––⏑–
–⏖⏑– ––⏑|– ⏑–⏑–

Zitatkontext Der Verfasser der Euripides-Vita zieht das Fragment als Bestätigung für Kephisophons Mitarbeit heran (zu Kephisophon in der biographischen Tradition des Euripides vgl. Schorn 2004, 287–90). In Vit. Eur. 2 werden unmittelbar nach Telecl. fr. 41 (mit Mnesilochos und Sokrates als Mitarbeitern des Euripides; vgl. Bagordo 2013, z. St.) zwei weitere *Helfer* genannt, die für ihn gar die lyrischen Partien komponiert haben sollen (οἱ δὲ τὰ μέλη αὐτῷ φασι Κηφισοφῶντα ποιεῖν, ἢ Τιμοκράτην Ἀργεῖον): hier wurde Ἰοφῶντα durch Κηφισοφῶντα von Welcker ersetzt: es ist jedoch nicht auszuschließen, daß Iophon, Sophokles' Sohn und selbst Tragiker, hier gemeint ist (vgl. z. B. Gallo 2005, 69); von Timokrates aus Argos wissen wir sonst nichts.

Dieser Abschnitt hängt von der Euripides-Vita des Satyros ab, mit der sie sich z. T. wörtlich überschneidet und in der diese Episode als Aition für Euripides' misogyne Einstellung gedeutet war (Satyr. Vit. Eur. F 6 fr. 39 XII 21–33 Schorn προσώχ[θ]ι̣σεν δὲ τῶι [γ]ένει το[ύ]των χάριν· ἦν, ὡ̣ς̣ ἔοικεν, π[α]ρ' αὐτῶι μειρακίσκος οἰκογενὴς ὄνομα Κηφισοφῶν. [πρ]ὸ̣ς τοῦτον οὖ̣ν̣ [ἐ]φώρασε τ[ὴ]ν γυναῖκ[α τὴ]ν ἰδίαν [αὐτο]ῦ [.]τ̣α̣κ̣[...]υ̣, XIII 1–22 τ̣ὸ̣ ἀδίκημ' ἐν[ε]γκών, ὡς μ[νη]μονεύου[σι,] τ[ὴ]ν μὲν ἄ[ν]θ[ρ]ωπον ἐκ̣[έ]λ[ευ]σεν τῶ[ι] νεανίσκ[ωι] συνοικεῖ[ν, ἐ]πειδήπ̣ερ α̣[ὐ]τὴ προ̣[είλε]το „ἵνα μ̣[ὴ τὴν] ἐμὴν ο̣[ὗτ]ο̣ς̣ ἔχηι", φησίν, „ἀλλ' ἐγὼ τὴν τούτου· δίκαιον γάρ, ἄνπερ βούλωμαι." πρὸς ὅλον δὲ τὸ φῦλον δ̣[ι]ετέλει μαχόμενος ἐν τοῖς ποιήμασιν, mit Schorn 2004, 301–5).

Textgestalt Anhand von Dem. 21,71 (ἰσχυρός τις ἦν, μέλας) möchte Fritzsche 1845, 313 das tradierte ἄριστε (v. 1) durch κράτιστε ersetzen. Ebenso unnötig ist der Eingriff von Seidler 1818, dessen ταλάντατε für μελάντατε, wenn an sich theoretisch nicht unmöglich (vgl. Ar. Plut. 684 ταλάντατ' ἀνδρῶν, οὐκ ἐδεδοίκεις τὸν θεόν;), in einem zu starken Kontrast zu ἄριστε stehen würde. Der als ὥς φασι, τὴν (v. 3) von Rossignol 1832, 243 einwandfrei restituierte Text wurde mit einiger Willkür emendiert: in ὦ φθισικέ, τήν (Nauck 1894, 80–1; das Adj., im Sinne von ‚schwindsüchtig', ist erst hellenistisch – u. a. Menander –, wobei v.a. die Bedeutung problematisch erscheint) bzw. Κηφισιακήν (Kaibel in

Kassel–Austin z. St.: „adulterii significatio necessario requiritur", anhand von Cratet. fr. 30 [*Rhētores*] Κηφισιακαῖσι γογγυλίσιν ὅμοια πάνυ).

Interpretation Jemand spricht Kephisophon spöttisch an und erinnert ihn an das Zusammenleben und die ‚Zusammenarbeit' mit Euripides. Die Zeitformen (συνέζης, συνεποίεις) deuten auf eine Aufführungszeit der unbekannten Komödie, in der kein Kontakt mehr zwischen Euripides und Kephisophon bestand. Alternativ zu einer nicht zwingenden Präsenz des Kephisophon als *dramatis persona* könnte es sich um die Anrede an einen als Kephisophon imaginierten Zuschauer handeln; denkbar ist auch eine im Kontext einer diegetischen Sektion berichtete direkte Rede, in der ebenfalls Kephisophon als nur imaginierte Person figuriert.

Das Fragment enthält mehr oder weniger explizit drei Informationen über Kephisophon und dessen Umgang mit Euripides: hinter der Anrede μελάντατε könnte ein Hinweis auf seine Virilität stecken, von der laut mehreren Bezeugungen (vgl. hier unten, zu Κηφισοφῶν) Euripides' (zweite) Ehefrau profitieren durfte; v. 2 besagt, daß er viel Zeit in Euripides' Haushalt verbrachte, was sich außer durch sein ehebrecherisches Verhältnis durch seine Haupttätigkeit im Dienste des Tragikers rechtfertigen läßt: seine in v. 3 als Gerücht (ὥς φασι) berichtete Mitwirkung an der μελῳδία der euripideischen Tragödien. Daß wiederum das Wort μελῳδία das in der Komödie bezeugte Wortspiel mit μέλη ‚Lieder' / ‚Gliedmaßen' enthalten könnte (vgl. hier unten, zum Wort), ist nur eine Möglichkeit: das Fragment würde dabei eine Pointe gewinnen, die beide Tätigkeiten Kephisophons in Euripides' Hause ironisch subsumiert – ihm käme es nicht nur auf die μέλη ‚Lieder' des Tragikers, sondern auch auf die μέλη ‚Gliedmaßen' dessen Frau an.

Κηφισοφῶν Die Rolle des Kephisophon als ‚Mitarbeiter' des Tragikers wird in Aristophanes' *Fröschen* mehrfach angedeutet: in Ar. Ran. 944 (εἶτ' ἀνέτρεφον μονῳδίαις Κηφισοφῶντα μειγνύς) soll er ihm dabei geholfen haben, die von Aischylos geerbte Tragödie mit einem Rezept auf Diät zu setzen, wobei der Vers manche Affinität zu unserem Fragment aufweist (an beiden Stellen ist von Kephisophons vermeintlichem Beitrag zur euripideischen Lyrik die Rede, entweder in den *monōdiai* oder in der *melōdia*); in 1452 (ταυτὶ πότερ' αὐτὸς ηὗρες ἢ Κηφισοφῶν;) sorgte er offenbar für kluge Erfindungen (vgl. auch 1407–10); die Scholien identifizierten sogar Euripides' Diener in Ach. 395–406 mit ihm. Diese und weitere Bezeugungen zur Figur des Kephisophon werden von Sommerstein 2003/04 ausführlich diskutiert, der zum Schluß kommt, dieser sei tatsächlich ein junger Mitarbeiter des Euripides bei der Komposition der Musik seiner Tragödien gewesen, beruflich ein tragischer Schauspieler – so zuletzt auch Glaser 2009, 100 A. 330 –, wobei der Beginn dieser Zusammenarbeit zwischen 411 und 408/7 v. Chr. anzusetzen ist: also zwischen der Aufführung der *Thesmophoriazusen*, in denen keine Spur dieser Beziehung zu finden ist, und 408/7 v. Chr., als Euripides Athen verließ.

Die biographische Tradition interessiert sich jedoch eher für einen anderen Aspekt der Geschichte: den Vorwurf des Ehebruchs mit Euripides' zweiter Frau (vgl. hier oben, Zitatkontext; vgl. auch [Eur.] epist. 5,2 [an Kephisophon] τῶν Ἀριστοφάνους φληναφημάτων). Zu den weiteren ‚Mitarbeitern' des Euripides, Sokrates und Mnesilochos, vgl. Bagordo 2013, zu Telecl. fr. 41. 42 .

ἄριστε In der Komödie sonst nur in Ar. Equ. 457 (ὦ γεννικώτατον κρέας ψυχήν τ' ἄριστε πάντων), wo Paphlagon/Kleon vom Koryphäus begrüßt wird (zur Verwendung dieser vielerlei mit βέλτιστε ähnlichen Anrede v.a. in der att. Prosa vgl. Dickey 1996, 140. 278).

μελάντατε Die Dunkelhäutigkeit evozierte Virilität und körperliche Kraft (zur sexuellen Valenz von λευκός, das hingegen die Pathizität evoziert, vgl. Totaro 1991, 155–7): das nächste Pendant zu diesem Gebrauch bietet Ar. Thesm. 31 (μῶν ὁ μέλας, ὁ καρτερός;), wo die beiden Adj. ironisch dazu dienen, den als effeminiert auftretenden Agathon vorzustellen (vgl. auch Plat. Rep. 474e, Dem. 21,71; die Erklärung in Sud. λ 713 ὅλον δι' ἡμέρας ἐχλιαίνετο πρὸς τὸν ἥλιον ὥστε μελανθῆναι ὡς ἀνήρ); so deutet eine weiße Hautfarbe auf Effeminiertheit (vgl. Eur. Bacch. 457 λευκὴν δὲ χροιὰν ἐκ παρασκευῆς ἔχεις, Ar. Eccl. 427–8 μετὰ τοῦτο τοίνυν εὐπρεπὴς νεανίας / λευκός τις ἀνεπήδησ' ὅμοιος Νικίᾳ).

Die Vermutung, daß dieses Epitheton die Vorstellung von Kephisophon als einem Sklaven inspiriert haben könnte (Kovacs 1990, 17, unter der Prämisse, daß „most blacks the Greeks encountered were slaves"), wird zu Recht von Sommerstein 2003/04, 10 v.a. mit dem Argument zurückgewiesen, daß er u. a. beim Zitatträger als hausgeborener Sklave gilt.

συνέζης Der Gebrauch vom Verb συζῆν in Aristot. EN 1156a 27. 1170b 11 suggeriert, daß Kephisophon, eher als im Hause des Euripides zu residieren, als willkommener Gast bei seinem älteren Freund viel Zeit verbrachte (Sommerstein 1996, 240); vergleichbar ist der Gebrauch von συνδιατρίβειν (mit Dat. der Person und Akk. eines Wortes wie *Zeit*, *Leben* u.ä.: ‚mit jdm. etwas verbringen') etwa in Cratin. fr. 1,4–5 [*Archilochoi*] († πρώτῳ / Κίμωνι λιπαρὸν γῆρας εὐωχούμενος / αἰῶνα πάντα συνδιατρίψειν, von einem Metrobios gesagt, vielleicht einem Parasiten, der gerne bei Kimon sein ganzes Leben verbracht hätte; vgl. auch Antiphan. fr. 54,6 [*Aphrodisios*] κοινῇ τὸν ἄλλον συνδιατρίψοντες χρόνον [d. h. αὐτοῖς, v. 5]).

ὡς τὰ πόλλ' Dieser in der Komödie nur hier bezeugte adv. Ausdruck kommt bei Euripides (Eur. Ion. 239–40 γνοίη δ' ἂν ὡς τὰ πολλά γ' ἀνθρώπου πέρι / τὸ σχῆμ' ἰδών τις εἰ πέφυκεν εὐγενής, fr. 150,2 Kn. ὃν μὴ τὸ θεῖον ὡς τὰ πολλὰ συνθέλει) und in der att. Prosa (z. B. Thuc. V 65,4, Plat. Menex. 238c ἐν ᾗ νῦν τε πολιτευόμεθα καὶ τὸν ἀεὶ χρόνον ἐξ ἐκείνου ὡς τὰ πολλά) nicht selten vor.

συνεποίεις Das Verb συμποιεῖν wird gelegentlich im Zusammenhang mit Plagiatsvorwürfen eingesetzt (für die Möglichkeit einer nicht plagiatorischen *Zusammenarbeit* vgl. Halliwell 1989 und Sonnino 1998, 48): vgl. etwa Eup. fr. 89 [*Baptai*] († κἀκεῖνος † τοὺς Ἱππέας / ξυνεποίησα τῷ φαλακρῷ ⏑⏓ κἀδωρησάμην, mit dem Zitatträger schol. Ar. Nub. 554a Εὔπολις ἐν τοῖς Βάπταις τοὐναντίον φησίν, ὅτι συνεποίησεν Ἀριστοφάνει τοὺς Ἱππεῖς), als Replik auf die in Ar. Nub. 553–4 (Εὔπολις μὲν τὸν Μαρικᾶν πρώτιστον παρείλκυσεν / ἐκστρέψας τοὺς ἡμετέρους Ἱππέας κακὸς κακῶς) geäußerte Rüge; auf Zusammenarbeit deutet auch Thesm. 157–8 (ὅταν σατύρους τοίνυν ποῇς, καλεῖν ἐμέ, / ἵνα συμποῶ σοὔπισθεν ἐστυκὼς ἐγώ: der Verwandte an Agathon).

μελῳδίαν Dies scheint der früheste Beleg für das Wort (der nächste ist [Eur.] Rhes. 923 Μοῦσαι μεγίστην εἰς ἔριν μελῳδίας: es geht um einen musikalischen Wettkampf) und der einzige im 5. Jh. v. Chr. im Sinne von ‚Komposition der Musik' zu sein (vgl. auch Plat. Leg. 935e. 812d); μελῳδός als Adj. (‚melodisch, musikalisch') ist erst in Eur. IA 1104–5 (ἔνθα κύκνος μελῳ-/ δὸς Μούσας θεραπεύει), als Subst. (= μελοποιός ‚lyrischer Dichter') in Plat. Leg. 723e zu finden.

Die mögliche Doppeldeutigkeit des Wortes μέλος (vgl. hier oben, Interpretation) läßt sich in der Komödie reichlich belegen: Ar. Vesp. 462 (εἴπερ ἔτυχον τῶν μελῶν τῶν Φιλοκλέους βεβρωκότες, mit Bagordo 2002), Ran. 862 (τἄπη, τὰ μέλη, τὰ νεῦρα τῆς τραγῳδίας), 1261–2 (πάνυ γε μέλη θαυμαστά· δείξει δὴ τάχα. / εἰς ἓν γὰρ αὐτοῦ πάντα τὰ μέλη ξυντεμῶ), 1325–8 (τοιαυτὶ μέντοι σὺ ποιῶν / τολμᾷς τἀμὰ μέλη ψέγειν, / ἀνὰ τὸ δωδεκαμήχανον / Κυρήνης μελοποιῶν;), Cratin. fr. 276 [*Hōrai*] (ἴτω δὲ καὶ τραγῳδίας / ὁ Κλεομάχου διδάσκαλος / † μετὰ τῶν † παρατιλτριῶν / ἔχων χορὸν λυδιστὶ τιλ-/λουσῶν μέλη πονηρά); vgl. auch Herond. 8,71–2 (τὰ μέλεα πολλοὶ κάρτα, τοὺς ἐ̣μ̣οὺς μόχθους, / τιλεῦσιν ἐν Μούσῃσιν).

fr. 597 K.–A.

τίς οὐκ ἂν ἐκγελάσειε χαρίεντ' εἰσορῶν
παθόντα τόνδε καὶ καλῆς ἀπ' ἐλπίδος
σφαλέντα;

1 ἐκγελάσῃ χαριέντα cod.: corr. Tsantsanoglou   2 τόνδε Tsantsanoglou: τόδε cod.   ἀπελπίδος cod.

wer würde denn nicht in Gelächter ausbrechen, wenn er auf diesen da schaut,
dem etwas *Hübsches* passiert, während er von einer schönen Hoffnung stürzt?

Phot. (S^z) α 2331
ἀπ’ ἐλπίδος (ἀπελ- cod.) σφαλῆναι καλῆς. Ἀριστοφάνης· ——

‚von einer guten Hoffnung stürzen‘. Aristophanes: ——

Metrum Iambische Trimeter:

⏑–⏑– ⏖–⏑|⏖ ––⏑–
⏑–⏑– ⏑|–⏑– ⏑–⏑–
⏑–⏑[– ⏓–⏑– ⏓–⏑–]

Zitatkontext Zitiert wird das Fragment für den wohl im Attischen idiomatischen Ausdruck *von einer guten Hoffnung stürzen.* Die Glosse könnte auf den Attizisten Phrynichos zurückgehen (so Theodoridis 1982, z. St.: „dubitanter").

Interpretation Außer daß sich jemand über eine wohl auf der Bühne anwesende (τόνδε) männliche Figur lustig macht, die aus irgendeinem Grund gerade ins Unglück geraten ist bzw. etwas Schlimmes in Kürze erleben wird, ohne die geringste Ahnung davon zu haben (darin scheint die komische Pointe zu liegen), läßt sich von der dramatischen Situation nichts rekonstruieren (Demonstrativa als solche sind allerdings keine zwingenden Indizien für eine Präsenz auf der Bühne; vgl. Belardinelli 1994, 109–10, mit weiterer Lit.).

Der Sprechende wendet sich an eine dritte Person oder an das Publikum, denen dieser überraschende Schicksalsschlag – anders als dem Betroffenen – deutlich geworden sein mußte, auch wenn er sich noch ereignen soll. In jedem Fall mußte sich aus der Kontrastierung zwischen der *schönen Hoffnung* und dem reellen Ausgang ein starker rhetorischer Effekt ergeben.

Eine formale Ähnlichkeit und vielleicht einen Anhaltspunkt für die szenische Situation bietet Ar. Ran. 542*a*–45 (οὐ γὰρ ἂν γέλοιον ἦν, εἰ / Ξανθίας μὲν δοῦλος ὢν ἐν / στρώμασιν Μιλησίοις / ἀνατετραμμένος κυνῶν ὀρ-/χηστρίδ’ εἶτ’ ᾔτησεν ἀμίδ’, ἐ-/γὼ δὲ πρὸς τοῦτον βλέπων / τοὐρεβίνθου ’δραττόμην), wo Dionysos amüsiert eine Szene imaginiert, in der er nach einem Rollentausch seinen Sklaven Xanthias als Herrn bei angenehmen Beschäftigungen beobachtet.

τίς οὐκ ἄν Ähnliche Formulierungen in der Komödie sind Ar. Eccl. 101 (τίς οὐκ ἂν ἡμᾶς ἄνδρας ἡγήσαιθ’ ὁρῶν;) und Alex. fr. 265,7–8 (τὸ τοιοῦτον γέρας / τίς οὐκ ἂν αὑτῷ κτῷτο φάσκων νοῦν ἔχειν;); vgl. auch Theop. fr. 56

[*Stratiōtides*] (καίτοι τίς οὐκ ἂν οἶκος εὖ πράττοι τετρωβολίζων, / εἰ νῦν γε διώβολον φέρων ἀνὴρ τρέφει γυναῖκα;).

ἐκγελάσειε Nur hier in der Komödie; das bereits hom. Verb (Hom. π 354 ἡδὺ δ' ἄρ' ἐκγελάσας, σ 35 ἐκ δ' ἐγέλασσε πατὴρ ἀνδρῶν τε θεῶν τε) heißt ‚in Gelächter ausbrechen'; die Konstruktion mit einem prädik. Partizip, wie hier, ist höchst selten (der übertragene Sinn von ‚heraussprudeln' in Eur. Tro. 1176 ἐκγελᾷ ὀστέων ῥαγέντων φόνος; der transitive Usus im Sinne von ‚jdn. auslachen' ist erst spätgriechisch); zum Vokabular des *Lachens* vgl. Sommerstein 2009, 104–15.

χαρίεντ' – παθόντα Derselbe Ausdruck besitzt einen ironischen Tonfall in Ar. Eccl. 794–5 (χαρίεντα γοῦν πάθοιμ' ἄν, εἰ μὴ 'χοιμ' ὅποι / ταῦτα καταθείην ‚es wäre wirklich lustig, wenn ich nicht wüßte, wohin ich diese Dinge hintun soll'). Aus der Junktur πάσχειν + Neutrum Pl. ergeben sich mehrere gängige Wendungen für *gute* (wie hier; vgl. Hdt. II 37,4 πάσχουσι δὲ καὶ ἀγαθὰ οὐκ ὀλίγα, Eur. Phoen. 618 χαρτὰ γοῦν πάσχω, τέκνον, Hec. 788 εἰ μὲν ὅσιά σοι παθεῖν δοκῶ, Ar. Pac. 591–3 πολλὰ γὰρ ἐπάσχομεν / πρίν ποτ' ἐπὶ σοῦ γλυκέα / κἀδάπανα καὶ φίλα, Dinarch. 1,10 δίκαια μὲν οὖν, δίκαια τρόπον γέ τινα πάσχει τὸ συνέδριον, Xen. Cyrop. IV 6,6 πολλὰ γὰρ φιλικὰ ἔπαθον ὑπ' ἐκείνου; vgl. auch Diocl. fr. 14,3 ἀγαθόν τι τῇ ψυχῇ παθών, Pind. P. 9,89 τι ἐσλόν, Soph. Ai. 521 τερπνόν τι) oder *schlechte* Angelegenheiten (z.B. das häufige δεινὰ πάσχειν für ein erlittenes Unrecht; vgl. Orth 2014, zu Metag. fr. 14,1 [*Philothytēs*] δεινὰ πάσχω).

εἰσορῶν Ein seit Homer eher in der Dichtung geläufiges Verb (oft im Med. und Inf.), mit Partizipialkonstruktion speziell ab dem 5. Jh. v. Chr.; für die Komödie vgl. Ar. Thesm. 905 (ὦ θεοί τίν' ὄψιν εἰσορῶ; τίς εἶ γύναι;), 1150–2/3 (ἄνδρας ἵν' οὐ θέμις εἰσορᾶν ὄργια σέμν'), Call. fr. 14,2 [*Pedētai*] (οὓς ἂν μάλιστα λευκοπρώκτους εἰσίδῃς), Sopat. fr. 1,1 [*Bakchis*] (οὐκ ἂν δυναίμην εἰσορῶν χαλκήλατον / μέγαν κολοσσὸν φάκινον ἄρτον ἐσθίειν), Alex. fr. 103,11–2 [*Isostasion*] (ὥστε τὴν εὐπυγίαν / ἀναβοᾶν τοὺς εἰσιδόντας), Men. Sam. 533–4 (οἷον εἰσιδὼν θέαμα διὰ θυρῶν ἐπείγομαι / ἐμμανὴς ἀπροσδοκήτῳ καρδίαν πληγεὶς ἄχει).

χαρίεντα Das bereits hom. und insbes. in der Lyrik prägnant (vgl. etwa Poltera 1997, 293–4 und Hummel 1999, 624) verwendete Adj. χαρίεις ‚reizvoll', ‚anmutig' (aus χάρις, u. a. ‚Reiz', ‚Anmut', ‚Gefallen') scheint im Attischen des 5. Jhs. v. Chr. – wie speziell aus den Komödienbelegen zu eruieren (vgl. etwa Ar. Vesp. 1399–400 ἄκουσον, ὦ γύναι· λόγον σοι βούλομαι / λέξαι χαρίεντα, Av. 1401 χαρίεντά γ', ὦ πρεσβῦτ', ἐσοφίσω καὶ σοφά, Eccl. 190–1 χαρίεντά γ' ἂν / ἔδρασας, εἰ τοῦτ' εἶπας ἐν τἠκκλησίᾳ, Eup. fr. 172,12–3 [*Kolakes*] οὐ δεῖ χαρίεντα πολλὰ / τὸν κόλακ' εὐθέως λέγειν, mit Napolitano 2012, 144–5) – einen gewissen idiomatischen Tonfall zu gewinnen (*fein, nett, hübsch*).

καλῆς ἀπ' ἐλπίδος σφαλέντα Das Bild des *Fallens* bzw. *Stürzens* aus einer *Hoffnung* bzw. *Erwartung* findet sich, nahezu identisch formuliert, erst wieder in Plut. De Alex. fort. 344b (οὐδὲ τῶν Βαβυλῶνος ἐπιβαίνοντα τειχῶν σφαλῆναι καὶ πεσεῖν ἀπ' ἐλπίδος μεγάλης, wobei hier ἀπ' ἐλπίδος μεγάλης mit πεσεῖν zusammengehört) und [Luc.] Dem. enc. 29 (ἀπ' ἐλπίδος γε μήν μ' ἔσφηλας, ὦ Ἀρχία; vgl. LSJ s. v. „cast him down from his hope"); eng vergleichbar sind ebenfalls – mit dem Verb καταβάλλειν – Plat. Euthphr. 15e (οἷα ποιεῖς, ὦ ἑταῖρε. ἀπ' ἐλπίδος με καταβαλὼν μεγάλης ἀπέρχῃ ἣν εἶχον) und Aristaen. Epist. I 2,21 (οὐκ ἀφετέος εἶ, οὐδὲ καταβαλεῖς ἡμᾶς ἀπ' ἐλπίδος μεγάλης) sowie – mit dem Verb πίπτειν – Eur. fr. 420,5 Kn. (ἐξ ἐλπίδων πίπτοντας ὑπτίους ὁρῶ); vgl. ferner Aesch. Suppl. 96–8 (ἰάπτει δ' ἐλπίδων / ἀφ' ὑψιπύργων πανώλεις / βροτούς).

Die Junktur καλὴ ἐλπίς taucht auch in Soph. Trach. 666–7 (οὐκ οἶδ'· ἀθυμῶ δ' εἰ φανήσομαι τάχα / κακὸν μέγ' ἐκπράξασ' ἀπ' ἐλπίδος καλῆς) und Philem. fr. 197 [*dub.*] (οἱ γὰρ θεὸν σέβοντες ἐλπίδας καλὰς / ἔχουσιν εἰς σωτηρίαν) auf; weitere positiv konnotierte Adj. für die *Hoffnung* finden sich in Ar. Vesp. 306–8 (ἔχεις ἐλ-/πίδα χρηστήν τινα νῷν ἢ / πόρον Ἕλλας ἱερόν;) und Plut. 212–3 (ἔχω τιν' ἀγαθὴν ἐλπίδ' ἐξ ὧν εἶπέ μοι / ὁ Φοῖβος αὐτὸς Πυθικὴν σείσας δάφνην; vgl. auch den Eigennamen Εὐελπίδης in den *Vögeln*).

Das Verb σφάλλειν im Passiv wird insbes. von Personen gesagt, die aus einer vorteilhaften Situation in eine viel schlechtere stürzen (LSJ s. v. „to be overthrown, fall, esp. of persons falling from high fortunes"), wie etwa in Chaerem. TrGF 71 F 26 (σφαλεὶς γὰρ οὐδεὶς εὖ βεβουλεῦσθαι δοκεῖ), Soph. Trach. 297 (ταρβεῖν τὸν εὖ πράσσοντα μὴ σφαλῇ ποτε), 719–20 (καίτοι δέδοκται, κεῖνος εἰ σφαλήσεται, / ταὐτῇ σὺν ὁρμῇ κἀμὲ συνθανεῖν ἅμα), Eur. fr. 262,2–3 Kn. (ὃς γὰρ ἂν σφαλῇ / εἰς ὀρθὸν ἔστη χὼ πρὶν εὐτυχῶν πίτνει). Vergleichbar ist das Bild der prekären Erwartungen in Ar. fr. 156,11 [*Gērytadēs*] (ὡς σφόδρ' ἐπὶ λεπτῶν ἐλπίδων ὠχεῖσθ' ἄρα), welches zur Persiflage von drei Dichtern dient, die in Vertretung ebensovieler dramatischer Genres als Gesandte in den Hades geschickt wurden (Sannyrion für die Komödie, Meletos für die Tragödie und Kinesias für den Dithyrambos; λεπτός dürfte zugleich auf die vermeintliche Magerkeit der drei anspielen; zu Equ. 1244 [= TrGF adesp. 55] λεπτή τις ἐλπίς ἐστ' ἐφ' ἧς ὀχούμεθα vgl. Neil 1901, z. St. und Fraenkel 1950, III 829; vgl. auch Plut. Non posse suav. 1103e καίτοι νεὼς μὲν ἐκπεσὼν ἐπιβάτης διαλυθείσης ἐπ' ἐλπίδος ὀχεῖταί τινος).

fr. 598 K.–A. (581 K.)

ὁ δ’ αὖ Σοφοκλέους τοῦ μέλιτι κεχριμένου
ὥσπερ καδίσκου περιέλειχε τὸ στόμα

1 οἱ pro ὁ Dionis cod. B τῷ pro τοῦ Dionis cod. H et ex corr. U κεχριμένου Cobet: κεχρισμ- Dio (ex -ους corr. H), Vit. Soph.: κεκραμμ- An. Par.: κεκραμ- Cramer, Radt 2 καδίσκου Dionis codd. UBM: κεκαδίσκου Dionis codd. PH: καὶ δίσκου An. Par.

der wiederum leckte des Sophokles, des mit Honig bestrichenen,
Mund wie den eines Honig-/Weingefäßes, ab

Dio Chrys. or. 52,17 v. Arnim (codd. UB, M; PH)
τά τε μέλη οὐκ ἔχει πολὺ τὸ γνωμικὸν οὐδὲ πρὸς ἀρετὴν παράκλησιν, ὥσπερ τὰ τοῦ Εὐριπίδου, ἡδονὴν δὲ θαυμαστὴν καὶ μεγαλοπρέπειαν, ὥστε μὴ εἰκῇ τοιαῦτα περὶ αὐτοῦ τὸν Ἀριστοφάνην (-η UM) εἰρηκέναι· ——

und die Lieder (d. h. von Sophokles’ *Philoktetes*: Soph. test. 123 R.) enthalten nicht viel Gnomisches noch eine Aufforderung zur Vollkommenheit, wie die des Euripides, sondern wundervolle Anmut und hohe Würde, so daß Aristophanes solche Dinge über ihn nicht unüberlegt gesagt hat: ——

Gramm. ignot. in An. Par. I 19 Cramer (Soph. test. 117 R.)
τήν γε μὴν γλυκύτητα τὴν τῶν ἐπῶν καὶ τὴν φαιδρότητα καὶ τὴν καλλιφωνίαν καὶ τὴν ἐν τοῖς μέλεσι σωφροσύνην καὶ τὰς ἐπὶ τοῖς δράμασι συμπλοκὰς οὔτ’ ἂν αὐτὸς αἰσχυνθείην Σοφοκλεῖ νέμων καὶ τὸν Ἀριστοφάνην ἀποδέχομαι λέγοντα· ——

die Süße eben der Verse und den Glanz und den schönen Klang und die in seinen Liedern enthaltene Besonnenheit und die dramaturgischen Kombinationen würde nicht einmal ich mich schämen, dem Sophokles zuzuteilen, und ich schließe mich Aristophanes an, der sagt: „des Sophokles —— Mund“

Vit. Soph. 22 (Soph. test. 1,93 R.)
φησὶν οὖν Ἀριστοφάνης ὅτι κηρὸς ἐπεκαθέζετο * * * (lac. indic. Jahn, τοῖς χείλεσιν αὐτοῦ add. cod. T) ἄλλοι (ἄλλῃ Westermann, ἀλλαχοῦ Nauck, ἄλλοτε Ritter ἐν ἄλλοις Kaibel, ἄλλος Bergk) δέ· Σοφοκλέους τοῦ (τοῦτο F) μέλιτι τὸ στόμα (τὸ στ- om. Wc et fort. J) κεχρισμένου (κεχωρισμένου vel κεχαρ- G ante corr.)

Aristophanes sagt also: „das Bienenwachs saß auf […] (seinen Lippen [?])“ (Ar. fr. 679). Andere aber: „des Sophokles, des am Mund mit Honig bestrichenen“

Metrum Iambische Trimeter:

⏑–⏑⏖ –|–⏑⏖ ⏑–⏑–
––⏑– –|⏖⏑– ⏑–⏑–

Zitatkontext In der 52. Rede des Dion von Prusa, strukturiert wie eine Synkrisis der drei großen Tragiker (Aischylos, Sophokles und Euripides) über die jeweilige Behandlung des Tragödienstoffs von Philoktets Bogen, findet sich das Aristophanes-Zitat in einem Abschnitt über Sophokles, dessen *mittlerer* Weg (μέσος) besonders geschätzt wird – auch wenn letzten Endes keinem der drei Tragiker der Vorzug gebührt (vgl. Müller 2000, 241. 288–91).

Beim unbekannten Grammatiker der *Anecdota Parisina* untermauert das Fragment die Anerkennung von Sophokles' Eigenschaften wie u. a. der *Süße* seiner Verse.

In der Sophokles-Vita wird das Fragment im Anschluß an das lückenhafte Ar. fr. 679 (κηρὸς ἐπεκαθέζετο; vgl. Eup. fr. 102,5 [*Dēmoi*] πειθώ τις ἐπεκάθιζεν ἐπὶ τοῖς χείλεσιν) zitiert.

Textgestalt Zu ὁ δ' αὖ bzw. ὁ δ' αὖ (v. 1) in Dions Text (cod. B hat οἱ) vgl. Müller 2000, 129. 290–1, der für die Kombination Relativpronomen + δέ und αὖ auf Eur. El. 1103–4, Bacch. 443 sowie Soph. Ai. 1293 (Ἀτρέα δ' ὅς αὖ) verweist. Das κεχριμένου wurde für das bei Dion und in der Vita tradierte κεχρισμένου von Cobet 1856, 195–6 restituiert, der anhand weiterer Komödienbelege (Magn. fr. 3 [*Lydoi*] λούσαντα χρὴ καὶ βακκάριδι κεχριμένον, Eub. fr. 97,2–3 [*Stephanopōlides*] οὐδ' ὥσπερ ὑμεῖς συκαμίνῳ τὰς γνάθους / κεχριμέναι; vielleicht auch Ar. fr. 504,6b–7 [*Tagēnistai*] † στεφανωμένοι / προὐκείμεθ', οὐδ' ἂν †κατακεκρινομένοι†) gezeigt hat, daß nur diese die korrekte Form bei antiken Autoren gewesen sei, während etwa in der Zeit Dions (1.–2. Jh. n. Chr.) Formen wie κεχρισμ- geläufig waren; das κεκραμμένου vom unbekannten Grammatiker der *Anecdota Parisina* ergab das κεκραμένου von Cramer 1839, z. St. (auch von Radt zu Soph. test. 117,13 R. aufgenommen, der allerdings Aristophanes' Text in test. 108,1 R. und test. 123,17 R. als κεχρισμένου druckt): zwar wäre eine Wein*mischung* mit Honig an sich natürlich vorstellbar, aber in der vorliegenden Konstruktion (*des Sophokles mit Honig gemischten Mund*) erscheint sie fehl am Platz (κεκραμένος sollte sich nämlich auf den mit Wasser gemischten Wein beziehen, wie etwa in Stratt. fr. 23 [*Lēmnomeda*] Ἑρμῆς, ὃν ἕλκουσ' οἱ μὲν ἐκ προχοιδίου, / οἱ δ' ἐκ καδίσκου ‹γ'› ἴσον ἴσῳ κεκραμένον).

Interpretation Die Rede ist von jemandem, wahrscheinlich aber nicht zwingend einem Tragiker, der von Sophokles' *honigsüßer* Dichtkunst reichlich (περι-) zu schöpfen pflegte (Impf.). Im Subjekt wurden Euripides (Bergk in Meineke II.2 1176) bzw. Iophon (Fritzsche 1845, 35) erkannt, wobei Skepsis hinsichtlich der Chancen einer solchen Identifikation angebracht ist (Kaibel in Kassel–Austin z. St.: „de quonam Sophoclis imitatore dictum sit nescio").

Es könnte sich dabei einfach nur um einen Sophokles-Verehrer handeln (an einen Sophokles-Verehrer im Theater dachte etwa Fränkel 1915, 100 A. 1:

„immo ridetur vir quilibet qui in theatro Sophocleae musae dulcedines acerrimo studio haurire soleat“; eine Affinität zu fr. 656 δι᾽ ἧς τὰ .[. .]ṭα ῥήματ᾽ [ἐξεσ]μ̣ήχετο wird in Kuiper 1913, 234–5 erwogen; vgl. hier unten, zum Fr.). In einem ziemlich artikulierten Bild wird diese Figur so imaginiert, als wäre sie gewohnt, den Mund seines bereits in der Antike als *honigsüß* bekannten Idols wie den Rand eines Gefäßes umzuschlecken, wobei es unklar ist, ob dieses Gefäß ein *Honig*töpfchen oder vielmehr ein *Wein*krug sei: die Pointe besteht allerdings in der doppelten Bedeutung von στόμα.

Das Fragment konfiguriert sich in jedem Fall wie eine Hommage an Sophokles, wofür das berühmteste Beispiel ist Phryn. fr. 32 [*Mousai*] (μάκαρ Σοφοκλέης, ὃς πολὺν χρόνον βιοὺς / ἀπέθανεν εὐδαίμων ἀνὴρ καὶ δεξιός· / πολλὰς ποιήσας καὶ καλὰς τραγῳδίας / καλῶς δ᾽ ἐτελεύτησ᾽, οὐδὲν ὑπομείνας κακόν, mit Stama 2014, z. St. und *pace* Harvey 2000, 113–4, der es für ironisch hält).

Im Vergleich zu allen anderen Tragikern, die in der Komödie entweder als *kōmōdoumenoi* behandelt oder für ihre Kunst mehr oder weniger scharf parodiert werden, genießt Sophokles den besonderen, wohl einzigartigen Status eines nahezu unantastbaren Dichters, wobei er – abgesehen von einem Hinweis auf seine vermeintliche Geldgier in Ar. Pac. 694–7 ([ΕΡ.] πάμπολλα καὶ τἄρχαῖ᾽ ἃ κατέλιπεν τότε. / πρῶτον δ᾽ ὅ τι πράττει Σοφοκλέης ἀνήρετο / [ΤΡ.] εὐδαιμονεῖ· πάσχει δὲ θαυμαστόν. [ΕΡ.] τὸ τί; / ἐκ τοῦ Σοφοκλέους γίγνεται Σιμωνίδης) – im schlimmsten Fall nur beiläufig neutral erwähnt wird (vgl. Wright 2012b, 587–92): in Pac. 530–2 (ταύτης δ᾽ ὀπώρας, ὑποδοχῆς, Διονυσίων, / αὐλῶν, τραγῳδῶν, Σοφοκλέους μελῶν, κιχλῶν, / ἐπυλλίων Εὐριπίδου) gehören die *melē* des Sophokles als positive Komponenten zum anvisierten Friedensszenario, kontrastiert mit Euripides' *epyllia*, die prompt als der Eirene unangenehm verworfen werden (533–4 οὐ γὰρ ἥδεται / αὕτη ποητῇ ῥηματίων δικανικῶν); in Av. 100–1 (τοιαῦτα μέντοι Σοφοκλέης λυμαίνεται / ἐν ταῖς τραγῳδίαισιν ἐμέ, τὸν Τηρέα) wird auf die in Sophokles' *Tereus* wohl nur angedeutete Verwandlung des titelgebenden Helden in einen Vogel angespielt; in Ran. 76–9 ([ΗΡ.] εἶτ᾽ οὐ Σοφοκλέα πρότερον ἀντ᾽ Εὐριπίδου / μέλλεις ἀναγαγεῖν, εἴπερ ἐκεῖθεν δεῖ σ᾽ ἄγειν; / [ΔΙ.] οὔ, πρίν γ᾽ ἂν Ἰοφῶντ᾽ ἀπολαβὼν αὐτὸν μόνον / ἄνευ Σοφοκλέους ὅτι ποεῖ κωδωνίσω) wird er unter den guten Dichtern in der Unterwelt als erster von Herakles evoziert; in 786–7 (κἄπειτα πῶς / οὐ καὶ Σοφοκλέης ἀντελάβετο τοῦ θρόνου;) sowie in 1515–8 (ταῦτα ποιήσω· σὺ δὲ τὸν θᾶκον / τὸν ἐμὸν παράδος Σοφοκλεῖ τηρεῖν / καὶ διασῴζειν, ἢν ἄρ᾽ ἐγώ ποτε / δεῦρ᾽ ἀφίκωμαι) wird er als nur dem Aischylos unterlegener Tragiker betrachtet; auch in Cratin. fr. 17 [*Boukoloi*] (ὃς οὐκ ἔδωκ᾽ αἰτοῦντι Σοφοκλέει χορόν, / τῷ Κλεομάχου δ᾽, ὃν οὐκ ἂν ἠξίουν ἐγὼ / ἐμοὶ διδάσκειν οὐδ᾽ ἂν εἰς Ἀδώνια) wird er implizit gerühmt, da einem Archon vorgeworfen wird, den Chor statt Sophokles einem minderwertigen Dichter wie Gnesippos zuzuerkennen; in Antiphan. fr. 1,6 [*Agroikos*] (τραγῳδίαν περαίνω Σοφοκλέους; vgl. Soph. fr. 754 R.) wird Sophokles zitiert.

Die *Süße* wird in Sophokles' Dichtung vielfach geschätzt (Soph. test. 108a–114 R.; vgl. Sommerstein 2009, 127 A. 75) und er soll von den Komikern sogar den Spitznamen *Biene* (att. μέλιττα) erhalten haben (schol. Soph. OC 17 ἐκράτησε δὲ μεγάλως τῇ φράσει ὥστε μέλισσαν αὐτὸν ἐκάλεσαν οἱ κωμικοί; vgl. Sommerstein 2012, 17: „The adjective most often attached to him in ancient sources is "sweet", and this too goes back to his own lifetime; it seems to be primarily a comment on his style (especially in lyrics), but it often qualifies his name directly, and he is said to have had the nickname μέλιττα "honeybee". A scholiast on Ajax [schol. Soph. Ai. 1199] makes the link with his personality explicit, saying that Sophocles acquired this nickname because, "being a very sweet man, he was inclined to revert to his own character in his lyrics""; zum *Honigsüßen* in der Dichtung vgl. Headlam 1922, 161, Taillardat 1965^2, 431–2 und Rocconi 2003, 78–9).

ὁ δ' αὖ Für Artikel + Partikelkombination δέ + αὖ in der Komödie vgl. Ar. Ach. 443 (τοὺς δ' αὖ χορευτὰς ἠλιθίους παρεστάναι), Nub. 51 (ἡ δ' αὖ μύρου, κρόκου, καταγλωττισμάτων), Av. 186 (τοὺς δ' αὖ θεοὺς ἀπολεῖτε λιμῷ Μηλίῳ), 516 (ἡ δ' αὖ θυγάτηρ γλαῦχ'), 582 (οἱ δ' αὖ κόρακες τῶν ζευγαρίων), 616–8 (τοῖς δ' αὖ σεμνοῖς / τῶν ὀρνίθων δένδρον ἐλάας / ὁ νεὼς ἔσται), Thesm. 170 (ὁ δ' αὖ Θέογνις ψυχρὸς ὢν ψυχρῶς ποεῖ), Eub. fr. 115,15 [*Chrysilla*] (τῶν δ' αὖ πονηρῶν ἔτι λέγειν πολλὰς ἔχω).

Σοφοκλέους Zur Präsenz des Sophokles in der Komödie vgl. hier oben, Interpretation.

τοῦ μέλιτι κεχριμένου Die bereits hom. Konstruktion *etwas / jdn. mit etwas* (im Dat.) *beschmieren / salben* auch in den zitierten Magn. fr. 3 [*Lydoi*] (mit Bagordo 2014b, z. St.) und Eub. fr. 97,2–3 [*Stephanopōlides*] (vgl. hier oben, Textgestalt, auch für die Form κεχριμ-).

ὥσπερ καδίσκου Diminutiv von κάδος (d. h. ‚kleiner *kados*'), einem zumeist irdenem *Krug* bzw. *Eimer* zur Aufbewahrung von Flüssigkeiten, speziell Wein (in Athen ist *kados* auch eine alternative Bezeichnung zur größten Einheit der Hohlmasse *metrētēs* = 12 *choes* = 144 *kotylai*, d. h. ca. 39,4 Liter; in Rom wurde der *cadus* als Maßeinheit für griech. Weine benutzt, in der Lit. stand er auch für Weinkrug, poetisch für Wein); die Archaia assoziiert den *kadiskos* mit Wein, wie wahrscheinlich hier (vgl. hier oben, Interpretation), sonst in Cratin. fr. 199,4 [*Pytinē*], unter den ἀγγεῖα τὰ περὶ τὸν πότον (v. 5), fr. 206 [*Pytinē*] (τοὺς μὲν ἐκ προχοιδίου, / τοὺς δ' ἐκ καδίσκου) und im zitierten Stratt. fr. 23 [*Lēmnomeda*] (mit Orth 2009, z. St.; vgl. hier oben, Textgestalt); in symposialen Szenen ist allerdings der *kados* häufiger anzutreffen (vgl. z. B.

Antiphan. fr. 108,2 [*Hippeis*], fr. 112,1. 113,4 [*Karinē*], fr. 223,5 [*Chrysis*], Alex. fr. 9,12 [*Aisōpos*], Philippid. fr. 28,4; zu κάδος in klass. Zeit vgl. Amyx 1958, 186–90 und Sparkes 1975, 127–8). Der Umstand, daß der *kados* in früherer Zeit (etwa in Archil. fr. 4 W.² und Anacr. PMG 373, wenn es hier keine Maßangabe ist) als amphoren-ähnlicher *Weinbehälter*, erst in Ar. Eccl. 1002. 1004 aber als *Schöpfgefäß* (auch als Losurne verwendet, wie in Av. 1032. 1053, im Dual, und als *kadiskos* in Vesp. 321, mit schol., Poll. VIII 17 und Willi 2003, 74; vgl. auch Phryn. fr. 33,1 [*Mousai*]) oder als *Aufbewahrungsgefäß* für Wein (wie in Ar. fr. 280 [*Dramata ē Kentauros*] ἀλλ' εἰς κάδον λαβὼν τιν' οὔρει πίττινον) bezeugt ist, erklärt sich dadurch, daß „weder bei Lyrikern noch Historiographen so häufig von Alltagsgefäßen die Rede ist wie bei dem Komödiendichter" (nach Vuono–Krauskopf 2007, 56); die genaue Bestimmung von Form und Funktion des *kados* bereitet jedoch weiterhin Schwierigkeiten – wie bereits bei antiken Lexikographen, die keine eindeutige Definition bieten (erklärt etwa in Athen. XI 473e als *Trinkgefäß*, in Poll. X 70 als *Weingefäß*, in 71 als *amphoreus*, in schol. Ar. Vesp. 321 als *kalpis*; vgl. Brommer 1987, 4).

περιέλειχε In der Komödie sonst nur in Eup. fr. 60,2 [*Autolykos*] (πῶς ὦ πολλῶν ἤδη λοπάδων τοὺς ἄμβωνας περιλείξας; – von einem Parasiten gesagt) und Ar. Plut. 736 (τὰ βλέφαρα περιέλειχον); zu περι- als intensivierendem Präfix bzw. Präverb im Sinne von „all round" vgl. Thesleff 1954, 155; synonym ist διαλείχειν (Equ. 1034 νύκτωρ τὰς λοπάδας καὶ τὰς νήσους διαλείχων; Vesp. 904 ἀγαθός γ' ὑλακτεῖν καὶ διαλείχειν τὰς χύτρας, vom Hund Labes gesagt; vgl. auch fr. 425 [*Holkades*] —⏑ δαρδάπτοντα, μιστύλλοντα, διαλείχοντά μου / τὸν κάτω σπατάγγην: ein Seeigel wird gegessen).

τὸ στόμα Hier steht der Begriff sowohl für ‚Ausdrucksart', bezogen auf Sophokles (wie etwa in Ar. Ran. 837–8 ἄνθρωπον ἀγριοποιὸν αὐθαδόστομον, / ἔχοντ' ἀχάλινον ἀκρατὲς ἀθύρωτον στόμα oder in fr. 488 [*Skēnas katalambanousai*] χρῶμαι γὰρ αὐτοῦ τοῦ στόματος τῷ στρογγύλῳ, / τοὺς νοῦς δ' ἀγοραίους ἧττον ἢ 'κεῖνος ποιῶ, gesagt jeweils von Aischylos' und Euripides' Stil; vgl. auch Ran. 880–1 δεινοτάτοιν στομάτοιν πορίσασθαι †ῥήματα καὶ παραπρίσματ' ἐπῶν; in Equ. 539 geht es um Krates den Komiker; weitere Stellen in Beta 2004, 45–7) als auch auf die ‚Mund-Öffnung' des Gefäßes (zu diesem *stoma* vgl. Amyx 1958, 172: „Actually, when used in connection with vases, stoma seems rather to mean the mouth-*opening* of the vessel, never a lid or stopper of any kind: zusammen mit Aristophanes' Fragment werden für diesen Usus Polyb. XXI 28. XXII 11. 13 und Anth. Pal. VI 251 angeführt).

fr. 599 K.–A. (582 K.)

ἄλλαι δὲ κυαμίζουσιν αὐτῶν, εἰσὶ δὲ
ἤδη πρὸς ἄνδρας ἐκπετήσιμοι σχεδόν

1 om. BC αὐτῷ FS εἰσί τε Blaydes 2 ἤδη A: καὶ F: om. SBC πρὸς ἄνδρας BC: πρὸς ἄνδρα FS: εἰς ἄνδρας A ἐκπετήσιμοι A: ἤδη ἐκπ- FS: εἰσὶν ἐκπ- BC

und andere unter ihnen lassen ihre Brustwarzen hervorsprießen, und sind
schon zu den Männern zu fliegen beinahe bereit

Poll. II 18 (codd. FS, A, BC; „M cod. antiquissimus nil habet nisi ἀκμαζούσας· ἄλλαι δὲ κυαμίζουσιν, ὡς Ἀριστοφάνης" Kassel–Austin)
Ἀριστοφάνης δὲ καὶ (καὶ om. BC) κυαμίζειν ἔφη (εἴρηκε FS) τὰς ἀκμαζούσας· ——

Und Aristophanes sagte auch *kyamizein* (‚hervorsprießen') von den blühenden Mädchen: ——

Metrum Iambische Trimeter:
——⏑⏑⏑ ——⏑|— ——⏑—
——⏑— ⏑|—⏑— ⏑—⏑—

Zitatkontext Das Zitat befindet sich in einem Abschnitt über die Menschenalter und deren Bezeichnungen (Poll. II 5–21), zu Beginn eines im Folgenden den ‚Gliedern' und ‚Teilen' des menschlichen Körpers gewidmeten Buchs. In der unmittelbaren Umgebung des Zitats werden verschiedene Termini für die pubertierenden Mädchen genannt (wie etwa παιδάριον, παιδίσκη, κόριον, κόρη, κορίσκη, κορίσκιον, κοράσιον, κορίδιον). Darauf wird der jungfräuliche Zustand angedeutet (καὶ πρᾶγμα δὲ κορικὸν τὸ παρθενικόν) und – nach einem kurzen Exkurs über das ambigue ἀφῆλιξ (unter Verweis auf Phryn. fr. 71 ἦσαν δὲ καὶ γυναῖκες ἀφήλικες, Pher. fr. 231 ἀφηλικεστέραν sowie Cratin. fr. 385 ἀφήλικα γέροντα), das für eine etwas gealterte Jugend zu stehen scheint –, im Ausdruck παρθένος ὡραία γάμου wiederaufgenommen; genau hier – also in bezug auf *ehereife Jungfrauen* – knüpft das aristophanische κυαμίζειν, definiert mit ἀκμάζειν (*in voller Blüte der Jugend stehen*). Auf Aristophanes' Fragment folgen weitere Bezeichnungen für die verschiedenen Altersphasen der Frauen: μεῖραξ und μειρακίσκη knüpfen noch an die Pubertät; ἄγαμος, ἐπίγαμος und νεόγαμος (aber auch γυνή, ἠνδρωμένη und ἀνδρὶ μεμιγμένη) nehmen auf das eheliche Verhältnis Bezug; νέα, ἀκμάζουσα, νεᾶνις, ἀφηβηκυῖα und παρηβηκυῖα gelten für die blutjungen bis bereits reifen Mädchen; πρὸς γῆρας ῥέπουσα, γραῦς, γραῖα und πρεσβῦτις decken schließlich die älteren Lebensphasen ab.

Interpretation Die Rede ist von einer Gruppe von Mädchen, die ein fast ehereifes Alter erreicht haben. Geschildert wird dieser Zustand mit einem bilderreichen Vokabular: sowohl das Verb κυαμίζειν, wofür das Fragment herangezogen wird, als auch das Adj. ἐκπετήσιμος, sind durchaus selten, und scheinen jeweils auf die medizinische bzw. naturwissenschaftliche Fachsprache zurückzuführen zu sein (vgl. hier unten, zu den Wörtern). Das ἄλλαι δέ deutet wohl auf eine im Kontext erwähnte größere Gruppe hin (mit verschiedenen Altersklassen?), zu der auch diese Kategorie von Mädchen im Hochzeitsalter gehört.

ἄλλαι κυαμίζουσιν αὐτῶν Das denominale Verb leitet sich aus κύαμος her, nicht im gewöhnlichen Sinn von ‚Bohne', sondern von ‚(schwellender) Brustwarze' (vgl. etwa die Wiedergabe von Robson 2013, 47: „In fr. 599 we even hear of young girls who ‘sprout beans’, κυαμίζουσιν (on their chests?)“), wie die spätere lexikographische und medizinische Literatur verdeutlicht (Eust. in Il. p. 749,21 ἡ θηλή, τὸ ἄκρον τοῦ μαστοῦ. οὔ, φασίν, ἡ πρώτη ἐν τῷ ἡβάσκειν αὔξησις κύαμος λέγεται, Poll. II 163 ἡ δὲ πρώτη τοῦ γάλακτος ὑπ' αὐτῷ πῆξις κύαμος, Hsch. κ 4338 κύαμος· ὄσπριον. [...] καὶ τὸ ὑπὸ τὴν θηλὴν τοῦ μαστοῦ πρῶτον συνιστάμενον γάλα, Ruf. Eph. Π. ὀνομασ. 92 [p. 145,6 Daremb.] ἡ δὲ πρώτη ἐν τῷ ἡβάσκειν αὔξησις, κύαμος· ὁ δὲ ὅλος ὄγκος, ἄσκωμα· κυριώτερον δὲ ἐν γυναικί).

Diese metaphorische Verwendung von κύαμος ist zwar mit der von κάρυον (vgl. hier unten, zu fr. 664) und vielleicht auch κόκκος vergleichbar (Hermipp. fr. 37 [*Kerkōpes*] ἤδη τεθέασαι κόκκον ἐν χιόνι ῥόας;, wo der scharlachrote Kern eines Granatapfels im Schnee für eine Brustwarze stehen könnte; so Henderson 1991^2, 149; anders Kaibel in Kassel–Austin z. St.: „virginis alicuius formosae rubicundus genarum color“); hier scheint das Bild jedoch nicht aus der komischen Bildersprache zu kommen, sondern aus einem anderen (wohl dem medizinischen) Bereich. αὐτῶν ist Gen. Partit.

ἤδη ... σχεδόν Diese in der Prosa nicht seltene Kombination (v.a. Platon) auch in Anaxil. fr. 30 [*Chrysochoos*] (ἤδη σχεδόν τι πάντα σοι πλὴν Κτησίου) und Diph. fr. 45,3–4 [*Hēraklēs*] (τονδὶ δὲ ναστόν Ἀστ‹ερ›ίωνος μείζονα / ἤδη σχεδὸν δωδέκατον ἠριστηκότα;); σχεδόν steht häufig am Trimeterschluß (z. B. Ar. Plut. 33, Henioch. fr. 5,11, Dionys. fr. 2,21 [*Thesmophoros*], mehrmals in Menander).

πρὸς ἄνδρας ἐκπετήσιμοι Das Adj. aus dem Verb ἐκπέτεσθαι kommt bis zum nächsten literarischen Beleg (Ael. Nat. anim. II 43. III 25, von Jungtieren der Vögel gesagt) sonst nur in Ar. Av. 1355–7 (ἐπὴν ὁ πατὴρ ὁ πελαργὸς ἐκπετησίμους / πάντας ποιήσῃ τοὺς πελαργιδέας τρέφων, / δεῖ τοὺς νεοττοὺς τὸν πατέρα πάλιν τρέφειν) vor, bezogen auf die Storchen-Küken, die von ihren Vätern *flugbereit* gemacht werden. Die metaphorische Anwendung auf die Mädchen bedeutet, daß sie nunmehr das *Nest* ihrer Herkunftsfamilie verlassen können, weil sie ein ehereifes Alter erreicht haben (zu der Flug- bzw. Vogelmetaphorik in der att. Komödie vgl. Blümner 1891, 222–31).

fr. 600 K.–A. (583 K.)

ἵνα ξυνῶσιν ᾧπερ ἥδεσθον βίῳ,
σκώληκας ἐσθίοντε καὶ μυλακρίδας

1 ξυνῶσιν ᾧπερ S: ξυν- ὅπερ A: ξυνῶπερ F: ξυνῆτον (?) ᾧπερ Kock 2 σκώληκαγ' FS ἐσθίοντε καὶ codd., Bergk, Kock: ἐσθίοντ' ‹ἀεὶ› καὶ Blaydes, Kassel–Austin

damit sie ein Leben (zusammen) führen, an dem sie sich beide freuen,
indem sie Würmer essen und Küchenschaben

Poll. II 189 (codd. FS, A)
ἡ μέντοι κωμῳδία τὴν ἀλετρίδα μυλακρίδα καλεῖ ἢ ζῷόν τι ἐν τῷ μυλῶνι γινόμενον, ὡς Ἀριστοφάνης λέγει· ——

Die Komödie nennt die *aletris* (‚Müllerin') *mylakris* oder irgendein Tier (d. h. die ‚Küchenschabe'), das in der Mühle vorkommt, wie Aristophanes sagt: ——

Metrum Iambische Trimeter (ohne *correptio Attica* in μυλακρίδας, v. 2):
⏑–⏑– ⏑|–⏑– ––⏑–
––⏑– ⏑–⏑|– ⏑–⏑–

Zitatkontext In einem Buch, das hauptsächlich den Körperteilen bzw. Gliedmaßen gewidmet ist, wird das Fragment in einem Abschnitt über die *Oberschenkel* (Poll. II 185–200) zitiert, wobei der nicht geradlinige Übergang von den verschiedenen Derivaten des Hauptbegriffs μηρός zu μυλακρίς durch das Wort γόνυ erfolgt: auf dessen Ableitungen ἐπιγουνίς und ἐπιγονατίς folgen nämlich die anatomischen Verwendungen von κόγχη, κόγχος und μύλη mit dem hippokratischen Derivat ἐπιμυλίς (alle im Sinne von ‚Kniescheibe, *Patella*') und eben μυλακρίς, das keine anatomische Bedeutung hat.

Im Kontext des *Mahlens* und *Backens* taucht der Begriff in Poll. VII 19 (ἡ ἔνδον τίφη μυληθρὶς καὶ μυλακρίς – ἔνιοι δὲ μυλακρίδα καὶ τὴν ἀλετρίδα) und 180 (καὶ ζῷον τὸ ἔνδον [d. h. in der Mühle] τρεφόμενον μυλακρὶς καὶ μυλαβρίς· οἱ δὲ μυλακρίδα τὴν ἀλοῦσαν γυναῖκα ἔλεγον) wieder auf, wo zwischen der Getreideart *Einkorn* (τίφη = *Triticum monococcum*), der *Müllerin* und einem nicht genauer definierten in der Mühle lebenden Insekt unterschieden wird; laut Hsch. μ 1847 (μυλακρίδες· [αἱ †βολακρίαι,] τὰ ζωύφια. ἢ ὄνοι. ἀλετρίδες. ἢ τὸ ἄκρον τῆς μύλης) kann *mylakris* neben dem Insekt auch der *obere Mühlstein* sein (vgl. auch μ 1849 μυλαβρίδες· μυλαβρίς· ἡ μαλακὴ σίλφη· γίνεται δὲ τῇ χροιᾷ ἔλλευκος, ἀπὸ τῶν μύλων καὶ τῶν ἀλεύρων. ἔνιοι δὲ τὰς τρωξαλλίδας ἐν τοῖς ἀλεύροις εὑρίσκεσθαί φασι. ἢ ἀκρὶς σιτοφάγος).

Textgestalt Das in A tradierte ξυνῷσιν ᾧπερ ist einwandfrei, während die von Kock I 541 versuchsweise erwogene Dualform ξυνῆτον von Beispielen wie Ar. Av. 42–5 widerlegt wird (Kassel–Austin z. St., mit Verweis auf Kühner–Gerth II.1 73.3). Das tradierte ἐσθίοντε καί (aufgenommen u. a. von Bergk in Meineke II.2 1183 und Kock I 541, mit dem Vorbehalt: „μυλακρίς si compositum est ex ἀκρίς [...], quomodo α possit producere nescio") wurde in ἐσθίοντ' ‹ἀεὶ› καί emendiert (Blaydes 1885, 351; so auch Kassel–Austin und Henderson 2007, z. St.), und zwar aufgrund der vermeintlichen prosodischen Schwierigkeit bei μυλακρίδας (anhand der Analogie mit ἀκρίς ‚Heuschrecke', mit ᾰ, wie z. B. in Nicoph. fr. 1,2 [*Aphroditēs gonai*] σέρφους ἴσως, σκώληκας, ἀκρίδας, πάρνοπας; vgl. auch Kassel–Austin z. St.: „ne μυλακρίδας sine Attica correptione legatur"; aus demselben Grund hatte van Herwerden 1903, 47 das nicht attestierte μυλακρίδια vorgeschlagen). Nicht nur hat aber μυλακρίς mit ἀκρίς etymologisch nichts zu tun (vgl. hier unten, zum Wort), sondern auch der einzige weitere lit. Beleg des Wortes (Alex. Aet. fr. 3,31 CA ἀμφοτέραις χείρεσσι μυλακρίδα λᾶαν ἐνήσει, 6da) zeigt, daß die Skansion μυλακ'ρίδα sein kann (für die nicht-Berücksichtigung der *correptio Attica* von κρ in der Komödie vgl. etwa Cratin. fr. 328,2 ἑστὼς χαμᾶθεν ἄκ'ρας [ia ba], Plat. fr. 90,1 [*Nyx makra*] ἐνταῦθ' ἐπ' ἄκ'ρων τῶν κροτάφων ἕξει λύχνον, Stratt. fr. 31,3 [*Makedones ē Pausanias*] εἰς ἄκ'ρων ὥσπερ ἱστίον τὸν ἱστόν). Ein weiterer Vorteil beim tradierten Text ist das Beibehalten der Hephthemimeres (nach ἐσθίοντε; mit ἐσθίοντ' ἀεί würde der Vers bestenfalls eine – zumal in einer Konjektur – fragwürdige Mittelzäsur erhalten).

Interpretation Jemand nimmt auf zwei unbekannte Personen Bezug, die an der Aussicht eines gemeinsamen Lebens in ärmlichstem Zustand (vielleicht auf dem Lande) anscheinend nicht nur keinen Anstoß nehmen, sondern sie gar mit Genuß akzeptieren. Die in jedem Fall ironisch zu verstehende Aussage ließe sich auch als Drohung interpretieren, wenn der Sprechende einen direkten (oder indirekten) ursächlichen Anteil an den künftigen Lebensverhältnissen der beiden hätte.

Das Motiv des Verzehrens von Insekten als Zeichen für einen miserablen Zustand findet sich auch in Ar. Ach. 1115–6 (βούλει περιδόσθαι κἀπιτρέψαι

Λαμάχῳ / πότερον ἀκρίδες ἥδιόν ἐστιν ἢ κίχλαι;), wo die Alternative zu den köstlichen Drosseln die Heuschrecken sind, die ihrerseits auf das militärische Leben mit Lamachos hindeuten (vgl. Olson 2002, z. St.: „Dik[aiopolis]'s point is that only someone in dire straits (such as a hungry soldier in the field) would resort to them as food"); Ar. fr. 53 [*Anagyros*] (πρὸς θεῶν, ἔραμαι τέττιγα φαγεῖν / καὶ κερκώπην θηρευσαμένη / καλάμῳ λεπτῷ) ist eine Parodie von Eur. Hipp. 219–22.

Die Zuweisung zu Aristophanes' *Babylōnioi* ist unfundiert (so hingegen Fritzsche 1830, 53–4: „cum altero quodam velut Cleone, Lysicle notari Eucratem contendens, qui molae praeerat").

ξυνῶσιν – βίῳ Am nächsten vergleichbar ist Men. Cith. 8–10 Arnott (ἆρ' ἐστὶ συγγενές τι λύπη καὶ βίος; / τρυφερῷ βίῳ σύνεστιν, ἐνδόξῳ βίῳ / πάρεστιν, ἀπόρῳ συγκαταγηράσκει βίῳ); vgl. auch Ar. Ran. 959 (οἰκεῖα πράγματ' εἰσάγων, οἷς χρώμεθ', οἷς ξύνεσμεν); häufig in der Prosa mit verschiedenen, nicht nur abstrakten Begriffen (z. B. Thuc. IV 18,4, Plat. Rep. 586a, Luc. Bis acc. 3).

ᾧπερ – βίῳ Zur Attraktion des Relativpronomens vgl. Kühner–Gerth II.2 407–8.

σκώληκας Mit *σκῶλος ‚Krümmung' verbunden (Frisk GEW, s. v.: „mit Dehnstufe neben σκέλος, σκολιός"), bezeichnet σκώληξ allgemein den ‚Wurm' (insbes. ‚Erdwurm') bzw. die ‚Larve' (Hom. N 654 ὥς τε σκώληξ ἐπὶ γαίῃ κεῖτο ταθείς; dann in der naturwiss. Prosa, z. B. Aristot. De gen. anim. 733a 1, Hist. anim. 489b 8. 506a 26. 551b 2, Thphr. Hist. plant. VIII 10,4; vgl. Gil Fernández 1959, 147 und Beavis 1988, 122) und ist in der Komödie in der primären und anderen Bedeutungen gut vertreten: in Ar. Vesp. 1111–2 (ξυμβεβυσμένοι πυκνόν, νεύοντες εἰς τὴν γῆν, μόλις / ὥσπερ οἱ σκώληκες ἐν τοῖς κυττάροις κινούμενοι, mit Corbel-Morana 2012, 163–4) wird das Bild der Wespenlarven auf eine Kategorie von athenischen Richtern übertragen, die sich – wie jene in ihren Bienenzellen – kaum von ihren Sitzen bewegen; in Nicoph. fr. 1 [*Aphroditēs gonai*] (ἅπερ ἐσθίει ταυτὶ τὰ πονήρ' ὀρνίθια, / σέρφους ἴσως, σκώληκας, ἀκρίδας, πάρνοπας) gehören die *skōlēkes* zusammen mit anderen Insekten zur Nahrung der Vögel (vgl. auch com. adesp. fr. 1105,128]ιους σκώληκες εἰ λυπου[, in einem lückenhaften Kontext, in dem u. a. von Dionysos' *tragos* die Rede ist, v. 127); in Anaxil. fr. 32,1–2 (οἱ κόλακές εἰσι τῶν ἐχόντων οὐσίας / σκώληκες) werden die Schmarotzer mit *Würmern* verglichen, die sich in den begüterten Menschen hineinfressen, bis von diesen nichts mehr als ein ausgehöhltes Weizenkorn bleibt (v. 4; das Bild erinnert an den plautinischen Parasitennamen und Komödientitel *Curculio*); eine weitere Bedeutung, aus dem textilen Bereich, in Epig. fr. 7 [*Pontikos*] (τρεῖς μόνους ἔχω / σκώληκας ἔτι· τούτους μ' ἔασον καταγαγεῖν, mit LSJ s. v.: „thread twisted from the distaff").

Aus der sich windenden Bewegung des Insekts (die der Wortherkunft zugrunde liegt) entwickelt sich auch der metaphorische Gebrauch von *Meereswelle* (etwa in Plat. fr. 24 [*Hellas ē Nēsoi*] σκώληκα, erklärt beim Zitatträger Antiatt. p. 114,8 τὸ παυόμενον θαλάσσιον κῦμα καὶ ἀρχόμενον; vgl. Phryn. Praep. soph. p. 108,1 σκώληξ· ἡ κωφὴ τῶν κυμάτων ἐπανάστασις τῆς θαλάττης εἴρηται, ὅτι παραπλησίως τῷ σκώληκι τῷ ζώῳ τὰ κύματα κυλινδεῖται, Hsch. κ 3368 κολόκυμα· τὸ τυφλὸν κῦμα. οἱ δὲ τὸν σκώληκα καλούμενον, τὸ μακρὸν κῦμα; vgl. auch σ 1209; laut schol. (b T) Hom. Σ 16d handelt es sich um das äol. Pendant zum att. κολόκυμα).

ἐσθίοντε Zum Essen von Insekten vgl. hier oben, Interpretation.

μυλακρίδας Die primäre Bedeutung von μυλακρίς ist in der Funktion des Begriffs als Attribut von λᾶας zu suchen (die ganze Junktur heißt *Mühlstein*, wie nur im zitierten Alex. Aet. fr. 3,31 CA; vgl. hier oben, Textgestalt); es handelt sich um ein Derivat von μύλακρος ‚Mühlstein' (nur in Alcm. PMGF 1,31 = fr. 3,31 Cal. μαρμάρῳ μυλάκρῳ ‚durch einen marmornen Mühlstein', dessen Schlag eine Todesursache ist); die Verwandtschaft zu ἀκρίς (Etymologie unklar; aus κρίζειν ‚schreien' für Strömberg 1944, 19) wurde nur, wenn überhaupt, durch Paretymologie hergestellt.

In der hier vorliegenden Bedeutung von ‚Küchenschabe' (*Blatta orientalis*; vgl. Beavis 1988, 78. 81–4) ist das Wort nur in Plat. fr. 75 [*Lakōnes ē Poiētai*] und in zwei Glossen bezeugt (jeweils in Poll. II 189 μύλη, κατὰ δὲ Ἱπποκράτην [Hipp. Mochl. 1] ἐπιμυλίς, κατὰ δὲ Ἱππώνακτα [Hippon. fr. 162 W.² = 172 Deg.] μυλακρίς und Phot. μ 589 μυλακρίδες [μυλαβρίδες Theod.]· σίλφαι αἱ μαλακαί ἔλλευκοι· ἢ τρωξαλλίδες καὶ ἀ‹λ›ετρίδες· Πλάτων Λάκωσι; vgl. aber Theodoridis 1998, z. St.: „μυλαβρίδες etiam He. μ 1849, unde apparet Photium in fonte suo μυλαβρίδες invenisse. Antiqua v. l. vocab. μυλακρίδες, ut evincitur ex Poll. 7, 180 καὶ ζῷον τὸ ἔνδον τρεφόμενον μυλακρὶς καὶ μυλαβρίς (μυλαυρίς A, μυλαγρίς FSB: corr. H. Stephanus)"); das Wort ist sonst auf die übrige lexikographische Tradition beschränkt (vgl. hier oben, Zitatkontext). Die dort bezeugten Varianten μυληθρίς und μυλαβρίς (nach ἁβρός?) dürften wohl ein weiteres Indiz dafür sein, daß die Assoziation mit ἀκρίς, welche die Skansion mit ᾰ und somit die Änderung des tradierten Textes veranlaßt hat (vgl. hier oben, Textgestalt), weder exklusiv noch zwingend war.

fr. 601 K.–A. (584 K.)

οὐκ εἶ λαβὼν θύραζε τὰ ψηφίσματα
καὶ τὴν ἀνάγκην ἐς κόρακας ἐντευθενί;

1 εἰ FS 2 ἐντευθενί Maussac, Jungermann: ἐνθεῦθεν εἰ S: ἐντεῦθεν F

raus zur Tür und nimm deine Dekrete mit
und deine *anankē* (‚Wasseruhr'?) und geh zum Teufel direkt von hier

Poll. VIII 17 (codd. FS)
ἔνιοι δ' οἴονται καὶ ἀνάγκην σκεῦος εἶναι δικαστικόν, εἰπόντος Ἀριστοφάνους· ——

und manche glauben, auch die *anankē* sei ein gerichtliches Instrument, da Aristophanes sagt: ——

Metrum Iambische Trimeter:
——∪— ∪—∪|— ——∪—
——∪— —|—∪∪∪ ——∪—

Zitatkontext In einem den gerichtlichen Begriffen gewidmeten Buch (zu den Quellen dieses Buchs vgl. Tuci 2007) wird das Fragment für einen möglichen technischen Gebrauch des Begriffs *anankē* herangezogen, und zwar im Rahmen einer Sektion (Poll. VIII 16–20), wo zahlreiche Gebrauchsgegenstände aufgelistet werden, die zum Prozeß gehören (σκεύη δικαστικά) – darunter σύμβολον, βακτηρία, πινάκιον τιμητικόν, μάλθη, ἐγκεντρίς, κημός, καδίσκος, ἐχῖνος, ψῆφος, κλεψύδρα und χοιρίναι; anschließend wird die mögliche Zugehörigkeit zu diesem Zubehör außer für κιγκλίς und δρύφακτος auch für ἀνάγκη – und zwar anhand von Aristophanes' Fragment, dem einzigen Zitat in der ganzen Sektion – in Betracht gezogen. Darauf folgen weitere mit den gerichtlichen *psēphoi* verbundene Bezeichnungen und Ausdrücke.

Hierzu gehört auch Hsch. α 4234 = Phot. α 1426 (ἀνάγκη· ἡ δικαστικὴ κλεψύδρα), eine wohl auf Diogenian zurückgehende Glosse (Theodoridis 1982, z. St.); möglich ist eine gemeinsame Quelle (ohne dabei jedoch an eine Mißdeutung durch Pollux denken zu müssen; so hingegen Lipsius 1915, 917 A. 58; vgl. hier unten, zu τὴν ἀνάγκην).

Von der Klepsydra unter den *gerichtlichen Werkzeugen* – wiederum mit Verweis auf Aristophanes, aber für den Begriff *hēliskos* ‚kleiner Nagel' / ‚Nagelkopf' – ist auch in Poll. X 61 die Rede (δικάζειν μὲν οὖν ὁπότε δέοι, σκεύη ἂν εἴη δικαστικὰ κλεψύδρα καὶ προχοίδιον καὶ δίσκοι καὶ ψῆφοι, καὶ ἡλίσκος ἐπικρούειν τὴν κλεψύδραν· τὸν γὰρ ἧλον καὶ ἡλίσκον ἐν Ἥρωσιν Ἀριστοφάνης κέκληκεν; vgl. Ar. fr. 328 [*Hērōes*]).

Textgestalt Die metrisch bedingte Emendation ins deiktische ἐντευθενί (Kassel–Austin schreiben sie G. Jungermann in Lederlin–Hemsterhuys 1706, 861 zu; eigentlich bereits in Maussac 1614, 163) paßt bestens zu einer Situation, in der Direktheit eine Rolle spielt (vgl. hier unten, zum Wort).

Interpretation In einer dialogischen Situation wendet sich der Sprechende in schroffem Tonfall an jemanden, um ihn aufzufordern, einen Ort, an dem sich beide befinden, zu verlassen, nicht ohne zuvor zwei Objekte mitgenommen zu haben, die anscheinend an diesem Ort vorhanden waren oder dorthin mitgebracht wurden. Der Hinweis auf diese beiden Objekte – die *psēphismata* und die *anankē* – verrät, daß der anzunehmende Kontext gerichtlich sein müßte. Dies wird auch vom Zitatträger nahegelegt, der das Fragment ausgerechnet für eine technisch-gerichtliche Verwendung eines *anankē* genannten Werkzeugs heranzieht. Dieses Werkzeug wiederum dürfte – anhand der wohl damit verbundenen lexikographischen Tradition (vgl. hier oben, Zitatkontext) – mit einer Klepsydra (d.h. Wasseruhr) zu identifizieren sein (vgl. hier unten, zu τὴν ἀνάγκην), mit der bei einer Gerichtsverhandlung die Redezeit der Prozeßparteien (eher als die der einzelnen Prozeßgegner) gemessen und eventuell beschränkt wurde; sollte es sich ferner beim Sprechenden tatsächlich um einen der Anklage- bzw. Verteidigungsredner vor Gericht handeln, die ihr Plädoyer halten, könnte der Angesprochene schwerlich mit einem Prozeßgegner identisch sein, da nicht dieser, sondern die *dikastai* über die Macht verfügten, einen Streitenden zu unterbrechen (vgl. Lipsius 1915, 915–7).

Es wurde demnach vermutet, daß der Sprechende sich vor Gericht unter Druck gesetzt fühlt, da jemand – unter Verweis auf die abgelaufene Zeit (die mit der Klepsydra gemessen wurde) – ihn aufgefordert hätte, seine Rede abzubrechen (so Kaibel in Kassel–Austin z.St.: „verba sunt eius qui integra cum libertate nulla per clepsydram imposita finiendi necessitate loqui cupit“; gegen diese Interpretation vgl. Cassio 1991, der an den üblichen Sinn von *Zwang* / *Notwendigkeit* zurückgreift, indem er die Assoziation ψηφίσματα / ἀνάγκη als weiteres Beispiel für die aristophanische Mischung von einem konkreten und einem abstrakten Begriff betrachtet und den Sinn von ‚Klepsydra‘ einem Mißverständnis durch die Lexikographen zurechnet; die für eine ἀνάγκη in Verbindung mit einem ψήφισμα angeführten Parallelen – Ar. Eccl. 1011–3 {ΓΡ. Α} ἀλλά, νὴ Δία, / ἀναγκάσει τουτί σε. {ΕΠ.} τοῦτο δ' ἐστὶ τί; / {ΓΡ. Α} ψήφισμα, καθ' ὅ σε δεῖ βαδίζειν ὡς ἐμέ und 1028–9 {ΕΠ.} τί δῆτα χρὴ δρᾶν; {ΓΡ. Α} δεῦρ' ἀκολουθεῖν ὡς ἐμέ. / {ΕΠ.} καὶ ταῦτ' ἀνάγκη μοὔστί; {ΓΡ. Α} Διομήδειά γε – erscheinen allerdings nicht wirklich stringent).

Die *psēphismata* sind zwar eine Angelegenheit der Volksversammlung, die über sie abstimmt und sie erläßt, aber sie gehören insofern auch in einen

Gerichtshof, als sie – zusammen mit anderen Prozeßakten wie Gesetzen, Zeugnissen oder Beweisstücken – in der Verhandlung verlesen werden (währenddessen wurde der Wasserauslauf der Klepsydra durch Verschließen angehalten; vgl. etwa Herond. 2,4). Die Assoziation *Dekrete* / *Wasseruhr* – zumal im Zusammenhang mit einer vermeintlich harten Konfrontation (οὐκ εἶ ... ἐς κόρακας), in der wohl auch die Ungeduld des Sprechers für den Zeitdrang zum Ausdruck kommt (*Wasseruhr*) und der Angesprochene einen bestimmten geschlossenen *Ort* abrupt verlassen muß (vgl. θύραζε und ἐντευθενί;) – dürfte somit schwerlich ein anderes Milieu suggerieren als einen Prozeß.

Eine im allgemeinen vergleichbare Formulierung findet sich in Ar. Av. 1044–5 (οὐκ ἀποίσεις τοὺς νόμους; / πικροὺς ἐγώ σοι τήμερον δείξω νόμους), wo Peisetairos den *Psēphismatopōlēs* (‚Dekreteverkäufer') mitsamt seiner *Gesetze* drohend abweist.

οὐκ – ἐντευθενί; Für οὐ + Fut. mit ἐντευθενί vgl. Ar. Av. 1466 (οὐ πτερυγιεῖς ἐντευθενί;), für οὐκ εἶ [...] θύραζε [...] ἐς κόρακας vgl. Av. 989–90 (λαβὲ τὸ βυβλίον. / οὐκ εἶ θύραζ'; ἐς κόρακας), für λαβὼν θύραζε vgl. Nub. 1384–5 (κακκᾶν δ' ἂν οὐκ ἔφθης φράσας, κἀγὼ λαβὼν θύραζε / ἐξέφερον ἂν καὶ προυσχόμην σε); für οὐκ εἶ [...] ἐς κόρακας ἐντευθενί vgl. Eccl. 169 (ἄπερρε καὶ σὺ καὶ κάθησ' ἐντευθενί).

οὐκ εἶ λαβών Ein Fut. (εἶμι = *ich werde gehen*) mit Negation im Fragesatz gleicht einem (ziemlich dringlichen) Imperativsatz (v.a. im idiomatischen Ausdruck οὐ μενεῖς; – Ar. Equ. 240, Ach. 564, Av. 354. 1055, Thesm. 689*b*, Plut. 440; vgl. Kühner–Gerth II.1 176–7, Collard 2005, 366 und Napolitano 2013, 254 A. 710); einziges weiteres Beispiel in der Komödie sowohl für οὐκ εἶ als auch für die Kombination dieser speziellen Imperativform mit einem Partiz. ist Ach. 484 (οὐκ εἶ καταπιὼν Εὐριπίδην; ‚schluck mal Euripides herunter'; Dikaiopolis fordert seinen Geist auf, sich der euripideischen Fähigkeiten anzueignen).

Die Reihenfolge mit dem Imperativ (hier vertreten durch οὐκ εἶ) vor λαβών – eher als umgekehrt – entspricht in den meisten Fällen der attischen Anordnung (vgl. Fraenkel 1962, 142, mit Verweis auf Ar. Ach. 953, Equ. 493, Lys. 1115, Ran. 888, Theop. fr. 53 [*Seirēnes*] sowie Eur. Bacch. 1212, Dem. 19,40; für die umgekehrte Sequenz vgl. Kassel–Austin zu Ar. fr. 280 [*Dramata ē Kentauros*]).

οὐκ εἶ – ἐς κόρακας Eine nur hier und im zitierten Ar. Av. 989–90 belegte Variante der v.a. in der Komödie geläufigen Verwünschungsformel im Sinne von ‚zum Teufel gehen' u.ä. (bereits in Archil. fr. 196a,31 W.[2]; vgl. Arnott 1996, zu Alex. fr. 99,5 [*Hippeus*] und Orth 2013, zu Amips. fr. 23 ἔρρ' ἐς κόρακας, u. a. zum wahrscheinlichen Ursprung der Wendung in der Eigenschaft der Raben als Aasfresser, mit Athen. VI 254c), die am häufigsten in Begleitung von Standardverben, zumeist im Imp., erscheint (v.a. ἔρρειν, βάλλειν; seltener ἀπάγειν und ἀπόφερειν; vgl. auch die Formen οὐκ ἐς / εἰς κόρακας ἀποφθερεῖ/-ῇ; – vgl. Ar. Equ. 892, Nub. 789, Eup. fr. 359 – und sporadische Varianten wie Vesp. 51 ἐς κόρακας οἰχήσεται;, Pac. 117 ἐς κόρακας βαδιεῖ, Av. 28 ἐς κόρακας ἐλθεῖν, Thesm. 1226 τρέχε νῦν κατ' αὐτοὺς ‹ἐς› κόρακας ἐπουρίσας, Men. Sam. 133 ἐς κόρακας ἄπεισιν ἐκ τῆς οἰκίας); oft auch elliptisch (ἐς / εἰς κόρακας – Ar. Ach. 864, Nub. 646, Vesp. 852. 982, Pac. 19, Av. 889. 990, Ran. 187. 189, Euphan. fr. 2 [*Pyraunos*], Hipparch. fr. 1,5 [*Anasōzomenoi*], Men. Dysc. 112, Sam. 370 – bzw. οὐκ ἐς / εἰς κόρακας; – Ar. Nub. 871, Vesp. 458, Ran. 607, Plut. 394, Men. Epitr. 160, Her. 72), nur vereinzelt – wie hier – von diesen Verben abgelöst und in andere Sätze eingebettet (vgl. Ar. Nub. 123 ἀλλ' ἐξελῶ σ' εἰς κόρακας ἐκ τῆς οἰκίας, Pac. 1221 ἀπόφερ', ἀπόφερ' ἐς κόρακας ἀπὸ τῆς οἰκίας, Men. Sam. 352–4 ἐκ τῆς δ' οἰκίας / ἐπὶ κεφαλὴν ἐς κόρακας ὦσον τὴν καλὴν / Σαμίαν).

τὰ ψηφίσματα Ein *psēphisma* ist im Athen der klass. Zeit ein durch die Volksversammlung beschlossenes ‚Dekret', also ein *Volksbeschluß*, der mit einer Mehrheit der Stimmen erlassen wurde (vgl. z. B. Ar. Ach. 536), und unterscheidet sich generell vom *nomos* ‚Gesetz' (vgl. Plat. Theaet. 173d νόμους καὶ ψηφίσματα, Aristot. Pol. 1292a 6 ὅταν τὰ ψηφίσματα κύρια ᾖ ἀλλὰ μὴ ὁ νόμος, Dem. 20,92 ψηφισμάτων οὐδ' ὁτιοῦν διαφέρουσιν οἱ νόμοι, ἀλλὰ νεώτεροι οἱ νόμοι, καθ' οὓς τὰ ψηφίσματα δεῖ γράφεσθαι, τῶν ψηφίσματων αὐτῶν; vgl. Quaß 1971, 2–5. 14–30); für die Komödie vgl. Ar. Equ. 1382–3 (μὰ Δί', ἀλλ' ἀναγκάσω κυνηγετεῖν ἐγὼ / τούτους ἅπαντας, παυσαμένους ψηφισμάτων), Nub. 1019 (κωλῆν μικράν, ψήφισμα μακρόν), 1428–9 (καίτοι τί διαφέρουσιν / ἡμῶν ἐκεῖνοι, πλήν γ' ὅτι ψηφίσματ' οὐ γράφουσιν;), Vesp. 377–8 (ἵν' εἰδῇ μὴ πατεῖν τὰ / τῶν θεῶν ψηφίσματα), Pac. 609 (σπινθῆρα μικρὸν Μεγαρικοῦ ψηφίσματος), Av. 1038–41 ([ΨΗ.] ψηφισματοπώλης εἰμὶ καὶ νόμους νέους / ἥκω παρ' ὑμᾶς δεῦρο πωλήσων. [ΠΕ.] τὸ τί; / [ΨΗ.] χρῆσθαι Νεφελοκοκκυγιᾶς τοῖσδε τοῖς μέτροισι / καὶ σταθμοῖσι καὶ ψηφίσμασι καθάπερ Ὀλοφύξιοι"), 1289 (κἄπειτ' ἂν ἅμα κατῆραν εἰς τὰ βιβλία, / εἶτ' ἂν ἐνέμοντ' ἐνταῦθα τὰ ψηφίσματα), Lys. 703–4 (οἱ δὲ πέμψειν οὐκ ἔφασκον διὰ τὰ σὰ ψηφίσματα. / κοὐχὶ μὴ παύσησθε τῶν ψηφισμάτων τούτων), Thesm. 361–2 (ἢ ψηφίσματα καὶ νόμον / ζητοῦσ' ἀντιμεθιστάναι), Eccl. 649–50 (ἀλλ' οὗτος μὲν πρότερον γέγονεν πρὶν τὸ ψήφισμα / γενέσθαι), 812–3 (ὥσπερ οὐχ ὁρῶν / ἀεὶ τοιαῦτα γιγνόμενα ψηφίσματα), 1013 (ψήφισμα, καθ' ὅ σε δεῖ βαδίζειν ὡς ἐμέ), 1090–1 (τουτὶ τὸ πρᾶγμα κατὰ τὸ Καννωνοῦ σαφῶς / ψήφισμα· βινεῖν δεῖ με διαλελημμένον), fr. 226 [*Daitalēs*] (εἰ μὴ δικῶν τε γυργαθοὺς ψηφισμάτων τε θωμοὺς / φέροντες) und Cratin. fr. 285 [*Hōrai*] = Plat. fr. 123 [*Poiētēs*] (ψήφισμα ἔθηκεν).

τὴν ἀνάγκην Dies ist die einzige Bezeugung für *anankē* im Sinne von Klepsydra, der Wasseruhr, die zur *Zeitbeschränkung* bei Prozessen diente (vgl.

hier oben, Interpretation; *pace* Kock I 541: „*tormenta*"; vgl. noch Henderson 2007, z. St.: „coercion"). Das archäologische Pendant bietet eine auf der athenischen Agora aufgefundene Klepsydra aus dem 5. Jh. v. Chr. (vgl. Young 1939, 274–84 und Thompson–Wycherley 1972, 55; vgl. auch Wankel 1976, 38 A. 92. 761–2 und Jones 1987, 44; dieser Fund sollte der Skepsis von Lipsius 1915, 917 A. 58 über Pollux' Interpretation der *anankē* – „Aber die Angabe von Hesych u. ἀνάγκη, daß die Klepsydra auch diesen Namen führe, stammt wohl nur aus Mißverständnis des Aristophanesverses bei Poll. VIII 17" – entgegenhalten; nur Mißdeutungen in Green 2012, 104: „Here the voting tokens must be taken to the door, presumably for counting in order for the law to have any teeth or power and perhaps the line indicates that rather than those in the courtroom or assembly being under pressure, once the voting has occurred this pressure would be applied elsewhere"). Zu Uhren in der Antike vgl. Howatson 2013, 160.

Das *anancaeum*, ein großes Trinkgefäß in Plaut. Rud. 363 (*credo hercle anancaeo datum quod biberet*; vgl. Varr. de vit. pop. Rom. 3 fr. 22 K.), hängt schwerlich hiermit zusammen (vgl. Mau 1894: „vielleicht so genannt, weil man es gelegentlich zur Strafe ἐξ ἀνάγκης leeren musste. Mit ἀνάγκη = δικαστικὴ κλεψύδρα (Hesych.; vgl. Turnebus Adv. 21, 12) hat es schwerlich zu thun"; vgl. auch Fraenkel 1922, 157 A. 1: „Dies Gefäß ist übrigens in der Art benannt wie etwa ἄμυστις vom ἀμυστὶ πίνειν").

ἐντευθενί Einen deiktischen Bezug auf einen auf der Bühne sichtbaren Ort suggeriert das Adv. in der Komödie auch in Ar. Pac. 823, Av. 10. 817. 1056. 1466, Eccl. 169 und Metag. fr. 6,7 [*Thouriopersai*]; auf einen Gegenstand bezogen ist es in Ar. Vesp. 1390, Pac. 1247, Av. 361, Lys. 233. 234 und Amips. fr. 7,1 [*Konnos*] (vgl. Orth 2013, z. St., mit weiterer Lit. zum deiktischen -ί); zeitlich hingegen in Ar. Pac. 922 (ἄγε δή, τί νῷν ἐντευθενὶ ποιητέον;).

fr. 602 K.–A. (585 K.)

„ἄκων κτενῶ σε, τέκνον." ὁ δ' ὑπεκρίνατο·
„ἐπὶ Παλλαδίῳ τἄρ', ὦ πάτερ, δώσεις δίκην"

1 ὑπεκρίνατο Eust., Fritzsche, Buttrey, dubitanter Kassel–Austin: ἀπεκρίνατο Cobet, van Herwerden 2 παρ' ᾧ Eust.: corr. Elmsley

„unfreiwillig werde ich dich töten, mein Kind." Und der antwortete:
„am Palladion dann, Vater, wirst du bestraft werden"

Eust. in Od. 1419,52
πόθεν δὲ ἡ Παλλὰς, καὶ ὅτι οὐ μόνον πάλλας, ὁ νέος, ἀλλὰ καὶ πάλλαξ ἐξ οὗ καὶ παλλακὴ, καὶ παλλάκια δὲ κατὰ Αἴλιον Διονύσιον οὐ παλλήκια οἱ παῖδες, ἔστιν εὑρεῖν παρὰ τοῖς παλαιοῖς οἳ καὶ δικαστήριον ἱστοροῦσιν (scil. οἱ παλαιοί) Ἀθήνῃσιν ἐπώνυμον τῆς Παλλάδος. Ἀριστοφάνης· ——. ἐδίκαζον δὲ κατὰ Παυσανίαν ἐκεῖ ἀκουσίους φόνους οἱ ἐφέται

und woher der Begriff *Pallás* [kommt] und daß [es] nicht nur *pállas* [heißt], der junge Mann, sondern auch *pállax*, woher auch *pallakē* [kommt], und die Kinder nach Ailios Dionysios (Ael. D. ε 56 Erbse) *pallakia* [heißen], nicht *pallēkia*, ist bei den Alten zu finden, die auch berichten, daß der Gerichtshof in Athen nach Pallas benannt wurde. Aristophanes: ——. Und nach Pausanias (Paus. att. ε 53 Erbse) urteilten dort die Epheten über die fahrlässigen Tötungen

Metrum Iambische Trimeter:

⏑–⏑– ⏑|–⏑⏖ ⏑–⏑–
⏖–⏖– –|–⏑– ––⏑–

Zitatkontext Im Rahmen einer Diskussion über *Pallas* (Epitheton Athenes) und verwandte Formen beruft sich Eustathios ausdrücklich auf attizistische Quellen – die er auch *die Alten* nennt – für die Information über die Namensherkunft des athenischen Gerichtshofs *am Palladion* (Ael. D. ε 56 Erbse), welche auch das Fragment enthält, sowie für die zusätzliche Angabe zum genauen Gebrauch dieses Gerichtshofs (Paus. att. ε 53 Erbse); aus derselben Quelle schöpften die lexikographischen Einträge zum Lemma ἐπὶ Παλλαδίῳ (Zonar. p. 812,15, Et. magn. p. 362,43, Sud. ε 2505, Hsch. ε 5041, Λέξ. ῥητ. p. 257,23; vgl. auch Sud. ε 3878).

Textgestalt Das tradierte ὑπεκρίνατο geriet nicht zu Unrecht in Verdacht und wurde mit ἀπεκρίνατο ersetzt (Cobet 1855, 125, van Herwerden 1855, 42); überzeugend erscheint allerdings die Verteidigung der Lesart durch Buttrey 1977, 18 (vgl. hier unten, Interpretation; vgl. bereits Fritzsche 1831, 129), auch von Kassel–Austin z. St. („dubitanter") aufgenommen. Die Berichtigung durch Elmsley 1830, 41 (zu Ar. Ach. 323) des tradierten παρ' ᾧ in τἄρ', ὦ ist evident (vgl. hier unten, zum Wort).

Interpretation Jemand evoziert eine dialogische Szene, in der ein Vater mit einem (para)tragischen Zitat (TrGF adesp. *73 ἄκων κτενῶ σε, τέκνον) dem Sohn mit Totschlag – wohl nur scherzhaft – drohte, woraufhin der Sohn ebenso ironisch mit dem Verweis auf den für solche Delikte passenden Ort in Athen erwiderte (vgl. Buttrey 1977, 18: „The father does not pose a question in the text as we have it, though it is possible that his four words were originally the end of a query now invisible. At any rate the boy responds with a fact;

indeed the fact is the reason we have the fragment at all, for it is preserved in Eustathius 1419.52 as an illustration, ἐδίκαζον δὲ κατὰ Παυσανίαν ἐκεῖ ἀκουσίους φόνους οἱ ἐφέται. The joke may even lie in the choice of ὑπεκρίνετο rather than ἀπεκρίνετο, that is that the response of the child is not defensive or pleading or accusatory but incredibly dispassionate, even pedantic in the face of disaster").

Das Fragment wurde neben Eur. Hipp. 1433–4 (ἄκων γὰρ ὤλεσάς νιν, ἀνθρώποισι δὲ / θεῶν διδόντων εἰκὸς ἐξαμαρτάνειν) und Lys. 13,52 (ἴσως φήσει ἄκων τοσαῦτα κακὰ ἐργάσασθαι) als Evidenz für einen besonderen Fall von *unvorsätzlichem Mord* angeführt, bei dem der Mörder *unter Zwang* handelt (so MacDowell 1969, der an den drei Stellen ἄκων als „under compulsion" wiedergibt und das Fragment so deutet: „Although it is hard to interpret the lines without their context, it is not likely that the old man means "I shall (voluntarily) commit an act which will result in your death, but I shall not intend to kill you"; to make such a prediction about his own act would be nearly (if not quite) self-contradictory. It is much more likely that he means simply "I shall be compelled to kill you" or "I shan't be able to help killing you", 158; zur bereits Drakonischen Unterscheidung zwischen *vorsätzlichen* und *unvorsätzlichen* Blutdelikten sowie zu den philosophischen Implikationen einer Willenslehre vgl. Schütrumpf 1989, 147–54, der u. a. in Soph. Ant. 1340–1 ὦ παῖ, σέ τ' οὐχ ἑκὼν κατέκανον / σέ τ' αὖ τάνδ' – Kreon zum Chor – eine Parallele erkennt).

Der tragische Einschlag in den Worten, die der Vater ausgesprochen haben soll, ist sowohl im Simplex κτείνεν gegenüber dem geläufigen Kompositum ἀποκτείνειν (vgl. Cobet 1858, 29) als auch in der langen ersten Silbe in τέκνον (so auch etwa im ebenfalls paratragischen Eup. fr. 112,2 [*Dēmoi*] und in Ar. Vesp. 1518/9, lyr.) ersichtlich (vgl. Cobet 1855, 125 – gegen den durch die prosodische Anomalie veranlaßten Emendationsversuch von Bergk in Meineke II.2 1194–5 σ', ὦ τέκνον, ὁ δ' οὖν ἀπεκρίνετο – und Rau 1967, 211; zum tragischen Fragment vgl. auch Meineke V.1 70: „ex Euripide aliove tragico"; zu spekulativ Kannicht–Snell zu TrGF adesp. *73: „dixerit talia Agamemno in Aeschyli 'Iphigenia'", in Anlehnung an die in Harp. ε 107 Keaney [p. 127,11 Dind.] erzählte Geschichte; vgl. hier unten, zu ἐπὶ Παλλαδίῳ). Der tragische Wortlaut könnte seinerseits von der Rechtssprache beeinflußt worden sein (vgl. hier unten, zu ἄκων – κτενῶ). Das Fragment wurde ohne zwingenden Grund den aristophanischen *Daitalēs* zugewiesen (Fritzsche 1831, 129).

ἄκων – κτενῶ Das tragische Zitat könnte seinerseits eine bereits im Drakonischen Gesetz kodifizierte Rechtsformel reproduziert haben (IG I² 115,16 ἐὰν δὲ τούτον μεδὲ *h*ε̃ς ε̃ι, κτ]ένει δὲ ἄκο[ν]); eine poetische Nuance dürfte hier – natürlich dem anonymen Tragiker zuzurechnen – von der Assonanz κτενῶ / τέκνον kommen.

ἄκων Att. kontrahierte Form für das ion.-epische ἀέκων (vgl. Hom. Δ 43 ἑκὼν ἀέκοντί γε θυμῷ); inwieweit die athenischen Zuschauer im Wort die ursprüngliche juristische Valenz noch mithören konnten (vgl. hier oben, zu ἄκων – κτενῶ) muß dahingestellt bleiben: die offizielle Formel der Anklage lautete inzwischen ἀκουσίου φόνου (vgl. u. a. Dem. 59,2 und die Belege hier unten, zu ἐπὶ Παλλαδίῳ; vielleicht zu optimistisch in dieser Richtung Schütrumpf 1989, 147–54: „"Involuntary," ἄκων, οὐχ ἑκών was the phrasing of the laws for homicide and Aristophanes fr. 585 [...] proves that such a juridical understanding was so widespread as to be immediately recognized by an Athenian audience"); die weiteren Komödienbelege lassen generell keine andere Bedeutung als die von *nolens* erkennen (Ar. Equ. 1250–1 ὦ στέφανε, χαίρων ἄπιθι, καί σ' ἄκων ἐγὼ / λείπω, Nub. 867–8 ἄγω γάρ σοι τὸν υἱὸν τουτονὶ / ἄκοντ' ἀναπείσας, Vesp. 1001–2 ἀλλ', ὦ πολυτίμητοι θεοί, ξύγγνωτέ μοι· / ἄκων γὰρ αὔτ' ἔδρασα κοὐ τοῦ 'μοῦ τρόπου, Ran. 1520–3 μέμνησο δ' ὅπως ὁ πανοῦργος ἀνὴρ / καὶ ψευδολόγος καὶ βωμολόχος / μηδέποτ' εἰς τὸν θᾶκον τὸν ἐμὸν / μηδ' ἄκων ἐγκαθεδεῖται, Plut. 780–1 δείξω τὸ λοιπὸν πᾶσιν ἀνθρώποις ὅτι / ἄκων ἐμαυτὸν τοῖς πονηροῖς ἐνεδίδουν, Pher. fr. 160 [*Cheirōn*] ἔξεισιν ἄκων δεῦρο πέρδικος τρόπον, Anaxil. fr. 22,27–8 [*Neottis*] εἶθ' ὁ μὲν γνοὺς ταῦτ' ἀπῆλθεν εὐθὺς ὥσπερ ‹Οἰδίπους›, / οὐδ' ἰδεῖν δόξας ἐκείνην, σῴζεται δ' ἄκων μόνος, Dionys. fr. 1 [*Akontizomenos*] ὥστ' ἐνίοτ' ἂν τούτοισι ποιῶν ματτύην / σπεύδων ἅμ' εἰσήνεγκα διαμαρτὼν μίαν / ἄκων περιφορὰν τῶν νεκρῶν ὡς τὸν νεκρόν, unklare Deutung).

κτενῶ Zum Simplex als gehobener im Vergleich zu dem entsprechenden Kompositum vgl. hier oben, Interpretation; es scheint eine Überschneidung zu geben zwischen der poetischen (Homer, Tragiker; vgl. auch Ar. Av. 1063, lyr.) und der juristischen Sprache (in der zitierten *Lex Draconis* = IG I^2 115; vgl. auch Plat. Euthphr. 4b εἰ [...] ἐν δίκῃ ἔκτεινεν ὁ κτείνας, Prot. 322d, Leg. 871e, Lys. 10,11), die im aristophanischen Zitat besonders gut zum Vorschein kommt (vgl. hier oben, zu ἄκων – κτενῶ), während in der sonstigen Prosa und in der Komödie ἀποκτείνειν bevorzugt wird.

τέκνον Zur ‚tragischen' Prosodie vgl. hier oben, Interpretation; auch in den weiteren aristophanischen Belegen eignet sich diese Anrede (vgl. Dickey 1996, 65–72; vgl. auch Willi 2003, 187 A. 129) – zumeist mit ὦ – besonders gut für pathetische, bisweilen paratragische Kontexte (vgl. Ar. Ach. 891–2 προσείπατ' αὐτήν, ὦ τέκν'· ἄνθρακας δ' ἐγὼ / ὑμῖν παρέξω τῆσδε τῆς ξένης χάριν, mit Olson 2002, z. St.: „These verses are perhaps a parody of a specific tragic scene, in which a group of children gather joyfully about a beloved friend who has appeared at their house after a long absence"; Nub. 1165–6 ὦ τέκνον, ὦ παῖ, ἔξελθ' οἴκων, / ἄϊε σοῦ πατρός, 1170 ἰὼ ἰώ, τέκνον, Vesp. 1518/9 ἄγ', ὦ μεγαλώνυμα τέκνα τοῦ θαλασσίοιο, Lys. 7 μὴ σκυθρώπαζ', ὦ τέκνον, Thesm. 754 οἴμοι τέκνον, 1062–3 ἀλλ' ὦ τέκνον σὲ μὲν τὸ σαυτῆς χρὴ ποεῖν, / κλαίειν ἐλεινῶς, 1181 φέρε θοἰμάτιον ἄνωθεν ὦ τέκνον τοδί, 1198 ἀκολουτει τεκνον, Ran. 211 λιμναῖα κρηνῶν τέκνα, 1322 περίβαλλ', ὦ τέκνον, ὠλένας, 1356*a* ἀλλ' ὦ Κρῆτες, Ἴδας τέκνα, fr. 129 [*Gēras*] [A.] τουτὶ τί ἦν τὸ πρᾶγμα; [B.] θερμούς, ὦ τέκνον. / [A.] ἀλλ' ἦ παραφρονεῖς; [B.] κριβανίτας, ὦ τέκνον. / [A.] τί κριβανίτας; [B.] πάνυ δὲ λευκούς, ὦ τέκνον).

ὑπεκρίνατο Zu einem möglichen Spiel beim Gebrauch dieses Verbs vgl. hier oben, Interpretation.

ἐπὶ Παλλαδίῳ Der früheste unter den wenigen literarischen Belegen für den Gerichtshof *am Palladion* – ein relativ kleines Kollegialgericht in Athen, in dem anders als im für vorsätzliche Blutdelikte zuständigen Areopag über Fälle von Totschlag geurteilt wurde (*am Palladion* heißt *neben dem Athene-Tempel*, in dem das der Legende nach von Troia mitgebrachte Bild der Pallas Athene – wohl die begehrteste Reliquie der antiken Welt – aufbewahrt wurde; vgl. Hartmann 2010, 555–7; daher bezeichnete das Wort auch etliche Statuen und Statuetten der Pallas Athene nach dem Vorbild des Originals: vgl. z.B. Ar. Ach. 547; zu Lokalisierung und archäologischer Evidenz vgl. Paus. I 28,8–9 und Travlos 1974): seit Solon richteten hier 51 Epheten (so wurden die Geschworenen genannt, welche jedoch aus dem Gremium des Areopags gewählt wurden und auch beim Delphinion und in Phreatto tagen konnten) unter Vorsitz des Archon Basileus über φόνος ἀκούσιος (*unvorsätzlicher Mord*) und auch βούλευσις (*vorsätzlicher Mord*; eine genaue Erörterung des Begriffs in MacDowell 1963, 60–9), aber nur soweit an Sklaven, Metöken und Fremden begangen (so Aristot. Ath. pol. 57,3–4 τῶν δ' ἀκουσίων καὶ βουλεύσεως, κἂν οἰκέτην ἀποκτείνῃ τις ἢ μέτοικον ἢ ξένον, οἱ ἐπὶ Παλλαδίῳ, mit Gagarin 1979, 306; vgl. auch Harp. ε 107 Keaney [p. 127,11 Dind.] ἐπὶ Παλλαδίῳ· Δημοσθένης ἐν τῷ κατ' Ἀριστοκράτους [Dem. 23,71]. δικαστήριόν ἐστιν οὕτω καλούμενον, ὡς καὶ Ἀριστοτέλης ἐν Ἀθηναίων πολιτείᾳ [Aristot. Ath. pol. 57,3], ἐν ᾧ δικάζουσιν ἀκουσίου φόνου καὶ βουλεύσεως οἱ ἐφέται. ἔσχε δὲ καὶ τὸ δικαστήριον τὴν τοῦ Παλλαδίου ἐπωνυμίαν καὶ οἱ δικασταὶ τὴν τῶν ἐφετῶν ἐντεῦθεν, schol. Aeschin. 2,87 sowie die zitierten Λέξ. ῥητ. p. 257,23, Hsch. ε 5041, Et. magn. p. 362,43 und Sud. ε 2505; vgl. hier oben, Zitatkontext; Dinarch. 15 fr. 2 Conomis ἐπὶ Παλλαδίῳ λέγων εἶναι τὰς δίκας, Δείναρχος δὲ ἐν τῷ Κατὰ Πιστίου ἐν Ἀρείῳ πάγῳ enthält seinerseits die widersprüchliche und noch nicht hinreichend geklärte Nachricht, der Gerichtshof für βούλευσις sei der Areopag; eine detaillierte Beschreibung des Verfahrens in Dem. 23,71–4, eine Passage, die auch darüber informiert, daß der wegen φόνος ἀκούσιος an einem Bürger Verurteilte in die Verbannung gehen mußte).

Das aitiologische Interesse für das Palladion als Reliquie, die u. a. am Anfang der Einrichtung des Gerichtshofs am Palladion steht, zeigt sich in zwei Sagen, beide atthidographischen Ursprungs: nach der einen (Clidem. FGrHist 323 F 20) – deren Schwerpunkt im Interesse für Namen, Richterzahl und Erklärung des Wortes *ephetēs*, nicht aber für die genaue Zuständigkeit des Gerichts, liegt – soll Theseus' Sohn Demophon das von Agamemnon als troianische Beute mitgebrachte Palladion im Phaleron geraubt und daraufhin seine Verfolger ermordet haben; der Bezug zur Einrichtung eines Gerichtshofs ergab sich aus Agamemnons Entscheidung, das Urteil gegen Demophon von 50 Athenern und 50 Argivern fällen zu lassen (so auch u. a. im bereits zitierten Harp. ε 107 Keaney [p. 128,1 Dind.] Ἀγαμέμνονος μετὰ τῶν Ἀργείων σὺν τῷ Παλλαδίῳ προσενεχθέντος Ἀθήναις ἐξ Ἰλίου Δημοφῶν ἁρπάζει τὸ Παλλάδιον καὶ πολλοὺς τῶν διωκόντων ἀναιρεῖ. Ἀγαμέμνων δὲ δυσχεράνας δίκην τὸν ἁρπάσαντα ἀπαιτεῖ, καὶ συνίσταται τὸ δικαστήριον ἐπὶ πεντήκοντα μὲν Ἀθηναίων, πεντήκοντα δὲ Ἀργείων, οὓς ἐφέτας ἐκάλεσαν διὰ τὸ ‹παρ'› ἀμφοτέρων ἐφεθῆναι αὐτοῖς τὰ τῆς κρίσεως sowie beim Zitatträger des Aristophanes-Fragments Eust. in Od. p. 1419); die alternative Sage (Phanod. FGrHist 325 F 16; vgl. auch Poll. VIII 118, Sud. ε 2505 sowie wiederum Eust. in Od. p. 1419) spricht nur von den Argivern, die anstelle des Agamemnon das Palladion mitbrachten (vgl. Burkert 2007, 115; übersichtliche Darstellungen über den Gerichtshof *am Palladion* und den damit verbundenen Sagen in Lenschau 1949, MacDowell 1963, 59–69 und Lanni 2006, 77–87).

τἄρ' = τοι ἄρ(α); oft zur Verstärkung von Futurformen (vgl. Denniston 1954^2, 35–6. 542. 555): vgl. Ar. Ach. 323*b* (δεινὰ τἄρα πείσομαι), Vesp. 299 (μὰ Δί' οὔ τἄρα προπέμψω σε τὸ λοιπόν), Thesm. 248 (οἰμώξετ' ἆρ', εἴ τις τὸν ἐμὸν πρωκτὸν πλυνεῖ), Ran. 252 (δεινὰ τἄρα πεισόμεσθα), fr. 623 (vgl. hier unten, zum Fr.), Phryn. fr. 48,1 [*Satyroi*] (βοάσομαι τἄρα τὰν ὑπέρτονον / βοάν, mit Stama 2014, z. St. für weitere Stellen).

ὦ πάτερ Eine geläufige und unkonnotierte Anrede für den eigentlichen Vater (in den Fällen, in denen kein Verwandter angesprochen wird, gilt sie als besonders respektvoll; vgl. Dickey 1996, 78–81).

δώσεις δίκην Ähnliche Beispiele für eine direkte Drohung (nicht unbedingt in gerichtlichen Kontexten) in Ar. Equ. 710 (ἕλξω σε πρὸς τὸν δῆμον, ἵνα δῷς μοι δίκην), 923–4 (δώσεις ἐμοὶ καλὴν δίκην / ἰπούμενος ταῖς εἰσφοραῖς), Nub. 1242 (ἦ μὴν σὺ τούτων τῷ χρόνῳ δώσεις δίκην), Vesp. 1332–3 (ἦ μὴν σὺ δώσεις αὔριον τούτων δίκην / ἡμῖν ἅπασιν, κεἰ σφόδρ' εἶ νεανίας), Thesm. 544 (οὐ γάρ σε δεῖ δοῦναι δίκην;).

fr. 603 K.–A. (625. 626 K.)

καταντιβολεῖτον αὐτὸν ὑποπεπτωκότες.
ἐκμαίνετον τὸν πατέρα τοῖς ὀρχήμασι

1 καταντιβολεῖτον codd.: κᾆτ' ἀντιβ. Brunck: κατηντιβ. Fritzsche ὑποπεπτωκότε Dindorf 2 ἐκμαίνετον codd.: ἐκβαίνετον Brunck, Dindorf, Bergk, Kock

fleht ihn dringend an, ihr beide, zu seinen Füßen geworfen.
Sie treiben / ihr treibt den Vater in den Wahnsinn mit ihren / euren Tänzen

Et. magn. p. 280,28
διώκετον· ὅτι οἱ Ἀττικοὶ καὶ ἐν τοῖς τρίτοις προσώποις τῶν δυϊκῶν τοῖς δευτέροις χρῶνται, ὡς Ἀριστοφάνης· ––. τοιαῦτα καὶ τὰ παρὰ τῷ ποιητῇ· (Hom. K 364)

diōketon (‚ihr/sie beide folgt/-en'): da sich die Attiker auch in der dritten Person der Dualformen der zweiten bedienen, wie Aristophanes: ––. Solche Formen (sind) auch die bei dem Dichter (d. h. Homer): (Hom. K 364)

Metrum Iambische Trimeter:
⏑–⏑⏑– ⏑|–⏑⏑⏑ ––⏑–
––⏑– –|⏑⏑⏑– ––⏑–

Zitatkontext Zitiert wird das Fragment als Beispiel für den attischen Gebrauch der 3. Pers. des Duals anstelle der 2. Pers., wobei direkt im Anschluß ein homerisches Beispiel für diese Verwendung herangezogen wird (Hom. K 364 διώκετον ἐμμενὲς αἰεί), das in der Homerphilologie bereits eine rege Diskussion über diesen speziellen Usus des Duals hervorgerufen hatte: erste Spuren liegen bei den Alexandrinern (Eratosthenes) und sind durch Aristonikos (Verf. u. a. eines *syngramma* über die kritischen Zeichen seines Lehrers Aristarch; vgl. Montanari 1996) über den *Viermännerkommentar* in die homerischen *Ilias*-Scholien (cod. Ven. A) eingegangen (zur alexandrinischen Debatte über den Dual Callanan 1987, 53–6; vgl. schol. Hom. K 364 [= Aristonic. De sign. K 364] {λαοῦ ἀποτμήξατε} διώκετον· ὅτι A A^{im} τὸ διώκετον σημαίνει διώκουσιν ἢ διώκετε, οὐ τὸ ‹ἐ›διωκέτην, ὡς Ἐρατοσθένης [Erat. fr. 35 Strecker]. ἔστιν οὖν τὸν Δόλωνα διώκουσιν ἀντὶ τοῦ ἐδίωκον, ὃν τρόπον „αἱ μὲν ἀλετρεύουσι μύλης ἔπι" [Hom. η 104] ἀντὶ τοῦ ἠλέτρευον; vgl. auch Apoll. Dysc. De pron. [GrGr II.1] p. 110,4 Schn. διώκετον γὰρ ἀντὶ τοῦ διωκέτην sowie das ebenfalls auf Aristonikos zurückgehende schol. Hom. Ω 282, ἡ διπλῆ ὅτι εἰ μὴ προσέθηκε τὸν στίχον, οἱ θέλοντες συγχεῖσθαι τὰ δυικὰ παρ' Ὁμήρῳ, Ἐρατοσθένης καὶ Κράτης ἔλεγον ἂν ἐπὶ τῶν ἐννέα Πριαμιδῶν τετάχθαι „τὼ μὲν ζευγνύσθην", wo wiederum u. a. Eratosthenes angeführt wird, der auch -τον statt -την bei Homer zuläßt; mit Bezug auf Hom. K 364 auch Epim. Hom. in An. Ox. I 397,21 παρατατικοῦ γὰρ ὄν, ἔδει διὰ τοῦ η διωκέτην und Hsch. δ 2043 διώκετον· ἐδίωκον; vgl. aber Kassel–Austin z. St.: „καταντιβολεῖτον und ἐκμαίνετον quomodo pro formis tertiae (imperfecti, cf. exemplum Homericum) haberi potuerint non liquet [...]. ἐκμαίνετον secundae personae indicativus praesentis esse videtur, καταντιβολεῖτον imperativus est", unter Verweis auf Ar. Pac. 113 ἀλλ' ἀντιβολεῖτε τὸν πατέρ', ὦ κακοδαίμονα und Vesp. 978 αἰτεῖτε κἀντιβολεῖτε καὶ δακρύετε; vgl. Kühner–Blass I.2 69).

Textgestalt Das tradierte καταντιβολεῖτον wurde in κᾆτ' ἀντιβολεῖτον (Brunck 1783, III 286; so auch Kock I 548, der ebenso willkürlich ἐκμαίνετον in εὐφραίνετον ändern möchte: das κατηντιβολεῖτον von Fritzsche 1838, 533 wird vom hom. Beispiel mit dem Impf. beeinflußt), aber καταντιβολεῖν läßt sich gut verteidigen (gegen den Einwand, daß in Verbalkomposita ἀντι- anderen Präverbien generell vorangestellt wird, vgl. Wackernagel 1928², 320, der bemerkt, daß ἀντιβολεῖν kein *verbum compositum* sei, sondern ein Parasyntheton). Ebenso unnötig ist die Normalisierung in den Dual ὑποπεπτωκότε (Dindorf 1835, 676: „fortasse"; für die Kombination von Dual und Plural verweisen Kassel–Austin z. St. auf Ar. Plut. 429–30 οὐ γὰρ δεινότατα δεδράκατον / ζητοῦντες ἐκ πάσης με χώρας ἐκβαλεῖν;). Das tradierte und semantisch einwandfreie ἐκμαίνετον wird bisweilen überraschenderweise durch ἐκβαίνετον ersetzt (Brunck 1783, III 286; so auch Dindorf 1835, 676).

Interpretation Jemand fordert zwei Brüder auf, bei ihrem Vater nachdrücklich um etwas zu bitten, das uns nicht bekannt ist; ebenso wenig klar ist die Verknüpfung zwischen dieser Bitte und – wie noch von demselben Sprecher konstatiert, angenommen, daß v. 2 auf v. 1 folgt (vgl. hier unten) – der störenden bzw. enervierenden Wirkung auf den Vater. Dieses Element dürfte eine Art von Tänzen suggerieren, die entweder auf Komasten – von denen sie gelegentlich begleitet durch Gesang, Spott, verbale Exzesse und Trunkenheit im Anschluß an ein Symposion ausgeführt werden konnten (vgl. etwa Phryn. fr. 14. 16. 17. 18 [*Kōmastai*], mit Stama 2014, 105–6; vgl. auch die gleichnamige Komödie des Ameipsias, mit Orth 2013, 249–50) – oder auf bakchisch-orgiastische Feiernde hindeutet; in Frage käme weiterhin die Performance eines ungehemmten Kordax, oder irgendeiner besonders ausgelassenen bzw. lärmenden Tanzart.

Es wurde vermutet, daß die beiden Brüder mit den Söhnen des Tragikers Karkinos I (TrGF 21) zu identifizieren seien: Xenokles I, selbst ein Tragiker (TrGF 33), und ein nur durch die komische Verspottung bekannter Xenarchos (vgl. Sommerstein 1996, 350; daß der Datis von TrGF 34 mit Xenokles I identisch sei, wurde zuletzt von Olson 1997, 260 A. 9 erwogen); Karkinos' Söhne treten zwar in Ar. Vesp. 1501–37 als τραγικοὶ χορευταί (vgl. TrGF 21 T 3b) in einer ziemlich ungeordneten Tanzperformance auf (die allerdings wohl nur *gemimt* wird; vgl. Rossi 1978, 1153–9), und bereits die von Philokleon angedeuteten Tanzbewegungen werden von Xanthias als *verrückt* disqualifiziert (vgl. Vesp. 1484–6 [ΦΙ.] κλῇθρα χαλάσθω τάδε. καὶ δὴ γὰρ / σχήματος ἀρχὴ – [ΞΑ.] μᾶλλον δέ γ' ἴσως μανίας ἀρχή, 1496 μὰ Δί' οὐ δῆτ', ἀλλὰ μανικὰ πράγματα), aber angesichts der Vielfalt von Kontexten, in denen Tanzarten und Tänzer in der Archaia präsentiert werden, liegt diese Vermutung nicht sonderlich nahe.

Die noch von Bergk in Meineke II.2 1192 als zwei Fragmente betrachteten Verse wurden von Dindorf 1835, 676 wieder auf ein Fragment reduziert, und zwar anhand von Ar. Vesp. 975–8 (ἴθ', ἀντιβολῶ σ', οἰκτίρατ' αὐτόν, ὦ πάτερ, / καὶ μὴ διαφθείρητε. ποῦ τὰ παιδία; / ἀναβαίνετ', ὦ πόνηρα, καὶ κνυζούμενα / αἰτεῖτε κἀντιβολεῖτε καὶ δακρύετε).

καταντιβολεῖτον Das Kompositum καταντιβολεῖν, gebildet aus κατα- und ἀντιβολεῖν (zur parasynthetischen Natur dieses Verbs vgl. hier oben, Textgestalt; zu κατα- als intensivierendem Präfix bzw. Präverb vgl. Thesleff 1954, 158), taucht erst wieder in der späten Lit. auf (15mal, davon 8mal bei Fl. Josephus, 1. Jh. n. Chr., der Rest in der byz. Zeit); in der lexikographischen Tradition fand es nur bei Pollux Interesse (in Poll. I 26 im Rahmen von Ausdrücken für den Umgang mit den Göttern, gefolgt von καθικετεύειν; in III 70, unter den Verben des *Liebens*, neben etwa ἱκετεύων, καθικετεύων, παραπίπτων und δεόμενος).

ὑποπεπτωκότες In Ar. Equ. 46–9 (οὗτος καταγνοὺς τοῦ γέροντος τοὺς τρόπους, / ὁ βυρσοπαφλαγών, ὑποπεσὼν τὸν δεσπότην / ᾔκαλλ', ἐθώπευ', ἐκολάκευ', ἐξηπάτα / κοσκυλματίοις ἄκροισι) charakterisiert das *Sich-zu-Füßen-werfen* neben weiteren Merkmalen die schmeichlerische Haltung des neuerworbenen Sklaven Paphlagon gegenüber seinem Herrn Demos; von einem *Schmeichler* gesagt auch in Isae. 6,29, Dem. 45,63. 65 und [Dem.] 59,43, von einem *Anflehenden* in Plut. De cup. div. 540d (ὑποπίπτοντα καὶ δεόμενον).

ἐκμαίνετον Zur 3. Pers. vgl. hier oben, Zitatkontext. Das Verb ἐκμαίνειν findet sich häufig im Zusammenhang mit einer erotischen Leidenschaft (vgl. etwa Soph. Trach. 1142 τοιῷδε φίλτρῳ τὸν σὸν ἐκμῆναι πόθον, Eur. Hipp. 1229 φόβῳ τέτρωρον ἐκμαίνων ὄχον, Ar. Eccl. 966 Κύπρι τί μ' ἐκμαίνεις ἐπὶ ταύτῃ;, Plat. Epigr. 7,6 ἐκμήνας θυμὸν ἔρωτι; nicht im erotischen Kontext Eur. Bacch. 35–6 ὅσαι / γυναῖκες ἦσαν, ἐξέμηνα δωμάτων).

τοῖς ὀρχήμασι Dies ist der einzige Beleg für ὄρχημα in der Komödie und überhaupt die seltene Variante (vor der byz. Zeit sonst nur in Soph. Ai. 698–700 ὅπως μοι / Νύσια Κνώσι' ὀρ-/χήματ' αὐτοδαῆ ξυνὼν ἰάψῃς, Xen. Symp. 2,23, Plut. De esu carn. 997c, Luc. Apol. 5, Salt. 70) vom geläufigen ὄρχησις.

fr. 604 K.–A. (588 K.)

τὴν γυναῖκα δὲ
αἰσχύνομαι τώ τ' οὐ φρονοῦντε παιδίω

1 δ' Vit.[1], Vit.[2] E: om. Vit.[2] (praeter E) 2 τώ τ' οὐ Vit.[1] (τό τ' οὐ V), Vit.[2] E Chis

und vor meiner Frau
schäme ich mich, und vor den beiden unmündigen Kindern

Vit.[1] Ar. (= Ar. test. 1,55)
καὶ οὕτως μετήλλαξε τὸν βίον παῖδας καταλιπὼν τρεῖς, Φίλιππον ὁμώνυμον τῷ πάππῳ καὶ Νικόστρατον καὶ Ἀραρότα, δι' οὗ καὶ ἐδίδαξε τὸν Πλοῦτον. τινὲς δὲ δύο φασί, Φίλιππον καὶ Ἀραρότα, ὧν καὶ αὐτὸς ἐμνήσθη· ——, ἴσως αὐτὸς λέγων

Und so verabschiedete er sich (d. h. Aristophanes) vom Leben, indem er drei Kinder hinterließ, Philippos (Philipp. test. 3), gleichnamig mit seinem Großvater, Nikostratos (vgl. Nicostr. test. 1) und Araros (vgl. Arar. test. 1), mit dem er auch den *Plutos* auf die Bühne brachte. Einige sagen, es seien zwei, Philippos und Araros, die auch er selbst erwähnte: ——, indem vielleicht er selbst spricht

Vit.[2] Ar. (= Proleg. de com. XXIX[a]) 37 p. 139 Koster
καὶ οὕτως μετήλλαξε τὸν βίον παῖδας καταλιπὼν δύο, Ἀραρότα καὶ Φίλιππον ὡς (ὧν van Leeuwen) καὶ αὐτὸς ἐπεμνήσθη λέγων· ——, Ἀραρότα ἴσως καὶ Φίλιππον λέγων

Und so verabschiedete er sich (d. h. Aristophanes) vom Leben, indem er zwei Kinder hinterließ, Araros (vgl. Arar. test. 1) und Philippos (Philipp. test. 3), wie (bzw. die) auch er selbst erwähnte: ——, indem er vielleicht Araros und Philippos meint

Metrum Iambische Trimeter:
[⏓–⏑– ⏓–⏑]– ⏑–⏑–
––⏑– –|–⏑– ⏑–⏑–

Zitatkontext Die Kontroverse über die Zahl von Aristophanes' Söhnen (vgl. dazu Leo 1912[2], 72) ist durch den Hinweis auf den *Kōkalos* ausgelöst, den Araros auf die Bühne gebracht haben soll (vgl. hier unten, zu παιδίω). Diese Information findet sich wiederum in einem Abschnitt des aristophanischen *Bios* (Ar. test. 1,46–58), in dem es um den *zēlos* gegenüber Aristophanes durch die Komiker der Nea Philemon und Menander geht, wobei letzterer vom *Kōkalos* u. a. den Anagnorismos als komisches Mittel übernommen hätte; daran knüpft die Erwähnung des einen Sohnes Araros, *didaskalos* dieses Stücks, sowie der kleine Exkurs über die familiären Verhältnisse, die der Verfasser mittels der biographischen Deutung des hierfür herangezogenen Fragments untermauern will.

In der zweiten Version des aristophanischen *Bios* wird darüber spekuliert, daß mit den beiden Söhnen die Komödiendichter Araros und Philippos gemeint seien.

Textgestalt Aus dem Vorschlag von Cobet 1855, 274 (τὴν γυναῖκ' αἰσχύνομαι / τώ τ' οὐ φρονοῦντε παιδίω) ergibt sich bei v. 2 ein einwandfreier Trimeter-Teil mit Penthemimeres (nach φρονοῦντε). Die Schwierigkeit bei der hier angenommenen Versteilung liegt nämlich im Fehlen einer regulären Penthemimeres in v. 2 (nach τώ τ' schwer vorstellbar).

Interpretation Jemand gibt seinem Schamgefühl gegenüber Frau und Kindern Ausdruck. Über den Hintergrund für dieses Gefühl bzw. den Tonfall (ironisch?), in dem es ausgesprochen wird, wissen wir nichts. Laut Zitatträger würde hier Aristophanes selbst sprechen – ein Umstand, der zwar möglich ist, aber als alles andere als gesichert gelten darf (vgl. Kaibel in Kassel–Austin z. St.: „incertum quo iure de se haec poetam dixisse veteres existimaverint"); umso willkürlicher erscheint es, die Zuweisung des Fragments aufgrund des vermeintlich persönlichen Inhalts zu einer Komödie vorzuschlagen (den *Skēnai katalambanousai*), in der Aristophanes angeblich viel über sich selbst verraten habe (so hingegen Bergk in Meineke II.2 1076: „Videntur autem haec petita esse ex comoedia, quam Σκηνὰς καταλαμβ. poeta inscripsit, in qua quidem fabula multa de se dixisse videtur Aristophanes, vid. Fr. IV"). Ar. fr. 488 [*Skēnas katalambanousai*] (χρῶμαι γὰρ αὐτοῦ τοῦ στόματος τῷ στρογγύλῳ, / τοὺς νοῦς δ' ἀγοραίους ἧττον ἢ 'κεῖνος ποιῶ) könnte zwar tatsächlich die einzige autoreferentielle Aussage des Aristophanes außerhalb einer Parabase sein – mit der Ausnahme von Ach. 377–82. 497–503, wo aber Dikaiopolis Wortträger des Dichters ist –, aber dies reicht bei weitem nicht. Von Aristophanes' Söhnen ist ebenfalls in Sud. α 3737 (= Ar. test. 7: Araros) und Sud. φ 308 (= Ar. test. 8: Philetairos) die Rede (zum Leben des Aristophanes vgl. Schmid I.4 175–, Lefkowitz 1981, 105–16 und Zimmermann 2011, 764–6).

τὴν γυναῖκα Über Aristophanes' Frau wissen wir nichts.

αἰσχύνομαι Im Sinne von ‚sich vor jdm. schämen' konstruiert mit dem Akk. der Person (vgl. etwa Pher. fr. 28,6 [*Automoloi*] εἶτ' ἀλλήλους αἰσχυνόμενοι θυλήμασι κρύπτετε πολλοῖς, Eur. Ion. 934. 1074, Plat. Symp. 216b). Zur αἰσχύνη als Scham- bzw. Verlegenheitsgefühl vgl. von Erffa 1937, 173–9.

οὐ φρονοῦντε Das Verb φρονεῖν heißt hier speziell ‚im Alter des Verstandes (d. h. erwachsen) sein' (vgl. Cobet 1858, 90), was bei Aristophanes' Kindern – wenn es um sie geht (vgl. hier oben, Interpretation) – noch nicht der Fall ist; dieser Sinn auch in Aesch. Cho. 753 (τὸ μὴ φρονοῦν, von einem Kind), Isae. 9,20 (ὁ Ἀστύφιλος καὶ τούτου καὶ τῶν ἄλλων προσηκόντων εὐθέως ἐκ παιδίου, ἐπειδὴ τάχιστα ἤρχετο φρονεῖν), Aeschin. 1,139 (καὶ τοὺς τῆς φιλίας λόγους εἰς τὴν φρονοῦσαν καὶ πρεσβυτέραν ἡλικίαν ἀναβάλλεται), Phld. Piet. 15 (ζῷον λογικὸν καὶ φρονοῦν) sowie im einzigen weiteren Komödienbeleg, Ephipp. fr. 21,3 [*Philyra*] (ἰχθῦς φρονοῦντας, ὦ πάτερ. μή μοι βρέφη), wo bereits *erwachsene* mit neugeborenen Fischen kontrastiert werden.

παιδίω Gemeint sind vom Zitatträger (allerdings dubitativ: ἴσως) die Söhne des Aristophanes Philippos und Araros, beide Komödiendichter der Mese (auch der dritte Sohn, Nikostratos war Komödiendichter). Von Philippos (PCG VII 353–5; vgl. Nesselrath 1990, 196) sind vier Komödientitel und drei Fragmente erhalten, wobei er anscheinend auch für Eubulos als *didaskalos* fungierte (Philipp. test. 3; für das Stück *Nannion*? vgl. Eub. fr. 67). Über Araros (PCG II 524–31; vgl. Nesselrath 1990, 192. 313) sind wir deutlich besser informiert: außer den beiden Stücken seines Vaters, die er zu Beginn der eigenen Bühnentätigkeit aufführte (*Kōkalos*, wohl an den Dionysien des J. 387 v. Chr., und *Aiolosikōn*, bald danach: vgl. Arar. test. 3 und PCG III.2 34), sind von ihm sechs Komödientitel und 21 Fragmente bezeugt, wobei seine eigentliche Karriere (d. h. wohl mit eigenen Stücken) in die Jahre 376–2 v. Chr. datiert wird (test. 1); mit der Verspottung seiner ψυχρότης (‚Kühlheit') wurde er zur Zielscheibe der einzigen belegten Polemik unter zeitgenössischen Komödiendichtern in der Mese (Arar. test. 4 = Alex. fr. 184 [*Parasitos*]).

fr. 605 K.–A. (590 K.)

ἄγε νυν τὰς ἀμυγδαλᾶς λαβὼν
τασδὶ κάταξον τῇ κεφαλῇ σαυτοῦ λίθῳ

1 νῦν CE 2 τῇ κεφαλῇ Dobree: τὴν -ὴν CE, Fritzsche σαυτῷ vel τὴν σὴν (τῇ σῇ) Bachmann λίθῳ secl. Kaibel

nun auf, nimm diese Mandeln
da, und zerbrich sie mit deinem eigenen Kopf als Stein

Athen. epit. II 52f
περὶ τῆς προφορᾶς τοῦ τόνου τῆς ἀμυγδάλης Πάμφιλος μὲν ἀξιοῖ ἐπὶ τοῦ καρποῦ βαρύνειν ὁμοίως τῷ ἀμυγδάλῳ· τὸ μέντοι δένδρον θέλει περισπᾶν, ἀμυγδαλῆ καὶ ῥοδῆ. καὶ Ἀρχίλοχος· (Archil. fr. 30,2 W.²). Ἀρίσταρχος δὲ καὶ τὸν καρπὸν καὶ τὸ δένδρον ὁμοίως προφέρεται κατ' ὀξεῖαν τάσιν. Φιλόξενος δ' ἀμφότερον περισπᾷ. Εὔπολις· (Eup. fr. 79 [*Baptai*]). Ἀριστοφάνης· ——. Φρύνιχος· (Phryn. fr. 64). ἄλλοι δὲ ἀμυγδαλὰς ὡς καλάς. Τρύφων δὲ ἐν Ἀττικῇ προσῳδίᾳ ἀμυγδάλην μὲν τὸν καρπὸν βαρέως, ὃν ἡμεῖς οὐδετέρως ἀμύγδαλον λέγομεν, ἀμυγδαλᾶς δὲ τὰ δένδρα, κτητικοῦ παρὰ τὸν καρπὸν ὄντος τοῦ χαρακτῆρος καὶ διὰ τοῦτο περισπωμένου. ὅτι Πάμφιλος

ἐν Γλώσσαις μουκηροβαγόν φησι καλεῖσθαι τὸν καρυοκατάκτην ὑπὸ τῶν Λακώνων ἀντὶ τοῦ ἀμυγδαλοκατάκτην· μουκήρους γὰρ Λάκωνες καλοῦσι τὰ ἀμύγδαλα

Bezüglich der Aussprache des Akzents von *amygdálē* (‚Mandel') hält Pamphilos (Pamph. fr. 1 Schm.) es für richtig, daß das Wort für die Frucht baryton sei, gleicherweise wie für *amýgdalon* (‚Mandel'); das Wort für den Baum hingegen will einen Zirkumflex, *amygdalē̃* (‚Mandelbaum') und *rhodē̃* (‚Rosenbaum'). Auch Archilochos: (Archil. fr. 30,2 W.[2]). Aristarch läßt jedoch sowohl die Frucht als auch den Baum gleicherweise oxyton aussprechen. Philoxenos (Philox. fr. 436a Theod.) hingegen läßt beide Wörter mit dem Zirkumflex betonen. Eupolis: (Eup. fr. 79 [*Baptai*]). Aristophanes: ——. Phrynichos: (Phryn. fr. 64). Andere aber betonen *amygdalás* wie *kalás* [Akk. Pl.]. Und Tryphon läßt in der *Attikē prosōdia* (Tryph. fr. 13 Vels.) die Frucht *amygdálē* baryton betonen, die wir im Neutrum *amygdalon* nennen, die Bäume aber *amygdalaĩ*, da der Begriff in bezug auf das Wort für die Frucht einen Possessivcharakter hat und daher den Zirklumflex haben muß. Pamphilos sagt in seinen *Glōssai* (Pamph. fr. 23 Schm.), daß der *karyokataktēs* (‚Nußknacker') von den Lakonen *moukērobagos* genannt wird, anstelle des *amygdalo-kataktēs* (‚Mandelknacker'): *moukēroi* nennen nämlich die Lakonen die Mandeln

Metrum Iambische Trimeter:
[⏓–⏑]⏖ –|–⏑– ⏑–⏑–
––⏑– –|–⏖– ––⏑–

Zitatkontext Im Rahmen des Katalogs von Vorspeisen ist die Sektion über die *Mandeln* (Athen. epit. II 52b–53b) zum größten Teil der Akzentfrage des entsprechenden Begriffs *amygdalē* und weiterer verwandter Formen gewidmet (II 52f–53b), welche aller Wahrscheinlichkeit nach gänzlich auf Herodian zurückgeht (so Reitzenstein 1897, 373, der sie aus dem *Symposion* herleiten läßt; vgl. Hdn. Π. προσ. καθ. I [GrGr III.1] p. 321,24–322,3 Lentz). Zusammen mit Eup. fr. 79 [*Baptai*] (ἀλλ' ἐξαπολεῖς με ναὶ μὰ τὴν ἀμυγδαλῆν) und Phryn. fr. 64 (ἀμυγδαλῆ τῆς βηχὸς ἀγαθὸν φάρμακον) wird Aristophanes' Fragment als Beweisstück für die Akzentuierung mit Zirkumflex der Wörter für *Mandel* und *Mandelbaum* angeführt, vertreten in der späteren philologischen Debatte durch den Grammatiker aus dem 1. Jh. v. Chr. Philoxenos (Philox. fr. 436a Theod.), und zwar angeblich gegen die Auffassung des Aristarch (3./2. Jh. v. Chr.), der die oxytone Form empfohlen habe (vgl. aber Ludwich 1884, 73). Die ebenfalls bei Athenaios (Athen. epit. II 52f. 53ab) erwähnte Theorie des Pamphilos von Alexandria (1. Jh. n. Chr.) und des Tryphon von Alexandria (1. Jh. n. Chr.; Tryph. fr. 13 Vels.), die empfohlenen Wörter für die Frucht und den Baum seien respektive ἀμυγδάλη und ἀμυγδαλῆ, erweist sich als die einzige linguistisch fundierte (vgl. hier unten, zum Wort). Für die korrekte attische Form ἀμυγδάλη plädiert auch Moer. α 15 Hansen (zu dieser Form in den Komikerbelegen sowie den Schwankungen in der Überlieferung vgl. Stama 2014, 310 A. 342).

Textgestalt Die Emendation des tradierten τὴν κεφαλήν in τῇ κεφαλῇ (Dobree in Porson 1820, 38, zu Ar. Plut. 314) findet ein stringentes Pendant in Ar. Av. 54–5 (vgl. hier unten, Interpretation); die tradierte Lesart wird von Fritzsche 1838, 414 („sume hasce nuces iisque caput tuum comminue (infringe) *tamquam aliquo lapide*") mit schwachen Argumenten verteidigt; unnötig auch der Eingriff von Bachmann 1878, 92, der entweder σαυτῷ oder τὴν σὴν κεφαλὴν bzw. τῇ σῇ κεφαλῇ lesen würde. Ebenfalls ausgehend von der vermeintlich problematischen Stellung des Reflexivpronomens (vgl. hier unten, zu σαυτοῦ), wurde λίθῳ von Kaibel in seiner Athenaios-Edition expungiert (vgl. auch Kaibel in Kassel–Austin: „sed pro λίθῳ fuit, ut persuadet pronominis σαυτοῦ conlocatio, participium velut διδούς").

Interpretation Die Aussage stammt wohl aus einem lebhaften Wortabtausch, vielleicht aus einer symposialen Szene, in der der Sprechende seinen Gesprächspartner dazu auffordern würde, von den Mandeln (typischen Snacks), die er selbst gerade knabbert oder ihm anbietet, einen anderen, komisch wirkenden Gebrauch zu machen: den eigenen Kopf wie einen Stein zum Knacken der Früchte einzusetzen. Die implizite Botschaft ist, daß der Kopf des Angesprochenen *steinhart* ist.

Das scherzhafte Motiv des *Stoßens* bzw. *Schlagens* eines *Körperteils* gegen einen *Schlagkörper* eher als umgekehrt findet sich etwa – hier um Lärm zu erzeugen, aber gleicherweise witzig gemeint – in Ar. Av. 54–5 ([ΠΕ.] ἀλλ' οἶσθ' ὃ δρᾶσον; τῷ σκέλει θένε τὴν πέτραν. / [ΕΥ.] σὺ δὲ τῇ κεφαλῇ γ', ἵν' ᾖ διπλάσιος ὁ ψόφος).

Aus dem Fragment ist zu schließen, daß der normale Weg, um die Schale von Mandeln, Nüssen u.ä. zu knacken, ein Schlag mit einem Stein war; alternativ die Backenzähne (vgl. Phryn. fr. 73 ⏑̄–⏑ τοὺς δὲ γομφίους / ἅπαντας ἐξέκοψεν, ὥστ' / οὐκ ἂν δυναίμην Ναξίαν / ἀμυγδάλην κατᾶξαι, wo die *gomphioi* des Sprechenden von einer Prügelattacke derart zerstört worden sind, daß er sie nicht einmal zum Knacken der – vermutlich nicht so harten – Mandeln von Naxos einsetzen könnte).

1 ἄγε νυν Da ἄγε νυν in der Komödie stets eine Periode eröffnet, ist davor eine starke Interpunktion (wie in Ar. Ach. 485 ἐπῄνεσ'. ἄγε νυν, ὦ τάλαινα καρδία,) oder gar ein Sprecherwechsel zu erwarten; häufig mit dem Imperativ (Vesp. 1157–8 ἄγε νυν, ὑπολύου τὰς καταράτους ἐμβάδας / τασδὶ δ' ἀνύσας ὑπόδυθι τὰς Λακωνικάς; Pac. 1056 ἄγε νυν, ἀπάρχου· κᾆτα δὸς τἀπάργματα, Av. 837–8 ἄγε νυν σὺ μὲν βάδιζε πρὸς τὸν ἀέρα / καὶ τοῖσι τειχίζουσι παραδιακόνει, worauf zahlreiche weitere Imp. folgen, 1744–5 ἄγε νυν αὐτοῦ / καὶ τὰς χθονίας κλῄσατε βροντάς, Lys. 1273–5 ἄγε νυν ἐπειδὴ τἄλλα πεπόηται καλῶς, / ἀπάγεσθε ταύτας, ὦ Λάκωνες, τασδεδὶ / ὑμεῖς, Thesm. 213–4 ἄγε νυν, ἐπειδὴ σαυτὸν ἐπιδίδως ἐμοί, / ἀπόδυθι τουτὶ θοἰμάτιον, Ran. 383–4 ἄγε νυν ἑτέραν ὕμνων ἰδέαν τὴν καρποφόρον βασίλειαν, / Δήμητρα θεάν, ἐπικοσμοῦντες ζαθέοις μολπαῖς κελαδεῖτε, Eccl. 268 ἄγε νυν, ἀναστέλλεσθ' ἄνω τὰ χιτώνια).

λαβών Ein ‚pleonastisches' λαβών (weitere Beispiele in Napolitano 1992, 118).

2 **ἀμυγδαλᾶς** Die Basisform dieses Wortes unbekannter, wohl nichtgriechischer Herkunft (ein etymologischer Versuch bereits in Hdn. Π. προσ. καθ. I [GrGr III.1] p. 321,21 Lentz [in Athen. epit. II 52e] παρὰ τὸ ἐν τῷ μετὰ τὸ χλωρὸν ὡσπερεὶ ἀμυχὰς ἔχειν πολλάς), ist – außer dem Nt. ἀμύγδαλον (z. B. Diph. fr. 80,1 [*Telesias*] τρωγάλια, μυρτίδες, πλακοῦς, ἀμύγδαλα) – das Fem. ἀμυγδάλη ‚Mandel', woher die Bezeichnung des Baums ἀμυγδαλέα > ἀμυγδαλῆ stammt; diese Form wird wiederum z. B. hier und in den anderen Komödienbelegen auch als Ersatzform für ἀμυγδάλη (wohl die korrekte attische Form für *Mandel*; vgl. hier oben, Zitatkontext) verwendet, so daß ἀμυγδαλῆ unterschiedslos *Mandelbaum* und *Mandel* heißen kann.

Die Mandel gehörte zu den typischen *tragēmata* bzw. *trōgalia*, d. h. Kleinigkeiten zum Knabbern beim Symposion, als Vorspeise oder zum Dessert (vgl. García Soler 2001, 123–4 und Dalby 2003, 6. 152); sie konnte u. a. als Heilmittel gegen Husten eingesetzt werden (vgl. das direkt nach dem Aristophanes-Fragment angeführte Phryn. fr. 64 ἀμυγδαλῆ τῆς βηχὸς ἀγαθὸν φάρμακον, mit Stama 2014, z. St.).

κάταξον τῇ κεφαλῇ Das Verb καταγνύναι ist häufig mit dem *Kopf* assoziiert (vgl. Ar. Ach. 1166–7 εἶτα κατάξειέ τις αὐτοῦ μεθύων τῆς κεφαλῆς Ὀρέστης und, mit Einbeziehung eines *Steins*, 1180 καὶ τῆς κεφαλῆς κατέαγε περὶ λίθῳ πεσών; vgl. auch Eup. fr. 348 οὐ γὰρ κατάξει τῆς κεφαλῆς τὰ ῥήματα, Men. Sam. 173 κατάξω τὴν κεφαλήν, ἄνθρωπέ, σου); es ist aber auch ein gebräuchliches Verb für das Knacken von Nüssen u.ä., wie außer dem zitierten Phryn. fr. 73 (vgl. hier oben, Interpretation) auch die beim Zitatträger erwähnten Glossen καρυοκατάκτης und ἀμυγδαλοκατάκτης zeigen (wieder in Anlehnung an Pamphilos: Pamph. fr. 23 Schm.).

σαυτοῦ Diese Position des Reflexivpronomens (statt τῇ σαυτοῦ κεφαλῇ) ist zwar ungewöhnlich (vgl. Kock I 542: „insolentius positum"), aber auch kein Einzelfall in der Komödie (vgl. etwa Ar. Nub. 515–6 τὴν φύσιν αὐ-/τοῦ, 905 τὸν πατέρ' αὑτοῦ, Pac. 880 ἐμαυτοῦ τῷ πέει, Av. 475 τὸν πατέρ' αὑτῆς; vgl. Kühner–Gerth II.1 620, mit Verweis u. a. auf Hdt. VI 23,3 τὴν πόλιν ἑωυτῶν und Xen. Hell. VII 1,44 τὴν πίστιν ἐμαυτοῦ).

fr. 606 K.–A. (591 K.)

τὴν χύτραν
ἐν ᾗ τὰ κρέα διέψετ’ ἐζωμευμένα

2 κρέα διηψῆτο FS: κρέα διέψεις A: κρεάδι’ ἧψες Dobree (ἥψετ’ Wackernagel): κρεάδι’ ἕψετ’ Kaibel, Kassel-Austin possis διήψετ’ ἧψε τἀζωμευμένα Kock

den Topf,
in dem ihr die Fleischstücke mit Brühe weichkocht

Poll. VII 26 (codd. FS, A)
ἡδῦναι καὶ ἀρτῦσαι καὶ ζωμεῦσαι καὶ Ἀριστοφάνης (-νους εἰπόντος FS om. καὶ)· ––
verfeinern und würzen und mit Brühe kochen: auch Aristophanes: ––

Metrum Iambische Trimeter:
[⏓–⏑– ⏓–⏑– ⏓]–⏑–
⏑–⏑⏖ ⏑–⏑|– ––⏑–

Zitatkontext In einem den Gewerbetätigkeiten gewidmeten Buch findet sich das Zitat in einer etwas merkwürdigen Position in einem kurzen Abschnitt über Fleisch- und Fischhändler (Poll. VII 25–6): auf die verschiedenen Ableitungen von κρέας folgen ein knapper Hinweis auf Ableitungen von ἰχθῦς (ἰχθυοπῶλαι καὶ ἰχθυοπωλεῖν, καὶ ἰχθύες ἰχθύδια) und ὄψον (ὄψον καὶ ὀψοποιὸς δὲ καὶ ὀψαρτυτής, καὶ ὀψοποιεῖν καὶ ὀψοποιία), wobei die Reihe von Verben in unmittelbarem Anschluß (καὶ ἡδῦναι καὶ ἀρτῦσαι καὶ ζωμεῦσαι) mit dem Aristophanes-Fragment als einzigem Zitat etwa fehl am Platz erscheint; die darauffolgende Bemerkung (τὸν δ’ ὀψοποιὸν καὶ μάγειρον λέγει) knüpft tatsächlich direkt an die zuvor behandelten Ableitungen von *opson*. Noch auffälliger ist der Umstand, daß das Fragment, zitiert eigentlich für das Verb ζωμεύειν, zwei Begriffe enthält, die im Zusammenhang mit den vorausgehenden Abschnitten stehen (κρέα und διέψετ’).

Textgestalt Beachtet man die tradierten Lesarten (κρέα διηψῆτο, FS; κρέα διέψεις, A), erscheint die Korrektur in κρεάδι’ ἕψετ’ (Kaibel in Kassel–Austin, die sie aufnehmen) nicht unbedingt als die bessere Lösung, etwa gegenüber κρέα διέψετ’ (bzw. διήψετ’), welches folgende Vorteile aufweist: κρέα ist schwerlich als Trivialisierung von κρεάδια vorstellbar, aufgrund der größeren Häufigkeit letzterer Form in der Komödie wäre erstere sogar als *lectio difficilior* zu betrachten; die Kombination von κρέα und χύτρα in Antiphan. fr. 55,4–5 [*Aphrodisios*] (Ἡράκλεις, ἀποκτενεῖς / ἆρά μ’, εἰ μὴ γνωρίμως μοι πάνυ φράσεις κρεῶν χύτραν), wo der Ausdruck ‚Fleischstückchentopf' als Lösung des *griphos* dient, in dem von in einer *chytra* gedünstetem Milchlammfleisch die Rede war; die Ähnlichkeit zu Telecl. fr. 1,8 [*Amphiktyones*] (ζωμοῦ δ' ἔρρει παρὰ τὰς κλίνας ποταμὸς κρέα θερμὰ κυλίνδων); v.a. aber die Rechtfertigung von Phryn. Praep. soph. p. 68,12 (ἐζωμευμένα κρέα· ἐζωμοποιημένα), einem offensichtlich auf Aristophanes' Fragment zugeschnittenen Lemma (zu κρέα und διέψετ' vgl. hier unten, Kommentar). Weitere Eingriffe, die ebenfalls von κρεάδι' ausgehen, sind κρεάδι' ἧψες (Dobree in Porson 1820, 27, zu Ar. Plut. 227) und ἥψετ' (Wackernagel in der Pollux-Edition von Bethe 1900).

Interpretation Vielleicht eine kulinarische Szene, in der mindestens drei Akteure involviert sind – der Sprechende und die Kochenden (vgl. Dohm 1964, 59 mit A. 3, der die Vorgänge in dieser Szene zu denen zählt, die „immerhin von einer der in der Komödie auftretenden Personen vorgenommen werden"). Vergleichbar sind Ar. Equ. 745 (ἕψοντος ἑτέρου τὴν χύτραν ὑφειλόμην), für eine wohl ähnliche Situation, in der jemand *kocht* und ein anderer etwas mit der *chytra* tut, und das bereits zitierte Telecl. fr. 1,8 [*Amphiktyones*] (vgl. hier oben, Textgestalt), für die Kombination von *Fleischstücken* und *Brühe*.

Wie in ähnlichen Fällen muß auch hier der Vorbehalt gelten, daß es sich dabei nur um eine imaginierte Szene handeln könnte.

τὴν χύτραν Die *chytra* ist ein rundförmiger Topf mit einem oder zwei Henkeln (laut Athen. IV 169c soll Aristophanes – Ar. fr. 495 [*Skēnas katalambanousai*] – sie auch κακκάβη genannt haben; Abbildungen in Sparkes–Talcott 1958, 21. 31).

κρέα Mit κρέας ist jede Art Tierfleisch gemeint (mit der Ausnahme vom Fisch); im Pl., im Sinne von ‚Fleischstücken', ist es bereits homerisch und in der Komödie kein Einzelfall (vgl. Bagordo 2013, zu Telecl. fr. 1,8 [*Amphiktyones*], zitiert hier oben, Textgestalt).

διέψετ' Aus ἕψειν ‚kochen', ‚sieden'; das Präverb δια- entspricht hier dem dt. ‚durch-'; sonst nur in Partizip belegt (speziell von *weichgekochten* Schweinsfüßen gesagt: vgl. Telecl. fr. 51 ἀκροκώλια δίεφθα bzw. δίεφθ' ἀκροκώλια, mit Bagordo 2013, z.St., Hipp. De diaet. III 75 οἷον ἀκροκωλίοισί τε διέφθοισι τοῖσιν ὑείοισι, III 80 καὶ τοῖσιν ἀκροκωλίοισι διέφθοισι).

ἐζωμευμένα Das Verb ζωμεύειν ist nur hier, in der lexikographischen Tradition (außer Pollux auch Phryn. Praep. soph. p. 68,12) und der medizinischen Literatur (z.B. Hipp. De aff. int. 35) bezeugt; denominal von ζωμός, einer Brühe, Sauce bzw. Suppe, die Fisch- oder Fleischgerichte begleitet (vgl. Ar. Equ. 1174, Pac. 716; weitere Stellen in Bagordo 2013, zu Telecl. fr. 1,8 [*Amphiktyones*]); ein Hapax ist auch die einzige deverbale Ableitung ζωμεύματα ‚Suppen' (Ar. Equ. 279).

fr. 607 K.–A. (592 K.)

πλὴν εἴ τις πρίαιτο δεόμενος
βασκάνιον ἐπικάμινον ἀνδρὸς χαλκέως

1 init. ‹οὐκ οἶδα› Porson: ‹οὐδέν γε› Fritzsche πρίαιτο Brunck: πρίοιτο A: πριᾶτο FS 2 βασκανεῖον A ἐπὶ κάμινον edd. ante Bekkerum

es sei denn jemand kauft es/ihn, weil er es/ihn braucht
als Amulett für den Kaminofen eines Schmiedes

Poll. VII 108 (codd. FS, A)
πρὸ δὲ τῶν καμίνων τοῖς χαλκεῦσιν ἔθος ἦν γελοῖά τινα καταρτᾶν ἢ ἐπιπλάττειν ἐπὶ φθόνου ἀποτροπῇ· ἐκαλεῖτο δὲ βασκάνια, ὡς καὶ Ἀριστοφάνης λέγει· ––

Die Schmiede hatten den Brauch, vor den Öfen irgendwelche lächerliche Dinge zu formen und aufzuhängen, um Neid abzuwenden; und sie hießen *baskania*, wie auch Aristophanes sagt: ––

Phot. β 33
βα‹σ›κάνιον· ἐπικάμινον (-μίνιον cod.)· Ἀριστοφάνης (Ἀρ. in marg. z)

ba‹s›kanion (‚Amulett'): *epikaminon* (‚für den Kamin'): Aristophanes

Metrum Iambische Trimeter:

[⏓–⏑]– ––⏑– ⏑⏕⏑–
–⏕⏑⏕ ⏑–⏑|– ––⏑–

Zitatkontext In einer Sektion (Poll. VII 102–8) über die Metallverarbeitung (Gold, Silber, Erz und Eisen), und speziell unter den Derivaten von χαλκός ‚Erz', ‚Kupfer', ‚Bronze' (u. a. ὑπόχαλκον und χαλκόκρατον, χαλκοτύπος und χαλκουργός/-ία, χαλκεύς, χαλκεύειν und χαλκεῖα). Das Heranziehen des Aristophanes rechtfertigt sich wohl implizit durch die Absicht, βασκάνια als attische Form gegenüber den inkorrekten προβασκάνια bzw. προσβασκάνια zu verteidigen (zu den drei Formen vgl. Dickie 1993), wie explizit formuliert in der attizistischen Lexikographie, vertreten durch Phryn. Praep. soph. p. 53,7 (βασκάνιον· ὃ οἱ ἀμαθεῖς προβασκάνιον. ἔστι δέ τι ἀνθρωποειδὲς κατασκεύασμα, βραχὺ παρηλλαγμένον τὴν ἀνθρωπείαν φύσιν, ὃ πρὸ τῶν ἐργαστηρίων οἱ χειρώνακτες κρεμαννύουσι τοῦ μὴ βασκαίνεσθαι αὐτῶν τὴν ἐργασίαν ‚*baskanion*: was die Ungebildeten *probaskanion* nennen. Es ist irgendein menschenähnlicher Gegenstand, der aber ein wenig von der menschlichen Gestalt abweicht, welchen die Handwerker vor ihre Werkstätten hängen, damit ihre Artefakte nicht [vom bösen Blick] verhext werden') und Ecl. 60 F. (βασκάνιον· λέγουσιν οἱ ἀρχαῖοι, οὐ προβασκάνιον μετὰ τῆς προ·

ἀδόκιμον γάρ); zur lexikographischen Tradition über βασκάνια vgl. Lobeck 1829, 971–2 und Otto 1855, 66–8.

Leicht emendierbar war die erst im Zavordensis (korrupt) überlieferte Photios-Glosse (†βακάνιον· ἐπικαμίνιον†; so noch in Theodoridis 1982 gedruckt, mit der korrekten Form im App.), mit ἐπικαμίνιον (zur Häufigkeit der Suffigierung -ιος bei den Komposita in ἐπι-, was die korrupte Form erklärt, vgl. hier unten, zu ἐπικάμινον) als Interpretamentum der *vox nihili* βακάνιον gesetzt (alphabetisch zwischen βακτηρία und βάκχους geordnet); Aristophanes' Name ist *in margine* zu lesen.

Textgestalt Für den fehlenden Hauptsatz in v. 1 wurde an οὐκ οἶδα (versuchsweise Porson 1824b, 78, zu Eur. Med. 734: „non quasi verba comici, sed ut versum explerem"; von Bergk in Meineke II.2 1185 hingegen als Aristophanes' Text erwogen) bzw. οὐδέν γε (Fritzsche 1830, 18 A. 10, anhand von Ar. Nub. 734 οὐδέν γε πλὴν ἢ τὸ πέος ἐν τῇ δεξιᾷ) gedacht. In v. 2 wurde generell von den älteren Editoren (darunter Bergk in Meineke II.2 1185) ἐπὶ κάμινον gelesen (so auch Blaydes 1885, 361, der aber ἔλθοι in v. 3 ergänzen und in v. 1 wenig wahrscheinlich πρίασθαι lesen muß).

Interpretation Jemand spricht von einem uns nicht bekannten Objekt, von dem er (oder sie) behauptet, es könnte eventuell von einem Schmied gekauft werden, den es in der apotropäischen Funktion eines *baskanion*, d. h. eines Amuletts, vor bösen Einflüssen schützen könnte, und zwar vor seinen Ofen gestellt. Hiermit wäre das Fragment nicht nur die wichtigste Nachricht für die Abwehrfunktion eines leblosen Objekts, sondern auch eines der frühesten Zeugnisse über diese Aberglaubensform überhaupt.

Weniger wahrscheinlich erscheint die Vermutung, es könnte sich dabei nicht um ein Objekt, sondern um einen Menschen handeln (vgl. Rakoczy 1996, 155: „Es dürfte sich hier wohl um einen Scherz über jemanden handeln, der so häßlich ist, daß er nur noch zum προβασκάνιον taugt", in Anlehnung an Wilamowitz 1931, 161 A. 3: „Aristophanes [...] sagt, wohl um einen häßlichen Menschen als unverkäuflich zu bezeichnen, πλὴν εἴ τις πρίαιτο δεόμενος βασκάνιον ἐπὶ κάμινον ἀνδρὸς χαλκέως. Er denkt also an den φθόνος."), der als Erwerbsgegenstand notwendigerweise mit einem Sklaven zu identifizieren wäre; diese Interpretation (Dickie 1995) wurde nämlich mit einer Anekdote aus Äsops Leben in Verbindung gebracht: als Äsop als Sklave verkauft wurde, staunten seine gutaussehenden Mitsklaven darüber, daß jemand einen so häßlichen Sklaven kaufen konnte, und kamen zu dem Schluß, sein neuer Herr habe ihn nur gekauft, um ihn als *prosbaskanion* für seinen Laden zu benutzen (Vit. Aesop. G 16 Perry οἱ δὲ δοῦλοι πρὸς ἑαυτούς· „νὴ τὴν Νέμεσιν, τί ἐγένετο τῷ δεσπότῃ τοιοῦτον κακοπινὲς σῶμα ἀγοράσαι;" ἄλλος· „οἶδας γὰρ διὰ τί αὐτὸν ἠγόρασεν;“ ἄλλος· „πρὸς τί;“ „ἵνα αὐτὸν προσβάσκανον τοῦ σωματεμπορίου ποιήσῃ“; und nach der Version W τί γέγονε τῷ δεσπότῃ, ὅτι τοιοῦτον [οὐδέποτε] κακοπινὲς ἠγόρακε σωμάτιον; πλὴν πρὸς βασκανίαν τοῦ σωματεμπορίου αὐτὸν ὠνήσατο); dieses Motiv würde eine ähnliche Situation in Aristophanes' Fragment rekonstruieren lassen (sogar mit der Möglichkeit, daß hinter dem Sklaven eine Persönlichkeit des öffentlichen Lebens stecken könnte, wie etwa im Falle vom Paphlagon/Kleon in Aristophanes' *Rittern*); ein noch gewagterer Schritt ist die Vermutung, daß der Schauspieler einen besonders großen Phallus getragen haben soll, welcher die apotropäische Funktion eines προβασκάνιον reproduzieren würde (dies wird anhand eines Tontäfelchens aus dem 6. Jh. v. Chr. aus Korinth nahegelegt – Berlin, Staatl. Museen d. preuß. Kulturbesitz F683/757/829/822 = Antike Denkmäler 2 [1908], Taf. 39, Nr. 12 = Zimmer 1982, 31, Abb. 14 –, auf dem ein kleiner bärtiger Mann zu sehen ist, der einen übertrieben großen Phallus mit den Händen hält und vor einem Kaminofen steht, und den Typus von ithyphallischen Figürchen darstellen würde, mit denen Töpfer ihre Öfen gegen den bösen Blick neidischer Kräfte geschützt haben sollen; vgl. bereits Jocelyn 1980, 16–7).

Die am Kamin festgenagelte Figur eines nackten und wie Marsyas gehäuteten Autokles (ein schwer identifizierbarer Politiker) in Timocl. fr. 19,1–2 [*Ikarioi Satyroi*] (Μ[α]ρσύαν δὲ τὸν φ[ί]λαυλον Αὐτοκλέα δεδαρμέν[ο]ν / γυμνὸν ἑστάναι καμίνῳ προσπεπατταλευμένον), wohl im Rahmen eines konvivialen Spiels, bei dem Persönlichkeiten des öffentlichen Lebens mit mythologischen Figuren verglichen werden, dürfte auf denselben Brauch der Schmiede anspielen wie das Aristophanes-Fragment.

πλὴν εἴ τις πρίαιτο δεόμενος Vgl. Dickie 1995, 241: „The full sentence will have been a less-vivid-future conditional, the intent of which must have been that no one would want to purchase such-and-such an object or so-and-so, unless they wished to purchase an apotropaic device for a blacksmith's furnace“.

πλὴν εἴ τις Das Syntagma in der Komödie nur in Ar. Av. 601 („οὐδεὶς οἶδεν τὸν θησαυρὸν τὸν ἐμὸν πλὴν εἴ τις ἄρ' ὄρνις“, später sprichwörtlich geworden; vgl. auch Thesm. 531–2 ἀλλ' οὐ γάρ ἐστι τῶν ἀναισχύντων φύσει γυναικῶν / οὐδὲν κάκιον εἰς ἅπαντα πλὴν ἄρ' εἰ γυναῖκες, mit dem γυνή τις von Fritzsche 1838, 192–4); sonst in Euripides (Eur. fr. 325 Kn. κρείσσων γὰρ οὐδεὶς χρημάτων πέφυκ' ἀνήρ, / πλὴν εἴ τις – ὅστις δ' οὗτός ἐστιν, οὐχ ὁρῶ, Hcld. 443–4 κἀμοῦ μὲν οὐδὲν εἴ με χρὴ θανεῖν μέλει, / πλὴν εἴ τι τέρψω τοὺς ἐμοὺς ἐχθρ οὺς θανών, Andr. 331–2 τὰ δ' ἔνδον πᾶσιν ἀνθρώποις ἴσοι, / πλὴν εἴ τι πλούτῳ· τοῦτο δ' ἰσχύει μέγα) und der att. Prosa (v.a. bei den Rednern). Zu nennen ist ferner Metag. fr. 14 [*Philothytēs*] (ὦ πολῖται, δεινὰ πάσχω. τίς πολίτης δ' ἐστὶ ‹⏖› / πλὴν ἄρ' εἰ Σάκας ὁ Μυσὸς καὶ τὸ Καλλίου νόθον;, wo das *außer vielleicht* ... ironisch-sarkastisch klingt).

βασκάνιον Hier im Sinne von προβασκάνιον ‚Mittel zur Verhexung', ‚Amulett', konkreter in der Form wohl entstellter menschenförmiger Figuren, die den für die Existenz nicht nur der in den Werkstätten exponierten Erzeugnisse, sondern auch ihrer Hersteller selbst vom *bösen Blick* ablenken und vor diesem schützen sollten (zur ausführlichen Beschreibung in Phryn. Praep. soph. p. 53,7 vgl. hier oben, Zitatkontext; zur Wirkung dieser Figuren vgl. auch Plut. Quaest. conv. 681f).

Die primäre Bedeutung von βασκάνιον ist ‚Behexung', ‚Zauber' (vgl. auch Strab. XVI 4,17, für die Frauen der Troglodyten in Nubien, und Epigr. Gr. 381,3 Kaibel – eine Grabschrift aus Aizanis – ἁρπα[χ]θεῖ[σ' Ἀΐδεω] βασκανίοις ‚entführt von Hades' *bösartigen Einflüssen*'); es ist ein Derivat von βάσκανος, als Subst. ‚Verleumder', als Adj. ‚verschreiend', ‚verleumderisch', ‚behexend' (vielleicht aus βάσκειν – Hsch. β 296 βάσκειν· [λέγειν] κακολογεῖν –, wenn das Verb keine Rückbildung aus dem Subst. ist; vgl Frisk GEW, s. v.; ein wahrscheinliches Lehnwort ist lat. *fascinum* bzw. *-us*, mit Anlehnung an *fari* oder *fascis*; vgl. Walde–Hofmann LEW, s. v.); als Schimpfwort wird dieser Begriff etwa in Dem. 21,20 und Men. Peric. 279 verwendet, als Adj. in Ar. Equ. 103–4 (ἐπίπαστα λείξας δημιόπραθ' ὁ βάσκανος / ῥέγκει μεθύων ἐν ταῖσι βύρσαις ὕπτιος), Plut. 571 (ἀλλ' οὐ ψεύδει τούτων γ' οὐδέν, καίπερ σφόδρα βάσκανος οὖσα) und com. adesp. fr. 725 (τί τἀλλότριον, ἄνθρωπε βασκανώτατε, / κακὸν ὀξυδορκεῖς, τὸ δ' ἴδιον παραβλέπεις;). Zur apotropäischen Funktion in der Antike vgl. Jahn 1855, Schlesier 1990 und Rakoczy 1996 (eine Verbindung zwischen den *baskania* und den *katachēnai* ‚Verhöhnungen' – zum Komödientitel des Lysippos vgl. Bagordo 2014b, 67–8 – wurde anhand von Hsch. κ 1515 καταχήνῃ· καταγελάσῃ, μυκτηρίσῃ, ἐξουθενίσῃ. [καὶ ὑπὸ Πεισιστράτου καλαμαίᾳ ἐμφερὲς ζῷον, ἀπὸ τῆς ἀκροπόλεως προβεβλημένον, ὁποῖα τὰ πρὸς βασκανίαν] erwogen).

Anhand von schol. Ar. Av. 436 (ἐπιστάτης δὲ χαλκοῦς τρίπους χυτρόποδος ἐκτελῶν χρείαν. οἱ δὲ πήλινον Ἥφαιστον πρὸς ταῖς ἑστίαις ἱδρυμένον ὡς ἔφορον τοῦ πυρός. [...] οἱ δὲ πυριστάτην πλαττόμενον τινὰ ξύλινον ἐν ταῖς ἐσχάραις, ὡς παρὰ ταῖς καμίνοις τὸν Ἥφαιστον ἀναπλάττουσιν. [...] οἱ δέ, ἀνδριάντα πήλινον πρὸς ταῖς ἐσχάραις) wurde konkreter an plastische Darstellungen des *Schmiede*gottes Hephaistos gedacht (Lobeck 1829, 971: „eaque Vulcani imaguncula ad compescenda incendia, puto, apponebatur et ne ollae vi ignis vel dira precatione rumperentur, quod maxime cavebatur in caminis figulorum"; vgl. auch Kock I 542: „*Vulcani* eas fuisse imagines cognoscitur ex Schol. Av. 436").

ἐπικάμινον Ein nur hier bezeugtes Kompositum von κάμινος (Fem.) ‚Ofen' (einzig weitere Bildungen mit *kaminos* sind die erst späte μονοκάμινος bei Cl. Ptolemaios und das byz. λουτροκάμινος); nicht ganz auszuschließen ist ἐπὶ κάμινον (vgl. hier oben, Textgestalt), aber Komposita gebildet mit ἐπι- und einem Objekt, worauf etwas steht, liegt oder hängt (vgl. LSJ s. v. ἐπί: „in composition: of Place, denoting, Support or Rest upon") – in unserem Fall das *baskanion* –, sind relativ gängig (vgl. die Adj. ἐπιχθόνιος z. B. in Hom. B 553, ἐπαυχένιος in Pind. P. 2,39 ἐπιβώμιος in Aesch. fr. 24 R., ἐπιθαλάσσιος z. B. in Hdt. V 30,5 oder Thuc. II 56,6, ἐπιτύμβιος in Alciphr. III 62, das Subst. ἐπίλυχνος *Lampenöl* bei Athen. IV 173f, aus Aristoteles oder Theophrast sowie die erst byz. ἐπίτειχος, ἐπιπύλιος, ἐπιπύργιος ἐπίτορος, ἐπίπρωρος).

Die *kaminos* ist ein Ofen zum Schmelzen, Backen, Brennen oder Braten (vgl. Hdt. I 179,1. IV 164,3; im Pl. für Hephaistos' *Schmiede* in Anacreont. 27A,2), die in der Keramikarbeit, im Kohlenbrennen (jeweils in Blümner 1879, II 23. 348) sowie in der Metallarbeit Verwendung fanden (Blümner 1886, IV 108. 217); in der Komödie ist die *kaminos* – außer im zitierten Timocl. fr. 19,1–2 [*Ikarioi Satyroi*] (vgl. hier oben, Interpretation) – in Ar. fr. 739 (κάμινον βαλανείου) zu finden, wo vom Ofen für die Erhitzung eines Bades die Rede ist (vgl. Ginouvès 1962, 205 A. 6), während in Crobyl. fr. 8,4 (κάμινος, οὐκ ἄνθρωπος ‚ein Ofen [bist du], kein Mensch') der – vielleicht *ad hoc* kreierte, vielleicht auch in der Alltagssprache gängige – übertragene Sinn vorhanden ist: so wird jemand angesprochen, der gern überhitzte Speisen ißt; vgl. auch com. adesp. fr. *619 (κάμινον ἔχειν ἐν τῷ πνεύμονι), gesagt von jemandem, der viel trinkt.

ἀνδρὸς χαλκέως Der ursprünglich für den ‚Kupferschmied' bzw. ‚Erzarbeiter' stehende χαλκεύς (aus χαλκός ‚Kupfer', ‚Erz', ‚Bronze') wird generell und bereits bei Homer auf alle Schmiedearbeiten – mit Eisen, Gold usw. – übertragen (vgl. Blümner 1886, IV 42. 290. 321–3). Zum Schmied in der Komödie vgl. Ar. Pac. 479–80 (ἆρ' οἶσθ', ὅσοι γ' αὐτῶν ἔχονθ' ‹ὑπὸ› τοῦ ξύλου / μόνοι προθυμοῦντ', ἀλλ' ὁ χαλκεὺς οὐκ ἐᾷ, mit Olson 1998, z. St.: „The point is probably that the captives are chained up as well as locked in the ξύλον [...] an the smith is the one who secured their bonds") und Av. 490–2, wo die *Schmiede* zusammen mit *Töpfern*, *Gerbern*, *Schustern*, *Bademeistern*, *Müllern* sowie den *torneutolyraspidopēgoi* (‚Leierdrechsler-Schildfabrikanten', eine komische *lexis*) erwähnt werden. Die Junktur ἀνήρ + Berufs- und Amtsbezeichnung in der Komödie auch in Ar. Ach. 56 (ὦνδρες πρυτάνεις), 570 (τειχομάχας ἀνήρ), 707 (ὑπ' ἀνδρὸς τοξότου), Equ. 242 (ἄνδρες ἱππῆς), Vesp. 360 (ἄνδρες ὁπλῖται), 908 (ἄνδρες δικασταί), Lys. 1083 (παλαιστὰς ἄνδρας), Ran. 858 (ἄνδρας ποητάς), 1008 (ἄνδρα ποητήν), 1030 (ταῦτα γὰρ ἄνδρας χρὴ ποιητὰς ἀσκεῖν), Eup. fr. 192,170 [*Marikas*] (οἰσ]υουργῷ γ' ἀνδρί), fr. 239 [*Poleis*] (ἄνδρες λογισταί),

Metag. fr. 4,4 [*Aurai ē Mammakythos*] (ἀνδρῶν φορτηγῶν), Men. Peric. 186 (ἥτις στρατιώτην ἔλαβεν ἄνδρα); vgl. auch Ar. Equ. 507 (τις ἀνὴρ τῶν ἀρχαίων κωμῳδοδιδάσκαλος), Nub. 545 (κἀγὼ μὲν τοιοῦτος ἀνὴρ ὢν ποητής) und Lys. 368 (οὐκ ἔστ' ἀνὴρ Εὐριπίδου σοφώτερος ποιητής).

fr. 608 K.–A. (594 K.)

καὶ κύων ἀκράχολος,
Ἑκάτης ἄγαλμα φωσφόρου, γενήσομαι

und eine heftig-zürnende Hündin,
der Fackelträgerin Hekate heiliges Tier / Prunkstück, werde ich sein

Eust. in Od. p. 1467,36 (Paus. att. α 7 Erbse; cf. Ael. D. α 14 Erbse)
Ἑκάτης ἀγάλματα, αἱ κύνες· ταύτῃ γάρ φασι θύονται. ἣν καὶ κυνοπρόσωπον διαπλάττονται. Ἀριστοφάνης· ——

Hekatēs agalmata (‚Hekates Prunkstücke / Opfertiere'), die Hündinnen: denn dieser (d. h. der Hekate), sagen sie, werden sie geopfert. Welche (d. h. Hekate) auch mit einem Hundegesicht bildlich dargestellt wird. Aristophanes [sagt]: ——

Phot. α 114 = Synag.[b] (Σ''') α 268
ἄγαλμα Ἑκάτης· τὴν κύνα οὕτως εἴρηκεν Ἀριστοφάνης διὰ τὸ ἐκφέρεσθαι τῇ Ἑκάτῃ κύνας. ἢ ὅτι καὶ αὐτὴν κυνοκέφαλον πλάττουσιν

agalma Hekatēs (‚Prunkstück / Opfertier der Hekate'): die Hündin hat Aristophanes so genannt, weil Hündinnen der Hekate zum Opfer dargebracht werden. Oder weil auch sie selbst (d. h. Hekate) mit einem Hundekopf bildlich dargestellt wird

Hsch. ε 1267
Ἑκάτης ἄγαλμα· τὰς κύνας οὕτω φασί, διὰ τὸ ἐκφέρεσθαι Ἑκάτῃ κύνας. ἔνιοι δὲ καὶ αὐτὴν κυνοκέφαλον πλάττουσιν

Hekatēs agalma (‚Hekates Prunkstück / Opfertier'): die Hündinnen nennen sie so, weil Hündinnen der Hekate zum Opfer dargebracht werden. Und manche stellen auch sie selbst (d. h. Hekate) mit einem Hundekopf bildlich dar.

Metrum Iambische Trimeter:
[⏓–⏑– ⏓]|–⏑– ⏑–⏑–
⏖–⏑– ⏑|–⏑– ⏑–⏑–

Zitatkontext Die lexikographischen Bezeugungen (Eustathios und, ohne Fragmentzitat, Photios), die einen ähnlichen, aber im Wortschatz sorgfältig und wohl bewußt variierten Wortlaut aufweisen (E. ἀγάλματα ~ ἄγαλμα

Ἑ.; αἱ κύνες ~ τὴν κύνα; ταύτῃ ... θύονται ~ διὰ τὸ ἐκφέρεσθαι τῇ Ἑκάτῃ; κυνοπρόσωπον ~ κυνοκέφαλον; διαπλάττονται ~ πλάττουσιν), sind wahrscheinlich auf attizistische Quellen zurückzuführen (Pausanias den Attizisten und Ailios Dionysios: Paus. att. α 7 Erbse, Ael. D. α 14 Erbse). Sie interessieren sich für die Junktur *Hekatēs agalma(ta)*, ohne dabei die Folie für Aristophanes' Parodie (nämlich Eur. fr. *62h Kn.) zu erwähnen, und konzentrieren sich auf den kultisch-religiösen Aspekt des Ausdrucks: nicht nur seien die Hunde Opfertiere der Göttin, sondern auch die Göttin selbst werde mit Hundegestalt dargestellt (zu Hekates Hundekopf vgl. auch Porph. De abst. III 17. IV 16).

In einem weiteren, von anderen aristophanischen Stellen abhängigen Strang der lexikographischen Tradition wird jedoch unter Ἑκάτης ἄγαλμα das *Hekataion*, d. h. das Hekate-Bild vor den Eingansgstüren zum Schutz von Privathäusern oder an Dreiwegen verstanden, nicht also das eher allgemeine *Prunkstück* (vgl. Synag.[b] [Σ'''] α 241, Hsch. α 252. ε 1258 ἑκάταια· τὰ πρὸ τῶν θυρῶν Ἑκάτης ἀγάλματα, τινὲς δὲ τὰ ἐν τριόδοις; vgl. auch schol. Ar. Vesp. 802–4, schol. Ar. Ran. 366; vgl. hier unten, zu Ἑκάτης – φωσφόρου; eine weitere Bezeugung ist schol. Lycophr. Alex. 77 [τῆς κυνοσφαγοῦς θεᾶς] τῆς Ῥέας [...] ὡς δέ τινές φασι τῆς Ἑκάτης· καὶ γὰρ Σώφρων ἐν τοῖς μίμοις [Sophr. fr. 4,7] φησὶν αὐτῇ κύνας θύεσθαι).

Interpretation Wohl eine weibliche Figur scheint zu drohen, zornig wie eine Hündin zu werden; dabei parodiert sie einen Vers aus dem euripideischen *Alexandros* (Eur. fr. *62h Kn. Ἑκάτης ἄγαλμα φωσφόρου κύων ἔσῃ), in dem Kassandra die Verwandlung der Hekabe in eine Hündin prophezeit (so auch in Hec. 1265 κύων γενήσῃ πύρσ' ἔχουσα δέργματα, wo Polymestor Hekabe eine Zukunft voraussagt, die an Kassandras Prophezeiung in Tro. 428–30 erinnert; vgl. Porson 1824a, zu Eur. Hec. 1255 [1265] und Matthiessen 2010, 32).

1–2 κύων – ἄγαλμα Eine vergleichbare Verbindung, wenn auch im konkreteren Sinn gemeint, in Nicand. fr. 69 Gow–Scholfield (φηγοὶ Πανὸς ἄγαλμα), wo die *Eicheln* tatsächlich zum *Schmuck* des Gottes verwendet werden.

1–2 κύων – γενήσομαι Die gleiche Figur in Ar. Thesm. 237 (οἴμοι κακοδαίμων· δελφάκιον γενήσομαι), Eccl. 1021 (οἴμοι, Προκρούστης τήμερον γενήσομαι), fr. 957 [*dub.*] (εὐθὺς ‹δὲ› Φοῖνιξ γίγνομαι) und Anaxandr. fr. 33,3 [*Nērēides*] (Εὐριπίδης τις τήμερον γενήσεται); vgl. Fraenkel 1960, 24, Dettori 2009, 134 A. 4 und Bagordo 2013, 241; etwas anders in Ar. Pac. 697 (ἐκ τοῦ Σοφοκλέους γίγνεται Σιμωνίδης), wo es um eine Verwandlung geht.

1 κύων ἀκράχολος Der ursprüngliche Sinn des Adj. ἀκράχολος (att.; vgl. ion. ἀκρηχολίη, im hippokratischen Corpus) ist ‚mit ungemischter Galle' (aus *ἀκράς = ἄκρατος und χολή, wie das ebenfalls hippokratische ἀκρητόχολος; vgl. Frisk GEW, s. v.; später auch ἀκρόχολος, seit Aristot. EN

1126a 18): daher die Bedeutung von ‚übellaunig', ‚zornig' (wie etwa in Ar. Equ. 40–3 νῷν γάρ ἐστι δεσπότης / ἄγροικος ὀργήν, κυαμοτρώξ, ἀκράχολος, / Δῆμος Πυκνίτης, δύσκολον γερόντιον / ὑπόκωφον, mit van Leeuwen 1900, z. St. und Epin. fr. 1,6–7 [*Mnēsiptolemos*] τόν τε γῆς ἀπ' Ἀτθίδος / ἑσμὸν μελίσσης τῆς ἀκραχόλου γλυκύν, von den attischen Bienen), aber auch ‚stachelig' (Pher. fr. 174 ἢ τῆς ἀχέρδου τῆς ἀκραχολωτάτης, von einer Birne). In Ar. Ran. 292–3 erfahren wir, daß Empusa u. a. eine Hundegestalt einnehmen konnte; ein metaphorischer Gebrauch des Hundes, etwa für den gefährlichen Charakter des Kerberos Athens, d. h. Kleons, findet sich in Ar. Pac. 313, Equ. 1017–34 (allgemein zum Hund in der griechischen Dichtung vgl. Lilja 1976).

2 **Ἑκάτης – φωσφόρου** Hekate ist in Hes. Theog. 411–52 eine mächtige Titanin. Die ihr zugewiesene Zauberkraft reflektiert sich in den zahlreichen attischen Hekataia, d. h. Hekate-Bildern vor den Eingängen von Privathäusern, deren apotropäische Funktion Übles fernhielt (vgl. Ar. Vesp. 802–4 κἂν τοῖς προθύροις ἐνοικοδομήσοι πᾶς ἀνὴρ / αὑτῷ δικαστηρίδιον μικρὸν πάνυ, / ὥσπερ Ἑκάταιον πανταχοῦ πρὸ τῶν θυρῶν, wo das schol. z. St. das *Hekataion* als Ἑκάτης ἄγαλμα erklärt; vgl. auch Lys. 63–70, wo das Hekataion vor dem Verlassen des Hauses befragt wird, und Ran. 366 ἢ κατατιλᾷ τῶν Ἑκαταίων).

Ihr Begleiter ist der Hund (zum Hund als der Hekate bzw. Artemis heiligem Tier – Plut. De Is. et Os. 379d führt das oben erwähnte Eur. fr. *62h Kn. als Beleg für den Hund als Artemis' Tier an – vgl. Orth 1922, 2577; Rohde 1894, 375 A. 1 verwies auf Zauberpapyri, in denen jeweils Hekate als Hündin angerufen wird – Pap. Graec. mag. 4,1432–4 ὑπ' ἐμοῦ. κυρία Ἑκάτη Φορβα φορβω-/βαρ βαρω φωρφωρ φωρβαϊ, / εἰνοδία, κύων μέλαινα – bzw. ihre Stimme mit Hundebellen verglichen wird – 5,2807–8 σκυλακώδεα φω-/νήν; eine detaillierte Behandlung des mythisch-rituellen Verhältnisses zwischen Hekate und dem Hund in Mainoldi 1981, 20–1: „D'altra parte la componente mitica trova, come vedremo, nell'atto rituale la sua controparte precisa, permettendo di seguire un tragitto tra la vita e la morte segnato dalla costante presenza del cane. Il terzo momento della vicinanza del cane, in quanto essere mostruoso, con la morte si ha nelle rappresentazioni che segnano il ritorno del morto tra i viventi. Un ruolo di primo piano è svolto in questo ambito dalla dea infernale Ecate e dal suo seguito di fantasmi, che presentano notevoli connessioni con il cane", u. a. mit Verweis auf ein Grablekythion aus dem J. 470 v. Chr. – vgl. dazu Karouzou 1972 – mit einem dreifachen Wesen, das aus zwei Hunden und einem weiblichen Körper besteht, das vielleicht Hekate darstellt; vgl. auch Kraus 1960, 25. 89; zu Hekate als Torgöttin vgl. Calcaterra 2009 und Weißl 2012, 166–70; zu Hekabes Hundegestalt vgl. Gall 1997; Hekates Verwandlung in eine Hündin durch Artemis wird in Anecd. Gr. Bekker p. 336–7 erzählt).

Das wichtigste archäologische Pendant zur literarischen Darstellung von Euripides-Aristophanes ist ein Relief, in dem Hekate in Begleitung des *Hundes* und mit zwei *Fackeln* in der Hand erscheint (Athen, Nat. Arch. Mus., Inv. 1416 = LIMC VI 65; vgl. Svoronos 1908, 360, Kraus 1960, 163; der *kalathos* an ihren Füßen deutet wohl auf die *Hekatēs deipna*, wobei die Hunde anscheinend die *katharmata* dieser beim Neumond und an speziellen, den Toten heiligen Tagen veranstalteten *deipna* sind; deren früheste lit. Bezeugung ist in Ar. Plut. 594–7 zu erkennen); auch auf einem nachklassischen *hekataion* (Louvre, MNC 1395 [Ma 2594], mit Vollgraff 1956, 62) erscheint Hekate mit einem Hund, einer Fackel und einer Patera.

Bezeugt sind Hundeopfer für Hekate auch in Ar. fr. 209 [*Daitalēs*] (τί δαί; κυνίδιον λευκὸν ἐπρίω τῇ θεῷ / εἰς τὰς τριόδους;, überliefert in schol. Theocr. 2,11/12d διὰ τὸ σκύλακας ἐκφέρεσθαι δεῖπνα τῇ Ἑκάτῃ; die Pointe besteht hierbei darin, daß der Göttin ein *weißer* Hund, kein schwarzer wie üblich, zum Opfer gekauft wurde); vgl. auch Plut. Quaest. Rom. 277b. 280c und Paus. III 14,9, mit dem nächtlichen Opfer einer schwarzen Hündin an Enodia, eine Göttin, die in späterer Zeit mit Hekate als Dreiweg-Göttin identifiziert wurde; vgl. Burkert 1981, 117 A. 6).

ἄγαλμα Die möglichen Bedeutungen sind zwei: 1) die wörtliche von ‚Prunkstück', d. h. etwas, worauf man stolz sein kann (vgl. die in der lexikographischen Tradition vielfach bezeugte Definition: πᾶν, ἐφ' ᾧ τὶς ἀγάλλεται; vgl. Wilamowitz 1895[2], zu Eur. HF 49), wie etwa in Eur. El. 387–8 (αἱ δὲ σάρκες αἱ κεναὶ φρενῶν / ἀγάλματ' ἀγορᾶς εἰσιν) oder fr. 282,10–1 Kn. (λαμπροὶ δ' ἐν ἥβῃ καὶ πόλεως ἀγάλματα / φοίτωσ'); 2) die bereits homerische von (geschmücktem) ‚Opfertier' (Hom. γ 438. θ 509) und generell von *anathēma*, wie in Anth. Pal. XIII 19,1 [Simonides] (ἄνθηκεν τόδ' ἄγαλμα): so verstehen den Begriff es auch die Zitatträger.

Weniger prägnant wäre in diesem Kontext der erst seit dem 5. Jh. v. Chr. bezeugte Sinn von *Bild* (d. h. bildliche Darstellung; so etwa Henderson 2007, z. St.: „the image") oder gar *Statue* (u. a. als Verehrungsobjekt): die Vorstellung des Hundes, in den sich die Sprecherin zu verwandeln droht, als *Bild*, d. h. als die bildliche Darstellung der Hekate, erscheint im Vergleich zu den anderen – zumal in appositiver Funktion – als durchaus forciert.

φωσφόρου Hier deutet das Epitheton konkret auf die *Fackel* als von Hekate getragenes Attribut hin (vgl. hier oben, zu Ἑκάτης – φωσφόρου), und sollte nicht allgemein als *lichtbringend* wiedergegeben werden (so hingegen Henderson 2007, z. St.: „light-bearing"). Das Kompositum φωσφόρος (irrtümlich φώσφορος in LSJ s. v.; seltene Formen sind φαοσφόρος und φαεσφόρος) im Sinne von *fackeltragend* wird in der Komödie stets auf Hekate bezogen, im Anruf νὴ τὴν Φωσφόρον (Ar. Lys. 443. 738, Antiphan. fr. 59,6 [*Boiōtia*]), in

Thesm. 858 (πανοῦργος εἶ νὴ τὴν Ἑκάτην τὴν φωσφόρον) und in Nausicr. fr. 1,9 [*Nauklēroi*] (αἷς καὶ θεὰν τιμῶσι φωσφόρον κόρην; es geht um der Göttin von den Seefahrern geopferten Meerbarben); vgl. auch Eur. Hel. 569 (Hekate), IT 21 (Artemis) und Callim. h.Dian. 204 (die φαεσφορίη ist hier ein Attribut der Artemis; das schol. erwähnt aber auch Hekate); als Epitheton der Hekate auch in einer Dedikation an der *Porte d'Hermès* auf Thasos (vgl. Duchêne 1992, 74 mit A. 121; vgl. auch Paus. II 30,2).

Die andere Bedeutung, *lichtbringend*, kommt auch in der Komödie vor: in Ar. Ran. 342–3 (Ἴακχ' ὦ Ἴακχε, / νυκτέρου τελετῆς φωσφόρος ἀστήρ, gesagt von Dionysos), in fr. 592,35 (ἐκφέρετε πεύκας κα]τ' Ἀγάθω[να φωσφόρους), das einen Agathon-Vers reproduziert (vgl. hier oben, zum Fr.) und in Epicr. fr. 7,4 [*Triodous ē Rhōpopōlēs*] (κερατίνου τε φωσφόρου λύχνου σέλας).

fr. 609 K.–A.

βλυάζει κωβιὸς τὸν κωβιὸν
† αγκ̣α̣θεκαστω † κωβιὸς παιδοσπόρος

1 βλύζει Hunger κωβίος τὸν κωβίον cod., Kassel–Austin: κωβιὸς τὸν κωβιὸν Henderson **2** ἀεί θ' ἑκάστῳ West κωβια cod.: corr. West (-ὸς): κωβίος cod., Kassel–Austin: κωβιὸς Henderson

ein Gründling sprudelt den Gründling hervor
… *jedem* ein kindererzeugender Gründling

Hdn. Π. προσ. καθ. (cod. rescr. Vind. hist. gr. 10) fr. 30 Hunger
καὶ τοκ̣ά̣ρ̣ι̣ο̣ν̣ παρὰ Ἀριστοφάνει ὡς τὸ ——

und *tokarion* (‚kleine Brut') bei Aristophanes wie das ——

Metrum Iambische Trimeter:
[⏑–]⏑– –|–⏑– ––⏑–
⏑–⏑– –|–⏑– ––⏑–

Zitatkontext Das Fragment ist im Palimpsest des Cod. Vindob. hist. gr. 10 (10. Jh.) der Österreichischen Nationalbibliothek überliefert und enthält einen Ausschnitt aus Herodians Schrift *Über die allgemeine Prosodie* (Hunger 1967, 9. 15).

Aus der Arkadios von Antiochia fälschlich zugeschriebenen Schrift Περὶ τόνων (vielleicht verfaßt von Theodosios von Alexandria), einer Epitome von Herodians *Über die allgemeine Prosodie*, erfahren wir, daß κωβίος – sowie σκορπίος – in der dreisilbigen Form paroxyton ist (Arcad. p. 42,2 Barker [= p. 46,1 Schmidt] τὸ δὲ σκορπίος κωβίος [κυβ- Barker] παροξύνεται ὡς τρισύλλαβα [Hdn. Π. προσ. καθ. I [GrGr III.1] p. 126,16 Lentz]; vgl. Kassel–Austin z. St.: „κωβίου exemplum Herodianus ex Aristophane, σκορπίου ex Arati Phaenomenis attulit, quorum v. 546 nostrum fr. praecedit in cod. Vind. (fr. 48 Hung.)".

Eingeleitet wird das Fragment durch das sonst unbezeugte Wort τοκάριον (vgl. aber die Glosse τοκαρίδιον [Gloss. Lat. III p. 466,75 Lindsay], als Erklärung für *usurula*, Diminutiv von *usura* ‚Wucherei'), eine Diminutivform von τόκος (‚Brut'), einen deutlichen Bezug zum Inhalt, der sich um die Begriffe *brüten* und *fruchtbar* dreht, und nicht primär um das für den Akzent relevante Wort κωβίος / κωβιός. Es ist jedoch nicht klar, ob τοκάριον zum aristophanischen Wortlaut gehört hat.

Textgestalt Die Emendation in βλύζει von Hunger 1967, 9. 15 wäre ebenfalls metrisch, ist aber unnötig. Gegen die Überlieferung und die editorische Wahl von Kassel–Austin z. St. (κωβίος τὸν κωβίον / [...] κωβίος) wird hier κωβιὸς τὸν κωβιὸν [...] / κωβιός gedruckt (mit West 1968, 202 und Henderson 2007, z. St.; vgl. hier unten, zum Wort; zum Problem solcher vom Usus abweichenden Wortformen vgl. hier unten, zu fr. 610).

Die Emendation in ἀεί θ' ἑκάστῳ von West 1968, 202 basierte auf den frühesten Lesarten des ersten Editors (ạυ̣θεκαστω), ist jedoch mit der jüngsten (αγκ̣ạθεκαστω) wenig kompatibel (vgl. Kassel–Austin z. St.: „ạυ̣θεκαστω legerat Hunger, nunc αγκ̣ạθεκαστω dispicere sibi videtur").

Interpretation Im sprichwörtlich klingenden Fragment scheint das Bild um den Kleinfisch *kōbios* zu folgender Aussage zu dienen: jeder bringt einen Sprößling zur Welt, der seiner Art entspricht. Die unsichere Gestalt des Anfangs von v. 2 sowie die Unvollständigkeit desselben verhindert nicht nur eine schlüssigere Interpretation, sondern auch eine syntaktisch nachvollziehbare Wiedergabe. Einziger Anhaltspunkt ist vielleicht die biologische Information, daß der *kōbios* – so wie die *phykis* (‚Lippfisch'), mit der er oft verwechselt wird – tatsächlich *brütet* (vgl. Thompson 1947, 137).

βλυάζει Das Verb βλυάζειν, transitiv und kausativ, ist ein Hapax, das als erweiterte Form für βλύζειν ‚hervorquellen (lassen)', ‚hervorsprudeln' (etymol. verwandt mit dt. *quellen*; vgl. Frisk GEW, s. v.) zu gelten hat; die treffende Vermutung, daß βλυάζειν zu βλύειν steht wie βρυάζειν zu βρύειν ‚sprossen', ‚sprudeln' (Kassel–Austin z. St.), ist durch die Angabe zu ergänzen, daß βλύειν erst sekundär (seit Nonn. XIX 287 δέμας οἱ ἔβλυεν ὕδωρ) zum in der Dichtung geläufigeren (ἀνα-/ἀπο)βλύζειν ist (als Kompositum bereits in Hom. I 491 οἴνου ἀποβλύζων ἐν νηπιέῃ ἀλεγεινῇ; das Simplex βλύζειν erst in

Ap. Rh. IV 1446, metaphorisch in Anth. Pal. VII 352; vgl. Hsch. β 758 *βλύζει· βρύει, πηγάζει, Sud. β 349 βλύζει· αἰτιατικῇ).

κωβιὸς τὸν κωβιόν Der κωβιός ist ein kleiner Meeresfisch, der als billig, aber schmackhaft galt (*Gobius* L.; vgl. Keller 1913, 374, Thompson 1947, 137–9, Dalby 2003, 160); das paroxytone κωβίος (beibehalten in Kassel-Austin) wäre zwar konsequent mit den Überlegungen über die Akzentuierungen des Arkadios und somit wohl des Herodian (vgl. hier oben, Zitatkontext), wäre aber auch die einzige Bezeugung für eine Form, die sonst überall als oxyton überliefert wird (zur Wortform vgl. Strömberg 1943, 13. 16. 68).

Eine ausführliche Beschreibung des *kōbios* bietet Athen. VII 309c, der die Fleischigkeit dieser Fischart positiv beurteilt (u. a. anhand von Epich. fr. 59 [*Hēbas gamos*] τρυγόνες τ' ὀπισθόκεντροι καὶ μάλ' ἁδροὶ κωβιοί und Antiphan. fr. 204,4 [*Timōn*]; vgl. auch Euphr. fr. 9,3–4 [*Synephēboi*] οὐδεὶς εἶχέ σοι / κωβιὸς ὅλως γὰρ ἧπαρ, ἀλλ' ἦσαν κενοί und Mach. fr. 5,31–2 Gow) – wenn auch unter Verweis auf die geringe Nahrhaftigkeit. Die *Grundel* erscheint häufig in den Speiselisten der Mese (Mnes. fr. 4,35 [*Hippotrophos*], Anaxandr. fr. 42,48 [*Prōtesilaos*], Henioch. fr. 3,2 [*Polypragmōn*] und Alex. fr. 115,13 [*Krateia*]) oder als *redender* Eigenname (als *Kōbios* in Archipp. fr. 27 [*Ichthyes*], Antiphan. fr. 27,19 [*Halieuomenē*] und Alex. fr. 102,4 [*Isostasion*], als *Kōbiōn* in fr. 173,2 [*Pankratiastēs*]; zu anderen aristophanischen Eigennamen aus Fischnamen vgl. Kanavou 2011, 142. 184 A. 829).

παιδοσπόρος Sonst nur in Ar. fr. 374 [*Lēmniai*] (τοὺς ἄνδρας ἀπεχρήσαντο τοὺς παιδοσπόρους), worauf die lexikographische Tradition Bezug nimmt, und dann erst wieder ab Nonn. XXV 242–3 (ἆθλα μὲν Ἡρακλῆος, ὃν ἤροσεν ἀθάνατος Ζεὺς / Ἀλκμήνης τρισέληνον ἔχων παιδοσπόρον εὐνήν); das abgeleitete und genauso seltene Verb erst in Plat. Phdr. 250e (ἀλλ' ἡδονῇ παραδοὺς τετράποδος νόμον βαίνειν ἐπιχειρεῖ καὶ παιδοσπορεῖν); vgl. auch Ar. fr. 307 [*Eirēnē* II] (πόθεν τὸ φῖτυ; τί τὸ γένος; τίς ἡ σπορά;) sowie Men. fab. inc. 1 29–30 Arnott (γνησίων ἐπὶ σπορᾷ / παίδων).

Von Tieren gesagt, erscheint παῖς etwa in Aesch. Ag. 49–51 (τρόπον αἰγυπιῶν, / οἵτ' ἐκπατίοις ἄλγεσι παίδων / ὕπατοι λεχέων στροφοδινοῦνται); speziell von Fischen in Pers. 577–8 (σκύλλονται πρὸς ἀναύδων, ἠέ, / παίδων τᾶς ἀμιάντου, ὀᾶ).

Weitere Komposita mit -σπόρος finden sich in der Komödie in Ar. Av. 230–3 (ὅσοι τ' εὐσπόρους ἀγροίκων γύας / νέμεσθε, φῦλα μυρία κριθοτράγων / σπερμολόγων τε γένη / ταχὺ πετόμενα) und Antiphan. fr. 19,1–2 [*Aiolos*] (Μακαρεὺς ἔρωτι τῶν ὁμοσπόρων μιᾶς / πληγείς, wo der Bezug auf den euripideischen *Aiolos* durch das u. a. in Eur. IT 695. 922 und Or. 658 bekanntes Adj. unterstrichen wird).

fr. 610 K.–A. (402 K.)

ἀλλ’ ἱμάντα μοι
δὸς καὶ ζμινύην· ἐγὼ γὰρ εἶμ’ ἐπὶ ξύλα

2 σμινύην Kaibel

aber gib mir einen Riemen
und eine Axt / Hacke: denn ich gehe Holz fällen

Eust. in Il. p. 217,24
ὅτι δὲ τὸ σμῶδιγξ, καθάπερ καὶ τὸ σμερδαλέον καὶ τὸ σμικρόν, διὰ τοῦ ζ εἶχον τὴν προφορικὴν ἀρχὴν πάλαι ποτὲ διὰ τὸ παρεοικὸς τοῦ ἤχου, δηλοῦσιν οἱ παλαιοί, ὧν ἐν ῥητορικοῖς λεξικοῖς τοῖς κατὰ στοιχεῖον κεῖται καὶ ταῦτα ἐν τῷ ζ στοιχείῳ· ζμινύη ὁτὲ τὸ σκαφεῖον, ὁτὲ ἀξινάριον, οἱ δὲ δίκελλαν. καὶ ζβέσαι [...]. καὶ ζμῶσαι [...]. Αἴλιος δὲ Διονύσιός φησιν, ὅτι ζμικρὸν καὶ μικρὸν οἱ Ἀττικοί, μικκὸν δὲ Ἴωνες. οὕτω δὲ γράφουσι καὶ τὸ ζμῆγμα καὶ τὴν ζμινύην, ἣν καὶ αὐτὸς ἀξινάριον λέγει φέρων καὶ χρῆσιν Ἀριστοφάνους ταύτην· ——

Und daß das Wort *smōdinx* (‚blutige Schwiele‘), wie eben auch die Formen *smerdaleon* (‚schrecklich‘, Nt.) und *smikron* (‚klein‘, Nt.), einst eine Aussprache des Wortbeginns mit *z* hatten, aufgrund der Ähnlichkeit des Lautes, zeigen die alten Autoren, von denen in den rhetorischen alphabetischen Lexika auch diese [Wörter] unter dem Buchstaben *z* stehen (Paus. att. ζ 4 Erbse): *zminyē*, bald im Sinne von *skapheion* (‚Spaten‘), bald von *axinarion* (‚kleine Axt‘), und manche [deuten es] im Sinne von *dikella* (‚Hacke‘). Auch *zbesai* (‚löschen‘) [...] Auch *zmōsai* (‚klopfen‘, ‚schlagen‘) [...]. Und Ailios Dionysios (Ael. D. ζ 3–5 Erbse) sagt, daß die Attiker *zmikron* (‚klein‘) und *mikron*, die Ionier aber *mikkon* sagen. Und so schreiben sie auch *zmēgma* (‚Seife‘, ‚Salbe‘) und *zminyē*, welche derselbe auch als *axinarion* (‚kleine Axt‘) deutet, indem er auch diesen Gebrauch des Aristophanes anführt: ——

Metrum Iambische Trimeter:
[⏓–⏑– ⏓–⏑|]– ––⏑–
––⏖– ⏑–⏑|– ⏑–⏑–

Zitatkontext Eustathios’ Bezeugung, unter Berufung auf Ailios Dionysios (Ael. D. ζ 3–5 Erbse; die attizistische Tradition ist auch durch Paus. att. ζ 4 Erbse vertreten), betrachtet die phonetische Variante *zminyē* anhand des Aristophanes-Zitats als attisch; da es sich nur um die Aussprache des anlautenden Konsonanten als *z*- statt *s*- handelt, steht die Bezeugung des Eustathios nicht unbedingt im Widerspruch zu den anderen lexikographischen Quellen, welche offensichtlich nur die att. Form *sminyē* kennen (vgl. etwa Galen. in Hipp. De fract. lib. comm., XVIII 2 p. 424 Kühn ἐν οἷς εἰσι καὶ αἱ καλούμεναι δίκελλαι, σμινύας δ' αὐτὰς ὀνομάζουσιν οἱ Ἀττικοί), Moer. σ 15 Hansen (σμινύη Ἀττικοί· σκαφεῖον †ἀξινοπλατεῖαν† [„ἀξίνη πλατεῖα coni. Hudson fort. recte", Hansen 1998, z. St.]); vgl. auch Phot. σ 406 = Synag. σ 151 (σμινύην· σκαφεῖον ἢ δίκελλαν | ἢ ἀξίνην), wobei der Zusatz ἢ ἀξίνην auf das platonische Lexikon des Timaios zurückgeht (Tim. Lex. Plat. σ 9 Val. σμινύην· οἱ μὲν δίκελλαν, οἱ δὲ ἀξίνην καλοῦσιν, mit Valente 2012, z.St.; vgl. auch schol. Plat. Rep. 370d; von Photios hängt wiederum Sud. σ 744 ab; vgl. Theodoridis 2013, VIII), Hsch. σ 1263 (σμινύη· σκαφ[ε]ίδιον, δίκελλαν), schol. Ar. Nub. 1486 und P. Oxy. XIX 2221 col. II 17–9 (ein Kommentar zu Nicand. Ther. 386, aus dem 1. Jh. n. Chr.; vgl. Gronewald 1974, 111–2); die Erklärungen reichen von *skaphei(di)on* (‚Spaten') bis *dikella* (einer Art Hacke) und *axinē* (‚Axt', ‚Beil').

Pollux ordnet seinerseits die *sminyē* unter die landwirtschaftlichen Geräte (Poll. I 245 ἐργαλείων γεωργικῶν ὀνόματα δρέπανον, δρεπάνη, δίκελλα, ἄμη, μακέλη, ἀξίνη, λίστρον, πλόκανον, θρῖναξ, σμινύη, πτύον ἢ πτέον· καὶ λικμητηρὶς δὲ καλεῖται), X 129 (καὶ σκαπάνη καὶ σκάφιον, καὶ σκαλὶς καὶ μακέλη καὶ ἄμη καὶ ἀξίνη καὶ δίκελλα, καὶ σμινύη καὶ σμινύδιον, καὶ λίστρον καὶ σφῦρα βωλοκόπος καὶ πέλεκυς ξυλοκόπος); die Diminutivform in VII 148 (τὴν δὲ σμινύην Ἀριστοφάνης σμινύδιον καλεῖ [Ar. fr. 889]; in Poll. X 166 (καττύς, δερμάτιον ἐντιθέμενον τῇ σμινύῃ, ὅταν ὁ στέλεχος ἀραιὸς ᾖ) ist – wiederum in Anlehnung an Aristophanes (Ar. fr. 297 [*Dramata ē Niobos*]) – von einem Stück Leder die Rede, das in die *sminyē* eingefügt wird, wenn deren Handgriff zu locker ist.

Textgestalt Die normalisierende Emendation in σμινύην ließe sich zwar dadurch rechtfertigen, daß auch andere Formen mit *zm-* genauso wenig attisch klingen (Kaibel in Kassel–Austin z. St.: „nec ζμικρὸν atticum est nec ζμῆγμα nec μικκόν ionicum"), aber dies reicht wohl nicht, um die attizistische Glosse zu disqualifizieren; ein ähnlicher Fall von Diskrepanz zwischen einer einmalig bezeugten Wortform – wofür ein Aristophanes-Zitat ausdrücklich angeführt wird – und den sonstigen, u. a. dem aristophanischen Gebrauch konformen Belegen auch in fr. 609 (κωβιός / κωβίος; vgl. hier oben, zum Fr.).

Interpretation Aus einer dialogischen Situation fordert jemand eine andere Person auf, ihm zwei Gegenstände zu reichen, mit denen er zum Holzfällen gehen kann: mit dem *Riemen* wird er das gesammelte Holz bündeln und tragen, das mit der *Axt* bzw. *Hacke* gefällt worden ist (vgl. Olson 1991, 415: „The woodcutter carried a metal tool of some sort and a strap to bind together what he gathered into a bundle or to form a sling for larger pieces"; zum Holzfällen in der Antike vgl. Blümner 1879, II 244, mit Verweis u. a. auf den ersten Beleg für diese Tätigkeit, Hom. Ψ 114–5 οἳ δ' ἴσαν ὑλοτόμους πελέκεας ἐν χερσὶν ἔχοντες / σειράς τ' εὐπλέκτους· πρὸ δ' ἄρ' οὐρῆες κίον αὐτῶν). Da diese

Tätigkeit selbst für Landleute als besonders harte Arbeit galt (Olson 1991, 415–6), könnte es sich beim Sprecher des Fragments um einen Sklaven handeln (in Men. Dysc. 30–2 muß der allein lebende *dyskolos* u. a. die Holzarbeit selbst erledigen, in Her. 52 ᾧ ξυλοφορῶ trägt der sprechende Sklave Holz zu seinem Herrn; Dikaiopolis' ländliche Vision sieht in Ar. Ach. 272 κλέπτουσαν εὑρόνθ' ὡρικὴν ὑληφόρον auch eine *holztragende* junge Sklavin vor; vgl. auch Aristophanes' *Hylophoroi*, aufgeführt an den Lenäen im J. 424 v. Chr.); ein Bauer wäre ebenso möglich (vgl. Kock I 496, der einen *rusticus* sprechen läßt, wenn auch in Verbindung mit den *Holkades*; vgl. hier unten).

Anhand von Poll. X 173 (φαίης δ' ἂν κατ' Ἀριστοφάνην [Ar. fr. 432 [*Holkades*]] λέγοντα ἐν Ὁλκάσι καὶ π α τ τ ά λ ο υ ς ἐ γ κ ρ ο ύ ε ι ν καὶ σ κ ύ τ α λ ο ν ὑ π ο σ ί δ η ρ ο ν καὶ σ μ ι ν ύ δ α ς [σμινυίδας FS, σμινύας Hemsterhuys 1706, z. St. und Dobree 1833, 254, der als Alternative auch das in fr. 889 belegte σμινύδια erwägt] καὶ ἀ γ κ α λ ί δ α ς) hat Bergk in Meineke II.2 1118 das Fragment den *Holkades* zugewiesen (mit dem Kommentar: „Servus haec dicere videtur ab hero lignari iussus: ad Holcadas autem rettuli non tantum ob similitudinem quae inter hoc et VI fragmentum [Ar. fr. 417 [*Holkades*]] intercedit, sed maxime propter Pollucis auctoritatem, qui X 173 dicit [...]"): auch davon abgesehen, daß in Pollux die sonst unbezeugte (und verdächtigte) Form σμινύς überliefert wird, läßt sich die Zuweisung aufgrund der vielen aristophanischen Belege von σμινύη, auch in verschiedenen Kontexten (vgl. hier unten, zum Wort), nicht rechtfertigen.

ἀλλ' – ζμινύην Vgl. Hegem. fr. 1 [*Philinna*].

ἱμάντα Der ‚Riemen' (generell aus Leder) konnte viele Funktionen erfüllen, darunter das Bündeln von Holzstücken.

ζμινύην Die *sminyē* (ein mit σμίλη ‚Messer', ‚Meißel' verwandtes Verbalabstraktum auf -νυ(ᾱ), gebildet wie σιπύη, ὀστρύη, ὀφρύη; vgl. Frisk GEW, s. v.) ist eine *zweizackige Hacke*, die v.a. im Ackerbau eingesetzt wird (vgl. Pritchett 1956, 302–3; zum röm. Pendant, zu dem auch eine ikonographische Evidenz existiert, vgl. Daremberg–Saglio 1873, 709 [s. v. *bidens*]: „*raster bidens* [raster], la houe à deux fourchons (en grec δίκελλα et σμινύη) dont se servent les agriculteurs pour défoncer et fouiller le sol, briser les mottes de terre retournées par la charrue, remuer la terre ou l'amonceler autour des plants d'arbres, de vigne, etc.").

Die lit. Belege sind auf Aristophanes und die att. Prosa beschränkt: in Ar. Nub. 1485–6 (δεῦρο δεῦρ', ὦ Ξανθία, / κλίμακα λαβὼν ἔξελθε καὶ σμινύην φέρων) wird die *Hacke* mit der *Leiter* zum Hinaufsteigen auf das Phrontisterion verwendet (vgl. auch 1500); in Pac. 546–7 (ὁ δέ γε τὰς σμινύας ποῶν / κατέπαρδεν ἄρτι τοῦ ξιφουργοῦ 'κεινουί) wird der *Hacken*macher zusammen mit dem Sensenmacher (*drepanourgos*) in Gegenüberstellung mit mit dem Krieg verbundenen Gewerben erwähnt, darunter der Helmbuschbinder (*lophopoios*), der Schwertmacher (*xiphourgos*), oder der Lanzenschärfer (*doryxos*); in Av. 602 (πωλῶ γαῦλον, κτῶμαι σμινύην, καὶ τὰς ὑδρίας ἀνορύττω) soll sie zum Ausgraben von Töpfen herbeigeschafft werden; in der Prosa findet sich die *sminyē* sowohl im landwirtschatflichen (Plat. Rep. 370d ὁ γὰρ γεωργός, ὡς ἔοικεν, οὐκ αὐτὸς ποιήσεται ἑαυτῷ τὸ ἄροτρον, εἰ μέλλει καλὸν εἶναι, οὐδὲ σμινύην, οὐδὲ τἆλλα ὄργανα ὅσα περὶ γεωργίαν, mit schol.) als auch im militärischen Kontext (Xen. Cyrop. VI 2,34–6 ἔχειν δὲ χρὴ καὶ ἄμην καὶ σμινύην κατὰ ἅμαξαν ἑκάστην, καὶ κατὰ τὸν νωτοφόρον δὲ ἀξίνην καὶ δρέπανον [...] τούτων δὲ χρὴ τοὺς μὲν ἀπὸ τῶν ἀκοντιστῶν πέλεκυν ἔχοντας ξυλοκόπον ἀναγκάζειν στρατεύεσθαι, τοὺς δ' ἀπὸ τῶν τοξοτῶν σμινύην, τοὺς δ' ἀπὸ τῶν σφενδονητῶν ἄμην); vgl. auch die inschriftlichen Belege in IG I^3 386,128 und 422,145 (eine *tabula poletarum*; vgl. Kassel–Austin zu Ar. fr. 6 [*Aiolosikōn*]).

εἶμ' ἐπὶ ξύλα Der Ausdruck ἐπὶ ξύλα (mit einem Verb des *Gehens*, auch elliptisch; lat. *lignatum*), außer im zitierten Ar. fr. 417 [*Holkades*] (ἐπεὶ δ' ἐγενόμην οἷπερ ᾗ' ἐπὶ ξύλα), sonst nur in Thuc. IV 13,1 (καὶ τῇ τρίτῃ ἐπὶ ξύλα ἐς μηχανὰς παρέπεμψαν τῶν νεῶν τινὰς ἐς Ἀσίνην) und Xen. Cyrop. VI 3,9 (οἱ δὲ προεληλυθότες ἐπὶ χιλόν, οἱ δ' ἐπὶ ξύλα, παρελθόντες τὰς προφυλακάς). Aus dem *Holkades*-Fragment wurde oft auf das Vorhandensein eines Holzmarktes in Athen geschlossen – in Analogie zu einer falschen Interpretation etwa von Eup. fr. 327,2 (ἐς τὰ σκόροδα καὶ τὰ κρόμμυα) als *zum Knoblauch- bzw. Zwiebelmarkt* (vgl. aber jetzt Olson 2014, z. St.), der Vers ließe sich allerdings eher als „Since I was in the place I was going after wood" wiedergeben (Olson 1991, 418–9); der *Kohlenhändler* figuriert in jedem Fall als Beruf am Anfang des 4. Jhs. v. Chr. (Philyll. fr. 13 [*Poleis*] ἀνθρακοπώλης, κοσκινοποιός, κηπεύς, κουρεύς ⏑⏑– –).

fr. 611 K.–A. (220,2 K.)

εἰς οἷ' ἀνάλουν οἱ πρὸ τοῦ τὰ χρήματα

ἀνήλουν van Herwerden

für welche Dinge die von damals ihr Geld ausgaben

Sud. α 1940
ἀναλίσκειν. αἰτιατικῇ. καὶ ἀναλοῦν, ἑκατέρως. Ἀριστοφάνης Πλούτῳ· (Ar. Plut. 248). Δαιταλεῦσιν· (Ar. fr. 230 [*Daitalēs*]). ἐν δὲ τῷ παρεληλυθότι καὶ διὰ τοῦ η ἀδιαφόρως, οἷον ἀνήλισκον καὶ ἀνάλισκον. καὶ αὖθις· ——

analiskein (‚ausgeben'). Transitiv. Auch *analoun*, auf beiderlei Weise [d. h. transitiv und intransitiv]. Aristophanes im *Plutos*: (Ar. Plut. 248). In den *Daitalēs*: (Ar. fr. 230 [*Daitalēs*]). Und in der Vergangenheitsform [d. h. im Impf.] auch mit dem *ē* unterschiedslos, wie etwa *anēliskon* und *analiskon*. Und wiederum: ——

Metrum Iambischer Trimeter:

––⏑– –|–⏑– ⏑–⏑–

Zitatkontext Das Interesse für die Alternativformen ἀναλίσκειν und ἀναλοῦν, bisweilen einschließlich der augmentierten und augmentlosen Vergangenheitsformen, läßt sich in der wohl auf Ailios Dionysios und Oros zurückzuführenden attizistisch orientierten Lexikographie gut belegen (vgl. Or. fr. A 5 Alp. ἀνάλωσε καὶ ἀνήλωσεν, ἑκατέρως λέγεται, mit Alpers 1981, z. St., Zonar. p. 201,27 καὶ ἀναλοῦν καὶ ἀναλῶν, Phot. α 1544 ἀναλίσκειν καὶ ἀναλοῦν ἑκατέρως. καὶ ἀναλῶν Ἀριστοφάνης Πλούτῳ [Ar. Plut. 248]. ἐν δὲ τῷ παρεληλυθότι καὶ διὰ τοῦ η, οἷον ἀνήλισκον, καὶ ‹διὰ τοῦ α, οἷον› [add. Reitzenstein] ἀνάλισκον καὶ ἀνάλουν; vgl. auch Phot. α 1545 = Sud. α 1946 [= Ael. D. α 121 Erbse]) ἀναλοῦντες· ἀντὶ τοῦ ἀναιροῦντες. Θουκυδίδης [Thuc. IV 48,3]. καὶ ἀναλῶν καὶ ἀναλοῦν· τὸ ἀναιρεῖν [II 24,1]. καὶ ἀνάλωμα ὁ αὐτός [I 99,3] [κ. ἀν. ὁ αὐ. om. Sud.]; vgl. auch Moer. α 44 Hansen ἀνηλωμένα Ἀττικοί· ἀναλωμένα Ἕλληνες).

Zwei weitere Aristophanes-Stellen werden für dieselbe Verbform herangezogen: Ar. Plut. 247–8 (χαίρω τε γὰρ φειδόμενος ὡς οὐδεὶς ἀνὴρ / πάλιν τ' ἀναλῶν, ἡνίκ' ἂν τούτου δέῃ) und fr. 230 [*Daitalēs*] (εἰς τὰς τριήρεις δεῖ μ' ἀναλοῦν ταῦτα καὶ τὰ τείχη, mit Cassio 1977, 70–2).

Textgestalt Das tradierte ἀνάλουν wurde von van Herwerden 1886, 169–70 unnötig in ἀνήλουν geändert (vgl. hier unten, zu εἰς – ἀνάλουν).

Interpretation Jemand scheint die Gewissenhaftigkeit in den Ausgaben öffentlicher Gelder bei früheren Politikergenerationen zu preisen. Ein Bezug zum beim Zitatträger kurz davor angeführten Ar. fr. 230 [*Daitalēs*] (vgl. hier oben, Zitatkontext) ist gewiß möglich: dort behauptet der Sprecher (Perikles?), er müsse Geld für *Kriegsschiffe* und *Mauern* – damit sind die Langen Mauern gemeint – *ausgeben*, d. h. wohl zum Schutz der attischen Bevölkerung während des Archidamischen Kriegs (vgl. Cassio 1977, 71).

Für eine direkte Verbindung beider Fragmente als Sequenz von 4ia, mit dem fehlenden letzten Metrum in v. 2 (fr. 611), plädierte zunächst Porson 1820, 242, gefolgt von Bergk in Meineke II.2 1040 und Bergk 1838, 427, der beide Verse als einziges Fr. druckt, dabei jedoch in v. 1 (fr. 230) δεῖ μ' in δεῖν im att. Sinne von δέον ändern möchte und das Ganze so deutet: „Hoc autem conqueritur senex, quod Athenienses temere profundant opes publicas, quibus, si maiorum exempla sequi vellent, muri restituendi et naves comparandae essent“ (vgl. auch Fritzsche 1831, 78–9). Beide Verse könnten allerdings genauso gut als getrennte Belege für dieselbe Verbform herangezogen worden sein (so bereits Roetter 1888, 43 A. 31: „ac seiungendos hos versus esse, quos ad unum fragmentum (220 K.) conflavere homines doctissimi, mihi persuasi“), zumal eine Verbindung der Fragmente nicht irrelevante Eingriffe in den Text des einen oder des anderen Fr. zur Folge hätte (Kaibel in Kassel–Austin z. St.: „sic scribendum κεἰς οἷα“; Kock I 447–8: „si ad unam sententiam haec coniuncta fuerunt, eicienda censeo τὰ τείχη, ut duo sint trimetri. nam post τὰς τριήρεις καὶ τὰ τείχη non εἰς οἷα, sed εἰς ἃ intulisset“). In diesem wahrscheinlicheren Fall verbietet sich jegliche tiefere Deutung des Fragments, außer daß der Kontext kaum einer öffentlich-politischen Dimension fremd ist. Auch eine Zugehörigkeit zu den *Daitalēs* erscheint alles andere als zwingend (vgl. die in Kassel–Austin z. St. angeführten Fälle, in denen beim Zitatträger ein καὶ αὖθις mit Sicherheit nicht eine Stelle aus derselben Komödie einleitet wie die unmittelbar davor zitierte; vgl. auch Cassio 1977, 71).

Das hier erkennbare Motiv der *laudatio temporis acti* ist in der Archaia in verschiedenen Zusammenhängen – u. a. in Unterweltsszenen – allgegenwärtig. Speziell die moralische Integrität der älteren Generationen wird in Ar. Equ. 573–4 (καὶ στρατηγὸς οὐδ' ἂν εἷς / τῶν πρὸ τοῦ σίτησιν ᾔτησ' ἐρόμενος Κλεαίνετον; auch hier sind *die Alten* οἱ πρὸ τοῦ) und Eup. fr. 219 [*Poleis*] (οὓς δ' οὐκ ἂν εἵλεσθ' οὐδ' ἂν οἰνόπτας πρὸ τοῦ, / νυνὶ στρατηγοὺς —⏑. ὦ πόλις, πόλις, / ὡς εὐτυχὴς εἶ μᾶλλον ἢ καλῶς φρονεῖς, wo die heutigen Generäle *früher* nicht einmal zum anspruchslosen Amt von Weinkontrolleuren ausgewählt worden wären) hervorgehoben.

εἰς – ἀνάλουν Das Verb ist ἀναλίσκειν (bezeugt ist auch die alternative Form ἀναλοῦν, u. a. im direkt vor dem Fr. zitierten Ar. Plut. 248 sowie in Arar. fr. 10 [*Kampyliōn*], als Glosse in Antiatt. p. 83,16 angeführt). Augmentlose Formen sind nur literarisch bezeugt (*pace* Meisterhans–Schwyzer 1900, 173: „Augmentlose Formen (ἀνάλωσα) kommen nicht vor“; ἀνάλωσα bzw. ἀναλώσαμεν ist aber in IG XII.7 22,16 aus Amorgos und IG XI.2 161A,114 aus Delos, beide aus dem 3. Jh. v. Chr., bezeugt; vgl. auch Lautensach 1899, 30). Die Konstruktion mit εἰς im Sinne von *für etwas* (*Geld*) *ausgeben* ist sonst in der att. Prosa belegt (Thuc. VII 83, Plat. Phaed. 78a, Rep. 561a; auch mit πρός, z. B. Dem. 3,19).

οἱ πρὸ τοῦ Der adv. Gebrauch im temporalen Sinn (gelegentlich auch als προτοῦ) ist gewöhnlich in Prosa und Dichtung der klass. Zeit (außer der Komödie – Ar. Equ. 1339, Nub. 5. 654. 913. 1291, Vesp. 231. 268, Pac. 349. 402. 690. 1199. 1314, Av. 199, Thesm. 398. 410. 418. 424, Ran. 977, Eccl. 221–8. 300, Plut. 95. 1005. 1006, Eup. fr. 219,1 [*Poleis*] – vgl. etwa Aesch. Ag. 1204,

Eur. Andr. 734 und in der Prosa Hdt. I 114,1, Thuc. I 118,2, Plat. Phaed. 96c.); spezifisch in bezug auf *die Generation von damals* in der Komödie etwa Ar. Equ. 573–4 (vgl. hier oben, Interpretation); ebenfalls bezogen auf eine bessere Vergangenheit sind Ran. 732–3 (οἷσιν ἡ πόλις πρὸ τοῦ / οὐδὲ φαρμακοῖσιν εἰκῇ ῥᾳδίως ἐχρήσατ' ἄν) und Cratin. fr. 256,1 [*Cheirōnes*] (μακάριος ἦν ὁ πρὸ τοῦ βίος βροτοῖσιν).

fr. 612 K.–A. (595 K.)

λάβραξ ὁ πάντων ἰχθύων σοφώτατος

der Wolfsbarsch ist von allen Fischen der Klügste

Athen. VII 310f
λέγεται δὲ ὅτι καὶ συνέσει τῶν ἄλλων ἰχθύων διαφέρει, ἐπινοητικὸς ὢν τοῦ διασῴζειν ἑαυτόν. διὸ καὶ ὁ κωμῳδιοποιὸς Ἀριστοφάνης φησί· ——

Und man sagt, daß er (d. h. der Wolfsbarsch) auch in der Klugheit sich von den anderen Fischen unterscheidet, da er bei der eigenen Rettung erfindungsreich ist. Darum sagt der Komödiendichter Aristophanes ——

Metrum Iambischer Trimeter:
⏑–⏑– –|–⏑– ⏑–⏑–

Zitatkontext Im Rahmen eines alphabetischen Katalogs von Fischen (Athen. VII 277b–330c) findet sich das Zitat im Abschnitt über die Fischart der λάβρακες (der *dicentrarchus labrax* ist der ‚Wolfsbarsch'; vgl. ngr. λαβράκι), wofür sich Athenaios (VII 310d) auf Aristoteles beruft (Aristot. fr. 218 Gigon = fr. 322 Rose und Hist. anim. 543b 3; vgl. auch, in einer etwas widersprüchlichen Darstellung, 543a); nach einem etymologisierenden Erklärungsversuch (der Name stamme von λαβρότης ‚Gefräßigkeit'; nach Frisk GEW, s. v. λάβρος wohl die richtige Etymologie; vgl. auch Strömberg 1943, 34–5) dient das hierfür einzig herangezogene Fragment dazu, den Ruf der Klugheit der Wolfsbärsche zu illustrieren.

Interpretation Wir kennen weder den Kontext, in dem diese Behauptung gemacht wird, noch den Sprecher, der sie vorbringt. Inhaltlich (es geht um Weisheit, bezogen auf Fische) und formal (Superlativ von σοφός, wenn auch mit unterschiedlichen Nuancierungen; Gen. partit. πάντων) steht am nächsten Archipp. fr. 15 [*Ichthyes*] ([A.] τί λέγεις σύ; μάντεις εἰσὶ γὰρ θαλάττιοι; / [B.] γαλεοί γε, πάντων μάντεων σοφώτατοι), wo in einem Dialog zwischen einem

Menschen (A.) und einem Fisch (B.) die *galeoi* (wohl ‚Haifische‘) als *die weisesten von allen Wahrsagern* bezeichnet werden (vgl. Storey 2003, 182 A. 6: „Ar. fr. 612 mentions the *labrax* in terms that sound so like those of Archippus that one wonders if the attribution to Aristophanes (Athenaios 310F) is secure“).

Bezüglich der Klugheit des Wolfsbarsches ist in der antiken Literatur v.a. von den Tricks die Rede, mit denen er sich aus Gefahrsituationen herauszuziehen vermag (Plut. De soll. anim. 977f, Opp. III 121–5, Ps.-Ov. Hal. 23–6, Plin. Nat. hist. XXXII 11; zu den Eigenschaften des *labrax* vgl. Keller 1913, 353. 371 und Thompson 1947, 140–2).

Sowohl eine vermeintliche tragische Färbung des Verses als auch die Annahme, Labrax sei doch mit einer Rollenfigur (einem Kuppler) zu identifizieren, erscheinen als unbegründet (so hingegen Kaibel in Kassel–Austin z. St.: „tragici coloris verba, fort. Λάβραξ aliquis leno loquitur similiter ludens atque Archippus fr. 15 K. γαλεοί γε πάντων μάντεων σοφώτατοι“).

Das Adj. σοφός deckt eine Palette von Bedeutungen, die von praktischer Klugheit bzw. technischer Fertigkeit (u. a. in der Dichtkunst) bis zur philosophisch gemeinten Weisheit reicht, einschließlich der sarkastischen Nuancen, mit denen jede der möglichen Bedeutungen in der Komödie beladen werden kann (vgl. Dover 1993, 12–3 und Bagordo 2000, 191–2).

fr. 613 K.–A. (596 K.)

ἡδύς τε πίνειν οἶνος, Ἀφροδίτης γάλα

τε ACE: γε Porson, Kock   ᾦνος Headlam

und süß zu trinken (ist) (der) Wein, Aphrodites Milch

Athen. X 444d
καλῶς οὖν ἄρα καὶ Ἀριστοφάνης Ἀφροδίτης γάλα τὸν οἶνον ἔφη, εἰπών (καὶ Ἀρ. φησίν CE)· ——, ὃν πολὺν σπῶντες ἔνιοι παρανόμων ἀφροδισίων ὄρεξιν λαμβάνουσιν

Durchaus zu Recht hat also Aristophanes den Wein ‚Aphrodites Milch‘ genannt, indem er sagte: ——, denn manche, die davon viel getrunken haben, bekommen die Gier nach unerlaubten Liebesaffären

Metrum Iambischer Trimeter:
——∪— —|—∪|∪∪ ——∪—

Zitatkontext In einer längeren Sektion, in der der Weingenuß in seinen verschiedenen Aspekten betrachtet wird (Athen. X 426d–448b: u. a. Mischungsverhältnisse, symposiale Sitten, Folgen der Trunkenheit und Lob der spartanischen Nüchternheit, Katalog bedeutender Weintrinker), findet sich das Zitat im Zusammenhang mit der Mißbilligung der Trunksucht, die als etwas Übles verurteilt wird, das unangenehme Folgen haben und unanständige Verhaltensweisen verursachen kann (443c–445b, mit Heranziehen u. a. von Komikerzitaten, die Aristophanes' Fragment unmittelbar vorausgehen: Alex. fr. 113 [*Kouris*], fr. 169 [*Opōra*], fr. 44 [*Daktylios*], fr. 82 [*Epitropos*], Crobyl. fr. 3 [*Apoleipousa*], Antiphan. fr. 42 [*Arkas*], fr. 19 [*Aiolos*]). Hiervon hängen Eust. in Od. p. 1624,17 (ὁ δὲ Ἀφροδίτης γάλα τὸν οἶνον εἰπὼν ἐκωμικεύσατο. καὶ οὐδὲ ἐσέμνυνε τὸ ποτὸν, ὅτι μηδὲ θεῖον τὸ Ἀφροδίσιον) und Phot. α 3399 (Ἀφροδίτης γάλα· τὸν οἶνον ὁ αὐτὸς [d. h. Aristophanes] εἴρηκεν) ab.

Textgestalt Die Emendierung in γε vom tradierten τε (Porson 1812, 120) ist zwar akzeptabel (vgl. Denniston 1954², 127) aber nicht nötig; anhand von Eur. Cycl. 560 hat Headlam 1896, 438 ᾧνος (= ὁ οἶνος) mit Vorsicht vorgeschlagen.

Interpretation Die Syntax muß offen bleiben. Obwohl der Zitatträger das Fragment als weiteres Indiz für die negativen Effekte des Weins anführt (vgl. hier oben, Zitatkontext), muß der Tenor des Verses in seinem ursprünglichen Kontext nicht unbedingt negativ gewesen sein. Die Verbindung *Wein* und *Liebe*, wobei letztere häufig als Folge des ersteren angesehen wird (vgl. Pitte 2009, 90), ist ein konventionelles Motiv – in der griechischen Kultur so alt wie ihr frühestes schriftliches Zeugnis (der Nestorbecher, CEG I 454, um 720 v. Chr.: ‚ich bin der Becher Nestors, aus dem es sich gut trinken läßt, und wer immer aus diesem Becher trinkt, den wird sogleich das Verlangen nach Aphrodite mit der schönen Krone ergreifen'), später v.a. in der archaischen Lyrik vertreten (vgl. Lambin 1992, 242 und Bagordo 2003, 59–60). Eine ‚wissenschaftliche' Erklärung für dieses Phänomen bietet Aristot. Probl. 935b 28 (ὁ οἶνός ἐστιν ὁ ἀφρός· τὸ μὲν γὰρ ἔλαιον θερμὸν ὂν οὐ ποιεῖ ἀφρόν, ὁ δὲ οἶνος πολύν, καὶ μᾶλλον ὁ μέλας τοῦ λευκοῦ, ὅτι θερμότερος καὶ σωματωδέστερος. καὶ διὰ τοῦτο ὅ τε οἶνος ἀφροδισιαστικοὺς ἀπεργάζεται, καὶ ὀρθῶς Διόνυσος καὶ Ἀφροδίτη λέγονται μετ' ἀλλήλων εἶναι; vgl. Battistini 2007, 186–90). Ein symposialer Hintergrund ist auch für diesen Vers denkbar: ob das Symposion erlebt oder nur imaginiert sei, bleibe dahingestellt.

Ausgerechnet der erwähnte Nestorbecher scheint inhaltlich – in der hergestellten Kausalität zwischen Weintrinken und erotischem Verlangen – wohl das nächste Pendant zum aristophanischen Vers zu sein. Weitere Parallelen sind Anacreont. 49–58 (τοῦ Διὸς ὁ παῖς ὁ Βάκχος [...] ἔχω δέ τι καὶ τερπνόν / ὁ τᾶς μέθας ἐραστάς [...] τέρπει με κἀφροδίτα) und Eur. Bacch. 773–4 (οἴνου δὲ μηκέτ' ὄντος οὐκ ἔστιν / Κύπρις οὐδ' ἄλλο τερπνὸν οὐδὲν ἀνθρώποις ἔτι). Syntaktisch ist Ἀφροδίτης γάλα nicht als Subjekt eines Prädikats ἡδύς [...] οἶνος (so Kock I 543), sondern als Apposition zu verstehen (Headlam 1896, 438). Headlams Wiedergabe („*'Excellent wine! milk of Aphrodite!'* an hyperbole") scheint jedoch die durch die Metapher – nicht durch die Hyperbole – ausgelöste Pointe zu verfehlen: der Weingenuß ist hier nicht *an sich* süß und angenehm, sondern *weil* er zum erotischen Vergnügen führt.

ἡδύς τε πίνειν οἶνος Diese Konstruktion auch in Alex. fr. 276 (Λεσβίου ‹δὲ› πώματος / οὐκ ἔστιν ἄλλος οἶνος ἡδίων πιεῖν, mit Arnott 1996, z. St.: „the adjective [...] governs an infinitive which limits the meaning to one particular action", mit Stellen und weiterer Lit.). Die Süße ist ein traditionelles Attribut des Weins (vgl. etwa Hom. γ 51 δέπας ἡδέος οἴνου, ι 196–7 μέλανος οἴνοιο, / ἡδέος, 210 ὀδμὴ δ' ἡδεῖα ἀπὸ κρητῆρος ὀδώδει, Alc. fr. 338,6–7 V. πῦρ ἐν δὲ κέρναις οἶνον ἀφειδέως / μέλιχρον, Anacr. PMG 383 οἰνοχόει δ' ἀμφίπολος μελιχρὸν / οἶνον τρικύαθον κελέβην ἔχουσα, Anacreont. fr. 47,9 W. μελιχρὸν οἶνον ἡδύν, in der Komödie Telecl. fr. 27,1–2 [*Prytaneis*] καὶ μελιχρὸν οἶνον ἕλκειν / ἐξ ἡδύπνου λεπαστῆς, mit Bagordo 2013, z. St., Ar. Lys. 206 καὶ μὰν ποτόδδει γ' ἀδὺ ναὶ τὸν Κάστορα, Ran. 511 κῷνον ἀνεκεράννυ γλυκύτατον, Alex. fr. 172,3–4 [*Orchēstris*], Polyz. fr. 13), wobei sich beim Adj. μελιχρός eigentlich um den durch Zusatz von Honig künstlich versüßten Wein handelt (vgl. Pütz 2007², 159: „The sweetness of a wine was increased artificially by adding rose-unguent, placing dough sweetened with honey into the wine-jar [...] or by mixing the liquid directly with honey").

Die *Süße* gehört natürlich auch zu den Standard-Epitheta der erotischen Angelegenheiten und wird in diesem Fragment gewissermaßen *apo koinou* eingesetzt: *süß* ist der Wein und die sich daraus ergebende Liebe.

Ἀφροδίτης γάλα Appositiv (vgl. hier oben, Interpretation). Das Bild erinnert an Ausdrücke wie ‚Liebfrauenmilch' (Steiger 1888, 53), *the Popes' eye* oder *Lagrima Cristi* (Headlam 1896, 438). Formal ähnliche Junkturen sind in der Komödie ὀρνίθων γάλα (vgl. Ar. Vesp. 508, Av. 734. 1673) und κωλακρέτου γάλα (Vesp. 724, ein Komödienwitz: die *kōlakretai* waren Vorsteher der städtischen Hauptkasse in Athen), die ebenfalls metaphorisch verwendet werden (Stellen bei Kassel–Austin z. St.).

fr. 614 K.–A. (597 K.)

πικρότατον οἶνον τήμερον πίῃ τάχα

πίῃ Musurus: πιῇ CE, Eust., Lex. Herm., An. Par.: πιεῖ A

bittersten Wein wirst du bald trinken, heute noch

Athen. X 446de
πίομαι δὲ ἄνευ τοῦ υ λεκτέον, ἐκτείνοντας δὲ τὸ ι. οὕτω γὰρ ἔχει καὶ τὸ Ὁμηρικόν (Hom. N 493)· „πιόμεν' ἐκ βοτάνης". καὶ Ἀριστοφάνης Ἱππεῦσιν (Ar. Equ. 1289)· „οὔποτ' ἐκ ταὐτοῦ μεθ' ἡμῶν πίεται ποτηρίου". καὶ ἐν ἄλλοις· —— {ὡς ἀπὸ τοῦ πιοῦμαι}. ἐνίοτε δὲ καὶ συστέλλουσι τὸ ι

Und *piomai* (‚ich werde trinken') muß ohne das *y* gesagt werden, dafür mit verlängertem *i*. So verhält sich nämlich auch der homerische Ausdruck (Hom. N 493): „um trinken zu gehen (*piomen*), zurück aus der Weide". Und Aristophanes in den *Rittern* (Ar. Equ. 1289): „niemals wird mit uns aus derselben Schale trinken (*pietai*)". Und an einer anderen Stelle: —— {wie aus *pioumai*}. Und bisweilen wird das *i* kurz ausgesprochen

Metrum Iambischer Trimeter:
⏑⏕⏑– –|–⏑– ––⏑–

Zitatkontext Innerhalb einer Sektion über den Weinkonsum (Athen. X 426d–448b) gehört das Zitat zu einer Diskussion über einige Flexionsformen des Verbs πίνειν (445f–446f) und noch spezieller zu prosodischen Fragen um die futur. Form πίομαι (die vom sog. Dorischen Futur πιοῦμαι unterschieden werden soll); hierfür werden auch Plat. fr. 9 [*Hai aph' hierōn*] und fr. 179 [*Syrphax*] angeführt. Die Worte καὶ ἐν ἄλλοις wurden von Maas 1922, 180 (= Kl. Schr. 192) getilgt. Auf den epitomierten Athenaios (Athen. epit. X 446de [CE] εὕρηται δὲ καὶ τὸ πιοῦμαι, ὡς Ἀριστοφάνης· „πικρότατον οἶνον τήμερον πιῇ". ἐνίοτε δὲ καὶ συστέλλουσι τὸ ι) sind Eust. in Il. p. 1253,50 (ἔτι ἰστέον καὶ ὅτι οὐ μόνον πίω καὶ πίομαι, ἀλλὰ καὶ πιοῦμαι, Ἀριστοφάνης „πικρότατον οἶνον τήμερον πιῇ") und Lex. Herm. 12 p. 321 = An. Par. IV p. 246,6 (τὸ πίομαι ἄνευ τοῦ υ λεκτέον, ἐκτείνοντας τὸ ι. εὕρηται δὲ καὶ τὸ πιοῦμαι παρ' Ἀριστοφάνει, πικρότατον οἶνον τήμερον πιῇ, καὶ παρὰ Συνεσίῳ, ταχὺ τὸ κώνειον πιεῖται) zurückzuführen.

Textgestalt Vgl. Kassel–Austin z. St.: „τάχα non Athenaei sed poetae esse, verba ὡς ἀπὸ τοῦ πιοῦμαι glossatori prava scriptura πιεῖ decepto vidit Dindorf".

Interpretation Der sich wie eine Drohung anhörende Satz reproduziert eine Formulierung – vielleicht aus der Alltagsrede geschöpft –, deren Grundelemente das Adj. πικρός (gewöhnlich in Superlativform), ein futurisches Verb (oft ὄψομαι) und das Adv. τάχα sind. Einen unmittelbaren Vergleich – es geht ebenfalls um Wein – bietet Eur. Cycl. 589 (οἴμοι, πικρότατον οἶνον ὄψομαι τάχα, mit Seaford 1984, z. St.): so reagiert Silenos auf die Absicht des betrunkenen Polyphem, ihn wie einen Ganymedes zu verführen; vgl. auch Ar. Av. 1045 (πικροὺς ἐγώ σοι τήμερον δείξω νόμους), 1468 (πικρὰν τάχ' ὄψει στρεψοδικοπανουργίαν) und Thesm. 853–4 (πικρὰν Ἑλένην ὄψει τάχ', εἰ μὴ κοσμίως / ἕξεις, ἕως ἂν τῶν πρυτάνεών τις φανῇ). Ein Prototyp für diese Ausdrücke läßt sich wohl in Hom. ρ 448 (μὴ τάχα πικρὴν Αἴγυπτον καὶ Κύπρον ἴδηαι), ebenfalls einer Drohung, erkennen.

Es ist zu vermuten, daß der Adressat des Satzes gerade von Wein gesprochen und sich womöglich auf einen angenehmen Augenblick gefreut hatte, als er vom drohenden Gesprächspartner brüskiert wird.

πικρότατον οἶνον Diese Junktur auch im zitierten Eur. Cycl. 589. πικρός ‚scharf', ‚bitter', ‚schmerzhaft' ist nicht als Antonym von γλυκύς ‚süß' zur Bezeichnung des Geschmacks zu verstehen, sondern im übertragenen Sinne von *tuo damno* (vgl. van Leeuwen 1902, zu Ar. Av. 1045: „Ad *saporem* indicandum eo non utitur, τῷ γλυκεῖ opponens τὸ δριμύ, *acerbum*, *acre*", mit Verweis auf Ar. Pac. 248, Equ. 808).

τήμερον Dieses Adv. (att. für σήμερον) begleitet nicht selten in der Komödie Androhungen von körperlicher Gewalt (vgl. etwa Ar. Equ. 68 εἰ μή μ' ἀναπείσετ', ἀποθανεῖσθε τήμερον, Vesp. 643 ἦ μὴν ἐγώ σε τήμερον σκύτη βλέπειν ποιήσω, 941 τοῦτον δέ γ' οἴμ' ἐγὼ χεσεῖσθαι τήμερον, Pac. 243 ὡς ἀπολεῖσθε τήμερον, Av. 1464–5 πτερῶ μὲν οὖν, / οἷσί σε ποιήσω τήμερον βεμβικιᾶν, Thesm. 181–2 μέλλουσί μ' αἱ γυναῖκες ἀπολεῖν τήμερον / τοῖς Θεσμοφορίοις, ὅτι κακῶς αὐτὰς λέγω, Cratin. fr. 129 [*Nomoi*] οὐκ ἀπερρήσεις σὺ θᾶττον; ἀποτιλῶ σε τήμερον, Men. Dysc. 424 ἐγώ σε χορτάσω κατὰ τρόπον τήμερον).

πίῃ τάχα Die Prosodie der Futurformen von πίνειν ist variabel in der Länge des ι, wie der Zitatträger selbst bezeugt (vgl. hier oben, Zitatkontext), der allerdings dieses Fragment ausgerechnet für ein verlängertes ι heranzieht (kurz gemessen ist es hingegen in Amips. fr. 21,2, mit Orth 2013, z. St., Epicr. fr. 3,17 [*Antilais*] und Epig. fr. 4,4 [*Hērōinē*]; vgl. Schulze 1892, 359–60). Für τάχα + Fut. vgl. für die Komödie etwa Ar. Ach. 332, Thesm. 66. 853, Vesp. 453, Eccl. 933, Cratin. fr. 131 [*Nomoi*], fr. 151,2 [*Odyssēs*].

fr. 615 K.–A. (598 K.)

τὸ δ' αἷμα λέλαφας τοὐμόν, ὦναξ δέσποτα

δ' αἷμα A: δέμα E: δέμας C: δέπας Eust.

und mein eigenes Blut hast du geschlürft, o mächtiger Herr

Athen. XI 485a
ἀφ' ἧς ἔστι λάψαι, τουτέστιν ἀθρόως πιεῖν, κατεναντίον τῷ λεγομένῳ βομβυλιῷ. φησὶν γάρ που ὁ αὐτός· ––, οἷον ἄθρουν μ' ἐξέπιες

Von der (d.h. der *lepastē*) stammt das Verb *lapsai* (‚schlürfen'), das heißt ‚in einem Schluck trinken', genau das Gegenteil zum Trinken aus dem *bombylios* genannten Krug. Derselbe (d.h. Aristophanes) sagt nämlich irgendwo: ––, das heißt ‚du hast mich auf einmal ausgesogen'

Metrum Iambischer Trimeter:
⏑–⏑⏖ –|–⏑– ––⏑–

Zitatkontext Anlaß zum Zitat bietet ein etymologischer Versuch des Athenaios, aus dem gerade behandelten Wort λεπαστή ‚muschelförmiger Krug' (gebraucht im direkt davor zitierten Ar. Pac. 916 τί δῆτ', ἐπειδὰν ἐκπίῃς οἴνου νέου λεπαστήν;) das Verb λάπτειν abzuleiten (kurz davor hatte er die λεπαστή mit den λαφύκται ‚Schlemmer' etymologisiert; Fakt ist, daß λάπτειν und das expressive λαφύσσειν ‚einschlürfen', ‚gierig verschlucken' korradikal sind, während λεπαστή eine ganz andere Etymologie hat). Auf den (epitomierten) Athenaios geht Eust. in Il. p. 1246,37 (οἱ δὲ ταῦτα παραδόντες προφέρουσι καὶ παρακείμενον τοῦ λάπτω λάψω, οἷον „τὸ δέπας λέλαφας τοὐμὸν ὦναξ δέσποτα", ἤγουν ἄθρουν ἐξέπιες) zurück; das Verhältnis zur weiteren lexikographischen Tradition um das Verb läßt sich nicht bestimmen (Phot. λ 181 = Hsch. λ 596 λέλαφας· πέπωκας; vgl. auch Phot. λ 169 λελάφασιν· οἷον πεπώκασιν).

Interpretation Jemand wirft einer anderen Person vor, ihn ausgenutzt bzw. ihm unerträgliche Leiden zugefügt zu haben. Die Anrede legt nahe, daß sich hier jemand an einen Gott wendet (vgl. hier unten, zu ὦναξ δέσποτα), auch wenn sich ein anderes Subordinatiosverhältnis (etwa der Sklave zu seinem Herren) von vornherein nicht ausschließen läßt.

Das hyperbolische Motiv des *Blutsaugens* als Metapher für das Ausnutzen und Verursachen von Leiden ist mehrfach bezeugt (vgl. Dorati 1993, 73–4 und Napolitano 1996, 72–3, wichtig auch für das damit verwandte, bereits in Hom.

Δ 34–6. Χ 346–7. Ω 212–3 belegte anthropophagische Motiv): Theogn. 347–9 (ἐγὼ δὲ κύων ἐπέρησα χαράδρην / χειμάρρῳ ποταμῷ πάντ' ἀποσεισάμενος· / τῶν εἴη μέλαν αἷμα πιεῖν, wo der sich mit einem Hund identifizierende Theognis sich das Bluttrinken als die schrecklichste Rache an seinen Feinden wünscht), Aesch. Cho. 577–8 (φόνου δ' Ἐρινὺς οὐχ ὑπεσπανισμένη / ἄκρατον αἷμα πίεται τρίτην πόσιν), Soph. El. 785–6 (τοὐμὸν ἐκπίνουσ' ἀεὶ / ψυχῆς ἄκρατον αἷμα), Trach. 1055–6 (ἐκ δὲ χλωρὸν αἷμά μου / πέπωκεν ἤδη), Eur. fr. 687,1–2 Kn. (πίμπρη, κάταιθε σάρκας, ἐμπλήσθητί μου / πίνων κελαινὸν αἷμα· πρόσθε γὰρ κάτω: es spricht Herakles, der diese wohl sakrifikale Praxis – darauf weist das angedeutete Kochen des Fleisches – von seinem Dienstherren Sileus in einem Adynaton zu erleiden verlangt), Herond. 5,6–7 (Βίτιννα, δοῦλός εἰμι· χρῶ ὅτι βούλῃ ‹μοι› / καὶ μὴ τό μευ αἷμα νύκτα κἠμέρην π̣[ΐ]νε, mit Headlam 1922, z. St.; vgl. auch Pfeiffer 1949, zu Callim. fr. 523 Pf. τὸ δ' ἐκ μέλαν εἶαρ ἔδαπτεν; Plaut. Bacch. 372 und Hor. AP 476); es kann auch die Person selbst oder deren Seele leergetrunken werden: so etwa in Soph. Ant. 531–2 (σὺ δ', ἣ κατ' οἴκους ὡς ἔχιδν' ὑφειμένη / λήθουσά μ' ἐξέπινες) und Ar. Nub. 712 (καὶ τὴν ψυχὴν ἐκπίνουσιν, mit van Leeuwen 1898, z. St.).

Ob die Tragikerbelege für das Bild des Bluttrinkens eine tragische Färbung des Verses suggerieren (so Kaibel in Kassel–Austin z. St.: „tragice loquitur eo sensu quo Soph. Ant. 531"), bleibe dahingestellt: Stellen wie die des Herondas würden eher für einen volkstümlichen, ja kolloquialen Charakter des Motivs plädieren lassen; gegen eine hochsprachliche Ebene spricht vielleicht auch das Verb λάπτειν (vgl. hier unten, zum Wort).

λέλαφας Zu dieser Perfektform vgl. Willi 2003, 249. Bezeugt ist das onomatopoetische Verb λάπτειν (vgl. Tichy 1983, 113–4) in der Komödie sonst nur in dem bei demselben Zitatträger kurz danach (Athen. XI 485d) zitierten Pher. fr. 101 [*Krapataloi*] (τῶν θεατῶν δ' ὅστις δίψῃ λεπαστὴν λαψαμένος μεστὴν ἐκκαρυβδίσαι; Versmaß verschiedentlich restituiert; zur Medialform vgl. Rehrenböck 1985, 113) und in Xenarch. fr. 9 [*Porphyra*] (μὰ τὸν Διόνυσον, ‹ὃν› σὺ λάπτεις ἴσον ἴσῳ, wo das tradierte κάπτεις emendiert wurde); vgl. auch Ar. Ach. 1229 (καὶ πρός γ' ἄκρατον ἐγχέας ἄμυστιν ἐξέλαψα, vom Herunterschlucken ungemischten Weins), Pac. 884–5 (ἀλλ', ὦ μέλε, / τὸν ζωμὸν αὐτῆς προσπεσὼν ἐκλάψεται, wo das Schlürfen der Brühe auf die von Ariphrades bevorzugte Praktik des *cunnilinctus* anspielt), Anaxil. fr. 18,4 [*Lyropoios*] (ᾧ' ἐκλάπτων) sowie Nub. 810/1–2 (γνοὺς ἀπολάψεις ὅτι πλεῖστον δύνασαι / ταχέως). Im frühesten Beleg ist das Verb in einem Gleichnis gebraucht, in dem blutverschmierte Wölfe nach ihrem blutrünstigen Mahl den Durst mit Quellwasser stillen: Hom. Π 159–62 (πᾶσιν δὲ [d. h. den Wölfen] παρήϊον αἵματι φοινόν· / καί τ' ἀγεληδὸν ἴασιν ἀπὸ κρήνης μελανύδρου / λάψοντες γλώσσῃσιν ἀραιῇσιν μέλαν ὕδωρ / ἄκρον ἐρευγόμενοι φόνον αἵματος); darin und in schol. Ar. Nub. 811 (ἀπὸ τῶν κυνῶν ἡ μεταφορὰ καὶ ὅσα λάπτοντα πίνει; so auch Sud. α 3379) wurde auch der Ursprung für den metaphorischen Gebrauch des Verbs erkannt (Taillardat 1965², § 155, der es u. a. mit κάπτειν und χορτάζεσθαι vergleicht).

ὦναξ δέσποτα Bei Aristophanes wird diese Anrede fast nur für Gottheiten verwendet (zum Tonfall solcher Anreden vgl. Versnel 2011, 136): in Ar. Pac. 389 (οὐκ ἀκούεις οἷα θωπεύουσί σ', ὦναξ δέσποτα;) wird Hermes so angeredet, in Plut. 748 (ὅσην ἔχεις τὴν δύναμιν, ὦναξ δέσποτα) Asklepios, in Nub. 264 (ὦ δέσποτ' ἄναξ, ἀμέτρητ' Ἀήρ) der im Phrontisterion vergöttlichte Aer, in Vesp. 875 (ὦ δέσποτ' ἄναξ γεῖτον Ἀγυιεῦ) Apollon; das weibliche Pendant dazu bietet Pac. 271 (ὦ πότνια δέσποιν' Ἀθηναία); vgl. auch Pac. 90 (ὦ δέσποτ' ἄναξ), wo sich der Sklave an Trygaios wendet (mit Olson 1998, z. St. „Although the slave does not obviously mean to imply that Tr[ygaios] is already deified in his eyes [...], therefore, this is a grandiloquent form of address, abruptly punctured by the words that follow").

Auch mit der an sich nicht sehr feierlichen Anrede δέσποτα werden in der Komödie zumeist Götter angesprochen: Hermes (Ar. Pac. 385. 389. 399. 648. 711 ὦ δέσποθ' Ἑρμῆ), Apollon (Pher. fr. 92 [*Krapataloi*] ὦ δέσποτ' Ἀγυιεῦ, Ar. Vesp. 389 ὦ Λύκε δέσποτα, com. adesp. fr. 1096,20–1 ὦ δέσπ[ο]τα / Ἄπολλον; vgl. auch Men. Sam. 448 δέσποτ'), Dionysos (Ar. Ach. 247 ὦ Διόνυσε δέσποτα, Thesm. 988*a*–8*b* κισσοφόρε Βακχεῖε / δέσποτ'), Zeus (Lys. 940 ὦ Ζεῦ δέσποτα);

fr. 616 K.–A. (600 K.)

αἰσχρὸν νέᾳ γυναικὶ πρεσβύτης ἀνήρ

αἰσχρὸν Clem.: ἐχθρὸν Teuffel, Meineke

schändlich ist für eine junge Frau ein alter Mann

Clem. Alex. Strom. VI 14,5
εὕροις δ' ἂν καὶ Θεόγνιδος εἰπόντος (Theogn. 457–8) Ἀριστοφάνη τὸν κωμικὸν γράφοντα· ——

du könntest finden – auch Theognis hat gesagt: (Theogn. 457–8) –, daß Aristophanes der Komiker schreibt: ——

Metrum Iambischer Trimeter:

––⏑– ⏑–⏑|– ––⏑–

Zitatkontext In einem Abschnitt der *Stromata*, in dem es um literarischen Diebstahl und Plagiate (κλοπαί) geht (Clem. Alex. Strom. VI 2,4–27), wird der aristophanische Vers als ein Plagiat von Theogn. 457–8 (οὔτοι χρήσιμόν ἐστι νέα γυνὴ ἀνδρὶ γέροντι· / οὐ γὰρ πηδαλίῳ πείθεται ὡς ἄκατος) betrachtet. In der unmittelbaren Umgebung finden sich etwa Plagiate des Euripides durch Diphilos oder den Tragiker Theodektes, des Bakchylides durch den Komiker Moschion, des Anakreon durch Euripides (zu Aufbau und Quellen von Clemens' Plagiat-Sektion sowie zu deren Überschneidungen mit Stobaios vgl. Stemplinger 1912, 57–80, insbes. 78).

Da ein nahezu identischer Vers (mit πικρόν statt αἰσχρόν) in Stob. IV 22,116 Euripides zugewiesen wird – in einer Sektion mit der Überschrift ὅτι ἐν τοῖς γάμοις τὰς τῶν συναπτομένων ἡλικίας χρὴ σκοπεῖν (‚daß bei den Eheschließungen das Alter der Vermählten beachtet werden muß'), die durch die thematisch verwandten Eur. fr. 804 Kn. (vgl. hier unten, Interpretation) und ebenfalls Theogn. 457–60 eröffnet wird – wurde vermutet, daß Clemens bzw. dessen Quelle in der Zuweisung dieses Verses an Aristophanes falsch liegen könnte (so Kaibel in Kassel–Austin z. St., die jedoch zu Recht auf Ar. Thesm. 410–3 hinweisen, eine Passage, die ebenfalls einen inhaltlich affinen Euripides-Vers enthält: vgl. hier unten, Interpretation; so auch Kannicht zu Eur. fr. 807 Kn.).

Textgestalt Das αἰσχρόν von Clemens wurde anhand von Eur. fr. 317,4 Kn. (γυναικί τ' ἐχθρὸν χρῆμα πρεσβύτης ἀνήρ) in ἐχθρόν geändert (Teuffel 1835, 89), was durchaus unwahrscheinlich ist, da hierbei ein anderer Euripides-Vers zur Folie gedient hat, der nahezu identisch mit dem aristophanischen ist (vgl. hier unten, Interpretation; mit Bezug auf willkürliche Eingriffe in den aristophanischen Text aufgrund der euripidischen Verse zu Recht Kock I 544: „unde sine causa ἐχθρόν vel πικρόν etiam Aristophani obtrudunt").

Interpretation Dieser Vers stellt wahrscheinlich die Parodie eines Verses aus dem euripideischen *Phoinix* dar (Eur. fr. 807 Kn. πικρὸν νέᾳ γυναικὶ πρεσβύτης ἀνήρ; vgl. Rau 1967, 44). Zum unmittelbaren Vergleich läßt sich ein weiteres wörtliches Euripides-Zitat heranziehen, das sogar aus demselben Stück stammt: in Ar. Thesm. 410–3 (πρὸς τοὺς γέροντάς θ', οἳ πρὸ τοῦ τὰς μείρακας / ἤγοντο, διαβέβληκεν, ὥστ' οὐδεὶς γέρων / γαμεῖν ἐθέλει γυναῖκα διὰ τοὔπος τοδί· / „δέσποινα γὰρ γέροντι νυμφίῳ γυνή") dient nämlich Eur. fr. 804,3 Kn. zum Nachweis der misogynen Haltung des Tragikers, wobei der Vers wohl von Phoinix selbst ausgesprochen wird: dieser wurde zu Unrecht von der jungen Konkubine seines Vaters der Vergewaltigung bezichtigt. Ein ähnlicher Hintergrund ist auch für Eur. fr. 807 Kn. denkbar.

Obwohl es theoretisch möglich ist, daß Aristophanes den Euripides-Vers identisch beibehalten hat (vgl. hier oben, Textgestalt), ist die Abweichung zwischen πικρόν und αἰσχρόν mit einer parodischen Intention durchaus vereinbar: so konnte der Vers für einen uns unbekannten Kontext adaptiert worden sein, wofür sich αἰσχρόν besser eignete als πικρόν.

Die Konstellation eines aristophanischen Verses (fr. 616), der ein (leicht variiertes) Euripides-Zitat ist (Eur. fr. 807 Kn.), welches aus demselben Stück (dem *Phoinix*) wie ein anderer Vers stammt (fr. 804,3 Kn.), der wiederum an anderem Ort von Aristophanes zitiert wird (Ar. Thesm. 413) und zugleich formal und inhaltlich an einen dritten euripideischen Vers erinnert (Eur. fr. 317,4 Kn., aus der *Danaē*), ist überhaupt einzigartig (in diesem letzten Vers fehlt jedoch die Angabe zum jungen Alter der Frau, was ihn unberechtigterweise verdächtig bzw. verbesserungsbedürftig erscheinen ließ: vgl. die Vorschläge Naucks und van Herwerdens in Kannicht z. St.).

αἰσχρόν Der moralische Sinn ist speziell in der Tragödie häufig vertreten (z. B. Aesch. Sept. 685, Soph. El. 621, Ai. 473. 1159, Eur. Hec. 806; auch substantiviert im Sinne von ‚Schande', etwa Soph. Phil. 476).

νέᾳ γυναικὶ Vgl. Ar. Nub. 1184 (αὑτὴ γένοιτ' ἂν γραῦς τε καὶ νέα γυνή) und Eur. Alc. 1049 (νέα γυνή).

πρεσβύτης ἀνήρ Am Trimeterschluß auch in Men. Epitr. 327 (Πελίαν τ' ἐκείνους εὗρε πρεσβύτης ἀνήρ).

fr. 617 K.–A. (601 K.)

πυθοῦ χελιδὼν πηνίκ' ἄττα φαίνεται

πυθοῦ schol. Plat.: πύθου Harp. QM et K ante corr., Et. magn., Eust.: πυθίου Harp. K post corr. (θι in rasura) χελιδὼ Dobree πηνίκ' Harp., Eust.: τηνίκ' Et. magn.: κἄποθ' schol. Plat. γίνεται Et. magn.

frag mal, um welche Zeit ungefähr die Schwalbe erscheint

Eust. in Il. p. 148,45

φασὶ δὲ οἱ παλαιοὶ περὶ τοῦ ἄττα καί ὅτι τρία δηλοῖ, τό τινά, ὅτε καὶ ψιλοῦται, τὸ ἅτινα, ὅτε δασύνεται – τοῦτο Ἴωνες ἅσσα λέγουσι – καὶ τρίτον τό ποτέ ἢ τὸ ἰσοδυναμοῦν τούτῳ. Ἀριστοφάνης· ——

und die Alten (Ael. D. α 193 Erbse) sagen über *hatta* auch, daß es drei Formen aufweist, das *tina*, wenn auch mit Spiritus lenis, das *hatina*, wenn mit Spiritus asper – dies nennen die Ionier *hassa* – und als drittes das *pote* bzw. das diesem Gleichwertige. Aristophanes: ——

schol. (T) Plat. Soph. 220a (p. 42 Greene = p. 76 Cufalo)
ἅττα] ἀ̋ττα (sic cod.)· τοῦτο ψιλούμενον μέν τινα σημαίνει, δασυνόμενον δὲ ἅτινα, ὡς Δημοσθένης δηλοῖ ἐν τῷ τῆς παραπρεσβείας „ὁ δὲ πρεσβεύων Αἰσχίνης οὑτοσὶ ἐλθὼν πῶς μὲν καὶ ἅττα (sic) ποτὲ διελέχθη;" ἐνίοτε δὲ ἐκ τοῦ περιττοῦ προστίθεται, ὡς ἐν Χείρωνι Φερεκράτης· (Pher. fr. 161 [*Cheirōn*]). οὐδὲν γὰρ σημαίνει ἐνταῦθα τὸ ἅττα. Ἀριστοφάνης Ἱππεῦσιν (immo Ar. Nub. 630) „ὅστις καλ' ἀθύρμασι (sic) ἅττα μικρὰ μανθάνων." Ἐρατοσθένης δὲ χρονικῶς αὐτό φησι παραλαμβάνεσθαι· ——. καὶ πάλιν· (Ar. fr. 618)

atta] *a* ^{h}*atta*: diese Form mit dem Spiritus lenis heißt *tina* (‚irgendwelche Dinge'), mit dem Spiritus asper aber *hatina* (‚welche …', Nt. Pl.), wie Demosthenes in der Rede *Über die Truggesandtschaft* zeigt (Dem. 19,304): „[…] der Gesandte Aischines. In welcher Weise und was dieser nach seiner Ankunft in Unterredungen sprach". Manchmal aber wird es überflüssig hinzugefügt, wie Pherekrates im *Cheirōn*: (Pher. fr. 161 [*Cheirōn*]). Denn dort bedeutet die Form *atta* nichts. Aristophanes in den *Rittern*: (Ar. Nub. 630). Eratosthenes (Erat. fr. 22 Strecker) aber behauptet, daß dies als Temporaladverb überliefert ist: ——. Und wiederum: (Ar. fr. 618)

Et. magn. p. 167,40
(ἅττα) σημαίνει μὲν τὸ τινὰ, ψιλούμενον, δασύνεται δὲ τὸ ἅτινα […] Φερεκράτης δὲ ἐν Χείρωνι (ἐκ χειρῶν τοῖς codd.) ἐπ' ἀριθμοῦ (Pher. fr. 161 [*Cheirōn*]) ὁ κωμικὸς δὲ χρονικὸν (-ῶς Sturz) αὐτὸ παραλαμβάνει· πυθοῦ —— γίνεται. λέγει ὁπότε χελιδὼν γίνεται

es (d. h. *atta*) bedeutet *tina* (‚irgendwelche Dinge') mit dem Spiritus lenis; die Form *hatina* (‚welche …', Nt. Pl.) ist aber mit Spiritus asper […] Pherekrates im *Cheirōn* [sagt es] für eine Zahl: (Pher. fr. 161 [*Cheirōn*]). Und der Komiker überliefert es im temporalen Sinn so: *pythou* —— *ginetai*. Er meint „sooft eine Schwalbe da ist"

Phot. (z) α 3124 = Sud. α 4304 = Synag.^{b} (Σ‴) α 2372
τῶν δὲ κωμικῶν τις τὸ αττα (ἅττα Phot., Synag.) ἐπὶ ἀριθμοῦ ἔταξεν, ἕτερος δὲ ἐπὶ χρόνου

und von den Komikern verwendete einer (vgl. Pher. fr. 161 [*Cheirōn*]) die Form *atta* für eine Zahl, ein anderer für eine Zeit

Harp. α 259 Keaney (p. 65,2 Dind.)
ἅττα· ἀντὶ μὲν τοῦ ὅσα ἢ ἅτινα Ἀντιφῶν ἐν τῷ περὶ τοῦ Λινδίων φόρου (Antiphont. fr. 28 S.), ἀντὶ δὲ τοῦ τινὰ ἢ ποιά τινα Δημοσθένης Φιλιππικοῖς (Dem. 4,50). ἐνιαχοῦ δὲ παρέλκει τὸ ἅττα (ἄττα PMK et fort. Q, ἅττα N; hic desinunt PN). χιωνί που (sic K, χιωνι^{οι} που QM, Χιωνίδου Sturz, Χιωνίδου Πτωχοῖς van Leeuwen, ‹ἐν μέσῳ› χειμῶνί που Kock, χρονικόν Blaydes, χρονικῶς Kaibel, 'vel ἐπὶ χρόνου sim.' Kaibel ms.)· ——

atta: statt *hosa* bzw. *hatina* Antiphon in der Rede *Über den Tribut von Lindos* (Antiphont. fr. 28 S.), aber statt *tina* bzw. *poia tina* Demosthenes in den *Philippika* (Dem. 4,50). Und bisweilen ist die Form *atta* redundant. *chiōni pou* (*Chiōnidou* ‚des Chionides', Sturz; *Chiōnidou Ptōchois* ‚in den *Ptōchoi* des Chionides', van Leeuwen; *en mesō cheimōni pou*

‚irgendwann inmitten des Winters‘, Kock; *chronikon* ‚temporal‘, Blaydes; *chronikōs* ‚temporal‘, Kaibel; *epi chronou* ‚für eine Zeit(angabe)‘, Kaibel in Kassel–Austin) ——

Metrum Iambischer Trimeter:

⏑–⏑– –|–⏑– ⏑–⏑–

Zitatkontext Die gesamten Quellen verraten einen attizistischen Ursprung. Mit οἱ παλαιοί wird etwa bei Eustathios auf die von ihm verwendeten Attizisten Bezug genommen (hier Ael. D. α 193 Erbse; vgl. Erbse 1950, 20).

Im Platon-Scholion werden – außer diesem Fragment und dem darauf folgenden fr. 618 (vgl. hier unten) – Dem. 19,304 (ὁ δὲ πρεσβεύων Αἰσχίνης οὑτοσὶ ἐλθὼν πῶς μὲν καὶ ἅττα ποτὲ διελέχθη;), Pher. fr. 161 [*Cheirōn*] (τοῖς δέκα ταλάντοις ἄλλα προσθήσειν ἔφη / ‹ › ἅττα πεντήκοντα) und das irrtümlich als *Ritter*-Stelle angeführte Ar. Nub. 630 (ὅστις σκαλαθυρμάτι’ ἄττα μικρὰ μανθάνων) zitiert; es wird ebenfalls die Meinung des Eratosthenes herangezogen (Erat. fr. 22 Strecker).

Das *Etymologicum magnum* geht vom Lemma ἄττα aus (Et. magn. p. 167,35 ἄττα· οὐ τὸ ἐπίφθεγμα, ἀλλὰ τὸ Ἀττικὸν, ὅπερ ὁ ποιητὴς ἄσσα εἶπεν, οἷον, ἄσσά τε μητιόωσι μετὰ σφίσι. γέγονε δὲ ἀπὸ τοῦ ΤΑ Δωρικοῦ, τοῦ σημαίνοντος τὸ τινά· ὅπερ διπλασιασμῷ τοῦ σ μετὰ τοῦ α ἄσσα λέγεται, καὶ ψιλοῦται, καὶ τροπῇ, διὰ δύο ΤΤ, λέγεται Ἀττικῶς. σημαίνει μὲν τὸ τινὰ, ψιλούμενον· δασύνεται δὲ τὸ ἅτινα. τὰ παρὰ Ἀττικοῖς διὰ δύο ΤΤ γραφόμενα, παρ’ ἡμῖν διὰ δύο ΣΣ, θάλαττα θάλασσα, ὀρύττω ὀρύσσω· Δημοσθένης, ἅττα διελέχθη. τουτέστιν, ἅτινα), wobei das Aristophanes-Fragment und andere attische Stellen, die sich weitgehend mit denen des Platon-Scholions überschneiden, zur Erklärung der Diskrepanz zwischen ἄττα und ἅττα dienen (zu den vielen anderen lexikographischen Einträgen, zumeist in Kurzform und ohne Aristophanes’ Fragment, vgl. Cufalo 2007, 76, zu schol. Plat. Soph. 220a, der zu Λέξ. ῥητ. p. 197,9–10 anmerkt: „ex cuius fonte ut vid. pleniore pendet EM 167.41–49“).

Bei Harpokration hat das überlieferte χιωνί που (bzw. χιωνι^οι που) eine Reihe von Konjekturen veranlaßt, die u. a. den Namen des Chionides (sogar mit dem Komödientitel *Ptōchoi*) miteinbezogen haben, wobei die bessere Alternative wohl in einem Derivat von χρον- zu suchen ist (Χιωνίδου von Sturz 1818, 772, Χιωνίδου Πτωχοῖς von van Leeuwen 1904b, zu Ar. Thesm. 1; ‹ἐν μέσῳ› χειμῶνί που von Kock I 6, zu Chion. fr. 8 Kock; χρονικόν von Blaydes 1896, 1; χρονικῶς bzw. ἐπὶ χρόνου jeweils von Kaibel 1895, 434 und Kaibel in Kassel–Austin z. St.).

Interpretation Das Erscheinen einer Schwalbe kann außer als Zeichen für den bevorstehenden Frühling auch – wie vielleicht hier – für eine glückliche Wende stehen, was sich in der Komödie durch die der Formulierung des Fragments ähnlichste Parallele belegen läßt (Ar. Thesm. 1 ὦ Ζεῦ, χελιδὼν ἆρά ποτε φανήσεται;, mit Austin–Olson 2004, z. St.).

Es handelt sich um ein bereits bei Aristophanes als sprichwörtlich aufgefaßtes Motiv, das in der Grundform πύθου χελιδόνος in die parömiographische Tradition Eingang fand (App. Prov. IV 63 [CPG I 448] πύθου χελιδόνος· διότι ὀδυρτικὸν τὸ ζῶον; Apostol. XV 14 [CPG II 631] πύθου Χελιδόνος· ἀντὶ τοῦ, ἐγκαίρως ποίει τὰ σαυτοῦ. ἀπό τινος Χελιδόνος θεολόγου καὶ τερατοσκόπου, περὶ τελῶν διειλεγμένου· ὡς Μνασέας ὁ Πατρεὺς ἐν τῷ Περίπλῳ. οἱ δὲ ὅτι θρηνητικὸν τὸ ζῷον· οἱ δὲ ὅτι τὸ ἔαρ προσημαίνει; vgl. Sud. π 3136; zu Haupt 1876, 534 „ex πυθοῦ χελιδόνος poeta comicus finxit nominativum πυθοῦ χελιδών". dicit autem hoc *quando illud* πυθοῦ χελιδόνος *adparet?* id est dici potest adparente veris nuntia hirundine" vgl. Kassel–Austin z. St.: „subtilius quam rectius").

Zur von Bergk vermuteten Relation zwischen diesem Fragment und fr. 618 vgl. hier unten, zum Fr. (Interpretation).

πυθοῦ Für die Konstruktion mit einem Fragesatz vgl. z. B. Soph. OC 11 (ὡς πυθώμεθα ὅπου ποτ' ἐσμέν).

χελιδών Das Erscheinen der Schwalbe (*Hirundo rustica* bzw. *Delichon urbica*) markiert den Frühlingsbeginn (Stes. PMGF 211, Sim. PMG 597; vgl. Thompson 1936², 314–25 und Arnott 2007, 28–30); in der Komödie kann die Schwalbe – wie viele andere Vogelarten – auch für *Schwätzer* stehen (Taillardat 1965², § 520–1, mit Verweis auf den in Ar. Av. 1293 Μενίππῳ δ' ἦν Χελιδὼν τοὔνομα bezeugten Spitznamen). Für die Schwalbe in der Komödie vgl. Ar. Equ. 419, Pac. 800, Av. 714. 1151. 1301. 1417. 1681–2, Lys. 770. 775, Ran. 93. 681, fr. 581,4 [*Hōrai*], Stratt. fr. 49,6 [*Phoinissai*], Mnes. fr. 4,41 [*Hippotrophos*], Ephipp. fr. 12,5 [*Kydōn*], Eub. fr. 40,3 [*Kampyliōn*], Nicostr. fr. 28,2 , Men. Peric. 529, Philem. fr. 154,1 (vgl. auch den Eigennamen *Chelidōn* in Ar. Av. 1293).

πηνίκ' ἄττα Zum Temporaladv. πηνίκα, das direkte Fragesätze einleitet, und zum adv. Gebrauch von ἄττα vgl. hier unten, zu fr. 618 (ὁπηνίκ' und ἄτθ').

fr. 618 K.–A. (602 K.)

ὁπηνίκ' ἄτθ' ὑμεῖς κοπιᾶτ' ὀρχούμενοι

ὁπηνικαάττ' cod. ὀρχούμεναι Bergk

ungefähr um die Zeit, wenn ihr müde werdet vom Tanzen

schol. (T) Plat. Soph. 220a (p. 42 Greene = p. 76 Cufalo)
Ἐρατοσθένης δὲ χρονικῶς αὐτό φησι παραλαμβάνεσθαι· (Ar. fr. 617), καὶ πάλιν ——

Eratosthenes (Erat. fr. 22 Strecker) aber behauptet, daß dies als Temporaladverb überliefert ist: (Ar. fr. 617), und wiederum ——

Metrum Iambischer Trimeter:
⏑–⏑– ––|⏑⏕ ––⏑–

Zitatkontext Das Fragment folgt auf fr. 617 (vgl. hier oben, zum Fr.).

Textgestalt Die Änderung von Bergk (in Meineke II.2 1182) in ὀρχούμεναι ist durch die vermeintliche Anknüpfung an fr. 617 veranlaßt (vgl. hier unten, Interpretation).

Interpretation Jemand erwidert wohl auf eine Frage, die ein ‚wann', ‚um welche Zeit' (wahrscheinlich mit πηνίκα;) enthalten mußte (alternativ zu einer Frage hätte der Mitredner theoretisch auch eine Aussage wie *ich mache / wir machen das und das, während ihr* ... oder *ich weiß / wir wissen nicht, um welche Zeit ihr* ... machen können).

Wer und in welchem Kontext hier *bis zur Ermüdung* tanzen wird, ist nicht bekannt, aber es könnte sich um einen Dialog zwischen einem Schauspieler und dem Koryphäus handeln, der für den tanzenden Chor stellvertretend spricht.

Die Anlässe zum Tanzen sind in der griechischen Antike vielfältig, wobei sich für die Komödie grundsätzlich vier Bereiche anbieten (allgemein zum Tanz in der Komödie vgl. Lawler 1964, 85–8): Tanzperfomances sind ein wichtiger Bestandteil des Symposions (vgl. Athen. IV 134a–d und die zahlreichen Belege – einschließlich der bildlichen Darstellungen – in Arnott 1996, zu Alex. fr. 102,1–2 [*Isostasion*] ἀπὸ συμβολῶν ἔπινον, ὀρχεῖσθαι μόνον / βλέποντες; vgl. z. B. Ar. Vesp. 1478); sie können Freudenausbrüche begleiten (wie z. B. in Pac. 320–32, Lys. 1242–321, Plut. 760–3) oder in einem kultischen bzw. festlichen Kontext erfolgen (mit initiatorischem oder agonistischem Charakter, wie z. B. in Nub. 988 ὥστε μ' ἀπάγχεσθ' ὅταν ὀρχεῖσθαι Παναθηναίοις δέον / αὐτοὺς, als Hochzeitstänze, wie in Lys. 1275–8 oder Men. Dysc. 946–53, Trauer- oder Waffentänze; für lit., epigraphische und ikonographische Bezeugungen vgl. ThesCRA II [2004] 299–318); schließlich können Hinweise auf den Tanz eine metatheatralische Dimension evozieren (vgl. z. B. die Reflexion über die Dekadenz der gegenwärtigen – vielleicht tragischen – Tanzperformance in Plat. fr. 138 [*Skeuai*] ὥστ' εἴ τις ὀρχοῖτ' εὖ, θέαμ' ἦν· νῦν δὲ δρῶσιν οὐδέν, / ἀλλ' ὥσπερ ἀπόπληκτοι στάδην ἑστῶτες ὠρύονται, mit Pirrotta 2009, z. St., oder in direktem Bezug auf den gerade tanzenden Komödienchor in Metag. fr.

7 [*Thouriopersai*] τίς τρόπος ἵππων; ὡς δ' ὀρχοῦνται τὸν βαρβαρικὸν τρόπον οὗτοι, mit Orth 2014, z. St.).

Die engste inhaltliche Parallele für die *ermüdende* Wirkung des Tanzes ist Ar. Lys. 541/2–3 (ἔγωγε γὰρ ἂν οὔποτε κάμοιμ' ἂν ὀρχουμένη, / οὐδὲ καματηρὸς ἂν ἕλοι γόνατά μου κόπος), wo der Halbchor der Greisinnen schwört, bei seinem geplanten hemmungs- und endlosen Tanzen keine Ermüdung zu kennen (man bemerke außer Verb und Adj. aus dem Stamm καμ- auch das Subst. κόπος, wovon κοπιάζειν abgeleitet ist).

Eine Herkunft aus den *Thesmophoriazusen* II wurde von Bergk vermutet, der dafür ein Partizip im Fem. braucht (vgl. hier oben, Textgestalt), und zwar aufgrund der vermeintlich durch den Tanz verursachten Ermüdung der Frauen in Ar. fr. 333,7–8 [*Thesmophoriazousai* II] (μέγα / γυναιξὶ κοπιώσαισιν ἐπεκουρήσατε, mit Bergk in Meineke II.2 1077: „quod autem mulieres illae fessae dicuntur, refero ad choreas, quas proximo die ante egerant"; vgl. auch Thesm. 795 παίζουσαι καὶ κοπιῶσαι). Diese Rekonstruktion ist aus dem Grund zu weit hergeholt, daß die Deutung des *Thesmophoriazusen*-Fragments an sich fragwürdig ist und sich die für Bergks These notwendige Textänderung von ὀρχούμενοι in -αι daher nicht wirklich lohnt. Die weitere von Bergk vermutete Relation zwischen diesem Fragment und fr. 617 ist noch weniger überzeugend (vgl. Kassel–Austin z. St.: „sed ille versus [fr. 617] cum hoc propter ἅττα tantum compositus affertur").

ὁπηνίκ' Temporaladverb der Gleichzeitigkeit mit dem Hauptsatz, generell präziser als ὁπότε (hier ist die Präzision der Angabe allerdings durch ἅττα eingeschränkt), bisweilen aber kaum von diesem abweichend (vgl. z. B. Plat. Alcib. I 105d); es kann einen Relativsatz oder einen indirekten Fragesatz einleiten (πηνίκα leitet die direkten Fragesätze ein; vgl. Kühner–Gerth II.2 445: „ἡνίκα und allgemeiner ὁπηνίκα, von einer bestimmten Zeit gebraucht = als gerade, z. B. an dem Tage, zu der Stunde gerade, als (beide erst nachhom.)"; in der Komödie sonst nur in Ar. Av. 1499 ([ΠΡ.] πηνίκ' ἐστὶν ἄρα τῆς ἡμέρας; [ΠΕ.] ὁπηνίκα; [Pr.] ‚welche Zeit des Tages haben wird denn? [Pe.] welche Zeit, sagst du?'), fr. 581,7 [*Hōrai*] (ὥστ' οὐκέτ' οὐδεὶς οἶδ' ὁπηνίκ' ἐστι τοὐνιαυτοῦ; – hier mit Gen. ‚welche Zeit des Jahres') und Eub. fr. 117,6–7 (ὁπηνίκ' ἂν / εἴκοσι ποδῶν μετροῦντι τὸ στοιχεῖον ᾖ).

ἅτθ' Die Form ἅττα ist att. für ἅτινα (das ion. ἅσσα bereits in Hom. K 208); Formen wie (ὁ)πηνίκ' / πόσ' ἅττα wurden als Fehldeutungen von einem vermeintlich ursprünglichen (ὁ)πηνίκα / πόσα ττα erklärt (Wackernagel 1887, 123–4 [Kl. Schr. I 605–6], nach dem sich ἅττα nur bei Platon nicht als ττα wiederherstellen ließe, wobei das auslautende α des vorangehenden Wortes nur bei Aristophanes unbetont vorkäme: „Diese accentverhältnisse waren gewiss von wesentlicher bedeutung für die abtrennung von ἅττα überhaupt",

124 [= 606]); der adv. Gebrauch (‚ungefähr, etwa‘) in der Komödie sonst in Ar. Av. 1514 (πηνίκ’ ἄττ’), Ran. 173 (πόσ’ ἄττα; ‚wieviele ungefähr?‘) und fr. 617 (vgl. hier oben, zum Fr.) und im korrupten Pher. fr. 161 [*Cheirōn*] (τοῖς δέκα ταλάντοις ἄλλα προσθήσειν ἔφη / ‹ › ἄττα πεντήκοντα, mit Kassel–Austin z. St.: „an :: ‹πόσ’› ἄττα ::?“, unter Verweis auf das hier oben zitierte Ar. Ran. 173; so auch Urios-Aparisi 1992, 473).

κοπιᾶτ’ Das Verb κοπιᾶν ‚müde werden‘, ‚sich abmühen‘ (von κόπος ‚Mühe, Ermüdung, Arbeit‘, urspr. ‚Schlag‘) kommt in der Komödie – außer in den zitierten Stellen (vgl. hier oben, Interpretation) – in Ar. Av. 735 (κοπιᾶν ὑμῖν ὑπὸ τῶν ἀγαθῶν, wo Reichtum als Ursache für die Ermüdung angesprochen ist), Alex. fr. 151,3 [*Meropis*] (κοπιῶ τὰ σκέλη, mit Arnott 1996, z. St., der wegen des Fehlens des Verbs in Tragödie und att. Kunstprosa einen ion. Kolloquialismus vermutet) und Men. Phasm. 36 (ἂν κοπιάσῃς τ[ὰ σκέλη), fr. *871,6 (ὁ προσδιατρίβων δ’ ἐκοπίαςεν ἀπολέσας) vor; für die Partizipialkonstruktion vgl. u. a. Epicur. ep. Men. 122 (μὴ κοπιάτω φιλοσοφῶν) und Anth. Pal. XII 46,1 [Asklepiades] (κοπιῶ ζῶν).

ὀρχούμενοι Vgl. hier oben (Interpretation).

fr. 619 K.–A. (603 K.)

λούσησθε καὶ κτενίσησθε πρὸς τὸν ἥλιον

(damit / wenn) ihr euch wascht und kämmt in der Sonne

Poll. II 34
Ἀριστοφάνης δέ· ——
und Aristophanes: ——

Metrum Iambischer Trimeter:
– – ⏑ – ⏑⏑ – ⏑ | – ⏑ – ⏑ –

Zitatkontext In einem Abschnitt über die verschiedenen Typen von Frisuren (Poll. II 29–35) wird der Vers unter den Formen von κτενίζειν angeführt (zusammen mit Archil. fr. 240 W.[2] ἐκτενισμένοι, Anaxil. fr. 38 ἡμεῖς δέ γ’ ἐκτενίζομεν Τελέσιππον οἱ οἰκόσιτοι und Soph. OC 1261 ἀκτένιστος).

Interpretation Es ist von mehreren Personen (Männern oder Frauen) die Rede, welche sich waschen und kämmen sollten bzw. könnten (die Konjunktive ließen sich durch ἵνα bzw. ἐάν einleiten: so Kock I 544). Dieselbe Kombination von *Waschen* und *Kämmen* auch in Phryn. Praep. soph. p. 76,17 (λέγει δ᾽ Ἀριστοφάνης οὕτως· „ἰξοί, ῥυποκόνδυλοι“ [Ar. fr. 736], ὅπερ σημαίνει καὶ αὐτὸ τοὺς γλίσχρους καὶ διὰ τὴν φειδωλίαν μήτε λουομένους μήτε κτενιζομένους). Am nächsten steht in der Komödie Antiphan. fr. 146,4–5 [*Malthakē*] (σμῆται, κτενίζετ᾽, ἐκβέβηκε, τρίβεται, / λοῦται), wo die beiden Verben in einer langen Auflistung von Akten vorkommen, die wahrscheinlich von einer Hetäre begangen werden.

λούσησθε καὶ κτενίσησθε Zu dieser Kombination vgl. hier oben, Interpretation. Das *Waschen* gehört, zusammen mit anderen kosmetischen Tätigkeiten wie das Haareschneiden und das Einsalben, zu den Dingen, die ein Intellektueller aus Kostengründen vermeiden würde (so in Ar. Nub. 833–7 εὐστόμει / καὶ μηδὲν εἴπῃς φλαῦρον ἄνδρας δεξιοὺς / καὶ νοῦν ἔχοντας, ὧν ὑπὸ τῆς φειδωλίας / ἀπεκείρατ᾽ οὐδεὶς πώποτ᾽ οὐδ᾽ ἠλείψατο / οὐδ᾽ εἰς βαλανεῖον ἦλθε λουσόμενος).

πρὸς τὸν ἥλιον In der Sonne zu sein war eigentlich den Männern vorbehalten, aber nur in einer Situation der Rollenumkehrung wie etwa Ar. Eccl. 63–4 (ἀλειψαμένη τὸ σῶμ᾽ ὅλον δι᾽ ἡμέρας / ἐχραινόμην ἑστῶσα πρὸς τὸν ἥλιον) ist es auch den Frauen gestattet, sich zu sonnen.

fr. 620 K.–A. (604 K.)

ἵνα μὴ καταγῇς τὸ σκάφιον πληγεὶς ξύλῳ

καταγῇς A: ῇ FS: κατ᾽ ἐαγεῖς M   σκαφεῖον M   πληγεὶς M: πληγῇς καταγεὶς S: κατάγεὶς F   τῶ ξύλω M

damit du nicht zerbrochen wirst am Hirnkasten, geschlagen mit einem Stock

Poll. II 39 (codd. M [„cuius lectiones suppeditavit D. Del Corno“, Kassel–Austin], FS, A“) καλεῖται δὲ τὸ μὲν σύμπαν (scil. τῆς κεφαλῆς) πόλος καὶ κρανίον, καὶ κόγχος παρὰ Λυκόφρονι (Lycophr. Alex. 1105)· παρὰ δὲ Ἀριστοφάνει σκάφιον, ——

und er (d.h. der Kopf) wird insgesamt *polos* und *kranion* (‚Schädel‘) genannt, auch *konchos* (‚Hirnschale‘) bei Lykophron (Lycophr. Alex. 1105); und bei Aristophanes *skaphion* (‚Becken‘): ——

Metrum Iambischer Trimeter:

⏑⏑–⏑– –|–⏑⏑– ––⏑–

Zitatkontext Das Zitat befindet sich in einer längeren Sektion über die reiche Terminologie für den *Kopf* unter den Teilen des menschlichen Körpers (Poll.

II 36–50). Unmittelbar vor Aristophanes, dem einzigen Zeugen für *skaphion*, wird Lycophr. Alex. 1105 (τυπεὶς σκεπάρνῳ κόγχον εὐθήκτῳ μέσον) für *konchos* zitiert. Pollux selbst interessiert sich für das Wort an anderen Stellen: vgl. Poll. II 29 (κουρᾶς δὲ εἴδη κῆπος τε καὶ σκάφιον, καὶ πρόκοττα, καὶ περιτρόχαλα), X 45 (τῇ δὲ γυναικὶ σκάφιον, ὡς ἐν Αὐτολύκῳ Εὔπολις ἄμφω δὲ παράλληλα ἐν Πολυίδῳ Ἀριστοφάνης; vgl. Eup. fr. 53 [*Autolykos*] τί δῆτ᾽ ἄν, εἰ μὴ τὸ σκάφιον αὐτῇ παρῆν; und Ar. Thesm. 633 σκάφιον Ξένυλλ᾽ ᾔτησεν· οὐ γὰρ ἦν ἀμίς) und X 129 (unter den Werkzeugen der Bauern). Der übertragene Sinn von *Kopf* taucht sonst in der medizinischen Lit. wieder auf (Ruf. De oss. 2,1 τὸ κρανίον τοίνυν, κατὰ τὸ λεγόμενον σκαφίον, ἐστὶ σφαιροειδές).

Für die weiteren Lexikographen – die sich hierfür stets auf Aristophanes bzw. die att. Redner berufen – scheinen nur die Bedeutungen von *Haartracht* und *Nachttopf* relevant zu sein (Ael. D. σ 23 Erbse σκάφιον· κουρὰ περιτρόχαλος [οὕτως] Ἀριστοφάνης· „σκάφιον ἀποκεκαρμένην" [Ar. Thesm. 838] καὶ „σκαφιόκουρον" [com. adesp. fr. 193]· τὸν κείροντα; Harp. σ 22 Keaney σκαφίον· Ἀντιφῶν ἐν τῇ πρὸς τὴν Δημοσθένους γραφὴν ἀπολογίᾳ [Antiphont. fr. 12 S.]. ὅτι δὲ τὸ σκαφίον εἶδος κουρᾶς καὶ Ἀριστοφάνης Γήρᾳ [Ar. fr. 153 [*Gēras*]]; Phot. σ 285 σκαφεῖον· ἡ νῦν λεγομένη ἄμη, ἐν ᾗ σκάπτουσιν, σ 286 σκάφιον· τάχα λέγει τὸν καδίσκον, ᾧ καταχέονται αἱ γυναῖκες· ἔχει γάρ τι ἐμφερὲς πρὸς τὸ σκάφος, ὅ ἐστιν εἶδος τι πλοίου; vgl. auch σ 291. 292. 293 sowie Sud. σ 545 σκάφιον· εἶδος κουρᾶς, mit Zitat von Ar. Av. 806; Hsch. σ 879 σκαφίον· πτύον; vgl. auch ψ 282 ψύτταρον· σκαφίον).

Interpretation Jemand droht jemand anderem (wahrscheinlich einem Sklaven), ihn mit einem hölzernen Schlagstock zu verprügeln (es könnte wieder jemand anderes sein, der ihn schlägt). Das Bild des *Zerbrechens vom Kopf* ist in der Komödie (zumeist mit demselben Verb, manchmal mit Gen. partit.) relativ häufig: vgl. Ar. Ach. 1166–7 (εἶτα κατάξειέ τις αὐτοῦ μεθύων τῆς κεφαλῆς Ὀρέστης), 1180 (τῆς κεφαλῆς κατέαγε), Vesp. 1428 (καί πως κατεάγη τῆς κεφαλῆς μέγα σφόδρα), Pac. 71 (ἕως ξυνετρίβη τῆς κεφαλῆς καταρρυείς), Eup. fr. 348 (οὐ γὰρ κατάξει τῆς κεφαλῆς τὰ ῥήματα), Men. Sam. 173 (κατάξω τὴν κεφαλήν, ἄνθρωπέ, σου); vgl. auch Eur. Cycl. 683–4 (τὸ κρανίον / παίσας κατέαγα), Lys. 3,42 (εἴ τινες μαχεσάμενοι ἔτυχον ἀλλήλων κατάξαντες τὰς κεφαλάς) und Plat. Gorg. 469d (κἄν τινα δόξῃ μοι τῆς κεφαλῆς αὐτῶν καταγῆναι δεῖν, κατεαγὼς ἔσται αὐτίκα μάλα).

Ähnlich formulierte Androhungen in Ar. Ach. 112 (ἵνα μή σε βάψω βάμμα Σαρδιανικόν), Equ. 13–4 (σὺ μὲν οὖν μοι λέγε, / ἵνα μὴ μάχωμαι), Lys. 503 (λέγε δὴ ταχέως, ἵνα μὴ κλάῃς); vgl. auch Ran. 854–5 (ἵνα μὴ κεφαλαίῳ τὸν κρόταφόν σου ῥήματι / θενὼν ὑπ᾽ ὀργῆς ἐκχέῃ τὸν Τήλεφον), wo Euripides empfohlen wird, sich den Kopf vor Aischylos' niederhagelnden Worten zu schützen.

ἵνα μὴ καταγῇς Konj. Aor. Pass. von καταγνύναι (kontrahierte Form: κατᾰ-ϝᾰγ-) sonst in Ar. Ach. 928 (δός μοι φορυτόν, ἵν' αὐτὸν ἐνδήσας φέρω / ὥσπερ κέραμον, ἵνα μὴ καταγῇ φερόμενος; vgl. auch den Opt. καταγείην in v. 943–5 ἰσχυρόν ἐστιν, ὦγάθ', ὥστ' οὐκ ἂν καταγ-/είη ποτ', εἴπερ ἐκ ποδῶν κατωκάρα κρέμαιτο).

τὸ σκάφιον Acc. Graecus. Diminutiv von σκάφη (‚Wanne', ‚Becken', ‚Schüssel') kann es ebenfalls ‚Becken', ‚Napf' heißen; in der Komödie kann es ferner im Sinne von *Nachttopf* (für Frauen) verwendet werden (Eup. fr. 53 [*Autolykos*], Ar. Thesm. 633), aber auch für eine Haartracht (skythischer Herkunft; vgl. Av. 806 σὺ δὲ κοψίχῳ γε σκάφιον ἀποτετιλμένῳ, Thesm. 838 σκάφιον ἀποκεκαρμένην; zu dieser Bedeutung vgl. hier oben, Zitatkontext).

πληγεὶς ξύλῳ Das ξύλον ist u. a. ein Holzstock, der zum Schlagen gebraucht werden kann, wie etwa in Ar. Lys. 357 (οὐ περικατᾶξαι τὸ ξύλον τύπτοντ' ἐχρῆν τιν' αὐταῖς;).

fr. 621 K.–A. (607 K.)

τί τὸ κακόν; ἀλλ' ἦ κοκκύμηλ' ἠκρατίσω;

was ist denn dir Übles passiert? Hast du etwa Pflaumen zum Frühstück gegessen?

Poll. VI 24
ἔστι δὲ καὶ τὸ ἀκρατίσασθαι παρὰ τοῖς παλαιοῖς, ὡς παρ' Ἀριστοφάνει· ——

Und auch das Verb *akratisasthai* (‚frühstücken', Aor.) kommt bei den antiken Autoren vor, wie bei Aristophanes: ——

Phot. κ 868
κοκκύμηλα· ἅ τινες βράβυλα (βράβηλα z) καλοῦσιν. οὕτως Ἀριστοφάνης

kokkymēla (‚Pflaumen'): welche einige *brabyla* nennen. So Aristophanes

Metrum Iambischer Trimeter:
⏑⏖⏑– –|–⏑– ––⏑–

Zitatkontext Das Zitat befindet sich in einer Sektion über den Wein (Poll. VI 21–6), und speziell über das Vokabular des ‚Mischens' (κεράννυσθαι, 23–5): das Verb, wofür das Fragment zitiert wird, stammt direkt von ἄκρατος ‚ungemischt' (d. h. οἶνος; vgl. hier unten, zu ἠκρατίσω); zu Phot. κ 868 (hinzugefügt in PCG II 578) vgl. Theodoridis 1990, 40: „Zu diesem nur aus dem

Onomastikon des Pollux bekannten Fragment des Aristophanes tritt jetzt ein neues Zeugnis aus dem Lexikon des Photios hinzu: Phot. κ 868 [...] Die Glosse des Photios weist eine enge Verwandtschaft mit Athenaios 2,49f auf: Κλέαρχος δ' ὁ Περιπατητικός φησι (fr. 100 Wehrli) Ῥοδίους καὶ Σικελιώτας βράβυλα καλεῖν τὰ κοκκύμηλα".

Interpretation Der iambisch-komische Usus von ‚Pflaumen' als ‚blaue Flecken' (vgl. hier unten, zu κοκκύμηλ') suggeriert – zumal im Zusammenhang mit einem erlittenen Übel (τί τὸ κακόν;) –, daß sich der Sprechende ironisch über den Zustand von jemandem erkundigt, der vermutlich bereits am Vormittag verprügelt wurde (das Verb ἠκρατίσω deutet auf die morgendliche Mahlzeit) und die Merkmale dieser Prügel in Form von Hämatomen noch sichtbar trägt (wahrscheinlich am Gesicht bzw. auf der Maske). Die Partikeln ἀλλ' ἦ (vgl. hier unten, zu ἀλλ' ἦ) lassen sich mit dem spöttischen Tonfall der Frage ebenfalls gut vereinbaren, wie z. B. in Ar. Vesp. 8 (ἀλλ' ἦ παραφρονεῖς ἐτεὸν ἢ κορυβαντιᾷς;).

τί τὸ κακόν; Auch in Ar. Pac. 322, Av. 1213, Thesm. 610, Eup. fr. 192,74 [*Marikas*] und Men. Dysc. 546; es handelt sich um die kürzeste Form einer der Alltagssprache zugehörigen Frage, die auch in mehreren längeren Varianten vorliegt (vgl. Ar. Ach. 156 τουτὶ τί ἐστι τὸ κακόν; – mit Olson 2002, z. St.: „'What the hell is this?' A surprised question conveying a strong tone of displeasure; presumably colloquial" –, Vesp. 1136 τουτὶ τὸ κακὸν τί ἐστι [...];, Pac. 181 τουτὶ τί ἐστι τὸ κακόν;, Av. 1207 τί ποτ' ἐστὶ τουτὶ τὸ κακόν;, Men. Dysc. 218 τουτὶ τὸ κακὸν τί ποτ' ἐστίν;, 464 τουτὶ τὸ κακὸν ‹τί› ἐστί;, Sam. 362 ἢ τί τὸ κακόν ποτ' ἐστί;, Mis. 311 τί ποτ' ἐστὶ τὸ κακόν;, Plat. Crit. 47c τί δ' ἔστι τὸ κακὸν τοῦτο [...];). Vergleichbar im Tonfall ist auch τουτὶ τί ἐστι(ν); (Pher. fr. 180, Ar. Ach. 284, Thesm. 733. 904, Nub. 1248, Vesp. 844, Ran. 181).

ἀλλ' ἦ Diese Partikelkombination in Fragesätzen scheint auf die attische Konversationssprache zurückzuführen zu sein (vgl. Denniston 1954², 27: „In ἀλλ' ἦ, ἀλλά puts an objection in interrogative form, giving lively expression to a feeling of surprise or incredulity. 'Why?'"): eine formale und inhaltliche Ähnlichkeit zeigt insbes. Ar. Ach. 1111–2 ([ΛΑ.] ἀλλ' ἦ τριχοβρῶτες τοὺς λόφους μου κατέφαγον; / [ΔΙ.] ἀλλ' ἦ πρὸ δείπνου τὴν μίμαρκυν κατέδομαι;); vgl. auch Ach. 424. 426, Equ. 953, Vesp. 8, Lys. 928, Thesm. 97, Ran. 439, fr. 129,2 [*Gēras*]; der kolloquiale Tonfall manifestiert sich ebenfalls in der Tragödie (Aesch. Suppl. 913, Ag. 276, Cho. 220. 774, Soph. El. 879. 1023, Phil. 414, Eur. Alc. 58. 816, Hcld. 425, Hipp. 858. 932, IT 1170, Ion. 755, Hel. 490, Phoen. 1704, IA 847, fr. 10,62 Kn., fr. 48,65 Kn., [Eur.] Rhes. 36. 560) und der att. Prosa (Plat. Phdr. 261b, Prot. 309c, Gorg, 447a, Rep. 440d, Xen. Anab. VII 6,4, Cyrop. I 4,28. II 2,28).

κοκκύμηλ᾿ Das bereits in Archil. fr. 241 W.² und Hippon. fr. 60 W.² (62 Deg.) bezeugte *kokkymēlon* (etymologisch wohl auf κόκκος ‚Kern von Früchten' zu beziehen, vielleicht mit dem volkstümlichen Einfluß durch κόκκυξ ‚Kuckuck'; vgl. Frisk GEW, s. v.) ist die Pflaume (*Prunus domestica domestica*; vgl. Galen. De alim. fac. VI p. 613 Kühn) oder deren Unterart Kriechen- bzw. Haferpflaume (*Prunus domestica insititia*); der entsprechende Baum heißt κοκκυμηλέα (vgl. etwa Thphr. Hist. plant. III 6,4. IV 2,10 und dann nur in der medizinischen Lit. – z. B. Galen. De simpl. med. XII p. 32 Kühn, Dioscor. Mat. med. I 121,1; in Arar. fr. 20 heißt der *Pflaumenbaum* κοκκύμηλος; zu den verschiedenen Pflaumenarten in der Antike vgl. Steier 1939 und Zhivkov Simeonov 2011, 74–81).

In der Komödie sonst nur in Alex. fr. 274,5 (στεφάνῳ κυλιστῷ κοκκυμήλων: mit einem Hämatomen-Kranz wird der Traum eines agonistischen Siegs gekrönt) und fr. 275,3 (κοκκυμήλων σπυρίδα πεπόνων, gesagt wohl von einem geschlagenen Pankratiasten), beide zitiert in einem Abschnitt bei Athenaios über die *damaskēna* – die besten Pflaumen kamen aus Damaskus – (Athen. epit. II 49e–f) und beide mit einem übertragenen Gebrauch von *Pflaumen* im Sinne von *blaue Flecken* (wie bereits im zitierten Hipponax-Fragment).

ἠκρατίσω; Zu ἀκρατίζεσθαι als ‚frühstücken' vgl. Bagordo 2014, zu Canth. fr. 10 ([A.] οὐκοῦν ἀκρατισώμεθ᾿ αὐτοῦ. [B.] μηδαμῶς· / Ἰσθμοῖ γὰρ ἀριστήσομεν), dessen Zitatträger (Athen. epit. I 11bc) Funktion und Bezeichnung des Wortes *akratisma* (später auch *akratismos* genannt) erklärt: es heiße so, weil ‚man es im puren Wein (*akratos*) eingetunkt verzehrt, mit dem Zusatz von Brotstücken' (falsch etymologisiert in Plut. Quaest. conv. 726bc als Ableitung von ἀκρασία ‚Unmäßigkeit'); eine Definition bietet auch Phryn. Praep. soph. p. 39,15 (ἀκρατίσασθαι· τὸ μικρὸν ἐμφαγεῖν πρὸ τοῦ ἀρίστου; vgl. Dalby 2003, 212: „a nip of wine in a bite of food" und van Leeuwen 1904a, zu Ar. Plut. 295 τράγοι δ᾿ ἀκρατιεῖσθε: „Verbum ἀκρατίζεσθαι *ientare* apud nostrum non redit nisi in deperditae alicuius fabulae versiculo", d. h. in Aristom. fr. 14,1 ἀκρατιοῦμαι μικρόν, mit Orth 2014, z. St.; ein weiterer Beleg ist Theocr. 1,51).

fr. 622 K.–A. (609 K.)

ἥτις κυοῦσ' ἐφάνη κύος τοσουτονί

κυοῦσ' Blaydes, Kock: κύουσ' codd., Meineke τοσοῦτον FS

welche offenbar schwanger war mit einem *so* großen Fötus

Poll. II 6 (codd. FS, A)
τὸ δὲ κύημα καὶ κύος Ἀριστοφάνης κέκληκεν· ——

und das *kyēma* (‚Fötus') hat Aristophanes auch *kyos* genannt: ——

Metrum Iambischer Trimeter:
– – ⏑ – ⏖ – | ⏑ – ⏑ – ⏑ –

Zitatkontext Das Fragment wird in einer Sektion über den Menschen und dessen Lebensphasen (Poll. II 5–7) als einziges Zitat für ein Synonym vom v.a. in der medizinischen Literatur gängigen κύημα herangezogen; das Zitat folgt unmittelbar auf σπέρμα und dessen Ableitungen, Verben des Schwangerseins bzw. Gebärens wie ὑποδέξασθαι, κυῆσαι, γεννῆσαι und τεκεῖν sowie eben die Standardbegriffe für ‚Embryo', ‚Fötus' (ἔμβρυον und κύημα; dieses kann wiederum ἀνεμιαῖον ‚nicht lebenstüchtig' oder τρόφιμον bzw. βιώσιμον ‚lebenstüchtig' sein). Auf den aristophanischen Wortgebrauch nehmen wohl auch Hsch. κ 4633 (κύος· κύημα [ἔγκυος] τὸ ἐν γαστρί) und Phot. κ 1224 (κύος· κύημα) Bezug.

Textgestalt Die Korrektur des tradierten κύουσ' (beibehalten in Meineke II.2 1184) in κυοῦσ' (seit Blaydes 1885, 348) ist nicht zwingend; als allgemeiner Vorbehalt muß in solchen Fällen gelten, daß Fehler bereits in den Hss. gestanden haben können. Zwar würden Ar. Lys. 745 (ἀλλ' οὐκ ἐκύεις σύ γ' ἐχθές; vgl. 751–2 ἔχουσα τὴν ἱερὰν κυνῆν / κυεῖν ἔφασκες; [ΓΥ. Γ'] καὶ κυῶ γε νὴ Δία) und Thesm. 641 (στερίφη γάρ εἰμι κοὐκ ἐκύησα πώποτε) für κυοῦσ' sprechen (vgl. auch Men. Asp. 218 ἢ τέτοκε τῶν ἔνδον κυοῦσά τις λάθρᾳ), aber κύουσ' ist auch möglich (vgl. Eur. fr. 207 Kn. ἡνίκ' ἠγόμην πάλιν / κύουσα τίκτω, Antiphan. fr. 55,5 [*Aphrodisios*] τακερόχρωτ' εἴδη κύουσαν, Nicoch. fr. 22 κύουσαν δέλφακα: hier ist die Korrektur in κυοῦσαν von Kassel–Austin durch Aristophanes' Fragment begründet).

Interpretation Der mit einem fem. Relativpronomen beginnende Satz bezieht sich auf eine Frau (theoretisch könnte es sich auch um ein weibliches Tier handeln), die jemanden geboren hat, der auf der Bühne anwesend zu sein scheint (τοσουτονί), und vielleicht mit einer gewissen Verachtung betrachtet wird. Andererseits könnte die Größe des Fötus auch nur durch eine emphatische Geste erahnt werden.

Anhand von Ar. fr. 562 [*Triphalēs*] (λαβέσθαι· καὶ γὰρ ἐσθ' ὁμοῦ, eingeleitet vom Zitatträger – schol. Plat. (T) Phaed. 72c (p. 11 Gr.) – mit den Worten: ὁμοῦ σημαίνει ποτὲ μὲν τὸ ἐγγύς, ὡς δηλοῖ [...] καὶ Ἀριστοφάνης Τριφάλητι· ἡ γὰρ τὸν Τριφάλητα τίκτουσά φησιν) wurde eine Zugehörigkeit des Fragments zu Aristophanes' *Triphalēs* erwogen (Süvern 1827, 44: „Auf die Mutter des Triphales-Alkibiades passte dies sehr gut"; vgl. auch Bergk in Meineke II.2 1184: „probabiliter"). Diese an sich recht plausible Relation zwischen den Aristophanes-Fragmenten – in beiden geht es um Schwangerschaft – muß jedoch von der Vermutung (Süvern 1826, 62–7) getrennt gehalten werden, daß Triphales – und somit auch der fragliche *Fötus* – mit Alkibiades zu identifizieren sei (zu Recht dagegen sind Kassel–Austin in PCG III.2 285).

ἥτις Bei den Komikern wird ὅστις (außer als Indefinit- und Interrogativpronomen) auch als Relativpronomen bevorzugt (vgl. Willi 2003, 263–4).

κύουσ' ... κύος Vgl. Aristot. Hist. anim. 543b 22 (οὐδὲ κύουσι πολλὰ κυήματα). Das Wort κύος (als Synonym von κύημα ‚Fötus', ‚Embryo') ist nur hier und in IG XII.5 646 (aus Keos) bezeugt (zu den lexikographischen Belegen vgl. hier oben, Zitatkontext).

Für das deiktische Pronomen (*pace* Millis 2015, zu Anaxandr. fr. 29,2 [*Melilōtos*] ἐξὸν τοσουτουὶ δύ' ἀγάλματ' ἀγοράσαι;: „A formation of the fourth century") vgl. Ar. Equ. 578 (καὶ πρὸς οὐκ αἰτοῦμεν οὐδὲν πλὴν τοσουτονὶ μόνον), 868 (ἓν δ' εἰπέ μοι τοσουτονί), 875 (οὐ δεινὸν οὖν δῆτ' ἐμβάδας τοσουτονὶ δύνασθαι), Pac. 369–70 (κᾆτα τῷ τρόπῳ / οὐκ ᾐσθόμην ἀγαθὸν τοσουτονὶ λαβών;), 971 (ἡμῶν καταχεόντων ὕδωρ τοσουτονί), Av. 1434 (ἀφ' ὧν διαζῆν ἄνδρα χρῆν τοσουτονί), Lys. 255 (κορμοῦ τοσουτονὶ βάρος χλωρᾶς φέρων ἐλαίας), Plut. 427–8 (οὐ γὰρ ἂν τοσουτονὶ / ἀνέκραγες ἡμῖν οὐδὲν ἠδικημένη), fr. 593,10 (vgl. hier oben), Plat. Hipp. ma. 292c, Dem. 18,279 und [Dem.] 43,39.

fr. 623 K.–A. (610 K.)

ὀξυγλύκειάν τἄρα κοκκιεῖς ῥόαν

τἄρα Meineke, Kock: τᾶρα Elmsley, Bethe, Radt: ἄρα ... ῥόαν; Butler

eines süß-sauren Granatapfels wirst du dann die Kerne knabbern

Poll. VI 80
κόκκοι ῥόας· καὶ οὕτω μὲν ὁ καρπός, τὸ δὲ δένδρον ῥοιά, εἴποις δ' ἂν καὶ κοκκίσαι ῥόαν κατ' Ἀριστοφάνην· ——. τουτὶ δὲ τὸ ἰαμβεῖον Ἀριστοφάνης οὐκ ἴδιον ὂν εἴρηκεν, ἀλλ' ὡς Αἰσχύλου

kokkoi rhóas (‚Kerne des Granatapfels'): und so [heißt] die Frucht, während der Baum *rhoiá* (‚Granatapfelbaum') heißt, und du könntest auch *kokkisai rhóan* (‚die Kerne eines Granatapfels knabbern') sagen, nach Aristophanes: ——. Und diesen iambischen Trimeter hat Aristophanes nicht als seinen eigenen gesagt, sondern als einen Vers des Aischylos (Aesch. fr. 363 R.)

Metrum Iambischer Trimeter:

——⏑— —|—⏑— ⏑—⏑—

Zitatkontext In einem zu einem guten Teil (Poll. VI 1–112) dem Symposion gewidmeten Buch wird das Fragment in einer kleinen Sektion (VI 79–82) über die *epidorpismata* (Kleinigkeiten, z. B. zum Knabbern, die am Schluß eines Gastmahls serviert werden) zitiert, die Aristophanes ἐπιφορήματα genannt haben soll (Ar. fr. 819). Zu diesen gehören außer den Granatapfelkernen, wofür wiederum Aristophanes herangezogen wird, Nüsse, Myrtenbeeren, Mispeln, Mandeln, Feigen, Äpfel, Birnen, Rosinen, Trauben (eine ausführliche Diskussion der zum Dessert servierten Häppchen – *epidorpismata* oder auch *tragēmata* bzw. *trōgalia* –, die zum größten Teil durch Komikerzitate gestützt wird, bietet Athen. XIV 640b–654a). Pollux berichtet, daß Aristophanes den Vers Aischylos zuschreibt (Aesch. fr. 363 R.). Das Fragment scheint in jeder Hinsicht einwandfrei überliefert zu sein, auch wenn ein allgemeiner Vorbehalt bei solchen vermeintlich wörtlichen Zitaten immer gelten muß (vgl. Fraenkel 1950, zu Aesch. Ag. 1252: „let us hope that Aristophanes quoted accurately").

Textgestalt Anstelle des bei Komikern und Tragikern nahezu ausschließlich überlieferten τἄρα wird beim Pollux-Editor Bethe sowie bei Radt zu Aesch. fr. 363 R. (mit Verweis u. a. auf Elmsley 1809, 122, zu Ar. Ach. 323) τἆρα gedruckt. Unnötig sind sowohl der Eingriff von Bothe 1805, 604 (Ὀξυγλυκεῖάν τ᾽ ἆρα κοκκίζεις ῥοάν; *Acidi igitur mala punici grana decerpsisti?*) als auch die von Butler 1816, 237 (Ὀξυγλυκεῖαν ἄρα κόκκιζες ῥοάν; bzw. Ὀξυγλυκεῖαν ἆρα κοκκιεῖς ῥοάν; – nur in seinem dritten Vorschlag – Ὀξυγλυκίαν τ᾽ ἆρα κοκκιεῖς ῥοάν – nähert er sich dem tradierten Text, wobei die Änderung von -κεῖαν in -κίαν unverständlich ist): das im komischen und tragischen Dialog weitverbreitete τἄρα bedarf keiner Emendation (vgl. hier unten, zum Wort) und paßt darüber hinaus bestens zum Fut.

Interpretation Nichts Sicheres läßt sich über die in diese wohl dialogische Situation involvierte Person sagen. Da es sich um ein aischyleisches Zitat handelt, dürfte der Kontext parodisch sein (vgl. van de Sande Bakhuyzen 1877, 197). Wenn der Vers einzeln zitiert wurde, liegt es nahe, daß er in eine dialogische Situation eingebettet war, so wie viele der Euripides-Zitate etwa in Aristophanes' *Acharnern*, *Rittern* oder *Thesmophoriazusen* (vgl. z. B. Ar.

Equ. 17[16]–19 {OI. B'} ἀλλ' οὐκ ἔνι μοι τὸ θρέττε. πῶς ἂν οὖν ποτε / εἴποιμ' ἂν αὐτὸ δῆτα κομψευριπικῶς; / „πῶς ἂν σύ μοι λέξειας ἁμὲ χρὴ λέγειν;" / {OI. A'} μή μοί γε, μή 'μοι, μὴ διασκανδικίσῃς, mit Eur. Hipp. 345 πῶς ἂν σύ μοι λέξειας ἁμὲ χρὴ λέγειν;). Granatapfelkerne dürften allerdings die mythische Entführung der Persephone durch Hades suggerieren, der ihr kurz vor ihrer Rückkehr sechs davon in den Mund drückte (vgl. Bothe 1805, 604: „Ceres, ni fallor, ad Proserpinam"; in Anlehnung daran dachte Butler 1816, 237 an die aischyleische Tragödie *Eleusinioi* und fügte hinzu: „possint esse verba cujusdam ad ἀμύητον cui sacra communicanda erant").

Das von einigen Kommentatoren suggerierte erotische *double entendre* (vgl. Dobree 1833, 256: „An sensus est, *Nondum maturæ puellæ vim paras*?", anhand von Hor. Carm. II 5,10 *immitis uvae*; zuletzt Henderson 2007, 421 A. 148: „Perhaps metaphorically of deflowering a girl"; vgl. auch die fragwürdige Deutung in Komornicka 1981, 73: „Jeu de mots sur κόκκος, pépin et *pudendum muliebre* [...] et κύσθος (κυσός)") läßt sich nicht weiter begründen (interessant für die Rezeption des Verses als Spruch ist die philosophische Deutung des Erasmus, Adag. 2087. III,I,87: „Desinam, si Aeschyli versum ascripsero, quem Iulius Pollux libro vi. capite xi. testatur extare apud Aristophanem: Ὀξυγλυκυῖάν τἆρα κοκκιεῖς ῥόαν, id est *Et dulciter acre temperabis punicum*. Huius enim pomi grana gratam quandam habent acrimoniam. Ad eundem modum temperata est vita mortalium"). Die erwägenswerte Möglichkeit, daß der Vers aus einem Satyrspiel des Aischylos kommt (Mancini 1896, 20, Steffen 1935, 33, Steffen 1952, 146), hätte zur Folge, daß das vermeintliche erotische Bild vielleicht bereits bei Aischylos vorhanden war, aber das muß genauso spekulativ bleiben wie der erotische Kontext selbst.

Die Versuche einer Zuweisung zu einer bestimmten Komödie sind zumal bei einem paratragischen Fragment wie diesem notwendigerweise mit Vorsicht zu genießen (an den *Gērytadēs* denkt Fritzsche 1845, 279, unter Verweis auf Ar. fr. 188 [*Gērytadēs*], mit dem Ausdruck ῥόαι, und einer vermeintlichen Erwähnung des Aischylos; vgl. aber Kassel–Austin in PCG III.2 101, mit Verweis auf Kaibel: „prior certe pars non apud inferos agebatur, sed Athenis ad ipsum ut videtur Bacchi templum. de altera parte iudicarem, si fr. 696 ad Gerytadem referendum esse constaret, ubi ipse Aeschylus de sua arte disserens inducitur"; die Zuweisung zum *Gērytadēs* von Ar. fr. 696 – bereits in Meineke 1827, 38 – ist jedoch nur eine von vielen Möglichkeiten: vgl. Kassel–Austin z. St.; Elmsley in Blaydes 1885, 357 dachte an die noch weniger bekannte *Poiēsis*, von der auch keine Spuren einer aischyleischen Präsenz überliefert sind).

Die Diktion des Fragments zeichnet sich durch ein außerhalb der medizinischen Literatur nirgends belegtes Adj. und ein nur hier vorkommendes Verb aus; der Gebrauch der Partikelkombination ist auf die dramatischen Dialoge beschränkt; die Form des Subst. ist rein attisch.

ὀξυγλύκειαν Dieses oxymorische Kompositum (vgl. Fehling 1969, 291) kommt sonst ausschließlich in der medizinischen Literatur vor (u. a. als ὀξύγλυκυ bzw. ὀξυγλυκές, d. h. ποτόν; ein Getränk mit gesäuertem Honig). Die Verbindung zwischen Granatäpfeln und *Süße* findet sich auch in der medizinischen Literatur und in Apostol. XIII 16b [CPG II 578, Arsen.] (οὐδὲ ῥοιὰν γλυκεῖαν ἐκ τῆς δεξιᾶς δέξαιτο ἄν), was das in Kassel–Austin als ῥόαν γὰρ ἐκ τῆς χειρὸς αὐτῶν gedruckte Alex. fr. 73 [*Helenēs mnēstēres*] u. a. als οὐδὲ ῥόαν γλυκεῖαν ἐκ τῆς δεξιᾶς / δέξαιτ' ἂν αὐτῶν (Kock II 321) wiederherstellen ließ.

τἄρα Vgl. Denniston 1954^2, 35–6. 542. 555 und Lowe 1973, 36–48.

κοκκιεῖς Das denominale Verb κοκκίζειν (aus κόκκος ‚Kern des Granatapfels') ist nur hier bezeugt; der *kokkos* als Granatapfelkern, bezeugt u. a. in h.Cer. 372 und Antiphan. fr. 60 [*Boiōtia*] (ἐνεγκεῖν ἐξ ἀγροῦ μοι τῶν ῥοῶν / τῶν σκληροκόκκων) ist vom *kokkos* als Kermeswurm bzw. Scharlachbeere (*Coccus ilicis*) zu trennen (vgl. dazu Blümner 1912^2, I 248–9; so etwa in Drom. fr. 1,3–4 [*Psaltria*] τὸν Τιθύμαλλον γοῦν ἀεὶ / ἐρυθρότερον κόκκου, versehentlich als Bezeugung für den ersten *kokkos* herangezogen in Olson–Sens 1999, zu Matr. fr. 1,113 O.–S.).

ῥόαν Die ῥόα ist sowohl der Granatapfel (*Punica granatum*; vgl. Brazda 1977, 25; Worterklärung, aus ῥεῖν aufgrund der Saftigkeit, in Strömberg 1940, 52), wie hier, als auch dessen Baum (vgl. Thphr. Hist. plant. VII 13,4); neben dem att. ῥόα (z. B. Alex. fr. 73 [*Helenēs mnēstēres*], mit Arnott 1996, z. St.) sind weitere Formen das ion.-epische ῥοιή sowie ῥοιά (erst in hellenist. Zeit und dann v.a. in der grammatischen Lit. vertreten; vgl. aber auch Ar. Vesp. 1268*b* ἀντὶ μήλου καὶ ῥοᾶς, lyr., mit der Lesart ῥοιᾶς in RΓJS; eine analoge Konstellation in χροιή / χροιά / χρόα; vgl. hier oben, zu fr. 592,26). Der Granatapfel erscheint häufig in Speiselisten der Komödie (vgl. Olson–Sens 1999, zu Matr. fr. 1,113 O.–S.).

fr. 624 K.–A. (611 K.)

τὸ παραπέτασμα τὸ Κύπριον, τὸ ποικίλον

τὸ παρ. τὸ FS: παρ. τὸ CL: παρ. AB

der Wandteppich aus Zypern, der bunt bestickte

Poll. X 32 (codd. FS, ABCL)
πρὸ μὲν οὖν τοῦ κοιτῶνος ἐπὶ ταῖς θύραις παραπετασμάτων σοι δεῖ, εἴτε ἁπλοῦν εἴη τὸ παραπέτασμα λευκὸν ἐξ ὀθόνης, εἴτε καὶ τρίχαπτόν τι βαπτόν, εἴτε πολύχρουν, ἐφ' οὗ Ἀριστοφάνης ἂν εἴποι ——

vor dem Bettzimmer also brauchst du bei den Türen *parapetasmata* (‚Vorhänge', ‚Wandteppiche'), sei es einfach das weiße *parapetasma* aus Leintuch, sei es auch ein haarfeines, gefärbtes, sei es auch vielfarbig, wozu Aristophanes sagen könnte: ——

Metrum Iambischer Trimeter:
⏑⏖⏑– ⏑|⏖⏑– ⏑–⏑–

Zitatkontext In einem den Gerätschaften, deren Behältern und Funktionen gewidmeten Buch (zu Eratosthenes' *Skeuographikos* als möglicher Quelle für Pollux' Buch X vgl. Nesselrath 1990, 87–8), geht es in dieser Sektion (Poll. X 32–3) um Objekte, die sich vor dem Eingang in das Schlafzimmer befinden (darunter auch die verschiedenen Arten von *klinai*).

Interpretation In welchem Kontext dieses luxuriöse Textilprodukt, wofür die zyprische Manufaktur eine Garantie von Hochwertigkeit war, erwähnt wurde, ist nicht bekannt. Die Singularform läßt wohl ausschließen, daß das *parapetasma* zu einer Liste etwa von symposialen Accessoires gehört. Die deiktisch klingende Anhäufung der Artikel (vergleichbare Sequenzen mit Subst. und zwei ebenfalls mit Artikel versehenen Attributiven sind etwa Thuc. I 108 τά τε τείχη ἑαυτῶν τὰ μακρὰ ἀπετέλεσαν, Andoc. 1,16 ἐν τῇ οἰκίᾳ τῇ Χαρμίδου τῇ παρὰ τὸ Ὀλυμπιεῖον, 7,9 καὶ τὸ τεῖχος τὸ μακρὸν τὸ νότιον; vgl. Kühner–Gerth II.1 622) dürfte entweder an eine konkrete Bezugnahme auf ein auf der Bühne sichtbares Objekt (vielleicht als Teil des Bühnenbilds, handelt es sich doch beim *parapetasma* um einen *Wand*teppich) oder aber auf ein nur imaginiertes Objekt denken lassen: hierfür böte ein gutes Pendant Ar. Nub. 766–7 (ἤδη παρὰ τοῖσι φαρμακοπώλαις τὴν λίθον / ταύτην ἑόρακας, τὴν καλήν, τὴν διαφανῆ / ἀφ' ἧς τὸ πῦρ ἅπτουσι;), das auch eine ähnliche Situation suggerieren könnte (‚kennst du *den* [berühmten] *zyprischen bunten Wandteppich*?').

Die auf *parapetasmata* bezogene Buntscheckigkeit findet sich bereits in Hdt. IX 82,1 (τὴν Μαρδονίου κατασκευὴν χρυσῷ τε καὶ ἀργύρῳ καὶ παραπετάσμασι ποικίλοισι κατεσκευασμένην), in IG I[3] 421,173 (παραπέτ]ασμα ποικίλο[ν, mit Pritchett 1956, 248–9) und dann wieder in einer Inschrift von Samos aus dem J. 346/5 n. Chr. (IG XII.6,1 261,26 παραπετάσματα δύο βαρβαρικὰ ποικίλα, mit Kassel 2000: „Die παραπετάσματα δύο βαρβαρικὰ ποικίλα in 261,26 (a. 346/5) lassen an Aristophanes fr. 624 [...] und Men. Dysk. 923 παραπέτασμα βαρβαρικόν denken"). *Bunt* sind die Teppiche auch in Ar. Lys.

1189 (στρωμάτων δὲ ποικίλων) sowie der bunt verzierte, eher billige persische Teppich in Hipparch. fr. 1,3–6 [*Anasōzomenoi*] (ἀλλ' ἢ δαπίδιον ἓν ἀγαπητὸν ποικίλον, / Πέρσας ἔχον καὶ γρῦπας ἐξώλεις τινάς / τῶν Περσικῶν). Bunt bestickte Stoffmanufakte mit Herkunftsangabe auch in Hermipp. fr. 63,23 [*Phormophoroi*] (Καρχηδὼν δάπιδας καὶ ποικίλα προσκεφάλαια: Teppiche und bunte Kopfkissen aus Karthago) und Philem. fr. 79,4 [*Sikelikos*] (ἱμάτια ποικίλ' εἰ λέγοι τις Σικελικά: bunte Mäntel aus Sizilien). Teppiche zählen gelegentlich in der Komödie zur Ausstattung eines luxuriösen Symposions: in Ar. Vesp. 676 gehören die *dapides* zusammen u. a. mit Kopfkissen, Kränzen, Wein und Kleinigkeiten zum Knabbern; in Eccl. 840 (κλῖναί τε σισυρῶν καὶ δαπίδων σεσαγμέναι) sind die *klinai* voll mit Flausröcken und Teppichen; in Pher. fr. 199 (ὁ χορὸς δ' αὐτοῖς εἶχεν δάπιδας ῥυπαρὰς καὶ στρωματόδεσμα) und Ar. fr. 264,1 [*Danaides*] (ὁ χορὸς δ' ὠρχεῖτ' ἂν ἐναψάμενος δάπιδας καὶ στρωματόδεσμα) dienen sie hingegen zur Verkleidung der Choreuten.

παραπέτασμα Aus πεταννύναι ‚ausbreiten', ‚entfalten', ‚öffnen' steht das Wort für ‚Vorhang', ‚Wandteppich', ‚Deckmantel' (vgl. auch πέτασμα ‚Decke, Vorhang'). Im einzigen anderen Beleg aus der Archaia geht es um *persische Wandteppiche* (Ar. Ran. 937–8 οὐχ ἱππαλεκτρυόνας μὰ Δί' οὐδὲ τραγελάφους, ἅπερ σύ, / ἂν τοῖσι παραπετάσμασιν τοῖς Μηδικοῖς γράφουσιν; sowohl auf diese Stelle als auch auf das Fragment ließe sich Eust. in Il. p. 722,32 τὸ καταπέτασμα, ὅπερ ὁ Κωμικὸς παραπέτασμα λέγει beziehen; so Kassel 1977, 88); dasselbe gilt für Men. Dysc. 923–4 (καὶ παραπέτασμα βαρβαρικὸν ὑφαντόν / [ ]ποδῶν τὸ μῆκος ἑκατόν; vgl. auch 929–30 ἔστιν ὑμῖν, ἔστιν ὡς ἀληθῶς / τὸ παραπέτασμα, παππία, πατρίδιον), wo ein überdimensioniertes *parapetasma* für etwas Wertvolles und Aufwendiges steht; das Bild eines *Vorhangs* wird in Diph. fr. 67,8 [*Polypragmōn*] (οὐ διὰ τοῦτό γ', ἀλλ' ἐστιγμένος / πρὸ τοῦ μετώπου παραπέτασμ' αὐτὴν ἔχει) für die Mähne verwendet, welche das Stigma auf der Stirn eines entflohenen Sklaven bedeckt; in Alex. fr. 341,1–2 (τὰ δὲ χρήματα / ταῦτ' ἐστὶν ὄψις, παραπέτασμα τοῦ βίου, mit Arnott 1996, 847: „here comes close to '(false) appearance'") sowie in Men. fr. 299,9 [*Plokion*] (εἶχεν δὲ παραπέτασμα τὴν ἐρημίαν) ist der übertragene Sinn von *Vorwand* bezeugt (vgl. auch Plat. Prot. 316e ταῖς τέχναις ταύταις παραπετάσμασιν ἐχρήσαντο, Dem. 45,19, Plut. De rect. rat. aud. 41d); die technische Bedeutung von ‚Bühnenvorhang' z. B. in anon. in Aristot. EN IV 6 [CAG XX p. 186,9 Heylb.] (σύνηθες ἐν κωμῳδίᾳ παραπετάσματα δέρρεις ποιεῖν οὐ πορφυρίδας. Μυρτίλος ἐν Τιτανόπασι; vgl. Myrt. fr. 1 [*Titanopanes*], mit Bagordo 2014, z. St.).

Κύπριον Zypern galt für bunte Textilien und speziell für die Teppichweberei als renommierter Standort (vgl. Büchsenschütz 1869, 70); in Athen. epit. II 48b (aus einer peripatetischen Quelle: Hier. Rhod. fr. 48 Wehrli) wird die Blüte der Buntstickerei (ποικίλων ὑφή) explizit mit zwei berühmten und sprichwörtlich gewordenen Kunstwebern aus Zypern (Akesas und Helikon) assoziiert (vgl. Zenob. Cent. I 56).

ποικίλον Für die *Buntheit* von Teppichen bzw. Stoffen vgl. hier oben, Zitatkontext.

fr. 625 K.–A. (614 K.)

τὴν φάρυγα μηλῶν δύο δραχμὰς ἕξει μόνας

φάρυγα Sud. A: φάρυγγα Phot., Sud. codd. ceteri μηλῶν Porson: μηλῶσαι Phot., Sud.: μελώσας Küster, Blaydes δύ' ἐξεμέσει δραχμάς Blaydes (-σεις -ά [?] van Herwerden) ἐξήμουν Kaibel ἕξεις ὅλας Kock

beim Sondieren der Kehle wird er nur zwei Drachmen kriegen

Phot. μ 397 = Sud. μ 940
μηλῶσαι· τὸ καθεῖναί τι εἰς βάθος. καὶ τὴν φάρυγγα μηλῶσαι, τὸ διαχρῖσαι (-ῆσαι, Phot.) τῷ δακτύλῳ. Ἀριστοφάνης ——

mēlōsai (‚sondieren'): das Hinabsenden von etwas bis in die Tiefe. Auch ‚die Kehle sondieren', das ‚Hindurchstreichen (mit dem Finger)'. Aristophanes: ——

Metrum Iambischer Trimeter:
—⏕⏑— —|⏕⏑— ——⏑—

Zitatkontext Das lexikographische Interesse für (κατα)μηλοῦν zeigt sich auch in Phot. κ 305 = Sud. κ 652 (καταμηλῶν· μηλῶσαι καλοῦσιν οἱ ἰατροὶ τὸ μήλην καθεῖναί που· ἦν δὲ καὶ παροιμία τίς ἐπὶ τῶν τὰ ἄδηλα τεκμαιρομένων· λέγεται δὲ καταμηλοῦν, καὶ τὸ βάπτειν ἔρια ὅτ' ἂν πιέζηται κινούμενα), wo außer der medizinischen Herkunft auch ein zusammenhängendes Sprichwort (über diejenigen, *die Undeutliches / Falsches bezeugen*) sowie eine weitere Bedeutung aus dem textilen Bereich belegt sind (*Wolle färben*; vgl. auch Phot. κ 305); eine ausführlichere Beschreibung des ärztlichen Vorgangs mit Einbeziehung der *Kehle* und Verweis auf diejenigen, die statt der speziellen *Sonde* sich eines *Fingers* bedienen, um sich zu übergeben, in Sud. κ 649 (καταμηλῶσαι· λέγεται τὸ μήλην καθίζεσθαι ὑπὸ τοῦ ἰατροῦ εἰς τὸν λαιμόν· ὡς ποιοῦσι καὶ οἱ ἐμοῦντες, τὸν δάκτυλον καθιέντες εἰς τὸν λαιμόν); vgl. schol. Ar. Equ. 1150b [VEΓ^{2}ΘM] ~ Sud. κ 1518 (κημὸν καταμηλῶν· Ἀριστοφάνης· ἔπειτ' ἀναγκάζω πάλιν ἐξεμεῖν, ἅττ' ἂν κεκλόφωσί μου [= Ar. Equ. 1147–9] καταμηλοῦν λέγουσι τὸ τὴν μήλην καθίεσθαι ὑπὸ τοῦ ἰατροῦ εἰς τὸν λαιμόν, ὡς ποιοῦσιν οἱ ἐμοῦντες. τὸ δὲ ὅλον βούλεται, ὅτι καταψηφιζόμενος αὐτῶν καὶ καταδικάζων ἀναγκάζω ἐμεῖν τὰς κλοπάς); im Rahmen verschiedener medizinischer Instrumente (*ergaleia*) wird in Poll. IV 181 (καὶ μηλῶσαι τὸ τὴν μήλην καθεῖναι) Phryn. fr. 66 herangezogen (vgl. hier unten, Interpretation; vgl. auch – ohne Zitate – Hsch. μ 1207 μηλῶσαι· τὸ τὴν μήλην καθεῖναί που und κ 1266 καταμηλῶσαι· τῇ μήλῃ χρήσασθαι, καθεῖναι).

Textgestalt Ausgehend vom tradierten μηλῶσαι (das von Porson 1823, 229 in μηλῶν korrigiert wurde) wurde μελώσας gelesen (so bereits Küster 1705, II 552, der den Vers so wiedergibt: „*Cum guttur specillo perunxerit, duas tantum drachmas habebit*") und der folgende Satz als δύ' ἐξεμέσει δραχμάς (Blaydes 1896, 69; vgl. auch van Herwerden 1903, 47: δύ' ἐξεμέσεις δραχμάς) bzw. ἐξήμουν (Kaibel in Kassel–Austin z. St.) verstanden, wobei die Assoziation zwischen dem *Sondieren* (oder allgemeiner dem *Herabsenden* von etwas, wie z. B. einem Finger, in den Rachen) und dem *Erbrechen* durch Ar. Equ. 1147–50 (vgl. hier unten, Interpretation) und der zumeist von dieser Stelle abhängigen lexikographischen Tradition (vgl. hier oben, Zitatkontext) suggeriert wurde; anhand derselben Stelle sowie von Vesp. 791–2 (κἀγὼ 'νέκαψ'· ὀβολοὺς γὰρ ᾤόμην λαβεῖν. / κᾆτα βδελυχθεὶς ὀσφρόμενος ἐξέπτυσα; für die Gewohnheit, Silber im Mund zu verstecken) wurde für den Versschluß auch ἕξεις ὅλας erwogen (Kock I 546).

Interpretation Die Situation ist nicht eindeutig rekonstruierbar. Eine mögliche Interpretation wäre, daß der Sprechende feststellt, daß jemand beim *Sondieren der Kehle* bei einer dritten Person nicht mehr als zwei Drachmen herausziehen würde, die der Untersuchte verschluckt hat. Anders als z. B. korrupte Politiker könnte der Betroffene einen dermaßen geringen Betrag gestohlen haben, daß er vom Sprechenden wohl gegen Beschuldigungen in Schutz genommen wird.

Hierfür spricht u. a. der bei Aristophanes häufige Rekurs auf Bilder des *Essens* und *Trinkens* in bezug auf Bestechungsaffären: etwa in Ar. Ach. 5–6 (ἐγᾦδ' ἐφ' ᾧ γε τὸ κέαρ ηὐφράνθην ἰδών, / τοῖς πέντε ταλάντοις οἷς Κλέων ἐξήμεσεν) erinnert sich Dikaiopolis mit Freude an die Korruptionsaffäre, in die Kleon verwickelt worden war (vgl. Paladini 1958, 57): dieser gab – als die Sache aufgedeckt wurde, aber noch vor dem Prozeß – das Bestechungsgeld (sechs Talente) zurück, wobei dieser Akt mit dem *Ausspucken* wiedergegeben wird (zu den Eß- und Trinkbildern vgl. die bei Olson 2002, z. St. angeführten Ar. Equ. 103. 258. 707. 824–7 sowie Taillardat 1965[2], § 538. 708–10 und zum Bild des *Ausspuckens* für ‚Zurückgeben (von gestohlenem Geld)' § 711; vgl. auch Davidson 1993); das Bild des *Ausspuckens* vom Bestechungsgeld durch

Kleon kehrt in Equ. 402–4 (ὦ περὶ πάντ' ἐπὶ πᾶσί τε πράγμασι / δωροδόκοισιν ἐπ' ἄνθεσιν ἵζων, / εἴθε φαύλως, ὥσπερ ηὗρες, ἐκβάλοις τὴν ἔνθεσιν) wieder.

Diese Deutung fände ein noch stringenteres Pendant in den ebenfalls auf Kleon bezogenen Worten des Demos in Ar. Equ. 1147–50 (ἔπειτ' ἀναγ-/κάζω πάλιν ἐξεμεῖν / ἅττ' ἂν κεκλόφωσί μου, / κημὸν καταμηλῶν ‚nachher zwinge ich sie wieder auszuspucken, was sie geklaut haben, indem ich *eine Sonde hinabsende* ... in die Stimmurne', mit Sommerstein 1980, 51: „The last phrase has generally been understood to mean 'using the funnel ⟨of the voting-urn⟩ as a probe ⟨to induce vomiting⟩'; but while this fits excellently into the metaphorical context, it does not give good literal sense. The doctor wishing to make his patient vomit thrusts a probe into the patient's throat. But the juror when he votes does not thrust the funnel of the urn into anything; rather he thrusts his hand into the funnel. Furthermore, as Neil pointed out, μηλόω and its compounds take an accusative, not of the probing instrument, but of the cavity probed (cf. Ar. fr. 614 τὴν φάρυγα μηλῶν). I take it therefore that the passage is to be explained by regarding κημὸν as a surprise substitute for some such word as λαιμόν. The politician is made to 'cough up' his ill-gotten gains, not by the doctor's probe in the depths of his throat, but by the juror's hand in the depths of the voting-funnel, with the pebble of condemnation in it").

Ebenfalls möglich – aber weniger wahrscheinlich – wäre es, daß jemand implizit jemand anderem davon abrät, bei einer dritten Person einen ärztlichen Eingriff – die medizinisch-technisch gemeinte Sondierung der Kehle – vorzunehmen, da der Lohn dafür eine zu niedrige Summe betragen wird. Letztere Deutung, die auch auf einem wörtlichen Sinn basiert und die Präsenz eines Arztes voraussetzen könnte, ließe sich durch Phryn. fr. 66 (ἔμει καταμηλῶν· φλέγματος γὰρ εἶ πλέως ‚schluck' die Sonde runter und übergib dich, da du voll mit Phlegma bist', mit Stama 2014, z. St.), unterstützen, wobei diese – zusammen mit Cratet. fr. 46 (ἀλλὰ σικύαν ποτιβαλῶ τοι καὶ τὺ λῇς ἀποσχάσω) – die einzige vermeintliche Bezeugung für die Präsenz eines Arztes auf der Bühne der Archaia wäre (vgl. Rossi 1977, 82, der für Phrynichos-Fragment von einer „prescrizione emetica" spricht).

δύο – μόνας Vgl. Ar. Pac. 449 (ληφθεὶς ὑπὸ ληστῶν ἐσθίοι κριθὰς μόνας); vgl. auch Epig. fr. 7,1–2 [*Pontikos*] (τρεῖς μόνους ἔχω / σκώληκας ἔτι) und Eub. fr. *93,1–2 [*Semelē ē Dionysos*] (τρεῖς γὰρ μόνους κρατῆρας ἐγκεραννύω / τοῖς εὖ φρονοῦσι).

τὴν φάρυγα μηλῶν Die Form φάρυγ- (als Alternative zu φάρυγγ-) ist in der Dichtung bis zur alexandrinischen Zeit (mit der Ausnahme von Eur. Cycl. 356) die Regel.

Das Verb μηλοῦν – denominal von μήλη ‚chirurgische Sonde' (u. a. Hipp. De cap. vuln. 10) und hier mit dem Akk. der inspizierten Sache konstruiert –

gehört wie das häufigere Kompositum καταμηλοῦν (in den zitierten Ar. Equ. 1150, ebenfalls mit dem Akk. der inspizierten Sache, und Phryn. fr. 66, absolut; vgl. hier oben, Interpretation) zum medizinischen Fachjargon (vgl. Miller 1945, 81).

Die μήλη (vielleicht mit dem Verb μαίεσθαι ‚tasten', ‚untersuchen' verbunden; vgl. Frisk GEW, s. v.) bestand aus einem metallenen Stab, der zu folgenden Zwecken eingesetzt werden konnte: dem Inspizieren bzw. Einsalben (vgl. διαχρῖσαι beim Zitatträger) von Wunden; dem Sondieren des Rachens; dem Herbeiführen von Erbrechen, und zwar durch das Hinabsenden des Instruments in die Kehle, wobei ein identisches Ergebnis – wie die Lexikographen, darunter die Zitatträger bemerken, – durch das Einführen eines *Fingers* in den Mund erreicht wurde.

δύο δραχμὰς – μόνας ‚Zwei Drachmen' sind ein relativ geringer Betrag; in der Komödie können sie etwa für das Reisetagegeld (*ephodion*) von athenischen Botschaftern stehen (in Ar. Ach. 65–6 ἐπέμψαθ' ἡμᾶς ὡς βασιλέα τὸν μέγαν / μισθὸν φέροντας δύο δραχμὰς τῆς ἡμέρας; vgl. auch 90 ταῦτ' ἄρ' ἐφενάκιζες σὺ δύο δραχμὰς φέρων, 159 τούτοις ἐάν τις δύο δραχμὰς μισθὸν διδῷ und 161 τοισδὶ δύο δραχμὰς τοῖς ἀπεψωλημένοις;) oder für das Tragen von Gepäck in der Unterwelt (in Ran. 173 δύο δραχμὰς μισθὸν τελεῖς;), 176 (εἰ μὴ καταθήσεις δύο δραχμάς, μὴ διαλέγου); in Alex. fr. 2,5–6 [*Agōnis*] (κύαθος δ' ἦν ἀργυροῦς † τάκπώματα † / ἦγεν δύο δραχμάς) ist das der Preis eines silbernen Schöpfgefäßes in Kleinstformat (vgl. Arnott 1996, z. St.: „all that could have been produced from 2 drachmas of silver was a tiny miniature for e. g. dedication"). Die erste Silbe von δραχμή wird in der Archaia zumeist kurz skandiert.

fr. 626 K.–A. (615 K.)

τὸ πρᾶγμα τοῦτο συλλαβεῖν ὑπίσχομαι

τὸ πρᾶγμα τοῦτο codd.: τὸ πρ. τούτῳ Bothe: τοῦ πράγματος σοι Blaydes   συμβαλεῖν van Herwerden

diese Sache zu begreifen / ergreifen gelobe ich feierlich

Phot. π 1331 = Sud. π 2702

πρόσισχε· τὸ πρόσεχε. Κρατῖνος· (Cratin. fr. 317). καὶ Εὔπολις· (Eup. fr. 381). καὶ Θουκυδίδης γ'· (Thuc. III 22,8). οὕτως δὲ καὶ ὑπίσχομαι τὸ ὑπισχνοῦμαι (τὸ ὑπ. om. Phot.), οἵ τε τραγικοὶ καὶ Ἀριστοφάνης· ——

prosische (‚paß auf'): heißt *proseche* (‚paß auf'). Kratinos: (Cratin. fr. 317). Und Eupolis: (Eup. fr. 381). Und Thukydides im 3. (Buch): (Thuc. III 22,8). Und so auch die Form *hypischomai* (‚ich verspreche') für *hypischnoumai*, sowohl die Tragiker als auch Aristophanes: ——

Metrum Iambischer Trimeter:
⏑–⏑– ⏑|–⏑– ⏑–⏑–

Zitatkontext Zitiert wird das Fragment unter dem Lemma πρόσισχε für einen analog gebildeten Gebrauch des Verbs ὑπίσχεσθαι, das sich außer bei Aristophanes auch bei den Tragikern (ohne Zitate) belegen ließe (vgl. Aesch. Eum. 804 ἐγὼ γὰρ ὑμῖν πανδίκως ὑπίσχομαι). Für die Lemma-Form werden Cratin. fr. 317 (καὶ μὴ πρόσισχε βαρβάροισι βουκόλοις), Eup. fr. 381 (πρόσισχε τὸν νοῦν τῇδε) sowie Thuc. III 22,8 (παρανῖσχον δὲ καὶ οἱ ἐκ τῆς πόλεως) angeführt. Es ist möglich, daß die Quelle in Ailios Dionysios zu erkennen ist (Ael. D. π 67 Erbse), und zwar aufgrund des Thukydides-Zitats (vgl. Wentzel 1895, 378–81: πρόσισχε wird aufgelistet unter Glossen „im Zusammenhange mit Vorschriften über Flexionsbildung oder über den σχηματισμός der Wörter", 378; die alternative mögliche Quelle, Pausanias der Attizist, zitiert Thukydides hingegen niemals).

Textgestalt Die Emendationsvorschläge für das überlieferte und einwandfreie τὸ πρᾶγμα τοῦτο sind belanglos (τὸ πρ. τούτῳ von Bothe 1844, 196) – durch die Konstruktion von συλλαβεῖν (im Sinne von ‚jdm. bei einer Sache helfen', ‚eine Sache mit jdm. *anpacken*') mit Dat. der Person und Akk. der Sache gerechtfertigt (vgl. hier unten, Interpretation) – bzw. vom Text weit entfernt (τοῦ πράγματος σοι Blaydes 1885, 442). Komplexer ist der Fall von συλλαβεῖν, wofür συμβαλεῖν im Sinne von „me coniecturum" vorgeschlagen wurde (vgl. van Herwerden 1903, 47: „me coniecturum"; Kock III 723 hatte sich zu der Idee von van Herwerden 1882, 75, συλλαβεῖν könne *mente aliquid comprehendere, intellegere* bedeuten, so geäußert: „nullius pretii sunt quae profert Herwerd. Mnem. n. X 75").

Interpretation Wir wissen nicht, wer hier was zu begreifen bzw. ergreifen verspricht. Das Fragment wirft einige Fragen auf, die den Text jedoch nicht ernsthaft in Zweifel ziehen: ὑπίσχεσθαι ist nicht attisch und bräuchte generell einen Inf. fut.; συλλαβεῖν mit Akk. könnte mehrere Bedeutungen haben. Was auch immer συλλαβεῖν heißt (z.B. ‚begreifen, umfassen', ‚ergreifen, packen', ‚verstehen', ‚mitnehmen', ‚zuklappen'), verleiht die ionisch-epische Form ὑπίσχομαι dem ganzen Vers – eröffnet durch einen eher kolloquialen Nominalteil – eine (wohl parodisch) feierliche Note, die mit einem scherzhaften Gebrauch von Formeln wie etwa ‚ich gelobe feierlich' vergleichbar ist (vgl. Kock I 546: „neque συλλαβεῖν (pro συλλήψεσθαι τοῦ πράγματος) neque ὑπίσχομαι Atticorum consuetudini convenit. itaque nescio quis non Atticus videtur loqui. Aesch. Eumen. 804 sane πανδίκως ὑπίσχομαι"; vgl. aber van Herwerden 1903, 47: „Ὑπίσχομαι = ὑπισχνοῦμαι adversus Kockium Bl[aydes] ut atticum tuetur coll. προσίσχεται Ar. Pl. 1096 [...] Si igitur homo atticus hic loquitur, admittenda est parodia sive paratragoedia, coll. Aesch. Eumen. 804").

τὸ πρᾶγμα τοῦτο In der durch die Komiker reflektierten att. Konversationssprache reichlich vertreten (auch mit Deiktikum): Ar. Av. 1171 (τί τὸ πρᾶγμα τουτί;), Lys. 268 (ὅσαι τὸ πρᾶγμα τοῦτ' ἐνεστήσαντο καὶ μετῆλθον), Thesm. 72–3 (νὴ τοὺς θεοὺς ἐγὼ πυθέσθαι βούλομαι / τί τὸ πρᾶγμα τουτί), 597 (τὸ πρᾶγμα τουτὶ δεινὸν εἰσαγγέλλεται), Ran. 658 (τί τὸ πρᾶγμα τουτί;), Eccl. 484–5 (ἡμῖν δ' ἂν αἰσχύνην φέροι / πάσαισι παρὰ τοῖς ἀνδράσιν τὸ πρᾶγμα τοῦτ' ἐλεγχθέν), Antiphan. fr. 120,4–5 [*Kleophanēs*] (λέγονθ' ὅτι / τὸ πρᾶγμα τοῦτ' οὐκ ἔστιν, εἴπερ γίνεται), Men. Epitr. 513 (ἐμὸν ποήσομαι τὸ πρᾶγμα τοῦτ' ἐγώ).

συλλαβεῖν Verschiedene Bedeutungen möglich: obwohl ‚begreifen', ‚umfassen' (Hdt. III 82,5 ἑνὶ ἔπεϊ πάντα συλλαβόντα εἰπεῖν), ‚ergreifen', ‚packen' (Soph. Ai. 310 κόμην ἀπρὶξ ὄνυξι συλλαβὼν χερί) und ‚verstehen' (bezogen etwa auf Orakel, Reden, Stimmen in Hdt. I 63,1. 91,5, II 49,1, IV 114,1) denkbar sind, bieten auch die in der Komödie belegten Bedeutungen ernst zu nehmende Alternativen: ‚mit sich nehmen' (Soph. Trach. 1153, Ar. Vesp. 122–3 εἶτα ξυλλαβὼν / κατέκλινεν αὐτὸν [d.h. Philokleon] εἰς Ἀσκληπιοῦ) bzw. ‚zuschließen' / ‚zuklappen' (wie in Ach. 926 ξυλλάμβαν' αὐτοῦ τὸ στόμα).

ὑπίσχομαι Dies ist die ion.-epische Form für ὑπισχνέομαι (z.B. Hom. θ 347–8 λῦσον· ἐγὼ δέ τοι αὐτὸν ὑπίσχομαι, ὡς σὺ κελεύεις, / τείσειν αἴσιμα πάντα μετ' ἀθανάτοισι θεοῖσι, h.Merc. 275 μὴ μὲν ἐγὼ μήτ' αὐτὸς ὑπίσχομαι αἴτιος εἶναι, Hdt. V 30,6, Ap. Rh. II 24 αὐτὸς ἑκὼν ἤδη τοι ὑπίσχομαι ἀντιάασθαι), die wohl dazu beigetragen hat, dem Versprechen eine feierliche Note zu verleihen, ohne daß man an Parodie oder gar Paratragodie denken muß. Die Form ὑπισχνοῦμαι ist im Attischen ebenfalls bezeugt (Ar. Vesp. 752 ὑπισχνοῦ; wohl auch Soph. fr. 314,8 R. ὑπισ]χνοῦμαι). Zu erwarten ist seit Homer und auch u.a. im Att. der Tragödie ein Inf. fut. (z.B. Soph. Phil. 615, Eur. Tro. 930; so auch in Xen. Anab. I 2,2, II 3,19, wo bei den überlieferten Varianten mit Inf. aor. – παύσασθαι, βουλεύσασθαι – die Inf. fut. παύσεσθαι, βουλεύσεσθαι akzeptiert werden).

fr. 627 K.–A. (616 K.)

ἔφευγε, κἀγὼ τῆς ὑπαντὰξ εἰχόμην

ᾠχόμην Kock

er ging weg, und ich hielt die entgegengesetzte Richtung ein

Eust. in Od. p. 1442,5
καὶ ἔστι (scil. ἀντίον) πως ὅμοιον τῷ ὑπαντὰξ, οὗ μέμνηται Αἴλιος Διονύσιος, λέγων ὡς δηλοῖ τὸ ἐξεναντίας. φέρων εἰς χρῆσιν ἐξ Ἀριστοφάνους τὸ ——

Und es (d.h. *antion* ‚gegenüber', ‚ins Gesicht') ist einigermaßen ähnlich mit dem *hypantax*, das Ailios Dionysios (Ael. D. υ 7 Erbse) erwähnt, indem er sagt, daß es die Bedeutung von *exenantias* hat. Dabei führt er als Beispiel dieses Gebrauchs einen Vers aus Aristophanes an: ——

Metrum Iambischer Trimeter:
⏑–⏑– –|–⏑– ––⏑–

Zitatkontext Ausgehend vom hom. Adv. ἀντίον (‚gegenüber', ‚ins Gesicht') beruft sich Eustathios für den Gebrauch eines der verwandten Synonyme (weitere Formen sind ἀντικρύ und ἄντην; vgl. auch ἄντα, wovon das denominale ἀντᾶν ‚entgegenkommen, -gehen' abgeleitet ist) auf eine attizistische Quelle (Ael. D. υ 7 Erbse). Einziger weiterer lexikographischer Beleg ist Hsch. υ 233 (ὑπαντάξ[ας]· ἐξ ἐναντίας; vgl. auch υ 233x ὑπαντιάσας· ἀντὶ τοῦ συναντήσας, υ 234 *ὑπαντιάζει· ὑπαντᾷ und υ 235 ὑπ' ἀντ[ι]αίης· ὑπὸ τῆς ἐχθρᾶς, ἐξ ἐναντίας πολεμούσης).

Interpretation Wir wissen nicht, wer aus welchem Grund ging, woraufhin der Sprecher seinerseits eine entgegengesetzte Richtung einschlug. Die nächste formale und inhaltliche Parallele bietet com. adesp. fr. 171 (ὅστις τῆς ὁδοῦ / ἡγήσεταί σοι τὴν ἐπιτάξ; unnötig erscheinen die Emendationen in τὴν ὑπαντάξ von Cobet 1858, 176 und in τῆς ὑπαντάξ von Blaydes 1896, 277). Zu vergleichen – wenn auch in einer umgekehrten Situation – ist auch Ar. Ach. 185 (ἐγὼ δ' ἔφευγον· οἱ δ' ἐδίωκον κἀβόων): hier erzählt der Sprecher (Amphitheos), wie er weggelaufen sei, während die alten Acharner ihn schreiend verfolgten.

τῆς ὑπαντὰξ εἰχόμην D.h. τῆς (ὁδοῦ) ὑπαντάξ; das Adv. ὑπαντάξ (ὑπό + ein Derivat von ἄντα ‚gegenüber', ‚ins Gesicht'; vgl. Schwyzer–Debrunner II 524) ist ein Hapax; die adv. Präposition ὕπαντα ‚entgegen' findet sich in Eur. Suppl. 394 (ὕπαντα τοῖς ἐμοῖς βουλεύμασιν, als *varia lectio* von einer Form des entsprechenden Verbs ὑπαντᾶν ‚entgegenkommen', ‚begegnen', hier evtl. im Sinne von ‚auf etwas erwidern'). ὁδός wird häufig weggelassen, v.a. beim adverbialen μακράν (z. B. Ar. Ran. 434 μηδὲν μακρὰν ἀπέλθῃς, Av. 1184 κἄστ' οὐ μακρὰν ἄπωθεν) oder in Fällen wie Plat. Lys. 203a (ἐπορευόμην τὴν ἔξω τείχους; vgl. auch den Ausdruck ἡ ἐπὶ θανάτου). Die Konstruktion von ἔχεσθαι mit Gen. scheint zwar mit ὁδός sonst unbelegt zu sein, ist aber mit anderen Subst. durchaus gewöhnlich (z. B. Hdt. VIII 11,1 ἔργου, Xen. Hell. VII 2,19, Eur. Ion. 490 βιοτᾶς, Thuc. I 140 τῆς αὐτῆς γνώμης; vgl. Kühner–Gerth II.1 346–7).

fr. 628 K.–A. (617 K.)

οὔκουν μ' ἐάσεις ἀναμετρήσασθαι τάδε;

wirst du mir also nicht erlauben, diese Dinge auszumessen / zusammenzufassen?

Phryn. Praep. soph. p. 98,16
οὐκοῦν· περισπώμενον ‹μὲν› συλλογιστικὴν διάνοιαν ἔχει, [σημαίνει γὰρ τὸ ἀμέλει καὶ ἀληθῶς]. παροξυνόμενον δὲ διττῶς παρὰ τοῖς Ἀττικοῖς ἐκλαμβάνεται, ποτὲ μὲν ἀντὶ τοῦ μόλις ‹ἐπ'› ἀποφάσεως ταττόμενον, πότε δὲ καθ' ὑπέρθεσιν. οὔκουν ἐάσεις, οὐκ ἐάσεις οὖν. καὶ (ὡς Bothe) παρ' Ἀριστοφάνει· —— ἀντὶ τοῦ οὐκ ἐάσεις οὖν με

oukoun: mit dem Zirkumflex auf der letzten Silbe hat es einen inferentiellen Sinn, [bedeutet nämlich ‚zweifellos' und ‚wahrlich']. Mit dem Akut auf der vorletzten Silbe wird es hingegen bei den Attikern getrennt gehalten, bisweilen anstelle von *molis* (‚kaum') in negativer Funktion, und bisweilen mit Wortumstellung *oukoun easeis, ouk easeis oun.* Auch bei Aristophanes: —— anstatt von *ouk easeis oun me*

Metrum Iambischer Trimeter:
— — ⏑ — — | ⏑⏑ ⏑ — — — ⏑ —

Zitatkontext Zitiert wird der Vers in einer Diskussion zu οὐκοῦν (eröffnet durch rein grammatisch-orthographische Informationen), wobei die Erklärung des aristophanischen Ausdrucks (ἀντὶ τοῦ οὐκ ἐάσεις οὖν με) – selbst aus der attizistischen Perspektive des Phrynichos – als inopportun erscheint, da z. B. sophokleische Belege (vgl. hier unten, zu οὔκουν μ' ἐάσεις) genau dieselbe vermeintliche Umstellung bezeugen.

Interpretation Jemand bittet – vielleicht ungeduldig, vielleicht nur ironisch – jemand anderen um die Erlaubnis, etwas das vorhanden ist, auszumessen bzw. abzuschätzen (bzw. zusammenzufassen). Was hinter dem demonstrativen

Pronomen steckt, ist nicht bekannt, könnte aber dementsprechend genausogut etwas Materielles sein, das *ausgemessen*, wie etwas Immaterielles, das *abgeschätzt* wird; als dritte Möglichkeit, könnte es sich um Dinge handeln, die soeben gezeigt bzw. gesagt wurden, und jetzt wiederholt werden müssen.

οὔκουν μ' ἐάσεις Es handelt sich um eine der Varianten eines idiomatischen Ausdrucks des Ionisch-Attischen, der in exakt dieser Form sonst nur in Soph. OT 676 (οὔκουν μ' ἐάσεις κἀκτὸς εἶ;) und El. 630–1 (οὔκουν ἐάσεις οὐδ' ὑπ' εὐφήμου βοῆς / θῦσαί μ', ἐπειδὴ σοί γ' ἐφῆκα πᾶν λέγειν;) vorkommt, in der Komödie durch Ar. Equ. 335–8 ([ΑΛ.] καὶ μὴν ἀκούσαθ' οἷός ἐστιν οὑτοσὶ πολίτης. / [ΠΑ.] οὐκ αὖ μ' ἐάσεις; [ΑΛ.] μὰ Δί', ἐπεὶ κἀγὼ πονηρός εἰμι. / [ΟΙ. Α′] ἐὰν δὲ μὴ ταύτῃ γ' ὑπείκῃ, λέγ' ὅτι κἀκ πονηρῶν. / [ΠΑ.] οὐκ αὖ μ' ἐάσεις; [ΑΛ.] μὰ Δία) vertreten ist (bezüglich des Tonfalls dieser Belege spricht Fraenkel 1969 von einer „Alltagswendung ungeduldiger Abwehr"; vgl. auch Collard 2005, 366).

ἀναμετρήσασθαι Die Bedeutung der Medialform von ἀναμετρεῖν ist mangels eines breiteren Kontexts nicht eindeutig: es bieten sich Beispiele sowohl für den eigentlichen (‚messen', ‚ausmessen', wozu auch die beiden sonstigen Belege aus der Komödie gehören: Ar. Nub. 203 γῆν ἀναμετρεῖσθαι ‚die Erdfläche ausmessen', Av. 1020 οὐκ ἀναμετρήσεις σαυτὸν ἀπιὼν ἀλλαχῇ;), als auch für den übertragenen Sinn (Eur. Ion. 1271–2 ἐν συμμάχοις γὰρ ἀνεμετρησάμην φρένας / τὰς σάς, El. 52 γνώμης πονηροῖς κανόσιν ἀναμετρούμενος τὸ σῶφρον); theoretisch möglich ist auch die spezifischere Bedeutung von ‚zusammenfassen', ‚rekapitulieren' (Eur. Or. 14 τί τἄρρητ' ἀναμετρήσασθαί με δεῖ;).

Auch der ästhetische Wert von Dichtungen bzw. Versen läßt sich *ausmessen* bzw. *abwiegen* (vgl. Porter 2010, 262–73).

fr. 629 K.–A. (618 K.)

ὑπὸ γέλωτος εἰς Γέλαν ἀφίξομαι

ὑπὸ ‹τοῦ› Bergk, Kock, „possis et ‹ἀλλ'› ὑπὸ vel ὑπὸ ‹γὰρ› sim.", Kassel–Austin   εἰς τὸ Γελᾶν codd.: corr. Xylander

vor *Gel*ächter werde ich nach *Gela gel*angen

Plut. Comp. Ar. et Men. (epit.) 853bc (Ar. test. 68,14)
λέγω δὲ τὰ ἀντίθετα καὶ ὁμοιόπτωτα καὶ παρωνυμίας. τούτοις γὰρ ὁ μὲν μετὰ τοῦ προσήκοντος λόγου καὶ ὀλιγάκις χρῆται ἐπιμελείας αὐτὰ ἀξιῶν, ὁ δὲ καὶ πολλάκις καὶ οὐκ εὐκαίρως καὶ ψυχρῶς· [...] (Ar. fr. 724) καὶ (Equ. 437) καὶ (454) καὶ ——

ich meine die Antithesen, Homoioptota und Wortspiele. Dieser bedient sich der eine (d. h. Menander) auf eine vernünftige und sparsame Weise, indem er deren Einsatz umsichtig einschätzt, der andere (d.h. Aristophanes) viel zu oft und auf eine unangemessene und platte Art [...]: (Ar. fr. 724) und (Equ. 437) und (454) und ——

Metrum Iambischer Trimeter:

[⏒]⏖⏑– ⏑|–⏑– ⏑–⏑–

Zitatkontext Der erhaltene Teil von Plutarchs epitomiertem Traktat über einen *Vergleich zwischen Aristophanes und Menander* wird eröffnet durch die Meinung des Aristoteles zur größeren Vulgarität und Grobheit (τὸ φορτικόν [...] ἐν λόγοις καὶ θυμελικὸν καὶ βάναυσον) bei Aristophanes als bei Menander (Aristot. Pol. 1342a 20; zu Plutarchs Kriterien in der Bewertung der beiden Komiker vgl. Zanetto 2000, 321 A. 7). Als Beispiel für diese als primitiv empfundene Komik werden speziell bezüglich des exzessiven und inopportunen Einsatzes von Antithesen, Homoioptota und *parōnymiai* (hier mit dem einzigartigen Sinn von „punning perversion of words", sonst „nickname" oder „alternative name", nach LSJ s. v.) mehrere aristophanische Passagen angeführt (vor dem Fragment: Ar. fr. 724 οὐχὶ ταμίας ἀλλὰ Λαμίας, Equ. 437 οὗτος ἤτοι καικίας ἢ συκοφαντίας πνεῖ, 454–5 γάστριζε καὶ τοῖς ἐντέροις / καὶ τοῖς κόλοις; alle drei enthalten Homoioteleuta; es folgen fr. 661, Thesm. 455–6, Ach. 1111. 1124–5).

Textgestalt Im tradierten Trimeter fehlt ein Elementum im ersten Metrum: Bergk 1838, 262* emendierte in ὑπὸ ‹τοῦ› (so auch Bergk in Meineke II.2 1189; dies läßt sich durch Philippid. fr. 5,6 [*Ananeousa*] ὥσθ' ὑπτίους ὑπὸ τοῦ γέλωτος καταπεσεῖν sowie einige Lukian-Stellen unterstützen); aber die Sequenz ὑπὸ γέ- darf auch intakt bleiben (vergleichbar sind etwa Ar. Ran. 404 ἐπὶ γέλωτι, Antiphan. fr. 142,7 [*Lēmniai*] μετὰ γέλωτος), wenn man etwa den Vers mit einem ἀλλ' anfangen läßt (so beispielsweise Kassel–Austin, die auch ὑπὸ ‹γὰρ› oder ähnliches als Alternative erwägen).

Interpretation Ein Wortspiel zwischen dem Namen der sizilischen Stadt Gela und γέλως ‚Lachen', worauf Aristophanes auch an anderer Stelle zurückgreift (Ar. Ach. 606 τοὺς δ' ἐν Καμαρίνῃ κἀν Γέλᾳ κἀν Καταγέλᾳ; hier wird das Spiel um einen erfundenen Ortsnamen bereichert, welches das Kompositum καταγελᾶν ‚verspotten' evoziert; vgl. hierzu Risch 1949, 277–8 [= Kl. Schr. 94–55]; für weitere Wortspiele mit Orts- und Volksnamen vgl. Bagordo 2013, zu Telecl. fr. 63).

Die Verbindung zwischen ‚Lachen' und Gela ist nur der Assonanz beider Worte zu verdanken und evoziert keinerlei allgemein bekannte Merkmale dieser Stadt. Die Hypothese, daß der Sprecher Aischylos gewesen sein könnte, nur weil er seine letzten Lebensjahre in Gela verbrachte, um 456 v. Chr. dort auch begraben zu werden (so Edmonds I 741 A. a), entbehrt jeglicher Grundlage.

Eine stringente, ebenfalls aus rein verbalem Humor hervorgehende und von Aggressivität freie Parallele ist Ar. Av. 184 (ἐκ τοῦ πόλου τούτου κεκλήσεται πόλις ‚aus diesem *Pol* wird sie *polis* genannt werden'; vgl. Kidd 2014, 120: „when humor theorists attempt to explain such examples, aggression theories vanish, and formal descriptions return with a vengeance. The long-familiar idea of "incongruence" becomes the consolation prize, and humor theorists dissect the punning sentence into its constituent parts, mapping the countless permutations such wordplay can involve").

ὑπὸ γέλωτος Vgl. hier oben, Textgestalt. Der Ausdruck ohne Artikel ist sonst erst spät bezeugt (Eunap. Vit. soph. VI 2,4 εἰ μὴ μέθη καὶ παραφροσύνη καὶ τὸ τῶν Διονυσίων τῆς ἑορτῆς καὶ παννυχίδος ἀνειμένον, ὑπὸ γέλωτος καὶ ὀλιγωρίας καὶ τῶν εὐκόλων καὶ σφαλερῶν παθῶν ἐπὶ τοῖς ἀνθρώποις ἐξευρημένων, πρῶτος Ἀριστοφάνης ἐπὶ διεφθαρμέναις ψυχαῖς τὸν γέλωτα ἐπεισαγαγὼν καὶ τὰ ὑπὸ τῆς σκηνῆς κινήσας ὑπορχήματα, τότε θέατρον ἀνέπεισεν, ἐπὶ τοσαύτῃ σοφίᾳ ψυλλῶν πηδήματα καταμωκώμενος; schol. Hom. σ 100 ὑπὸ γέλωτος ἀπέθανον; Sud. φ 364 τελευτᾷ δὲ ὑπὸ γέλωτος ἀπείρου, χ 568 καὶ τελευτήσας [...] ὑπὸ τοῦ πιεῖν ἄκρατον καὶ ἰλιγγιάσαι· κατὰ δὲ ἄλλους ὑπὸ γέλωτος ἀπείρου); zum Vokabular des *Gelächters* in Aristophanes vgl. Sommerstein 2009, 104–15.

Γέλαν Gela ist eine Stadt der sizilischen Südwestküste, die sich im J. 422 v. Chr. einem von Phaiax von Athen geplanten Bund gegen Syrakus widersetzte (Thuc. V 4,6), um dann Syrakus, allerdings mit nur wenigen Truppen, gegen Athen zu unterstützen (VII 1,5. 33,1. 58,1). Außer im Bezug auf diese historischen Episoden und den Aufenthalt des Aischylos (vgl. hier oben, Interpretation) mußte Gela für einen Athener der 2. Hälfte des 5. Jhs. v. Chr. nicht viel bedeuten, so daß die Erwähnung Gelas wohl ausschließlich dem (plumpen?) Wortspiel zuliebe erfolgte.

fr. 630 K.–A. (619 K.)

χωρεῖ 'πὶ γραμμὴν λορδὸς ὡς ‹εἰς› ἐμβολήν

ὡς ἐμβολῇ cod. (?): corr. Dindorf

er schreitet gegen die (Start-)Linie, rückwärts gekrümmt, wie zum Angriff bereit

Galen. in Hipp. De fract. lib. comm., XVIII 2 p. 347 Kühn
καὶ παρὰ τοῖς κωμικοῖς δὲ τὰ προτεινόμενα τοῦ σώματος ὡς εἰς ἐμβολὴν παρεσκευάσθαι λέγεται, καθότι καὶ ὁ Ἀριστοφάνης ἐδήλωσεν εἰπών· ——

Auch bei den Komikern wird von den vorgestreckten Körperteilen gesagt, sie seien wie zum Angriff bereit, wie auch Aristophanes gezeigt hat, indem er sagte: ——

Metrum Iambischer Trimeter:
——⏑— —|—⏑|— ‹—›—⏑—

Zitatkontext Das Fragment wird bezüglich des Ausdrucks ὡς εἰς ἐμβολήν herangezogen. In seinem Kommentar zum hippokratischen Buch *Über die Knochenbrüche* (zur Überlieferung vgl. Roselli 2006) erklärt Galen einen weiteren Gebrauch des Wortes ἐμβολή, das im medizinischen Fachjargon (wie etwa in ἐμβολὴν ποιεῖσθαι) für das „*setting or reduction of a fracture or a dislocated limb*" (LSJ s. v.) steht.

Interpretation Jemand spricht von einem Mann (alternativ einem Tier?), dessen Bewegung mit einem agonistischen Bild beschrieben und mit einer Angriffsstellung verglichen wird. Die Vermutung einer Parodie von Eur. HF 867–9 (καὶ δὴ τινάσσει κρᾶτα βαλβίδων ἄπο / καὶ διαστρόφους ἑλίσσει σῖγα γοργωποὺς κόρας, / ἀμπνοὰς δ᾽ οὐ σωφρονίζει, ταῦρος ὣς ἐς ἐμβολήν ‚und schon schwingt er das Haupt von der Schwelle her / und rollt schweigend die wild blickenden Augen, / sein Schnauben bezähmt er nicht, wie ein Stier beim Angriff'; so Bond 1981, zu Eur. HF 869 und Henderson 2007, z. St.), wo die Symptome des wahnsinnigen und zum Angriff bereiten Herakles beschrieben werden, läßt sich nicht nur durch eine wörtliche Übernahme von ὡς εἰς ἐμβολήν unterstützen, sondern v.a. durch die agonistische Metapher, die mit βαλβίδων ἄπο ansetzt (*balbis*, zumeist im Pl., ist ein Fachwort für Start- bzw. Zielschnur oder -strick; vgl. hier unten, zu (ἐ)πὶ γραμμήν).

Daß es sich hierbei um eine Start- eher als eine Ziellinie handelt, läßt sich aus der Art der Bewegung sowie der vom Läufer eingenommenen Stellung schließen (vgl. Campagner 2001, 108: „χωρέω non equivale mai a θέω e λορδός (*curvatus retrorsum* [...]) non si addice ad un corridore che sprinta al *traguardo*; semmai denota una leggera curvatura a concavità posteriore della colonna vertebrale dell'atleta nello slancio della *partenza*, la quale, come è noto, veniva effettuata in posizione eretta").

Am ähnlichsten in der Komödie scheint Ar. Ach. 483 (πρόβαινέ νυν, ὦ θυμέ. γραμμὴ δ᾽ αὑτηί) zu sein, wo Dikaiopolis sein eigenes Gemüt auffordert, vorwärtszukommen, in dem er ihm die *grammē* zeigt (unsicher ist, ob es sich dabei um eine *Startlinie*, mit Olson 2002, z. St., oder um eine *Ziellinie*, mit Sommerstein 1978, 383, handelt).

(ἐ)πὶ γραμμήν Die γραμμή, wörtl. eine ‚Ritze' (hierzu Kock I 547: „quid γραμμή sit nescio"), dürfte hier eine Startlinie bei einem Stadionrennen evozieren (vgl. Taillardat 1965², 106 A. 2 und Campagner 2001, 107–8); eine technische Beschreibung im Rahmen einer Auflistung von Wettlauftermini in Poll. III 147 (καὶ ὅθεν μὲν ἀφίενται, ἄφεσις καὶ ὕσπληγξ καὶ γραμμὴ καὶ βαλβίς), wo als Synonym für γραμμή u. a. βαλβίς genannt wird, die ebenfalls zugleich als Start- und Ziellinie fungieren kann; die Komödie zeigt allerdings nur das Letztere zu kennen, und zwar mit dem übertragenen Sinn vom Ausdruck ἀπὸ βαλβίδων ‚von den *balbides* weg', d. h. *von Anfang an, sofort* (vgl. Ar. Equ. 1159 ἄφες ἀπὸ βαλβίδων ἐμέ τε καὶ τουτονί, Vesp. 548–9 καὶ μὴν εὐθύς γ' ἀπὸ βαλβίδων περὶ τῆς ἀρχῆς ἀποδείξω / τῆς ἡμετέρας ὡς οὐδεμιᾶς ἥττων ἐστὶν βασιλείας, mit schol., wo die βαλβίς u. a. als γραμμή, d. h. *die Linie, auf der die Läufer standen, bis ihnen der Lauf angezeigt wurde*, definiert wird; zum Laufen bei Aristophanes vgl. Aigner / Mauritsch-Bein / Petermandl 2002, 21–31); als poetisches Bild in Pind. P. 9,118 ποτὶ γραμμᾷ [...] μὲν αὐτὰν στᾶσε und im hier oben zitierten Ar. Ach. 483; metaphorisch in Eur. El. 956 (πρὶν ἂν πέρας γραμμῆς ἵκηται) und fr. 169 Kn. (ἐπ' ἄκραν ἥκομεν γραμμὴν κακῶν). Eine weitere, entfernte Deutungsmöglichkeit ließe die Linie in Betracht ziehen, die bei einem Kinderspiel namens *ostrakinda* auf dem Boden gezeichnet wird (vgl. Plat. fr. 168,1–3 [*Symmachia*], mit Pirrotta 2009, z. St.; vgl. auch Plat. Theaet. 181a διὰ γραμμῆς παίζοντες).

λορδός Der Gebrauch dieses Adj., das eine Stellung *mit rückwärts gekrümmtem Oberkörper und einwärts gebogenem Rücken* (Gegenbegriff zu κυφός) bezeichnet, ist – zusammen mit dem denominalen Verb λορδοῦν ‚sich einwärts biegen' – nahezu ausschließlich auf die medizinische Lit. und die Komödie beschränkt (vgl. Mnes. fr. 4,55 [*Hippotrophos*] πίνει, σκιρτᾷ, λορδοῖ, κεντεῖ, in einer Liste von Tätigkeiten bei der Vorbereitung eines Banketts; ein obszönes *double entendre* in Ar. Eccl. 10 λορδουμένων τε σωμάτων ἐπιστάτην, wo die angerufene Lampe u. a. den nächtlichen erotischen Handlungen vorsteht; vielleicht auch in fr. 147 [*Gēras*] λορδοῦ κιγκλοβάταν ῥυθμόν, mit Henderson 1991², 179 „strain your body backwards and move your rear end like a wagtail (κίγκλος) refers to an erotic dance"; ein obszöner Dämon trägt den sprechenden Namen Lordon – als Pendant zum ebenfalls erotisch konnotierten Dämon des *Sich-nach-vorne-Biegens* Kybdasos – in Plat. fr. 188,17 [*Phaōn*] Λόρδωνι δραχμή, Κυβδάσῳ τριώβολον; vgl. Willi 2003, 83 A. 75: „Although λορδόομαι rarely occurs outside the Hippocratic corpus, its obscene use by Aristophanes cannot involve a play with a technical term: otherwise the invented obscene name of the 'divinity' Λόρδων (alongside Κύβδασος from κύβδα 'stooping forwards') in Plat. com. fr. 188. 17 would be unduly obscure. The paratragic context in *Eccl.* 10 excludes a medical reference too“, vgl. auch Men. Dysc. 533–4 ἦν παντελῶς δὲ τοῦτο, λορδοῦν ἠρχόμην, / ἀπεξυλούμην ἀτρέμα δ’).

ὡς ‹εἰς› ἐμβολήν Diese Sequenz kommt sonst nur im zitierten Eur. HF 869 vor (vgl. hier oben, Interpretation); die ἐμβολή kann u. a. für einen militärischen Angriff (Xen. Cyrop. VII 1,18) oder für das Rammen eines Schiffs durch ein anderes (Aesch. Pers. 279. 336) stehen.

fr. 631 K.–A. (620 K.)

οὐχ ὅτι γ’ ἐκεῖνος ἔλαχεν. οἰμώζων κάθου

οὐχ ὅτι γ’ ἐκεῖνος CP: οὐχ ὅτι γ’ ἐκεῖνο σ’ DLV: οὐχ ὅτι σ’ ἐκεῖνο Tittmann: οὐχ ὅπερ ἐκεῖνος Meineke: σὺ δ’ οἷ γ’ (vel οὗ γ’) ἐκεῖνος Kaibel (σὺ δ’ iam Blaydes) ἔλαχεν DVCP: εὔχομεν L: ἔλαχον Bergk κάθη C

obwohl jener eben ausgelost wurde. Sitz’ und heul’

Zonar. p. 1168 (Or. fr. A 57 Alp.)
κάθου (κάθη C) καὶ κάθησο, ἄμφω Ἑλληνικά. Ἀριστοφάνης (Ἀρ. om. L)· ——. Κρατῖνος· (Cratin. fr. 309)

kathou (‚sitze‘) und *kathēso* (‚sitze‘), beide Griechisch (d. h. Attisch). Aristophanes: ——. Kratinos: (Cratin. fr. 309)

Metrum Iambischer Trimeter:
–⏕⏑– ⏑|⏕⏑|– ––⏑–

Zitatkontext Diese attizistischen Glossen des ‚Zonaras‘ (Ἑλληνικά steht für das Attische), die wie alle auf das Lexikon des Oros zurückzuführen sind (vgl. Alpers 1981, 3–22), bestehen aus den Imperativformen κάθου und κάθησο, die ihrerseits den ebenfalls v.a. komischen Belegen der futurischen Form καθεδοῦμαι unmittelbar vorausgehen (vgl. Bagordo 2013, zu Telecl. fr. 65 = Or. fr. A 55 Alp. = Zonar. p. 1170). Im Anschluß an Aristophanes wird das in der zweiten Vershälfte ähnliche Cratin. fr. 309 (τὴν χεῖρα μὴ ’πίβαλλε, μὴ κλάων καθῇ) herangezogen.

Auch in Antiatt. p. 100,31 werden Komiker angeführt (Alex. fr. 226 [*Tarantinoi*], Diph. fr. 8 [*Hairēsiteichēs*]), um die Attizität von κάθου zu verteidigen.

Textgestalt Die Emendationsversuche sind entweder von der Intention inspiriert, die beiden Teile des Verses an die zweite Person anzupassen (οὐχ ὅτι σ' ἐκεῖνο, Tittmann 1808, z. St.; σὺ δ' οἷ γ' – bzw. οὗ γ' anhand von Ar. Ran. 199 – ἐκεῖνος, Kaibel in Kassel–Austin z. St.) oder ein Objekt für ἔλαχεν zu finden (οὐχ ὅπερ ἐκεῖνος, Meineke II.1 231), und sind an sich nicht notwendig (genausowenig der Vorschlag von Bergk in Meineke II.2 1190: „fortasse ἔλαχον legendum").

Interpretation In einer offenbar dialogischen Situation spricht jemand von einer männlichen Figur, die entweder für ein Amt ausgelost wurde oder, rein theoretisch, in Besitz von etwas trat (vgl. hier unten, zu ἔλαχεν); anschließend wendet sich der Sprechende in einem schroffen Tonfall an eine dritte Person (nicht unbedingt eine Figur niedrigen Rangs).

Der erste Satz ist wohl als eine berichtigende Replik auf eine vorangehende Aussage (von jemand anderem?) zu verstehen (vgl. hier unten, zu οὐχ ὅτι γ'). Ein Sprecherwechsel ([A.] οὐχ ὅτι γ' ἐκεῖνος ἔλαχεν. [B.] οἰμώζων κάθου) ist ebenfalls vorstellbar.

οὐχ ὅτι γ' Hier wohl im Sinne von ‚obwohl …' (sonst nur in der Prosa, z. B. Plat. Gorg. 450, Prot. 336d; zu οὐχ ὅτι im zweiten Glied, wie wohl hier, unter der Voraussetzung, daß das erste Glied negativ ist oder eine Negation enthält, vgl. Kühner–Gerth II.2 259: „durch obgleich zu übersetzen […] es wird gebraucht, wenn der Redende einen vorangehenden Ausdruck berichtigen oder verbessern will"; mit beiden Gliedern positiv, heißt οὐχ ὅτι … ἀλλά / ἀλλὰ καὶ ‚nicht nur … sondern [auch]', – z. B. Plat. Symp. 179b, Xen. Mem. II 9,8).

ἔλαχεν Der gewöhnliche att. Sinn ist ‚ein Amt durch Auslosung erhalten' (vgl. z. B. Ar. Av. 1111; häufiger mit Inf., wie in Nub. 623–4 ἀνθ' ὧν λαχὼν Ὑπέρβολος / τῆτες ἱερομνημονεῖν; vgl. auch Plat. fr. 182,2–3 [*Hyperbolos*] ([B.] τί δ' ἔστι; [A.] βουλεύειν ὀλίγου 'λαχες πάνυ. / ἀτὰρ οὐ λαχὼν ὅμως ἔλαχες, ἢν νοῦν ἔχῃς, mit Pirrotta 2009, z. St., auch für weitere Lit. zum Wahlverfahren). Eine weitere Bedeutung, die hier angesichts des unvollständigen Kontextes in Frage käme (‚in Besitz von etwas treten'), würde eine Konstruktion mit Gen. partit. voraussetzen (vgl. Soph. Ant. 699 οὐχ ἥδε χρυσῆς ἀξία τιμῆς λαχεῖν; und OC 450 οὔ τι μὴ λάχωσι τοῦδε συμμάχου).

οἰμώζων κάθου Die Verbindung *weinen* / *heulen* und *sitzen* ist eine im Attischen idiomatische Drohformel: außer dem zitierten Cratin. fr. 309 (μὴ κλάων καθῇ) vgl. Ar. Ach. 837–41 (καρπώσεται γὰρ ἀνὴρ / ἐν τἀγορᾷ καθήμενος· κἂν εἰσίῃ τις Κτησίας / ἢ συκοφάντης ἄλλος, οἰμώζων καθεδεῖται, mit Olson 2002, z. St.: „'he'll be sorry if he sits down' […], i. e. 'if he tries to linger'") und Eup. fr. 99,110 [*Dēmoi*] (καὶ ναὶ μὰ Δία κλάοντα καθέσω σ' [.]. . . .[, mit Telò 2007, 518–9, mit weiterer Lit. für Drohformeln mit κλαίειν; van Herwerden 1903, 48 spricht von einer „nota locutio κλα(ί)οντα καθίζειν τινά"; für diese Junktur in der att. Prosa vgl. Plat. Ion. 535e, Xen. Cyrop. II 2,14).

Die vereinfachte Form κάθου (= κάθησο; 2. Pers. Sg. des Imp. Präs. von κάθημαι) ist nur bei den Komikern bezeugt (außer den zitierten Stellen – vgl. hier oben, Zitatkontext – Anaxandr. fr. 14 [*Zōgraphoi*] πυξίον λαβὼν κάθου, Men. fr. 475, vielleicht auch Dysc. 931 κάθου σὺ μηδὲ γρύζων; vgl. Lautensach 1899, 25) und vermutlich als Element aus der att. Umgangssprache aufzufassen (Arnott 1996, zu Alex. fr. 226 [*Tarantinoi*], mit weiterer Lit.). Aristophanes kennt auch die alternative und nicht weniger attische Form κάθησο (Ar. Ach. 59, mit Olson 2002, z. St.: „κάθησο is pf. mid.-pass, imper. and thus 'Sit down and stay there!, Be seated!' [...], as opposed to κάθιζε, 'Sit down!' (123)", Eccl. 144. 169. 554, Plut. 724; vgl. auch den Skythen in Thesm. 1184 κατησο κατησο).

fr. 632 K.–A. (621 K.)

σὺ δ' οὐκ ἀνεῖχες αὐτὸν ὥσπερ εἰκὸς ἦν

αὐτὸν Synag. Et. Sym.: σεαυτὸν Lex. Vindob., unde σαυτὸν Nauck (,possis et αὔτὸν' Kassel–Austin)

du hieltest ihn aber nicht zurück, wie es sich gehört hätte

Synag.[b] (Σ''') α 1341
λέγεται ἀνέχειν καὶ τὸ κωλύειν. Θουκυδίδης ἐν ἕκτῳ· τοὺς ταῦτα κωλύοντας καὶ ἀνέχοντας. καὶ Ἀριστοφάνης· ——. καὶ ἀνέχειν τὸ διαβαστάζειν καὶ φέρειν, ὃ καὶ ἀνέχεσθαι καὶ ἐπανέχειν λέγεται

anechein heißt auch ‚hindern'. Thukydides im 6. (Buch) (Thuc. VI 86,4): „diejenigen, die hindern und aufhalten." Und Aristophanes: ——. Auch heißt *anechein* ‚hindurch tragen' und ‚tragen', was auch für *anechesthai* und *epanechein* gilt

Et. Sym. V ap. Et. magn. col. 267 H
ἀνέχειν· τὸ ἐξέχειν καὶ προέχειν, Θουκυδίδης· σημαίνει δὲ καὶ τὸ ἀνατέλλειν. καὶ ἀνέχοντας ἀντὶ τοῦ κωλύοντας· Ἀριστοφάνης· ——

anechein: das heißt *exechein* (‚herausragen') und *proechein* (‚vorgelagert sein'), Thukydides (Thuc. IV 53,3); und es bedeutet auch *anatellein* (‚aufgehen' [von Gestirnen]). Auch *anechontas* (VI 86,4) statt *kōlyontas*: Aristophanes: ——

Lex. Vindob. p. 17,7 Nauck
καὶ ἀνέχει ἀντὶ τοῦ ἀναχαιτίζει καὶ ἀναστέλλει. σὺ δ' οὐκ ἀνεῖχες σαυτόν. ἀνέχεται δὲ παθητικῶς ἀντὶ τοῦ ὑπομένει· καὶ συντάσσεται κοινῶς μὲν γενικῇ

und *anechei* statt *anachaitizei* (‚er/sie/es hält [am Haar] zurück') und *anastellei* (‚er/sie/es hebt empor'). »Du —— zurück«. Und *anechetai* im Passiv statt *hypomenei* (‚er/sie/es hält aus') und es ist in der Regel mit dem Genitiv konstruiert

Metrum Iambischer Trimeter:
⏑–⏑– ⏑|–⏑|– ⏑–⏑–

Zitatkontext Das Lemma geht wohl auf eine attizistische Quelle zurück (Ael. D. α 136 Erbse). Eine Version des Lemmas ohne Aristophanes-Zitat findet sich in Phot. α 1899 (ἀνέχειν· τὸ ἀνατέλλειν τὸν ἥλιον ἢ τὴν σελήνην. λέγεται ἀνέχειν καὶ τὸ ἐξέχειν καὶ προέχειν. Θουκυδίδης δʹ. λέγεται ἀνέχειν καὶ τὸ κωλύειν, ὡς ὁ αὐτὸς ἐν ϛʹ. καὶ ἀνέχειν τὸ διαβαστάζειν καὶ φέρειν, ὃ καὶ ἀνέχεσθαι καὶ ἐπανέχειν λέγεται). Als Garant für den attischen Gebrauch des Wortes wird neben Aristophanes Thukydides angeführt (Thuc. VI 86,4 καὶ νῦν τολμῶσιν ἐπὶ τοὺς ταῦτα κωλύοντας καὶ ἀνέχοντας τὴν Σικελίαν μέχρι τοῦδε μὴ ὑπ᾽ αὐτοὺς εἶναι παρακαλεῖν ὑμᾶς ὡς ἀναισθήτους), eine Stelle, nach der ἀνέχειν mit κωλύειν gleichgesetzt wird.

Im *Lexicon Vindobonense*, einem byzantinischen Lexikon des Andreas Lopadiotes aus dem 14. Jh., wird der Vers bis zur Hephthemimeres (σὺ δ᾽ οὐκ ἀνεῖχες σαυτόν) und ohne Autorangabe überliefert.

Interpretation Über die Dialogsituation, aus der dieser Vers stammt, läßt sich nichts sagen.

ἀνεῖχες Die Bedeutung ‚zurück-, aufhalten' ist für ἀνέχειν bereits homerisch (Hom. Ψ 426 ἄνεχ᾽ ἵππους). Ein ähnlicher Usus wie bei Aristophanes und Thukydides ist erst wieder in Plut. Alex. 33 (‚Einhalt tun'), De garrul. 514a (‚sich einer Sache enthalten') und Dion. Hal. IX 21 anzutreffen.

ὥσπερ εἰκὸς ἦν Diese genaue Formulierung sonst in Ar. Plut. 662 (κατεκλίναμεν τὸν Πλοῦτον, ὥσπερ εἰκὸς ἦν), ohne Verb Thesm. 721–2 (ἀθέοις γὰρ ἔργοις ἀνταμειψόμεσθά σ᾽, ὥσ-/περ εἰκός, ἀντὶ τῶνδε), 973–4 (Ἥραν τε τὴν τελείαν / μέλψωμεν ὥσπερ εἰκός), 1143–4 (φάνηθ᾽ ὦ τυράννους στυγοῦσ᾽ ὥσπερ εἰκός); sonst in der Prosa (Lys. 1,6 καὶ προσεῖχον τὸν νοῦν ὥσπερ εἰκὸς ἦν, Xen. Symp. 1,7); dann erst im 2. Jh. n. Chr. zu finden (häufig bei Lukian). Vergleichbare Relativsätze sind in der Komödie Ar. Nub. 418 (ὅπερ εἰκὸς δεξιὸν ἄνδρα), 1374 (οἷον εἰκός), Lys. 1118 (ἀλλ᾽ ὡς γυναῖκας εἰκός, οἰκείως πάνυ), Plut. 258 (ὡς εἰκός ἐστιν ἀσθενεῖς γέροντας ἄνδρας ἤδη;), 1121–2 (οἰνοῦτταν, μέλι, / ἰσχάδας, ὅσ᾽ εἰκός ἐστιν Ἑρμῆν ἐσθίειν), Men. Asp. 47 (οἷον εἰκὸς γίνεται), Sam. 42 (πολλὴ]ν ἐχούσης οἷον εἰκός), 225 (ὅπερ εἰκός), Cratet. fr. 27 [*Paidiai*] (παί-/ζειν δ᾽ ἐν ἀνδρικοῖς χοροῖσι / τὴν κυνητίνδ᾽, ὥσπερ εἰκός, / τοὺς καλοὺς φιλοῦσα).

fr. 633 K.–A. (622 K.)

οὔτως τι τἀπόρρητα δρᾶν ἐστιν μέλι

οὔτως τι Synag.: οὔ τι (ὅτι T) Sud.: οὕτω τι Blaydes γ' ἀπόρρητα Sud. GI ἐστιν μέλι Meineke: ἐστι μέλει Synag.: ἐστι μέλλει Sud.: ἐστι γλυκύ Cobet

so ist es ungefähr: die verbotenen Dinge zu tun ist Honig

Sud. α 3501 (codd. AGITFSM) = Synag.[b] (Σ‴) α 1947 (vgl. α 1947A)
ἀπόρρητα· ἀκατάληπτα, ἀπόκρυφα. ἀπόρρητα ἔλεγον τὰ ἀπειρημένα ἐξάγεσθαι, οὐ μόνον τὰ ἀπηγορευμένα. „ἀπόρρητά τε τοῖσιν ἐχθροῖσι τοῖς ἡμετέροις λέγουσιν". Ἀριστοφάνης Θεσμοφοριαζούσαις. ἀπόρρητα, τὰ ἀπειρημένα ἐν τοῖς νόμοις. οὕτως Δημοσθένης ἐν τῷ ὑπὲρ Κτησιφῶντος. πάντα τὰ ἀπειρημένα καὶ ἀπηγορευμένα λέγουσιν. Ἀριστοφάνης· ——. διόπερ καὶ τὰ μὴ ἐξαγώγιμα ὀνομάζουσιν οὕτω

aporrhēta (‚unsagbare [Dinge]'): unverständliche (Dinge), verborgene (Dinge). Sie nannten *aporrhēta* die Dinge, die nicht geäußert werden durften, nicht nur die verbotenen. „Und sie sagen Dinge, die man nicht verraten dürfte, unseren Feinden". Aristophanes in den *Thesmophoriazusen* (Ar. Thesm. 363). „Unsagbare Dinge sind die, die von den Gesetzen untersagt sind". So Demosthenes in der Rede *Für Ktesiphon* (Dem. 18,123). Alles, was untersagt wird, nennen sie auch verboten. Aristophanes: ——. Darum nennen sie auch die Dinge so, die nicht exportiert werden dürfen

Metrum Iambischer Trimeter:
—— ⏑ — —— ⏑ | — —— ⏑ —

Zitatkontext Bei den einleitenden Worten des ersten aristophanischen Zitats (Ar. Thesm. 363) überschneidet sich der *Suda*-Artikel mit schol. Ar. Ran. 362 (ἀπόρρητα δὲ ἔλεγον τὰ ἀπειρημένα ἐξάγεσθαι), während Harp. α 201 Keaney (ἀπόρρητα· τὰ ἀπειρημένα ἐν τοῖς νόμοις· Δημοσθένης ὑπὲρ Κτησιφῶντος) für das Demosthenes-Zitat (Dem. 18,123) als Quelle gedient haben mag (Harpokration hatte auch Lys. 10,6 zitiert). Eine stark gekürzte Fassung desselben Artikels – u. a. ohne die Aristophanes-Zitate – bietet Phot. α 2619 (ἀπόρρητα· ἀκατάληπτα, ἀπόκρυφα. ἢ τὰ ἀπειρημένα ἐν τοῖς νόμοις. οὕτως Δημοσθένης).

Textgestalt Die Wiederherstellung des Textes ist äußerst problematisch. Für die beiden tradierten Lesarten οὔτως τι (Synag.[b]) und οὔ τι (Sud.; ὅτι T) erscheint das οὕτω τι von Blaydes 1890, 115 angesichts des auch insgesamt ähnlichen Alex. fr. 213,3 [*Synapothnēskontes*] (οὕτω τι τἀλλότρι' ἐσθίειν ἐστὶν γλυκύ ‚so süß ist es, Fremdes zu essen') als nicht zu verwerfende Alternative.

Die größte Schwierigkeit bietet jedoch der Schluß: die korrupten ἐστι μέλει (Synag.) und ἐστι μέλλει (Sud.) wurden mehrfach emendiert: am plausibelsten in ἐστιν μέλι (Meineke V.1 p. cli, K. F. Hermann 1855, 244; vgl. auch Kock I 547: „si verum est ἐστιν μέλι, scribendum οὐχ ὡς γε τ. δρ.", mit Verweis auf Soph. Ant. 570, OT 361. 1131; das ἐστι γλυκύ von Cobet 1858, 39 ist hingegen zu weit hergeholt; näher am Text ist das ἐτημέλει von Bergk in Meineke II.2 1191, das aber einen *Suda*-Text ἔτι μέλει sowie den Gebrauch des Verbs τημελεῖν ‚sorgen', ‚warten', ‚pflegen' voraussetzt, das im 5. Jh. v. Chr. auf Eur. IT 311 beschränkt ist und zum Verständnis des Fragments nichts beiträgt: was für einen Sinn ergibt: ‚so sorgte er dafür, die unsagbaren Dinge zu machen'?).

Interpretation Die süßen verbotenen Dinge könnten einen erotischen Kontext suggerieren. Diese Deutung ließe sich sowohl mit ἀπόρρητα als auch mit ἐστιν μέλι gut vereinbaren.

Vergleichbar sind gewiß das bereits erwähnte Alex. fr. 213,3 [*Synapothnēskontes*], das eine dreifache Übereinstimmung mit Aristophanes' Fragment aufweist (das eröffnende οὕτω τι; das sehr ähnlich wie τἀπόρρητα klingende τἀλλότρι'; das ἐστὶ γλυκύ als synonymes Pendant zu ἐστιν μέλι), sowie fr. 150,6 [*Manteis*] (ἡ τῶν γὰρ ἀνδρῶν ἐστι πρὸς ἐκείνην μέλι), gesagt von der Galle der Männer im Vergleich zu der ihrer Frauen. Ob eine intertextuelle Beziehung zwischen Aristophanes und dem ersten Alexis-Fragment besteht, muß allerdings dahingestellt bleiben (vgl. K. F. Hermann 1855, 244: „so hat Aristophanes selbst geschrieben, während Alexis in der obigen reminiscenz γλυκύ nur um desswillen substituiren musste, weil durch die beziehung auf die an fremdem tische genossene *speise* eine metaphorische bedeutung des honigs unwillkürlich hinter seiner eigentlichen zurückgetreten wäre und dadurch eine geschmacklose zweideutigkeit hervorgebracht hätte").

Das Gegenstück zum Satz *es ist Honig* scheint *es ist Galle* gewesen zu sein (Ar. Ran. 4 πάνυ γάρ ἐστ' ἤδη χολή; Verweis von Kassel–Austin z. St., die überdies Aristophanes' Fragment mit Ran. 743–53 vergleichen, wo der Diener sich über alle Gelegenheiten freut, bei denen er seinen Herren *heimlich* beschimpfen, betrügen und bloßstellen kann). Ein übertragener Sinn von μέλι auch in Herond. 3,93.

οὕτως τι Das τι bewirkt eine Abmilderung und entspricht in dieser Funktion ungefähr einem πως (so Fraenkel 1950, zu Aesch. Ag. 884).

τἀπόρρητα δρᾶν Mit ἀπόρρητον lassen sich in der Komödie geheimnisvolle bzw. verbotene Angelegenheiten politischer (z. B. Ar. Equ. 648, Thesm. 363), sakraler (Ran. 362, Eccl. 442), aber auch sexueller Natur (Eccl. 12–3 μόνος δὲ μηρῶν εἰς ἀπορρήτους μυχοὺς / λάμπεις, ἀφεύων τὴν ἐπανθοῦσαν τρίχα) definieren.

ἐστιν μέλι Vgl. hier oben, Interpretation; wohl kolloquial (vgl. Willi 2010, 488 „for 'it's great'; cf. colloquial German *das ist Zucker!*"); verglichen wurde der Ausdruck auch mit Hor. Serm. II 6,32 (*hoc iuvat et melli est*). Die erotische

Süße ist ein Topos der poetischen Sprache spätestens seit Sapph. fr. 130 V. (Ἔρος δηὖτέ μ' ὀ λυσιμέλης δόνει, / γλυκύπικρον ἀμάχανον ὄρπετον).

fr. 634 K.–A. (623 K.)

γίγνωσκε τὸν ἄλεισόν ‹τε› καὶ τὰ γράμματα

γίνωσκε codd. τε add. Porson

erkenne das Trinkgefäß und die Buchstaben

Et. gen. α 443 Lass.–Liv. (Et. magn. p. 61,17)
ἄλεισον· λέγεται δὲ καὶ ἀρσενικῶς, οἷον· —— Ἀριστοφάνης. ἔστι δὲ εἶδος ποτηρίου

aleison (‚Tongefäß mit zwei Henkeln'): es wird auch im Maskulinum verwendet, wie z. B. —— Aristophanes. Es ist ein Typ von Trinkgefäß

Metrum Iambischer Trimeter:
– – ⏑ ⏕ – – ‹⏑› | – ⏑ – ⏑ –

Zitatkontext Zitiert wird Aristophanes' Vers als Beleg für den maskulinen Gebrauch von einem Wort, das sonst – seit der hom. Sprache (etwa Hom. Λ 774. Ω 429) – im Neutrum (ἄλεισον) erscheint. Das *Etymologicum genuinum* bietet verschiedene Etymologien: einige ließen es von ἄλις herleiten, andere aus ἄλες, wieder andere aus λεῖον. Es liegt nahe, daß diese Diskussion – wie etwa die über ὁ/ἡ ὀρίγανος/τὸ ὀρίγανον (Amips. fr. 36 , mit Orth 2013, z. St.) auf Choiroboskos zurückzuführen ist, der für letztere Etymologisierung im Et. gen. namentlich zitiert wird (οὕτως ὁ Χοιροβοσκός = Choerob. Π. ὀρθογρ. p. 179,17 Cramer).

Textgestalt Die Konjunktion τε wurde von Porson 1812, 282 ergänzt und allgemein akzeptiert. Das tradierte γίνωσκε wird zu Recht emendiert, da γινώσκειν im Attischen erst im ausgehenden 4. Jh. v. Chr. erscheint (für die Komödie erst in der Mese und regelmäßig bei Menander).

Interpretation Jemand wird aufgefordert, ein beschriebenes Tongefäß zu lesen bzw. zu verstehen, wobei es naheliegt, daß es sich bei der Inschrift um den Namen (im Gen.) einer der Gottheiten handelt, denen allgemein bei Trinksprüchen das *potērion* geweiht wird (etwa Zeus Soter, Dionysos, Aphrodite, Eros, aber auch Hygieia und der Agathos Daimon; vgl. Bagordo 2014, zu Call. fr. 9 [*Kyklōpes*]). Der Kontext einer Wiedererkennungsszene ist ebenfalls denkbar (vgl. hier unten; der Anagnorismos ist sonst etwa für Aristophanes' *Kōkalos* annehmbar; vgl. Wehrli 1936, 17 und Zimmermann 2011, 781). Das hier geschilderte Tongefäß gehört nämlich zur Kategorie der sog. *grammatika ekpōmata*, die in Athen. XI 466d–467c (vgl. auch 489e) unter Verweis auf folgende Zitate ausführlich diskutiert wird: in Alex. fr. 272 läßt sich auf einer kleinen, runden Schale aus Metall die Inschrift ΔΙΟΣ ΣΩΤΗΡΟΣ in goldenen Buchstaben lesen, die wohl zu einer Wiedererkennung verhilft (vgl. Arnott 1996, z. St., mit weiterer Lit. zu solchen Objekten); in Achae. TrGF 20 F 33 nennen die Satyrn die Buchstaben auf einem Trinkgefäß, aus denen sich der Name Dionysos (im Gen.) ergibt; in Eub. fr. 69 [*Neottis*] deutet das *grammatikon ekpōma* wohl wiederum auf eine Wiedererkennung hin (vgl. Wilkins 2000, 232–3; vgl. auch die Venus-Inschrift in Plaut. Rud. 478, mit Marx 1928, z. St.).

Das etymologisch ungeklärte Wort ἄλεισον/-ος (vielleicht aus dem vorgriech. Substrat; zur antiken Etymologie und der Genusfrage vgl. hier oben, Zitatkontext) ist bereits homerisch (vgl. ArchHom III [1988] Q 42 und LfgrE s. v.; vgl. auch Rengakos 1992, 29 und LVG I [1992] s. v.) und bezeichnet ein wertvolles Trinkgefäß mit zwei Henkeln, das speziell zur Libation eingesetzt wurde und mit dem *depas* oder dem *kypellon* vergleichbar ist (vgl. Hom. γ 41–53. δ 590–2. θ 430–2, mit ThesCRA V [2005] 193; vgl. auch Athen. XI 783a).

fr. 635 K.–A. (624 K.)

ὁρῶ γὰρ ὡς ὄμφακα διασαυλούμενον

ὄμφακα codd., Bergk: στόμφακα Gaisford (vid. Kock, Kassel–Austin)

ich sehe ihn gerade wie eine unreife Weintraube herumschlenkern

Et. gen. AB (Et. magn. p. 270,44. 42)
διασαυλούμενος· ἁβρυνόμενος καὶ διαθρυπτόμενος (hucusque = Phot. δ 435). Ἀριστοφάνης· ——. παρὰ τὸν σαῦλον, τὸν τρυφερὸν καὶ γαῦρον (brevius Et. Sym. V ap. Gaisford col. 779 A, unde Zonar. p. 539 = An. Par. IV p. 198,26)

diasauloumenos (‚herumtänzelnd' [?], Mask. Sg.): verweichlicht und affektiert. Aristophanes: ——. Nach dem Adj. *saulos*, d. h. schwelgerisch und ausgelassen

Hsch. δ 1309
διασαυλούμενον· διακινούμενον, καὶ ἐναβρυνόμενον, ἢ διασειόμενον

diasauloumenos (Akk. Mask. Sg.): wer sich (unkoordiniert / schlacksig) bewegt, auch verweichlicht, oder schlendernd

Metrum Iambischer Trimeter:

⏑–⏑– ––⏑| ⏖ ––⏑–

Zitatkontext Die Zitatträger (das *Etymologicum genuinum*; für das Lemma und den ersten Teil des Interpretamentum, aber ohne Aristophanes-Zitat Photios) liefern ihre Deutung eines scheinbar nicht mehr klar durchschaubaren Verbalkompositums. Schwer zu bestimmen ist deren Verhältnis zur Hesych-Glosse, in der die Form nicht lemmatisiert erscheint (Akk.) und somit ihren Ursprung aus dem Aristophanes-Fragment deutlich verrät, das Zitat jedoch nicht anführt und sich auch im Interpretamentum nur partiell mit den Zitatträgern überschneidet (ἐναβρυνόμενον ~ ἁβρυνόμενος; διακινούμενον bzw. διασειόμενον ~ διαθρυπτόμενος).

Textgestalt Das tradierte ὄμφακα (noch in Bergk in Meineke II.2 1192 gedruckt) wurde von Gaisford 1810, 69–70 A. x aus prosodischen Gründen („ὄμφακα secundam corripit", mit Verweis auf weitere Komikerstellen: vgl. hier unten, zum Wort) in στόμφᾱκα verbessert. Eine eindeutige Wahl zwischen den beiden Wörtern läßt sich schwer treffen, wobei Einiges für die Lesart der Hss. spricht (vgl. hier unten, Interpretation).

Interpretation Ein nicht zu identifizierender Sprecher (es könnte sich auch um eine Frau handeln) sieht einen Mann (wohl eine Rollenfigur), der sich gerade auf der Bühne bewegt (vgl. hier unten, zu ὁρῶ γὰρ – διασαυλούμενον). Die Art der Bewegung dieses Mannes hängt von der unsicheren Deutung des Verbs διασαυλοῦσθαι ab (vgl. hier unten, zum Lemma): das Adj., aus dem das Verb stammt, läßt auf etwas Unordentliches, vielleicht auch Unberechenbares schließen (in den wenigen Belegen geht es um einen bakchischen Tanz sowie um das Gehen eines Pferdes oder einer Schildkröte). Eine weitere Nuancierung im semantischen Bereich dieses Verbs, zumindest aus der Perspektive der Lexikographen, würde das Element des Lasziven / Schwelgerischen einführen. Wie diese Dimension mit dem Profil eines *stomphax*, was eher einen *protzigen, angeberischen* Menschen evoziert, zu vereinbaren sein könnte, erscheint rätselhaft; es sei denn, man möchte den gemeinsamen Nenner in einer *prunkhaft luxuriös* auftretenden Figur finden.

In Ar. Vesp. 687–8 (ὅταν εἰσελθὸν μειράκιόν σοι κατάπυγον, Χαιρέου υἱός, / ὡδὶ διαβάς, διακινηθεὶς τῷ σώματι καὶ τρυφερανθείς, mit MacDowell 1971, z. St., der folgende Erklärungen jeweils zu διαβάς und διακινηθείς gibt: „'standing with his legs apart, like this'" und „probably 'with extravagant gestures', but there seems to be no exact parallel") wird der imaginierte Auftritt eines sonst unbekannten Sohn des Chaireas mit einer Kombination von Begriffen geschildert, die an die Figur des Fragments erinnern könnte: διαβάς und διακινηθείς sind nicht nur im Präverb mit διασαυλούμενον ähnlich, da dieses bei Hesych ausgerechnet als διακινούμενος erklärt wird (vgl. hier oben. Zitatkontext); τρυφερανθείς läßt ebenfalls an den Wortlaut des Zitatträgers denken (vgl. die korradikalen διαθρυπτόμενος und τρυφερός als Synonyme für σαῦλος).

Das Bild eines schlendernden Effeminierten würde zu διασαυλούμενον einwandfrei passen, bietet aber Schwierigkeiten mit ὡς στόμφακα. In der Wiedergabe von Henderson 2007, 423 („I see him sashaying like a ranter") ist die Vorstellung einer Figur, die wie ein *hochtrabender Redner tänzelt* nicht nur an sich problematisch, sondern auch wenig kompatibel mit dem *Anblick* des Sprechers: wie läßt sich ein solcher Redner von seinem Gang her erkennen? Ferner erscheint *wie ein* στόμφαξ als Vergleichselement für eine tänzelnde oder merkwürdig schlendernde Figur eher belanglos. Die Schwierigkeit würde verschwinden, wenn die tradierte Lesart ὄμφακα beibehalten würde (vgl. hier unten, zum Wort).

ὁρῶ γὰρ – διασαυλούμενον Eine ähnliche Konstruktion – und vielleicht szenische Situation – z. B. in Ar. Nub. 323 (ἤδη γὰρ ὁρῶ κατιούσας / ἡσυχῇ αὐτάς), Lys. 831–2 (‹ἄνδρ',› ὁρῶ προσιόντα παραπεπληγμένον / τοῖς τῆς Ἀφροδίτης ὀργίοις εἰλημμένον), 1082–3 (καὶ μὴν ὁρῶ καὶ τούσδε τοὺς αὐτόχθονας / ὥσπερ παλαιστὰς ἄνδρας, ἀπὸ τῶν γαστέρων / θαἰμάτι' ἀποστέλλοντας), Eccl. 41–2 (καὶ μὴν ὁρῶ καὶ Κλειναρέτην καὶ Σωστράτην / προσιοῦσαν ἤδη τήνδε καὶ Φιλαινέτην), 805–6 (καὶ γὰρ τοὺς ἐμαυτοῦ γείτονας / ὁρῶ φέροντας; vgl. auch 52. 58. 176), Anaxipp. fr. 3,1–2 [*Keraunos*] (⏕– ὁρῶ γὰρ ἐκ παλαίστρας τῶν φίλων / προσιόντα μοι Δάμιππον).

ὄμφακα Der ursprüngliche Sinn von ὄμφαξ ist ‚unreife', ‚saure Weintraube' (unklare Etymologie; bereits in Hom. η 125 πάροιθε δέ τ' ὄμφακές εἰσιν ἄνθος ἀφιεῖσαι; vgl. Aesch. Ag. 970 ὅταν δὲ τεύχῃ Ζεὺς ἀπ' ὄμφακος πικρᾶς οἶνον und Soph. fr. 255,5 R. εἶτ' ἦμαρ αὔξει μέσσον ὄμφακος τύπον); der hier nicht erforderliche übertragene Sinn von ‚(für die Hochzeit) unreifes Mädchen' ist erst in der spätantiken Lit. belegt (Anth. Pal. V 20,3. XII 205,4; vgl. auch IG XIV 769 [aus Neapel] τί τρυγᾷς ὄμφακας ἡλικίης; – ein Epitaph für einen Knaben, adressiert an Plutos); der adverbial gebrauchte Pl. im idiomatischen Sinn von *säuerlicher Blick* findet sich in Plat. fr. 31 [*Heortai*] (καὶ τὰς ὀφρῦς σχάσασθε καὶ τὰς ὄμφακας, mit Pirrotta 2009, z. St.) sowie in com. adesp. fr. *633 (ὄμφακας βλέπειν; vgl. auch das sprichwörtliche fr. *545 ὑγιέστερος ὄμφακος ‚gesünder als die unreife Weintraube'); ὄμφαξ wird in der exegetischen Tradition unterschiedlich behandelt und erklärt: vgl. z. B. Phryn. Ecl. 33 F. (ἡ ὄμφαξ, ἡ βῶλος θηλυκῶς δέον, οὐκ ἀρσενικῶς), Et. Gud. p. 429,30 (ὄμφαξ, οἷον, ὠμόφαξ, ἡ ὠμὴ εἰς τὸ φαγεῖν), Sud. ο 320 (ὄμφαξ· ὠμόφαξ τις ὤν), Et. magn. p. 625,55 ὄμφαξ· τὸ ὀξεινόν) und schol. Theocr. 11,21c (ὄμφακος ὠμᾶς, ὅ ἐστι νέας παρθένου· ὄμφαξι γὰρ ἀπεικάζουσι τὴν ὤραν). In der Komödie finden sich Derivate wie ὀμφακίας, sonst ein saurer, aus unreifen Weintrauben hergestellter Wein, in Ar. Ach. 352–3 (δεινὸν γὰρ οὕτως ὀμφακίαν πεφυκέναι / τὸν θυμὸν ἀνδρῶν), als Epitheton von θυμός für ein *harsches, rohes* Benehmen verwendet, oder ὀμφακίζειν (bei Epich. fr. 239 Σικελὸς ὀμφακίζεται handelt es sich um ein Sprichwort für diejenigen, die geringwertige Dinge klauen, da die Sikeler den Ruf hatten, *omphakes* zu verzehren). Da die antiken Diskussionen zur Prosodie des Wortes keinen eindeutigen Rückschluß auf eine Form ὄμφᾱκα zulassen, würde eine Möglichkeit darin bestehen, es als analog zu Formen wie στόμφᾱκα – wenn nicht sogar στόμφᾱκα selbst – zu betrachten (vgl. Hdn. Π. προσ. καθ. I [GrGr III.1] p. 524,6 Lentz τὰ εἰς αξ λήγοντα καὶ ἐκτείνει τὸ α καὶ συστέλλει· ὅσα μὲν οὖν δισύλλαβα ὄντα ἔχει πρὸ τέλους μὴ φύσει μακράν, ἀλλ' ἢ βραχεῖαν ἢ θέσει μακράν, ἀδιάφορον ἔχει τὸν χρόνον τοῦ α, κόραξ, κόλαξ, φύλαξ, ἄναξ, βόαξ, νέαξ, ὄμφαξ, φόρταξ; vgl. auch Π. διχρ. [GrGr III.2] p. 8,5 Lentz ὅσα μὲν οὖν δισύλλαβα ὄντα ἔχει πρὸ τέλους μὴ φύσει μακράν, ἀλλ' ἢ βραχεῖαν ἢ θέσει μακράν, ἀδιάφορον ἔχει τὸν χρόνον τοῦ α, κόραξ, κόλαξ, φύλαξ, ἄναξ, βόαξ, νέαξ, ὄμφαξ, φόρταξ· εἰ μέντοι ἡ πρὸ τέλους φύσει μακρὰ εἴη, ἡ δὲ τελευταία συστέλλοιτο, γένος θηλυκὸν ὁρᾶται, πῖδαξ, κλῖμαξ, λεῖμαξ, βῶλαξ). Hierfür würde auch die Tatsache sprechen, daß ὄμφαξ im aristophanischen Fragment eine semantische und formale Sonderstellung im Vergleich zu den anderen Komödienbelegen einnimmt, die entweder den Pl. oder ein Derivat haben: als Subst. und in diesem besonderen Sinne könnte ὄμφαξ (Gen. ὄμφᾱκος) sogar die Konturen einer *vox comica* mit pejorativem Suffix tragen (zu dieser Wortkategorie vgl. Björck 1950, 262–3).

Die Alternative (vgl. hier oben, Textgestalt) ist das Subst. στόμφαξ, ein Derivat mit pejorativem Suffix aus στόμφος (‚schwülstige Rede', in [Longin.] Subl. 3,1. 32,7) aus dem Verb στέμβειν ‚(unaufhörlich) schütteln'; στόμφαξ kommt sonst nur in Ar. Nub. 1366–7 („ἐγὼ γὰρ Αἰσχύλον νομίζω πρῶτον ἐν ποηταῖς – / ψόφου πλέων, ἀξύστατον, στόμφακα, κρημνοποιόν") vor, von Pheidippides auf Aischylos bezogen, wobei gerade die Eigenschaften, die jener am Dichter schätzt – darunter die mit στόμφαξ gemeinte *Prahlerei* bzw. *Großtuerei* (Dover 1968, z. St. gibt es mit „bombastic ranter" wieder) –, in der Tat alles andere als schmeichelhaft klingen; das entsprechende Verb στομφάζειν ‚schwülstig reden' kommt in Vesp. 719–21 (ὧν εἵνεκ' ἐγώ σ' ἀπέκλειον ἀεὶ / βόσκειν ἐθέλων καὶ μὴ τούτους / ἐγχάσκειν σοι στομφάζοντας) sowie in com. adesp. fr. *345 (ἐστόμφασα) vor (letzteres wird vom Zitatträger Hsch. ε 6506 als ἠλαζονευσάμην erklärt). Außer der genannten Hesych-Stelle, mit einem (unsicheren) komischen Adespoton, scheint die lexikographische Tradition grundsätzlich von den aristophanischen Stellen abzuhängen, wenn auch mit verschiedenen Nuancierungen in der Deutung, die von *Prahler* bis *hart /*

roh reichen (vgl. Phot. σ 585 = Synag. σ 235 στόμφακα· τὸν κομπαστήν· καὶ στομφάσαι, τὸ ἀλαζονεύσασθαι στόμφακα· τὸν κομπαστήν· καὶ στομφάσαι, τὸ ἀλαζονεύσασθαι, Hsch. σ 1919 στόμφας· ἀλαζονεία, schol. Ar. Nub. 1367f στόμφακα· σκληρόν, Sud. σ 1140 στόμφακα· τραχύν).

διασαυλούμενον In dieser Form ein Hapax; für die Bedeutung sind wir auf die daraus stammende lexikographische Tradition angewiesen; hierzu hilft auch die Basisform σαυλοῦσθαι wenig (nur in Eur. Cycl. 40 προσῇτ' ἀοιδαῖς βαρβίτων σαυλούμενοι; – bezogen auf den Auftritt des tanzenden Satyrchors; vgl. auch Luc. Lexiph. 10), denominal aus dem Adj. σαῦλος (etymologisch ungewiß und erklärt in Frisk GEW, s. v. als „Reimwort zu φαῦλος und vielleicht durch Kreuzung damit entstanden"; vgl. schol. Ar. Vesp. 1169 τὸ φαῦλον καὶ διερρυηκός), dessen Bedeutung bereits in Epos und Lyrik ebenfalls schwer zu bestimmen ist: vgl. h.Merc. 28 (σαῦλα ποσὶν βαίνουσα: Schildkröte), Sem. fr. 18 W.^{2} (καὶ σαῦλα βαίνων ἵππος ὣς †κορωνίτης), Anacr. PMG 411b (Διονύσου σαῦλαι Βασσαρίδες), PMG 458 (σαῦλα βαίνειν); vgl. Hsch. σ 266 (σαῦλα· κοῦφα).

In der Komödie taucht der Begriff sonst nur zweimal auf: in Ar. Vesp. 1173 (καὶ μὴν προθυμοῦμαί γε σαυλοπρωκτιᾶν), wo Philokleon den Gang eines eleganten und feinen Mannes zu simulieren versucht, und *die Hüften hin und her bewegt* (vgl. Kock I 548 mit Verweis auf Lobeck 1843, 392 A. 21: „Similem hominum incessum exprimunt verba διασαυλοῦσθαι et σαυλοπρωκτιᾶν id est τὰ ἰσχία περισπᾷν *cevere*, nomemque saltationis obscenae καλλίβας et καλλιβίς sive potius καλαβίς"; MacDowell 1971, z. St.: „'Actually I'm *trying* to do the waggle-bottom'"; vgl. it. *sculettare*); in Anaxandr. fr. 42,4–5 [*Prōtesilaos*] (καίτοι φασὶν / βουβαυκαλόσαυλα γενέσθαι) ist das Kompositum – wohl eine komische Neuschöpfung (von Haupt 1876, 561–2 restituiert) – auf eine als viel zu *verweichlicht* empfundene Art bezogen, ein Bankett zu veranstalten (in der Wiedergabe von L. Citelli in Canfora 2001, 336 – „Eppure dicono / che sia stato così greve che si sarebbero addormentati anche dei buoi" – wird das Kompositum in allen seinen drei Teilen mißdeutet: βου- ist ein steigerndes Präfixoid mit dem Sinn von ‚(ochsen)groß' wie in zahlreichen Bildungen – vgl. u. a. βούπαις ‚großer Kleinjunge' oder βουλιμιᾶν ‚Heißhunger haben'; -βαυκαλο- hat zwar auch mit βαυκαλᾶν ‚einschläfern' zu tun, ein direkter Bezug besteht hier jedoch zum nur lexikographisch bezeugten Adj. βαύκαλος ‚lasziv, weichlich'; -σαυλος weist ebenfalls auf etwas Luxuriöses hin; richtige Deutung in Wilkins 2000, 280 A. 83).

fr. 636 K.–A. (627 K.)

καὶ τῶν πρὸς εἵλην ἰχθύων ὠπτημένων

πρὸς εἵλην [1]AB, [2]AB, [3]B: πρὸς ἕλην [4]AB: προΐλων [3]A: πρὸς εἵλην Blaydes   ὠπτημένων [3]A, [4]AB, ὀπτ- [1]A

und von den an der Sonnenhitze gebratenen Fischen

Et. gen. [1]AB (Et. magn. p. 298,53)
εἵλη· σημαίνει τὴν θερμασίαν (εἵλη· ἡ θερμ. A). ἐκ τοῦ ἕλη, κατὰ πλεονασμὸν τοῦ ι εἵλη, ὡς παρὰ Ἀριστοφάνει· ——

eilē (‚Sonnenhitze‘): es bezeichnet die Hitze. Aus dem Wort *helē*, mit redundantem *i* [ergibt sich] *eilē*, wie bei Aristophanes: ——

Metrum Iambischer Trimeter:
– – ⏑ – – | – ⏑ – – – ⏑ –

Zitatkontext Die Assoziation mit ἕλη (sonst nur bei Eustathios, etwa Eust. in Il. p. 700,19, und als Lesart vom Rav. in Ar. Vesp. 772; vgl. hier unten, zu πρὸς εἵλην) ist etymologisch korrekt. Derselbe Vers wird in Et. gen. zweimal (s. v. [2]εἰλικρινής ‚rein‘, ‚lauter‘ – etymologisch erklärt als ‚in der Sonne beurteilt‘ – und [3]θειλόπεδον ‚Platz zum Trocknen in der Sonne‘) Sophokles zugeschrieben (Soph. fr. dub. 1136 R., mit Radt z. St.: „utri poetae haec adsignanda sint, diudicare dubito: metrum verborumque ordo tragico, res comico potius conveniret“), einmal (s. v. [4]πρόσειλος) anonym tradiert (das Material, ebenfalls ohne Angabe des Autors, stammt von Choerob. Π. ὀρθογρ. [cod. Barocc. 50] p. 219,8 θειλόπεδον· σημαίνει δὲ τὸν τόπον ἔνθα ξηραίνονται αἱ σταφυλαί. διὰ τῆς ει διφθόγγου τὸ θει· παρὰ γὰρ τὸ ἕλη, τὸ σημαῖνον τὴν θερμασίαν, γέγονεν εἵλη διὰ τῆς ει διφθόγγου κατὰ πλεονασμὸν τοῦ ι· καὶ πάλιν ἀπὸ τοῦ εἵλη καὶ τὸ πέδον, τοῦ σημαίνοντος τὸ χαμηλὸν, γέγονεν εἱλόπεδον, καὶ πλεονασμῷ τοῦ θ θειλόπεδον; vgl. An. Ox. II p. 212,21 [εἵλη], p. 204,5 [εἰλικρινής], p. 219,3 [θειλόπεδον]).

Interpretation Der Vers gehört vermutlich zu einer Sequenz, in der andere Speisen genannt werden. Der Gen. Pl. könnte von einem Subst. oder (als Partitiv) von einem Verb abhängen.

Das beste Pendant für etwas, das *an der Sonnenhitze* gekocht wird, bietet Epich. fr. 113,242–7 [*Pyrrha kai Promatheus*] (]. ̣ιαίνει θυμὸν εὐωχεουμένων /]. κας ὀπτῆν φαντι καὶ πὸτ τὰν ἕλαν /]θ’, ἐπεί νιν φαῦλον εἴμειν κα δοκέω /]ι̣ σελάναν ὑγρὸν ἐκψύχων νάκος /]τις· οὑτῶ δ’ οἴομαι πὸτ τὰν ἕλαν /]κ̣’ εἴμειν): was hinter].κας steckt, ist nicht klar (γυνα]ῖκας oder κόλλ]ικας ‚runde grobe Brote' ergänzt *exempli gratia* E. Lobel; der phraseologische Parallelismus zwischen beiden Fragmenten wurde bereits von Cassio 1985, 42 bemerkt; vgl. jetzt Willi 2015, 138 A. 75). Ein nahezu identischer Sachverhalt findet sich in Hdt. I 200,1 (εἰσὶ δὲ αὐτῶν πατριαὶ τρεῖς αἳ οὐδὲν ἄλλο σιτέονται εἰ μὴ ἰχθῦς μοῦνον, τοὺς ἐπείτε ἂν θηρεύσαντες αὐήνωσι πρὸς ἥλιον, ποιεῦσι τάδε· ἐσβάλλουσι ἐς ὅλμον καὶ λεήναντες ὑπέροισι σῶσι διὰ σινδόνος), wonach die Babylonier die Fische an der Sonne austrocknen, um sie dann in einem Mörser mit einer Mörserkeule zu zerreiben und durch ein feines Tuch zu sieben. Die Ähnlichkeit zwischen πρὸς ἥλιον und πρὸς εἵλην ist umso bedeutender, als εἵλη von den antiken Etymologen als verwandt mit ἥλιος galt (vgl. hier unten, zum Wort).

Wie bereits von Radt zu Soph. fr. dub. 1136 R. bemerkt (vgl. hier oben, Zitatkontext), passen Versgestalt und Wortstellung zur tragischen Sprache, die Sache zur Komödie: die Zuweisung zu Aristophanes ist also wahrscheinlicher, wenn ein paratragischer Kontext angenommen wird.

πρὸς εἵλην Die Form εἵλη ‚Sonnenhitze bzw. -wärme' kommt aus *ἐ-ϝhέλᾱ, Form mit Vokalprothese von *ϝhέλᾱ, woher die gleichbedeutenden Varianten ἕλα, ϝέλα stammen (die urspr. Präsenz des Digammas erklärt auch die weiteren dor. Varianten: vgl. Hsch. β 476 βέλα· ἥλιος, gASn καὶ αὐγή, S ὑπὸ Λακώνων, ε 1835 ἕλα· [ἐκρίναμεν. καὶ] ἥλιος, αὐγή, καῦμα. Λάκωνες. βάδιζε. λέγε, vielleicht auch γ 285 γέλαν [d. h. ϝέλαν]· αὐγὴν ἡλίου, mit Sicherheit aber γ 309 γελοδυτία· ἡλιοδυσία). In der nicht aspirierten Form auch in Ar. Vesp. 771–2 (ἢν ἐξέχῃ / εἵλη κατ' ὄρθρον, ἡλιάσει πρὸς ἥλιον; aspiriert in Luc. Lexiph. 2, Alciphr. I 2. 12); die dor. Form ἕλα ist in Epich. fr. 113,243. 246 [*Pyrrha kai Promatheus*] belegt (vgl. hier oben, Interpretation); vgl. auch Aesch. fr. 334 R. ἄειλα (πεδία? – mit der Erklärung in Ael. D. α 40* Erbse ἄειλα· τὰ πολύσκια χωρία κατὰ στέρησιν τῆς ἕλης); in der Prosa bezeugt sind εἱληθερής und εἱληθερεῖν. Ein Derivat von εἵλη, das als Kompositum auch die Präp. πρός enthält, ist πρόσειλος ‚der Sonnenhitze ausgesetzt', ‚sonnig', wie in Eup. fr. 410 (αὐλὴ πρόσειλος, erklärt vom Zitatträger Phryn. Praep. soph. p. 23,11 mit ἡ πρὸς τὸν ἥλιον τετραμμένη).

Eine etymologische Verwandtschaft mit ἥλιος galt in der Antike als selbstverständlich (z. B. schol. [Aesch.] PV 451 [προσείλους] πρὸς ἥλιον ὁρῶντας, mit Verwechslung auch in der hs. Überlieferung: πρόσηλος M): in der Tat ist es ganz unsicher, ob ein Bezug zwischen idg. **su̯el-* ‚schwelen', ‚brennen' (daraus **su̯elā* > *ϝhέλᾱ > εἵλη) und idg. **sāuel-* (daraus *σᾱϝέλιος > ἥλιος) besteht (vgl. Frisk GEW, s. v. ἥλιος).

ὠπτημένων Das bereits hom. ὀπτᾶν (dem wohl das ebenfalls bereits hom. Verbaladj. ὀπτός zugrunde liegt) ist das Standardverb für ‚braten' (wie hier),

‚rösten' und ‚backen' (oft begleitet mit Präfixen), d. h. für alle Kochmethoden, in denen Feuer oder trockene Hitze eingesetzt werden (anders als ἕψειν ‚mit Wasser kochen'); auch metaphorisch, wie in Ar. Lys. 839 (τοῦτον ὀπτᾶν καὶ στρέφειν), gelegentlich in der Liebessprache (Sapph. fr. 38 V. ὄπταις ἄμμε, Theocr. 7,55 ὀπτεύμενον ἐξ Ἀφροδίτας).

fr. 637 K.–A. (628 K.)

ἴκτινα παντόφθαλμον ἅρπαγα στρέφων

ἅρπαγα στρέφων Choerob. V, Et. magn.: ἅρπαγας τρέφων Choerob. NC, Et. gen. A: ὀφθαλμοις τίνων Et. gen. B: ἁρπαγῆς τρέφων Reisig: ἅρπαγ' ἐκτρέφων Kidd: ἁρπαγαῖς τρέφων Nauck: ἅρπαγ' ἄστροφον Kaibel

wer / der eine alläugige, raubsüchtige Weihe *wendet*

Choerob. in Theodos. can., GrGr IV.1 p. 267,6 Hilgard
ἡ ἴκτινα αἰτιατικὴ προπαροξυνομένη, οἷον ὡς παρὰ Ἀριστοφάνει· ——, οὐκ ἔστιν ὡς ἀπὸ τῆς ἴκτιν εὐθείας, οὐδαμοῦ γὰρ ἡ εὐθεῖα αὕτη εὕρηται ἐν χρήσει, ἀλλ' ἔστιν ἴκτινος ἡ εὐθεῖα, ὡς παρὰ Σοφοκλεῖ (Soph. fr. 767 R.)· τούτου ἡ γενικὴ ἰκτίνου, ὡς παρὰ Σιμωνίδῃ (immo Sem. fr. 12 W.^{2}), εἶτα ἡ δοτικὴ ἰκτίνῳ, καὶ ἡ αἰτιατικὴ ἴκτινον, ὡς παρὰ Μενάνδρῳ (Men. fr. 443)· εἶτα αὕτη ἡ αἰτιατική, φημὶ δὴ ἡ ἴκτινον, κατὰ μεταπλασμὸν γέγονεν ἴκτινα, ὡς παρὰ Ἀριστοφάνει· ——

der proparoxytone Akkusativ *iktina* (‚Weihe', Akk.), wie z. B. bei Aristophanes: ——, er kann nicht von dem Nominativ *iktin* stammen, denn nirgends findet sich dieser Nominativ im Gebrauch, sondern der Nominativ ist *iktinos*, wie bei Sophokles: (Soph. fr. 767 R.); der Genitiv von diesem ist *iktinou*, wie bei Simonides [eigentlich Semonides] (Sem. fr. 12 W.^{2}), ferner der Dativ *iktinōi*, und der Akkusativ *iktinon*, wie bei Menander (Men. fr. 443): dies ist also der Akkusativ, ich meine nämlich die Form *iktinon*, durch Metaplasmos ist *iktina* entstanden, wie bei Aristophanes: ——

Et. gen. AB (Et. magn. p. 470,100)
ἴκτινα· τὴν λεγομένην λουπίδα. προπαροξύτο(νος) αἰτιατική· ὡς παρ' Ἀριστοφάνει· ——. οὐκ ἔστι γὰρ ἀπὸ τῆς ἴκτινον εὐθείας, οὐδαμοῦ γὰρ εὕρηται ἐν χρήσει ἡ εὐθεῖα, ἀλλ' ἐκ τοῦ ἴκτινος. Σοφοκλῆς· (Soph. fr. 767 R.). ἡ γενικὴ ἰκτίνου ἰκτίνῳ ἴκτινον, καὶ κατὰ μεταπλασμὸν ἴκτινα

iktina (‚Weihe', Akk.): die sogenannte *loupis*. Der Akkusativ mit dem Akut auf der vorvorletzten Silbe: wie bei Aristophanes: ——, es stammt nämlich nicht von dem Nominativ *iktinon*, denn nirgends findet sich dieser Nominativ im Gebrauch, sondern von *iktinos*. Sophokles: (Soph. fr. 767 R.); der Genitiv ist *iktinou*, *iktinōi* (Dativ), *iktinon* (Akk.), und durch Metaplasmos *iktina*

Metrum Iambischer Trimeter:

– – ⏑ – – – ⏑ | – ⏑ – ⏑ –

Zitatkontext Im Rahmen einer ausführlichen grammatischen Diskussion über die Flexion der Wörter in -ῑν- (vom Typ δελφίν, δελφῖνος), die von Choiroboskos in seinen Prolegomena zu den *Kanones* des Theodosios von Alexandria geführt wird, bezeugt das Fragment die besondere Akkusativform ἴκτινα; dabei wird zunächst bemerkt, daß diese Wörter – wenn sie nicht in Komposita auftreten – auf der letzten Silbe betont werden (wie Σαλαμίν Ἐλευσίν ἀκτίν δελφίν Τελχίν ῥίν θίν ἴν; darauf folgt als Ausnahme der Akk. ἴκτινα, wofür neben Aristophanes Plat. fr. 273 zitiert wird, Ersatzform für ἴκτινον aus einem Nom. ἴκτινος (hierfür zeugt Soph. fr. 767 R. ἴκτινος ὡς ἔκλαγξε παρασύρας κρέας) – und nicht, wie man erwarten würde, ἴκτιν (es folgen lit. Beispiele für die weiteren Kasus: Sim. fr. 12 W.[2] σπλάγχν' ἀμπέχοντες αὐτίκ' ἰκτίνου δίκην; Men. fr. 443 ἀλλὰ προσεδόκας / τάλαντον εἶναι † παρ' ἡμῖν τὸν ἴκτινον); schließlich wird das aristophanische Fragment noch einmal (wegen des Metaplasmos im Akk.) zitiert. Hiervon hängt in leicht variierter und abgekürzter Form Et. gen. s. v. ἴκτινα (Et. magn. p. 470,97) ab (vgl. auch Hdn. Π. ὀνομ. [GrGr III.2] p. 626,26 Lentz). Der grammatische Terminus Metaplasmos (vgl. z. B. Apoll. Dysc. Adv. [GrGr II.1] p. 183,22 Schn.) bezeichnet die Bildung von Kasus bei Substantiven (bzw. Verbaltempora) mit einem unbelegten Nominativ (bzw. einer Präsensform).

Textgestalt Nicht ganz zufriedenstellend ist das z.T. tradierte und bereits von Bergk in Meineke II.2 1111 angenommene ἅρπαγα στρέφων (in jedem Fall der schwer zu erklärenden alternativen Lesart ἅρπαγας τρέφων vorzuziehen): vgl. auch ἁρπαγῆς τρέφων (Reisig 1816, 112, der zu -γᾱ τρ- bemerkt: „Productio istiusmodi ne tragicis quidem poëtis concessa fuit in iambicis versibus aut trochaicis") und ἁρπαγαῖς τρέφων (Nauck 1874, 118); eine durchaus plausible Lösung ist ἅρπαγ' ἐκτρέφων (Kidd 1817, 356, so auch Meineke 1869, 454, allerdings als weniger wahrscheinliche Alternative zu ἅρπαγα στρέφων; zu seiner Deutung vgl. hier unten, Interpretation; zu Kidds Emendation vgl. auch Kaibel in Kassel–Austin z. St.: „rectius", d. h. als die Konjekturen von Reisig und Nauck).

Interpretation Eine auch nur annähernd nachvollziehbare Deutung des Verses hängt von der Textkonstitution der u. a. als ἅρπαγα στρέφων überlieferten Sequenz ab (vgl. hier oben, Textgestalt). Sicher ist dabei nur, daß eine unbekannte männliche Figur (Partizip-Endung -ων) als Subjekt etwas durchführt (στρέφειν, τρέφειν oder auch ἐκτρέφειν) und seine Aktion als Objekt einen Greifvogel (die *Weihe*) hat, der als *allsehend* charakterisiert wird, vielleicht auch als *räuberisch* (wenn man ἅρπαγα liest). Als Alternative zu einer Form von ἅρπαξ (Akk. Sg. oder Pl.) käme wohl nur eine Form von ἁρπαγή ‚Raub' in Frage. Für die Verbindung mit dem Adj. ἅρπαξ spricht allerdings Anth. Pal. XI 324,3–4 (οὗτος ἔχει γὰρ / ἅρπαγος ἰκτίνου χεῖρα κραταιοτέρην; vgl. auch Mart. IX 54,10 *hinc prope summa rapax milvus ad astra volat*; ähnliches Motiv in Iuv. IX 55 *tot miluos intra tua pascua lassas*?).

Das Verb στρέφειν ist seinerseits nicht völlig überzeugend: wer würde eine Weihe *wenden* bzw. *drehen*? (das Beibehalten von στρέφειν zwingt beispielsweise Meineke 1869, 454, den unbezeugten – und hier nicht weniger problematischen – Sinn von στρεβλοῦν *winden*, *foltern* anzunehmen; vgl. hier unten; am nächsten vergleichbar, und doch sehr entfernt ist Pher. fr. 155,14–6 [*Cheirōn*] Φρῦνις δ' ἴδιον στρόβιλον ἐμβαλών τινα / κάμπτων με καὶ στρέφων ὅλην διέφθορεν, / ἐν πέντε χορδαῖς δώδεχ' ἁρμονίας ἔχων); am besten vielleicht im Sinne von ‚zum Rotieren bringend', wie etwa in Sannyr. fr. 4 [*Gelōs*] (κεραμικὴν γαῖαν στρέφων ‚Töpfererde drehend', mit Orth 2015, z. St.); τρέφειν paßt zwar zu den Vögeln semantisch gut (vgl. etwa Ar. Av. 1355–7 ἐπὴν ὁ πατὴρ ὁ πελαργὸς ἐκπετησίμους / πάντας ποιήσῃ τοὺς πελαργιδέας τρέφων, / δεῖ τοὺς νεοττοὺς τὸν πατέρα πάλιν τρέφειν, Alex. fr. 58 [*Dorkis*] περιστερὰς / ἔνδον τρέφω τῶν Σικελικῶν τούτων πάνυ / κομψάς), würde aber eine Form von ἁρπαγή erfordern, die einen fragwürdigen Sinn ergeben würde (z. B. Gen. Sg. *des Raubs* – von was abhängig? – oder Dat. Pl. *durch Raubüberfälle*?).

Eine alternative Lösung, auch paläographisch akzeptabel, wäre wohl ἅρπαγ' ἐκτρέφων (vgl. etwa Eur. Suppl. 1222 ἐκτεθραμμένοι σκύμνοι λεόντων; Ar. Nub. 795 εἴ σοι τις υἱός ἐστιν ἐκτεθραμμένος). Wir hätten somit jemanden, der einen Greifvogel *erzogen* bzw. *großgezogen* hat, wobei es sich weiterhin anbieten würde, den Greifvogel mit einem *alles überwachenden* und *habgierigen* Politiker zu identifizieren (dessen Karriere vom athenischen Volk selbst begünstigt wurde? Vgl. Meineke 1869, 454: „Vielleicht ἅρπαγ' ἐκτρέφων, nämlich ὁ δῆμος: denn gewiss ist ἴκτινος von einem hab- und raubsüchtigen Staatsmanne zu verstehen. Leichter jedoch wäre ἅρπαγα στρέφων mit Bergk zu schreiben, στρέφων aber in dem Sinne von στρεβλῶν zu nehmen"; vgl. Kaibel in Kassel–Austin z. St.: „puta velut de Cleone dictum"; an eine Anspielung auf Perikles' sexuelle Exzesse denkt – anhand von Plut. Per. 13,15 – Podlecki 1998, 173, mit 214 A. 17: „The joke seems to be picked up in a fragment of Aristophanes (PCG ii. 2, fr. 637)").

Es gibt keine zwingenden Elemente, um den Vers als *tragisch* zu betrachten (*pace* Dindorf 1835, 677: „versus tragicus est, ex quo παντόφθαλμος in lexica inferri poterit").

ἴκτινα Zu dieser Akkusativform vgl. hier oben, Zitatkontext; Akk. sonst nur im anschließend zitierten Plat. fr. 273 (kontextlos); die Form ἰκτίν (Gen.

ἰκτῖνος; vgl. auch ἰκτίς in Hsch. ι 512 ἰκτίς· αἴλουρος r Περγαῖοι) ist sekundär zu ἰκτῖνος (bezeugte Formen sind ferner Nom. Pl. ἰκτῖνες in Paus. V 14,1, Dat. Pl. ἰκτῖσι in Ctes. FGrHist 688 F 3c fr. 45,187).

Der ἰκτῖνος (*Milvus migrans*) ist ein Greifvogel (in Griechenland hauptsächlich als Zugvogel unterwegs; vgl. Thompson 1936[2], 68– 9 und Arnott 2007, 76–8; beschrieben in Aristot. De part. anim. 670a 33 und Ael. Hist. anim. VI 6,563. VIII 3,592. 594; unbekannte Herkunft, vielleicht mit ἴκτερος = *galgulus* zusammenhängend; vgl. Frisk GEW, s. v.), bekannt v.a. für seine unverschämte Gier; er gehört zur poetischen Bildersprache seit Theogn.1261–2 (ἰκτίνου γὰρ ἔχεις ἀγχιστρόφου ἐν φρεσὶν ἦθος / ἄλλων ἀνθρώπων ῥήμασι πειθόμενος) und 1301–2 (σὺ δὲ μάργον ἔχων καὶ ἀγήνορα θυμόν / φεύγεις, ἰκτίνου σχέτλιον ἦθος ἔχων; vielleicht auch 1257, wo ὦ παῖ, ἰκτίνοισι [κινδύνοισι cod.] πολυπλάγκτοισιν ὁμοῖος eine ernst zu nehmende Emendierung von Welcker ist: vgl. Vetta 1980, z. St.), an beiden Stellen gesagt vom gefühllosen Charakter eines Jünglings. Außer in den genannten Komödienbelegen (vgl. hier oben, Zitatkontext und Interpretation) erscheint der *iktinos* auch in einem fabelhaften Motiv, in dem der Greifvogel ursprünglich ein König war (Ar. Av. 499–501 [ΠΕ.] ἰκτῖνος δ' οὖν τῶν Ἑλλήνων ἦρχεν τότε κἀβασίλευεν. / [ΧΟ.] τῶν Ἑλλήνων; [ΠΕ.] καὶ κατέδειξέν γ' οὗτος πρῶτος βασιλεύων / προκυλινδεῖσθαι τοῖς ἰκτίνοις, mit Dunbar 1995, z. St.; vgl. auch 713–4; in beiden *Vögel*-Stellen möchte Cooper 1996, 378 ein *double entendre* zwischen dem Vogelnamen und dem Architekt Iktinos erkennen).

παντόφθαλμον Dies ist ein Hapax; das herausragende Sehvermögen der Weihen wird erst in der röm. Literatur sprichwörtlich (vgl. Pers. IV 26 *diues arat Curibus quantum non miluus errat*).

Die Komödie rekurriert selten auf Komposita mit -όφθαλμος: in Eub. fr. 106,10 [*Sphingokariōn*] gehört ἀττελεβόφθαλμος ‚mit Heuschrecken-Augen' zu den kennzeichnenden Elementen in einem Rätsel; in Men. Sicyon. 399 (λευκὴ σφόδρ', εὐόφθαλμός ἐστ') ist es von einem *gut aussehenden* Mädchen gesagt; bei der κοιλοφθαλμία ‚Halonierung der periorbitalen Region', d. h. *Augenringe* (Phryn. fr. 82; in demselben Zitatkontext wird für das entsprechende Verb κοιλοφθαλμιᾶν – wohl in der Beschreibung eines *poiētēs*, der weder *Wasser trinkt* noch *Augenringe hat* – Cratin. fr. 319 οὐδ' ὑδατοπωτῶν, οὐδὲ κοιλοφθαλμιῶν angeführt) handelt es sich um einen in der wiss. Fachprosa (die auch das Adj. kennt) vielfach bezeugten medizinischen Begriff.

ἅρπαγα Hier als Adj. (vgl. hier oben, Interpretation; als Subst. Mask. heißt es ‚Räuber'); die Raubgier der Weihen ist ein auch der Komödie nicht fremdes Motiv: in Ar. Pac. 1099–100 (φράζεο δή, μή πώς σε δόλῳ φρένας ἐξαπατήσας / ἰκτῖνος μάρψῃ) warnt Hierokles Trygaios davor, sich nicht die Sinne mit Betrug berücken und die Opferstücke von einer Weihe wegschnappen zu lassen (Orakelsprache); auch in Av. 891–2 (οὐχ ὁρᾷς ὅτι / ἰκτῖνος εἷς ἂν τοῦτό γ’ οἴχοιθ’ ἁρπάσας;) stellt die Weihe eine Gefahr für die Opfergaben dar (vgl. auch 864–7 εὔχεσθε Ἑστίᾳ ὀρνιθείῳ / καὶ ἰκτίνῳ ἑστιούχῳ / καὶ ὄρνισιν Ὀλυμπίοις καὶ Ὀλυμπίασι / πᾶσι καὶ πάσησι), während sie in 1622–5 (ὅταν διαριθμῶν ἀργυρίδιον τύχῃ / ἄνθρωπος οὗτος, ἢ καθῆται λούμενος, / καταπτάμενος ἰκτῖνος ἁναρπάσας λάθρᾳ / προβάτοιν δυοῖν τιμὴν ἀνοίσει τῷ θεῷ) Menschen auf dem Marktplatz beraubt.

στρέφων Vgl. hier oben, Interpretation.

fr. 638 K.–A. (629 K.)

μέλαινα †δεινὴ γλῶσσα† Βρεττία παρῆν

δεινὴ γλῶσσα RQPN: δεινὴ πίσσα Bochart: δεινῶς πίττα Kock: δ’ ἦν ἡ πίττα Blaydes: γλῶττα, πίττα Kaibel: :: Βρεττία γὰρ ῆν Nauck μέλαινα δ’ ἦν ἡ γλῶσσα. :: Βρεττία γὰρ ἦν Kassel–Austin: μέλαινα δείν’ ἡ πίττα. :: Βρεττία γὰρ ἦν Henderson

eine schwarze †schreckliche Zunge† aus Bruttium gab es da

Steph. Byz. B 170 Billerbeck
Βρέττος· πόλις Τυρρηνῶν (τυρηνῶν Q), ἀπὸ Βρέττου τοῦ Ἡρακλέους καὶ Βαλητίας (βαλητίας QPN: βαλίας R) τῆς Βαλήτου (βαλίτου R). οἱ οἰκοῦντες Βρέττιοι, καὶ ἡ χώρα Βρεττία καὶ ἡ γλῶσσα (RQPN, πίσσα Bochart). Ἀριστοφάνης ——. Ἀντίοχος δὲ τὴν Ἰταλίαν πρῶτόν (πρῶτον om. N) φησι κληθῆναι Βρεττίαν, εἶτα Οἰνωτρίαν

Brettos: Stadt der Tyrrhener (d. h. der Etrusker), nach Brettos [benannt], dem Sohn des Herakles und der Baletia, der Tochter des Baletos. Die Bewohner [heißen] Brettier, und das Umland [heißt] Brettia, und die [brettische] Zunge (bzw. das [brettische] Pech) [existiert auch]. Aristophanes: ——. Antiochos (Antioch. FGrHist 555 F 3c = fr. 3c Fowler) berichtet, Italien sei zuerst Brettia, dann Oinotria genannt worden

Metrum Iambischer Trimeter:
⏑–⏑– –|–⏑|– ⏑–⏑–

Zitatkontext Aristophanes’ Vers wird bezüglich des brettischen *Pechs* bzw. der brettischen *Zunge* herangezogen (vgl. Et. Sym. β 201 Berger = Et. magn. 212,30, mit Reitzenstein 1897, 331, der an Oros als Quelle denkt). Unbestreitbar ist die Verwandtschaft mit Hsch. β 1112 = Λέξ. ῥητ. p. 223,18 = Et. magn. p. 213,7 (Βρεττία· μέλαινα πίσσα [πίσσα om. Hsch.]· καὶ (ἡ Hsch.) βάρβαρος, ἀπὸ τοῦ Βρεττίων ἔθνους [Βρετίωνος ἐθνικοῦ Et. magn.]), die für die Herstellung des Textes folgenreich ist (vgl. hier unten, Textgestalt).

Für die Information, nach der Βρεττία ursprünglich Italien bezeichnet haben soll, beruft sich Stephanos auf Antiochos von Syrakus (Antioch. FGrHist 555 F 3c = fr. 3c Fowler; aus dem 5. Jh. v. Chr., mit seinem Werk Περὶ Ἰταλίας steht er am Anfang der italogriechischen Historiographie). Im vorhergehenden Lemma (Steph. Byz. Β 169 Billerbeck) ist vom Land der Brettier die Rede, d. h. der Insel im Adriatischen Meer namens Brettia, welche die Griechen Elaphussa nannten.

Textgestalt Obwohl der Vers in der tradierten Form nicht undenkbar wäre, wirkt die Akkumulation der drei Adj. (*schwarz*, *schrecklich*, *brettisch*), zumal bezogen auf eine *Zunge*, etwas ungeschickt (ein Beispiel für eine konsequente Akkumulation ist Ar. Lys. 195 μέλαιναν κύλικα μεγάλην ὑπτίαν); die zahlreichen Emendationsversuche sind daher berechtigt. Da in den zitierten Hsch. β 1112 = Lex. Bekk.^{V} p. 223,18 = Et. magn. p. 213,7 (vgl. hier oben, Zitatkontext) vom *brettischen Pech* die Rede ist, bestand der erste Eingriff in der Änderung des tradierten δεινὴ γλῶσσα in δεινὴ πίσσα (Bochart 1646, 659, der auch ἡ γλῶσσα beim Zitatträger in ἡ πίσσα emendiert und den Vers so wiedergibt: „*Pix nigra odore Bruttia adfuit gravi*“); diese Emendation liegt auch dem δεινῶς πίττα von Kock I 549 zugrunde, das sich durch Hdt. II 76,1 μέλαινα δεινῶς unterstützen ließe (dieser Verweis bei Kassel–Austin z. St.); Kaibel 1895, 429–30 expungiert hingegen δεινή als Glosse (unter Verweis auf Hsch. μ 633 μέλαιναι φρένες· αἱ βαθεῖαι, καὶ ἀγαθαί, καὶ πυκναί, ἢ αἱ δειναί, καὶ ἰσχυραί, [καὶ δειλαί]) und möchte hinter der Sequenz μέλαινα γλῶττα, πίττα Βρεττία eine „mulier maledica“ erkennen; das μέλαινα δ' ἦν ἡ πίττα von Blaydes 1885, 375 wird mit dem Βρεττία γὰρ ἦν von Nauck 1851, 414–5 durch Kassel–Austin z. St. kombiniert, die beispielsweise μέλαινα δ' ἦν ἡ γλῶσσα. :: Βρεττία γὰρ ἦν vorschlagen; daran knüpft das μέλαινα δείν' ἡ πίττα. :: Βρεττία γὰρ ἦν von Henderson 2007, 424–5 an, der den Vers so wiedergibt: „(A) The pitch was awfully black. / (B) Yes, it was Brettian“. Der Preis für diese Änderungen – γὰρ ἦν für das an sich einwandfreie und keineswegs als *lectio facilior* anzusehende παρῆν – erscheint allerdings zu hoch. παρῆν sollte beibehalten werden, genauso wie das unumstrittene μέλαινα und das Ethnikon Βρεττία, wofür der Vers zitiert wird: *es gab* also etwas, das *schwarz* war und aus dem *Bruttium* stammte. Es bleibt offen, ob dies eine *Zunge* oder das *Pech* war. Am schwersten fällt die Entscheidung über δεινή: in der Bedeutung *schrecklich* oder *geschickt* würde es jeweils zum *Pech* oder zur *Zunge* passen, aber in beiden Fällen sind Schwierigkeiten nicht zu umgehen. Warum sollte das *brettische Pech* als *schrecklich*, eine *geschickte Zunge* (im Reden?) als *schwarz* – und v.a. als *brettisch* – bezeichnet werden?

Interpretation Aus dem überlieferten Text ergibt sich ein redundanter, unpointierter Satz: eine wohl menschliche Zunge, wohl als Sprechorgan bzw. Ausdrucksmittel zu verstehen, deren Herkunft im italischen Bruttium lokalisiert wird, ist als *schwarz* und *schrecklich* (bzw. *geschickt*) charakterisiert. Entscheidet man sich für das Beibehalten von att. γλῶττα (tradiert ist eigentlich γλῶσσα), dann besteht die einzige Parallele für einen vermeintlich übertragenen Sinn des Wortes in Cratin. fr. 324, wo sich aus dem schwer rekonstruierbaren Wortlaut des Zitatträgers die auf Perikles' Eloquenz bezogenen Worte μεγίστη γλῶττα τῶν Ἑλληνίδων eruieren lassen (darauf stützt sich Dindorf 1835, 703 für seine Verteidigung des Wortes; vgl. auch Bergk 1851, 19; eine Verbindung zu diesem Fragment wird auch in Marzullo 1993, 448 A. 40 erwogen; zu weit hergeholt erscheint die Deutung von Poccetti 1988, 61–4. 82–3, der recht plausibel an ein durch μέλαινα eingeleitetes Wortspiel zwischen einem erwarteten πίσσα Βρεττία und dem aristophanischen γλῶσσα Βρεττία denkt, um dann etwas gewagte sprachlich-kulturelle Schlußfolgerungen bezüglich der Bedeutung der Brettier in der griechischen Welt zu ziehen: „il frammento di Aristofane alludeva ironicamente ad uno o più personaggi legati in qualche modo al Bruzio che esercitavano (forse in Atene?) un'arte oratoria particolarmente abile e sottile connotata dall'uso del dorico. In tale prospettiva, γλῶσσα βρεττία non può riferirsi né alla lingua dei Brettii né all'eloquenza da essi esercitata nella loro lingua indigena, che è da dubitare che fosse scarsamente percepita dal pubblico ateniese dell'età di Aristofane. L'espressione allude, invece, ad una τέχνη retorica di particolare effetto legata con ogni probabilità al dialetto dorico, la cui fama doveva esorbitare dal mondo coloniale di origine ed essere ben presente a qualsiasi cittadino medio di Atene [...] In pratica, il frammento di Aristofane può riguardarsi come notizia indiretta di una tradizione oratoria 'occidentale' di impronta dorica che travalicava dai limiti delle singole πόλεις, assumendo evidentemente dimensioni regionali", 63–4).

Der einzige gemeinsame Nenner zwischen der farblichen und der geographischen Angabe dürfte im in der Antike bekannten *brettischen Pech* zu erkennen sein (neben den lexikographischen Quellen – vgl. hier oben, Zitatkontext – ist etwa in Plin. Nat. hist. XIV 127 *pix in Italia ad vasa vino condendo maxime probatur Bruttia*, XVI 53 [*pix*] *aceto spissatur et coagulata Bruttiae cognomen accipit* davon die Rede; vgl. Hülsen 1935, 910,19).

Angesichts des in diesem Kontext nicht unmittelbar nachvollziehbaren δεινή erscheint Kocks Vorschlag (vgl. hier oben, Textgestalt) auch paläographisch als die beste und ökonomischste Lösung: μέλαινα δεινῶς πίττα Βρεττία παρῆν (mit δεινωςπισσα > δεινηγλωσσα) ‚furchtbar schwarzes Pech aus Bruttium gab es da'. Das häufig zum Servieren von Gerichten verwendete Verb (vgl. hier unten, zu παρῆν) könnte für eine komische Pointe gesorgt haben: nur schwarzes Pech gab es zum Essen, d.h. nur ärmliche Reste, wie bei der sprichwörtlich gewordenen Maus (vgl. Dem. 50,26 ἄρτι μῦς πίττης γεύεται, mit LSJ s.v. πίσσα: „i.e. he has got the first taste of misery"; vgl. auch Theocr. 14,51 μῦς, φαντί, Θυώνιχε, γεύμεθα πίσσας und Herond. 2,62–3 πẹ́πονθα πρὸς Θάλητος ὅσσα κὴμ πίσσῃ / μῦ̣ς).

Rein theoretisch könnte sich bei der γλῶττα (eines Opfertieres) auch um eine Delikatesse handeln (vgl. etwa Ar. Pac. 1060, mit Olson 1998, z.St., Plat. fr. 51,3 [*Zeus kakoumenos*], mit Pirrotta 2009, z.St.; nicht ausschließen läßt sich dies auch für das vielleicht vom Zitatträger [Phot. γ 154] mißverstandene Eup. fr. 442 γ λ ώ τ τ α ς· τὰς τῶν αὐλῶν γλωττίδας. οὕτως Εὔπολις. † γλῶσσα εἰ οὐκ ἐμπήξεται, ἄδηλον εἰ ἡσυχάσεται †; vgl. Olson 2014, 210 A. 19).

μέλαινα †δεινὴ γλῶττα† Die Farbe Schwarz würde viel besser zum ‚Pech' (vgl. Hom. Δ 277 μελάντερον ἠΰτε πίσσα) als zur ‚Zunge' passen (vgl. hier oben, Interpretation). Zu μέλαινα δεινῶς sowie zu πίττα als besserer Alternative vgl. hier oben, Interpretation. Vergleichbar mit δεινὴ γλῶττα wäre nur Soph. OC 806 (γλώσσῃ δεινός), aber die interpretatorischen Schwierigkeiten bezüglich einer ‚(im Reden) geschickten Zunge' werden dadurch nicht behoben.

Βρεττία Adj. Fem. Die Bruttier (oder Brettier) sind ein italischer Stamm lukanischer Herkunft (vgl. Hülsen 1935, Poccetti 1988 und Marcotte 2001, 287–8). Der einzige weitere Beleg in der Komödie ist Alexis' Komödientitel *Brettia* ‚Das bruttische Mädchen' (die Fragmente lassen jedoch keinen Rückschluß auf den Plot oder den Bezug zum Bruttium; vgl. Arnott 1996, 135).

παρῆν Das Verb παρεῖναι eignet sich in der Komödie insbes. für einen kulinarischen Kontext (vgl. z.B. Telecl. fr. 1,9 [*Amphiktyones*], mit Bagordo 2013, z.St., Pher. fr. 113,10. 18 [*Metallēs*], Alex. fr. 139,1 [*Lēmnia*], Eub. fr. 35,2 [*Ixiōn*], fr. 63,1 [*Lakōnes ē Lēda*]; vgl. auch Mach. fr. 16,266 Gow und Theocr. 9,21).

fr. 639 K.–A. (630 K.)

ἐπὶ τῷ ταρίχει τὸν γέλωτα κατέδομαι

den Pökelfisch werde ich aufessen, begleitet durch … Gelächter

Eust. in Il. p. 73,42
κατὰ δὲ Ἡρωδιανὸν καὶ τάριχος ἑκατέρως λέγεται, τὸ τάριχος γὰρ καὶ ὁ τάριχος. φέρει δ' ἐκεῖνος καὶ χρήσεις ἀμφοῖν· Μένανδρος (Men. Epitr. fr. 5 Kö.–Th. = Arnott).

Φιλιππίδης (Philippid. fr. 34). Ἀριστοφάνης· ——. ὁ αὐτός „τάριχον τοῦτον πλύνω“ (cf. Ar. fr. 207,1–2 [*Daitalēs*])

Und laut Herodian (Hdn. Π. προσ. καθ. I [GrGr III.1] p. 226,13 Lentz) wird auch *tarichos* nach zwei Genera dekliniert, *das tarichos* nämlich und *der tarichos*. Er führt auch Beispiele für den Gebrauch beider Genera: Menander (Men. Epitr. fr. 5 Kö.–Th. = Arnott). Philippides (Philippid. fr. 34). Aristophanes: ——. Derselbe sagt: „diesen Pökelfisch schmähe ich“ (vgl. Ar. fr. 207,1–2 [*Daitalēs*])

Metrum Iambischer Trimeter:
⏖–⏑– –|–⏑– ⏑⏖⏑–

Zitatkontext Als Quelle für die grammatische Information über τάριχος wird von Eustathios der Grammatiker Herodian herangezogen (Hdn. Π. προσ. καθ. I [GrGr III.1] p. 226,13 Lentz; Kaibel in Kassel–Austin z. St. denkt an Herodians *Symposion*). Direkt vor Aristophanes werden für das Neutrum Men. Epitr. fr. 5 Arnott (ἐπέπασα / ἐπὶ τὸ τάριχος ἅλας ‚zum Salzfisch habe ich Salz gestreut‘), für das Maskulinum Philippid. fr. 34 (τυροὺς καὶ ταρίχους ‚Käselaibe und Pökelfische‘) zitiert; darauf folgt, ebenfalls für das Maskulinum und ohne Angabe des Stücktitels, ein leicht veränderter Teil von Ar. fr. 207 [*Daitalēs*] (οὐκ αἰσχυνοῦμαι τὸν τάριχον τουτονὶ / πλύνων ἅπασιν ὅσα σύνοιδ’ αὐτῷ κακά: hier ist *tarichos* metaphorisch für eine geringwertige Person benutzt).

Interpretation Angesichts der syntaktischen Verhältnisse (vgl. hier unten, zu ἐπὶ τῷ ταρίχει) wird das Fragment nicht als „risum de salsamento devorabo“ (van Herwerden 1903, 48) wiederzugeben sein, sondern mit ‚Gelächter‘ als Aprosdoketon für eine Beilage, die zum Pökelfisch gegessen werden muß (Taillardat 1965², § 294 denkt an eine Adaption der Formulierung ἐπὶ τῷ σίτῳ ὄψον ἐσθίειν und gibt den Vers so wieder: „j’avalerai mon poisson salé en l’asaisonnant de ma bonne humeur (?)“; vgl. Catull. c. 13,1–5 *cenabis bene, mi Fabulle, apud me / paucis, si tibi di fauent, diebus / si te cum attuleris bonam atque magnam / cenam, non sine candida puella / et uino et sale et omnibus cachinnis*).

Da der Ausdruck ἐπὶ γέλωτι u. a. in der Komödie im Sinne von ‚zum Lachen‘ bezeugt ist (vgl. Ar. Ran. 404–6 σὺ γὰρ κατεσχίσω μὲν ἐπὶ γέλωτι / κἀπ’ εὐτελείᾳ τόδε τὸ σανδαλίσκον / καὶ τὸ ῥάκος, wo das wohl rituelle Zerfetzen von Lumpen durch Dionysos der *Lächerlichkeit* sowie der Sparsamkeit halber – κἀπ’ εὐτελείᾳ ist ein Aprosdoketon – vorgenommen wird), erscheint nicht abwegig, das Fragment als eine komische Umkehrung eines Satzes wie ἐπὶ τῷ γέλωτι τὸ τάριχος κατέδομαι ‚(nur) zum Lachen / um euch zum Lachen zu bringen, werde ich Pökelfisch essen‘ zu deuten.

ἐπὶ τῷ ταρίχει Zu τάριχος vgl. Bagordo 2014, zu Chion. fr. 5 [*Ptōchoi*]; der Ausdruck ἐπὶ (τῷ) ταρίχει findet sich auch in fr. *6 [*Ptōchoi*] und Ar. Ach. 967 (ἀλλ' ἐπὶ ταρίχει τοὺς λόφους κραδαινέτω). In der Konstruktion eines Verbs des ‚Essens' mit ἐπί + Dat. steht das Subst. im Dat. immer für das Hauptgericht, das Obj. im Akk. hingegen für etwas, das dazu zur Begleitung gegessen wird (vgl. Ar. Pac. 122–3 ἕξετ' ἐν ὥρᾳ / κολλύραν μεγάλην καὶ κόνδυλον ὄψον ἐπ' αὐτῇ, Plut. 627–8 ὦ πλεῖστα Θησείοις μεμυστιλημένοι / γέροντες ἄνδρες ἐπ' ὀλιγίστοις ἀλφίτοις, Plat. Phdr. 247e, Xen. Cyrop. I 2,11, Mem. III 14,2, Plut. Quaest. conv. 713c, Poll. VI 39; ein metaphorischer Usus in Ar. Ach. 834–5 ὦ χοιρίδια, πειρῆσθε κἄνις τῶ πατρὸς / παίειν ἐφ' ἁλὶ τὰν μᾶδδαν, αἴ κά τις διδῷ).

τὸν γέλωτα Vgl. hier oben, Interpretation.

κατέδομαι Zum Verb κατεσθίειν, wörtl. ‚aufessen' bzw. ‚verschlingen', vgl. Bagordo 2014 zu Hegem. fr. 1,2 [*Philinna*].

fr. 640 K.–A. (631 K.)

ἡ μᾶζα γὰρ σᾶ καὶ τὰ κρέα χὠ κάραβος

γὰρ σῶς Cobet

denn die *maza* ist intakt und die Fleischstücke und der Hummer

Eust. in Il. p. 959,43
(post Ar. fr. 690) λέγουσι δὲ καὶ σᾶ τὰ σῶα οἱ παλαιοί, παρ' οἷς καὶ σᾶ ἡ σῶα (σώα Dindorf). Εὐριπίδης ἐν Ὑψιπύλῃ „εὔφημα καὶ σᾶ καὶ κατεσφραγισμένα", Ἀριστοφάνης· ——. Αἴλιος δὲ Διονύσιος εἰπών τινα καὶ αὐτὸς τοιαῦτα λέγει, ὅτι καὶ σῶοι σοῖ, καὶ σῷ δέ, φησί, μονοσυλλάβως οἱ σῶοι καὶ παρὰ Θουκυδίδῃ

Und die Antiken sagen auch *sa* für *ta sōa* (‚intakt, unversehrt', Nt. Pl.), bei denen auch *sa* für *hē sōa* (‚intakt, unversehrt', Fem. Sg.) [zu finden ist]. Euripides in der *Hypsipylē* (Eur. fr. 762 Kn.) „wohlgehütet und unversehrt und versiegelt", Aristophanes ——. Und Ailios Dionysios (Ael. D. σ 1 Erbse), der einiges dazu gesagt hat, behauptet derartiges selbst, daß auch *sōoi soi*, und *sōi*, sagt er, monosyllabisch (für) *hoi sōoi* auch bei Thukydides [belegt sind]

Epim. Hom., An. Ox. I p. 399,15
τὸ δὲ σῶς περισπασθὲν ἐκ τοῦ σόος συνήλειπται. καὶ γὰρ τὸ θηλυκὸν αὐτοῦ εὑρίσκεται σᾶ ——

Und die Form mit dem Zirkumflex *sōs* (‚intakt', ‚unversehrt', Mask. Sg.) ergibt sich aus der Kontraktion von *soos*. Es findet sich nämlich auch das Femininum *sa* ——

Metrum Iambischer Trimeter:

——⏑— —|—⏑⏑ ——⏑—

Zitatkontext Zitiert wird der Vers für die Form σᾶ, und zwar ausgehend von νῦν ὤλετο Ἴλιος, νῦν σῶς ὄλεθρος (Paraphrase von Hom. N 772–3 νῦν ὤλετο πᾶσα κατ' ἄκρης / Ἴλιος αἰπεινή· νῦν τοι σῶς αἰπὺς ὄλεθρος): Eustathios bemerkt zunächst – unter Anführung von Ar. fr. 690 (οὕτω παρ' ἡμῖν ἡ πόλις μάλιστα σῶς ἂν εἴη) –, daß die Form σῶς auch für das Fem. verwendet wird. Für σᾶ zitiert er direkt vor unserem Aristophanes-Fragment auch Eur. fr. 762 Kn. (εὔφημα καὶ σᾶ καὶ κατεσφραγισμένα), um am Schluß für die Diskussion solcher Formen auf Ailios Dionysios zu verweisen (Ael. D. σ 1 Erbse; vgl. auch Cohn 1884, 809 und Theodoridis 2013, zu Phot. σ 1; vgl. hier unten, Textgestalt), der ebenfalls die thukydideischen Belege für σοῖ bzw. σῷ (statt σῶοι) behandelt haben soll (vgl. σῷ in Thuc. I 74).

Inwieweit Eustathios dem anderen Zitatträger, den *Epimerismi Homerici*, verpflichtet ist, läßt sich selten eindeutig bestimmen (vgl. Dyck 1983, 40–1).

Textgestalt Die Emendation in γὰρ σῶς (Cobet 1861, 92, der diese Form für die einzige attische hält und sogar das entsprechende Photios-Lemma Phot. σ 1 σᾶ· περισπωμένως τὰ σῶα. εἴρηται δὲ ἐπὶ θηλυκοῦ· „σᾶ ἡ πόλις", οἷον σώα ἡ πόλις emendieren würde; für das Fem. σῶα bzw. σῶς vgl. Kühner–Blass I.1 542) läßt sich nicht verteidigen (vgl. die Argumente von Dittenberger 1915, zu SIG^3 192,8, in einem attischen Dekret über Andros aus dem J. 357/6 v. Chr.; vgl. Erbse 1950, 46 A. 3 und Leumann 1959, 268–9).

Interpretation Jemand bemerkt, daß drei Speisen unversehrt seien. Wir wissen nicht, ob sie von einer Gefahr bedroht und gerettet worden sind, oder ob es sich dabei lediglich um eine emphatische Formulierung für nicht verzehrte Speisen handelt. Die Kombination der ärmlichen *maza* mit dem teuren Hummer – mit nicht genauer definierten Fleischstücken in der Mitte – mag merkwürdig klingen, stellt jedoch in Anbetracht der in der Komödie allgegenwärtigen Speiselisten nichts Ungewöhnliches dar (weitere Beispiele für Akkumulationen der verschiedensten Speisen in Spyropoulos 1974, 87). Die Sequenz μᾶζα / κρέα / κάραβος ließe sich allerdings auch als eine Klimax von der wertlosesten zur teuersten Speise erklären, oder gar als Reihenfolge von Speisen in einer Art Menü.

μᾶζα Die *maza* ist ein Stück ungebackener Gerstenteig, der in seiner Grundform ein einfaches und ärmliches Essen bildet (weitere Lit. in Bagordo 2013, zu Telecl. fr. 1,4 [*Amphiktyones*]).

σᾶ Zu dieser kontrahierten Form des Fem. vom att. σῶς vgl. hier oben, Textgestalt. Diese Form auch in IG XIV 644,15 (Bruttium), wahrscheinlich in IG XXII 123,8 (σῶς als Fem. in Eur. Cycl. 294 und Plat. Phaed. 106a; das Nt. Pl.

σᾶ außer in Eur. fr. 762 Kn. auch in Plat. Criti. 111). Bezogen auf den intakten Zustand von Dingen ist σῶς bereits homerisch (z. B. Hom. Ω 382 ἵνα περ τάδε τοι σόα μίμνῃ [d. h. τὰ κειμήλια]); für Trinkbares vgl. Soph. Phil. 21 (ποτὸν [...] εἴπερ ἐστὶ σῶν).

τὰ κρέα Mit κρέας ist jede Art Tierfleisch gemeint, mit der Ausnahme von Fisch; auch im Pl., im Sinne von *Fleischstücken* wie hier verwendet, ist es bereits homerisch (vgl. Bagordo 2013, zu Telecl. fr. 1,8 [*Amphiktyones*]).

χὠ κάραβος Der Begriff bezeichnet den Hummer (*Palinurus vulgaris*, zu dem vgl. Athen. III 104d–105c und Pellegrino 1994, 401–2 mit A. 2), der bereits in der Antike eine teure Delikatesse war (Ephipp. fr. 15,5 [*Homoioi*], wo direkt darauf auch die Aale aus Theben erwähnt werden).

fr. 641 K.–A. (632 K.)

ἐνδὺς τὸ γυναικεῖον τοδὶ χιτώνιον

nachdem er dieses weibliche Gewand da angezogen hat

Eust. in Il. p. 1166,52
σημείωσαι δὲ ὅτι περὶ χιτώνων καὶ τοιαῦτά φασιν οἱ παλαιοί· χιτών· ὁ ζωστὸς καὶ γυναικεῖος, ὁ δὲ ἀνδρεῖος, χιτωνίσκος, ὅ τινες ἐπενδύτην, τὸ δὲ βραχὺ χιτωνισκάριον. χιτωνίον δὲ καὶ χιτωνάριον λεπτὸν ἔνδυμα γυναικεῖον πολυτελές. Μένανδρος· (Men. fr. 471). Ἀριστοφάνης· ——. ταῦτα Αἴλιος Διονύσιος

merke wohl, was die antiken Autoren über die *chitōnes* (‚Chitone', ‚Gewänder') und Ähnliches [sagen]: *chitōn*: der umgürtete (*zōstos*), der weibliche, und der männliche, der *chitōniskos*, den einige *ependytēs* nennen, das kurze *chitōniskarion*. Und *chitōnion* sowie *chitōnarion*, ein dünnes, prunkvolles Frauenkleid. Menander: (Men. fr. 471). Aristophanes: ——. Dieses [sagt] Ailios Dionysios (Ael. D. χ 11 Erbse)

Metrum Iambischer Trimeter:
——⏑⏑— ——|⏑— ⏑—⏑—

Zitatkontext Für diese von Hom. Σ 596–7 (οἳ δὲ χιτῶνας / εἵατ᾽ ἐϋννήτους, ἦκα στίλβοντας ἐλαίῳ) ausgehende Diskussion über verschiedene Arten von Chiton beruft sich Eustathios explizit auf Ailios Dionysios (Ael. D. χ 11 Erbse). Direkt vor Aristophanes wird für die Form *chitōnarion* Men. fr. 471 (λελουμένη γὰρ ἠτέρα καὶ διαφανὲς / χιτωνάριον ἔχουσα) angeführt. In der Sektion über die verschiedenen Kleider wird das *chitōnion* nur vorübergehend in Poll. VII 45 (χιτὼν ἐρεῖς χιτωνίσκος χιτώνιον, ἱμάτιον) erwähnt; eine Erklärung zum Unterschied zwischen *chitōnion* und *chitōniskos* bietet sonst Ammon. De adfin.

voc. diff. 514 (χιτώνιον καὶ χιτωνίσκος διαφέρει. χιτωνίσκος μὲν γὰρ ὁ τοῦ ἀνδρὸς καὶ χιτών· χιτώνιον δὲ τὸ τῆς γυναικὸς ἔνδυμα, ἔστι δὲ τοῦτο λεπτόν).

Interpretation Es ist von einem Mann die Rede, der ein typisch weibliches Kleid bereits anhat, oder – falls der Hauptzsatz einen Imperativ enthalten sollte – gerade von jemandem aufgefordert wird etwas zu tun, wofür er zuvor dieses Kleid anziehen muß. Das deiktische Pronomen deutet auf eine Präsenz des Gewands auf der Bühne (vgl. Nicoch. fr. 8 [*Hēraklēs chorēgos*] φέρε νῦν ταχέως χιτῶνα τόνδ' ἐπενδύτην, mit Orth 2015, z. St.).

Da das *chitōnion* ohne weitere Epitheta in der Komödie stets den weiblichen Chiton bezeichnet (vgl. hier unten, zu χιτώνιον), dient das Adj. *weiblich* wohl nur der Kontrastierung zur Männlichkeit der Figur. Die Idee, daß sich dieser Mann als Frau verkleidet, um am Thesmophorienfest teilzunehmen, und das Fragment somit aus den *Thesmophoriazousai* II stammen könnte (Fritzsche 1838, 615: „quum satis credibile sit, virum muliebri habitu in Thesmophorium venisse"), ist zwar suggestiv, aber Travestie-Szenen sind bei (nicht unbedingt effeminierten) Männern nicht weniger denkbar.

In der Stelle, die am nächsten steht (Ar. Eccl. 374 τὸ τῆς γυναικὸς δ' ἀμπέχει χιτώνιον;), wird etwa Blepyros in Frauenkleidern erwischt und rechtfertigt sich damit, daß er zuhause im Dunkel das erste parate Ding angezogen habe; eine weitere Parallele – und zugleich einen weiteren potentiellen Deutungsansatz – bietet Arar. fr. 4 [*Kaineus*] (παρθένος δ' εἶναι δοκεῖ, / φορῶν κροκωτοὺς καὶ γυναικείαν στολήν ‚er sieht aus wie ein Mädchen, / denn er trägt safranfarbige Gewänder und ein weibliches Kleid'), wo der verkleidete Mann wohl mit dem titelgebenden Kaineus zu identifizieren ist. Wie schon allein diese Beispiele zeigen, kann die Palette der Möglichkeiten von einer okkasionellen Verkleidung, die nicht einmal unbedingt Effeminiertheit impliziert, bis zu einer mythologisch motivierten Travestie reichen (zu den weiblichen Zügen des Dionysos, der u. a. in Cratin. fr. 40,2 [*Dionysalexandros*] einen κροκωτός trägt, vgl. Casolari 2003, 117–20).

Nach den Komödienbelegen für χιτώνιον (vgl. hier unten, zum Wort) ist davon auszugehen, daß dieses Gewand – zumal durchsichtig, zerrissen oder aufgeschürzt – besonders verführerisch auf Männer wirkte.

γυναικεῖον Bezogen auf Kleider auch in Ar. Thesm. 851 (γυναικεία στολή), Arar. fr. 4,2 [*Kaineus*] (vgl. hier oben, Interpretation), Men. Sicyon. 280 (πτέρυξ χιτωνίσκου γυναικείου διπλῆ).

χιτώνιον Dieses Diminutiv von χιτών bezeichnet ein ärmelloses Gewand, das vornehmlich von Frauen getragen wurde (außer den zitierten Stellen vgl. Ar. Lys. 48 τὰ διαφανῆ χιτώνια, 150 κἂν τοῖς χιτωνίοισι τοῖς Ἀμοργίνοις, Ran. 410–2*b* νῦν δὴ κατεῖδον καὶ μάλ' εὐπροσώπου / συμπαιστρίας / χιτωνίου παραρραγέν-/τος τιτθίον προκύψαν, vom zerrissenen Gewand eines lasziv tanzenden Mädchens, Eccl. 268 ἄγε νυν, ἀναστέλλεσθ' ἄνω τὰ χιτώνια, Plut. 984 καὶ ταῖς ἀδελφαῖς ἀγοράσαι χιτώνιον: eine ältere Frau erlaubt ihrem Liebhaber den Kauf eines *chitōnion* für seine Schwestern; vgl. auch Luc. Lexiph. 25 τίς οὐκ οἶδεν ὅτι χιτώνιον μὲν γυναικὸς ἐσθής [...]; – so scheint der Gebrauch in De merc. cond. 37 ἐφεστρίδιον ἄθλιον ἢ χιτώνιον ὑπόσαθρον einem wahren, nicht idiomatischen Diminutiv zu entsprechen; zum Sprichwort in Stratt. fr. 75 γαλῇ χιτώνιον vgl. Orth 2009, z. St.); κροκωτός deutet ebenfalls auf einen typisch weiblichen Chiton, der speziell zu feierlichen bzw. kultischen Anlässen von Frauen – Ar. Lys. 44–51. 644/5, Eccl. 879 –, aber auch von effeminierten Männern angezogen werden konnte (wie in Thesm. 137–8. 253. 941. 945. 1044. 1220; vgl. auch Blepyros in Eccl. 332; vgl. zuletzt Lee 2015, 106–10; als weiblich konnotiertes Attribut des Dionysos in Ar. Ran. 46 und Cratin. fr. 40,2 [*Dionysalexandros*]). Der Kontext dieser Komödienbelege zeigt, daß es deutlich vom männlichen χιτών zu unterscheiden war – u. a. wegen der zarteren Stoffe (vgl. Stone 1977, 183–6). Aus dem bereits erwähnten Ammon. De adfin. voc. diff. 513 (vgl. hier oben, Zitatkontext) ergibt sich, daß die eigentliche Verkleinerungsform nur in χιτωνίσκος (der kleine männliche Chiton; vgl. Ar. Av. 946, mit Sommerstein 1987, z. St., 955, Antiphan. fr. 35,3 [*Antaios*], Apollod. Car. vel Gel. fr. 12 [*Synephēboi*]) zu erkennen ist, während *chitōnion* eher verniedlichend klingt und nicht auf die Größe bezogen werden muß.

fr. 642 K.–A. (633 K.)

ἑστῶτας ὥσπερ τοὺς ὀρεωκόμους ἄθρους

stehend (Akk. Mask. Pl.) wie die Mauleseltreiber alle zusammen

Eust. in Od. p. 1387,4
ἐν δὲ ῥητορικοῖς λεξικοῖς φέρεται καὶ ταῦτα· ἐκ τοῦ ἀθρόος, γίνεται ἄθρους [...] καὶ Ἀριστοφάνης· ——

in den rhetorischen Lexika (Ael. D. α 46 Erbse) wird auch dies überliefert: aus *hathroos* (‚versammelt', ‚insgesamt') wird *hathrous* [...]. Auch Aristophanes: ——

Metrum Iambischer Trimeter:
——⏑— —|—⏑⏑— ⏑—⏑—

Zitatkontext Zitiert wird das Fragment für die kontrahierte Form von ἀθρόος, wobei die grammatische Quelle in Ailios Dionysios erkannt wird (Ael. D. α 46 Erbse). Ein lexikographisches Interesse für das Wort zeigten auch Moer. α 33 Hansen (ἄθρους Ἀττικοί· ἀθρόους Ἕλληνες), Or. fr. B 5 Alp. (ἀθρόους· καὶ ἄθρους λέγουσι δισυλλάβως), Hsch. α 1631 (ἄθρους· ἀθρόους Pn συνηγμένους) und Phot. α 485 = Sud. α 759 (ἄθρους· †εἰς ἅπαν† συνηγμένους ὁμοῦ, ἢ ἀθρόως; vgl. Synag. α 158).

Interpretation Wer mit der sozial niedrig gestellten Kategorie der ‚Mauleseltreiber' verglichen wird, ist nicht zu erraten (zu ihrer Marginalisierung auch in den bildenden Künsten vgl. Padgett 2000, 59–62; zur Verwendung des Esels in der Wirtschaft – v.a. für die Dienstleistungen im Landtransport – vgl. Raepsaet 1998, 132–4). Ebenso wenig klar ist, inwiefern diese Gruppe durch das *Alle-zusammen-Stehen* charakterisiert wird, wobei zu vermuten ist, daß sie einfach nur auf ihre Kunden warteten. Ar. fr. 72 [*Babylōnioi*] (ἵστασθ' ἐφεξῆς πάντες ἐπὶ τρεῖς ἀσπίδας, eine militärische Aufstellung) hat mit dem Fragment nichts anderes gemeinsam als die Kombination von *stehen* und *zusammen* (*pace* Fritzsche 1830, 25, der aufgrund einer vermeintlich inhaltlichen Verwandtschaft auch dieses Fragment zu den *Babylōnioi* zuweist). Vorstellbar mit der Partizipialkonstruktion ist ein Verb des *Sehens.*

ἑστῶτας Das Part. Pf. ἑστώς ist die im klass. Zeit häufigere Alternative zu ἑστηκώς (z. B. Alex. fr. 131,6 [*Lebēs*]).

ὀρεωκόμους Ein Kompositum von ὀρεύς ‚Maulesel', belegt in der Komödie auch in Ar. Thesm. 490–2 (ταῦτ' οὐδεπώποτ' εἶφ', ὁρᾶτ', Εὐριπίδης· / οὐδ' ὡς ὑπὸ τῶν δούλων τε κὠρεωκόμων / σποδούμεθ', mit Austin–Olson 2004, z. St.: „One basic job of such men must have been to deliver heavy goods to individual houses, allowing them an unusual degree of access to other men's wives and daughters"; die Form ὀρεωκ- auch in Hyper. Lyc. 5; für ὀρεοκ- vgl. u. a. Plat. Lys. 208b, Xen. Hell. V 4,42 sowie die Lexikographen, z. B. Poll. VII 183).

ἄθρους Die aspirierte Form ist eine Alternative (die Regel bei Aristophanes: vgl. Ar. Ach. 26, Nub. 965, Vesp. 1334, Pac. 1006, Av. 529, Eccl. 384) zum auch im Attischen normalen ἀθρόος (zur Kontraktion vgl. hier oben, Zitatkontext; der Spiritus asper wurde nach ἅπας, ἅμα wiederhergestellt; vgl. Frisk GEW, s. v.).

fr. 643 K.–A. (635 K.)

λίθος τις ὤζησεν τεθυμιαμένος

λίθος codd.: πέλεθος Bergk: βόλιτός (τις ὤζησ' οὐ) Kock   ὤζησεν P (teste Bühler), ὤζησεν coniecerat Dindorf: ὄζησεν B

ein Stein duftete, (Weihrauch) dampfend

Theognost. p. 142,18
τὰ εἰς ζω λήγοντα ῥήματα βαρύτονα τὸ ο παραληγόμενα τρία ἐστίν· δύο μὲν ὑπὲρ δύο συλλαβάς· ἁρμόζω· δεσπόζω· καὶ δισύλλαβον ἓν τὸ ὄζω· τοῦτο δὲ ἐνίοτε καὶ περισπώμενον λέγεται. ἐξ οὗ καὶ ὁ μέλλων ὀζέσω, ἀλλὰ καὶ ὀζήσω διὰ τοῦ η, ὡς καὶ Ἀριστοφάνης· ——

die Verben auf -*zō*, deren vorletzte Silbe in *o* endet, sind drei: zwei mit mehr als zwei Silben, *harmozō*, *despozō*, und ein zweisilbiges, *ozō* (‚ich rieche'): dieses ist bisweilen auch mit dem Zirkumflex gesagt. Daraus auch das Futurum *ozesō* (‚ich werde riechen'), aber auch *ozēsō* mit *ē*, wie auch Aristophanes: ——

Metrum Iambischer Trimeter:
⏑–⏑– ––|⏑– ⏑–⏑–

Zitatkontext Das Zitat steht in der auch als *Kanones* bekannten Schrift Περὶ ὀρθογραφίας (Cod. Baroccianus 50) des byz. Grammatikers Theognost (9. Jh.): es handelt sich um 1003 orthographische Regeln, deren Hauptquellen das Cyrillglossar (dem auch Hesych für ein Drittel seiner Glossen verpflichtet ist) und Herodian sind. Zwar hat das Werk keinen wissenschaftlichen Anspruch und mußte den Bedürfnissen des Unterrichts entsprechen, die Regeln werden jedoch mit vielen Wörtern belegt, die zumeist Glossen sind und als solche eine wertvolle lexikographische Tradition reflektieren (vgl. Bühler 1968, 659). In diesem Abschnitt geht es um die Verben auf -ζω (deren vorletzte Silbe in o ist), die ingesamt drei wären: neben den mehrsilbigen ἁρμόζω und δεσπόζω eben das zweisilbige ὄζω, das bisweilen auch als *perispōmenon* ausgesprochen wird; Aristophanes' Fragment wird für eine aoristische Form herangezogen. Der Abschnitt wurde auch auf Hdn. Π. προσ. καθ. I [GrGr III.1] p. 444,4 Lentz zurückgeführt.

Textgestalt Die Emendationsversuche des überlieferten λίθος (πέλεθος ‚Kotstück', Bergk in Meineke 1847, I 340; Kock I 550 restituiert den ganzen Vers so: βόλιτός τις ὤζησ' οὐ τεθυμιαμένος ‚(wie) ein Kotstück roch er/es/sie, nicht geräuchert') sind unnötig bzw. zu weit hergeholt (für die Präsenz von λίθος vgl. hier unten, Interpretation). Das tradierte ὄζησεν (B) wurde von Dindorf 1835, 679 in ὤζησεν emendiert (laut Bühler 1973, 87 ist in P ὤζησεν zu lesen).

Interpretation Der Vers erlaubt auch syntaktisch zwei alternative Deutungen: entweder geht es tatsächlich um einen dampfenden und duftenden Stein oder jemand (männlich oder weiblich) wird mit einem dampfenden Stein aufgrund seines bzw. ihres Duftes verglichen (so etwa Henderson 2007, 427: „(s)he smelled (like) some fumigated stone").

Wahrscheinlich geht es um eine der Hermen, d. h. der Kultbilder/-statuen (ursprünglich des Hermes, später auch u. a. des Dionysos) an den Straßenkreuzungen, die von (abergläubischen) Vorbeigehenden gelegentlich mit Öl bestrichen werden konnten (Weiheguß); in der nachklass. Tradition ist diesbezüglich von λιπαροὶ λίθοι ‚fettige Steine' die Rede (Thphr. Char. 16,5 καὶ τῶν λιπαρῶν λίθων τῶν ἐν ταῖς τριόδοις παριὼν ἐκ τῆς ληκύθου ἔλαιον καταχεῖν καὶ ἐπὶ γόνατα πεσὼν καὶ προσκυνήσας ἀπαλλάττεσθαι; so Kaibel in Kassel–Austin z. St., die für dasselbe Phänomen auf Luc. Char. 22 τί οὖν ἐκεῖνοι στεφανοῦσι τοὺς λίθους καὶ χρίουσι μύρῳ;, Clem. Alex. Strom. VII 26,2 λίθον [...] λιπαρόν, Apul. Flor. 1,4 *lapis unguine delibutus* und Apol. 56,6 *lapidem unctum* hinweisen und mit Bezug auf Thphr. Lap. 29 und Plin. Nat. hist. XXXVII 47 die Möglichkeit erwägen, daß es sich noch genauer um Bernstein handeln könnte).

Unter Verweis auf Ar. Ach. 1168–70 (ὁ δὲ λίθον λαβεῖν βουλόμενος ἐν σκότῳ λάβοι τῇ χειρὶ πέλεθον ἀρτίως κεχεσμένον), wo ein gewisser Antimachos vom Chor verspottet wird, weil er im Dunkeln ein *Kotstück* mit einem *Stein* verwechselt habe, würde τεθυμιαμένος als „a comically chosen expression for the offensive odour of manure" interpretiert (Lilja 1972, 138–9). Diese Interpretation zeigt etliche Schwachpunkte: in der *Acharner*-Stelle ist die Verwechslung des Steins nur beiläufig und besagt nichts über eine permanente Assoziation zwischen Stein und Kot, außer daß sie im Dunkeln verwechselt werden können; der Aspekt des Geruchs ist weder durch *dampfend* an sich suggeriert noch ist eine olphaktorische Wahrnehmung in der *Acharner*-Stelle vorhanden; das Bild eines dampfenden, und doch *stein*harten Kotstücks klingt etwas widersprüchlich.

λίθος τις Eine Herme? (vgl. hier oben, Interpretation).

ὤζησεν Das beim Zitatträger direkt vor dem Fragment (mit Aoristform) erwähnte Fut. ὀζήσω findet sich ebenfalls bei Aristophanes (Ar. Vesp. 1059 ὀζήσει δεξιότητος). Ein absoluter Gebrauch von ὄζειν – das zugleich ‚riechen', ‚duften' oder gar ‚stinken' heißen kann – ist unbezeugt: wir wissen nicht, wonach der *dampfende Stein* gerochen haben könnte, die zu erwartende Konstruktion ist aber ein Gen. der Sache.

τεθυμιαμένος Das Verb θυμιᾶν (aus θυμός, im sonst unbezeugten Sinn von ‚Rauch' – vgl. lat. *fūmus*, woher *fūmāre* ‚rauchen' und *fūmigāre* ‚räuchern'; Suffigierung nach κονιᾶν: vgl. Schwyzer 1939, 732; daher u. a. θυμίαμα ‚Räucherwerk', z. B. Ar. Av. 1716) heißt primär ‚verbrennen, um Rauch zu erzeugen' (z. B. Hdt III 107,2 τὴν στύρακα [d. h. des Weihrauchs] θυμιῶντες, Pind. fr. 122,3–4 Sn.–M. λιβάνου ξανθὰ δάκρη / θυμιᾶτε; absolut, für Weihrauch, in Hermipp. fr. 8,2 [*Artopōlides*], Men. Sam. 264); die Passivform weist neben der Bedeutung ‚verbrannt sein/werden' (vgl. Hdt. IV 75,1, bezogen auf Hanfsamen), auch die von ‚dampfen', ‚verdampfen' auf (bereits in Sapph. fr. 2,4–5 V. βῶμοι δ' ἔ‹ν›ι θυμιάμε-/νοι [λι]βανώτω‹ι›, bezogen auf von Weihrauch *dampfende* Altäre; vgl. auch Plat. Tim. 66d, Aristot. Meteor. 362a 11).

fr. 644 K.–A. (636 K.)

ᾤμην δ' ἔγωγε τὸν Κυκλοβόρον κατιέναι

ἔγωγε Brunck: ἐγὼ codd. καθιέναι Dindorf, Bergk

und ich glaubte, der Kykloboros stürzt herunter

schol. vet. (VΕΓΘΜ) Ar. Equ. 137c
(Κυκλοβόρου φωνὴν ἔχων) ποταμὸς τῆς Ἀττικῆς χειμάρρους ὁ Κυκλοβόρος. τὴν κακοφωνίαν οὖν τοῦ Κλέωνος εἴκασε τῷ ἤχῳ τοῦ ποταμοῦ. καὶ ἀλλαχοῦ· ——

(‚Mit der Stimme des Kykloboros') Ein wildflutender Fluß Attikas (ist) der Kykloboros. Er (d. h. Aristophanes) verglich also die häßliche Stimme Kleons mit dem Lärm des Flusses. Auch anderswo: ——

Metrum Iambischer Trimeter:
——∪— ∪|—∪⏑⏑ —⏑⏑∪—

Zitatkontext Der Vers wird im Scholion zu einem den Kykloboros betreffenden Ausdruck herangezogen, mit dem in Ar. Equ. 136–7 (ἐπιγίγνεται γὰρ βυρσοπώλης ὁ Παφλαγών, / ἅρπαξ, κεκράκτης, Κυκλοβόρου φωνὴν ἔχων) Kleons Verspottung ebenfalls eine akustische Dimension erhält (zu weiteren Deutungen des Scholiasten vgl. Wycherley 1956, 10: „The scholiast on Aristophanes, *Knights* 137, is not to be trusted; the suggestion that the name Kykloboros as applied to Cleon means 'devouring, or preying on, the *kykloi*' is very far-fetched"; vgl. auch Wycherley 1957, 188: „Some (explain Kykloboros by reference to) a circular place in which were sold goods, which Kleon appropriated for his own advantage. The Schol. is explaining why Kleon was said to "have the voice of Kykloboros." His primary explanation, that Kleon's voice was like that of the torrent Kykloboros in spate, is no doubt correct and probably sufficient. The suggestion that Kykloboros means "devouring, preying on the *kykloi*" is ingenious; but we have no evidence for this use of *kyklos* in Old Comedy").

Auf die aristophanische Metapher des rauschenden attischen Sturzbachs dürfte auch Poll. VI 146 zurückgeführt werden, wo unter den Begriffen εἰς δὲ τὸν πολλὰ οὐ μὴν κεκριμένα λέγοντα – wie z. B. πολυλόγος, βόρβορος, χαλίνωτος τὸ στόμα oder φλύαρος – auch von κυκλοβόρος χειμάρρους χαράδρα die Rede ist. Von der *Ritter*-Stelle hängen (nach Wilamowitz 1882, 647) auch Hsch. κ 4476 (Κυκλοβόρος· ποταμός. τινὲς δὲ χαράδραν μετὰ ψόφου ῥέουσαν) und in kürzerer Form Phot. κ 1180 (Κυκλοβόρος· ποταμὸς τῆς Ἀττικῆς) ab.

Textgestalt Die metrisch motivierte Emendation in ἔγωγε vom tradierten ἐγώ (Brunck 1783, III 169–70: „turpiter in duobus pedibus claudicante versu") läßt sich z. B. anhand von Stellen wie Ar. Ran. 934 (ἐγὼ δὲ τὸν Φιλοξένου γ' ᾤμην Ἔρυξιν εἶναι; vgl. hier unten, zu ᾤμην δ' ἔγωγε) gut vertreten. καθιέναι wird als Alternative zu κατιέναι von Dindorf 1835, 679 und Bergk in Meineke II.2 1196 bevorzugt (so auch Wilamowitz 1882, 647; vgl. hier unten, zum Wort).

Interpretation Ansätze für eine mögliche Situation ließen sich so rekonstruieren: 1) Kleons Stimme war zu hören, wobei die sprechende Person das aber erst im nachhinein realisiert; 2) jemandem, der gerade die Ursache für irgendein Getöse oder Geräusch erklärt oder zu erklären versucht hat, erwidert die sprechende Person, sie habe gedacht, der Lärm komme vom in Athen bekannten rauschenden Strom Kykloboros, wobei hiermit wohl auf Kleon angespielt würde; der Vers könnte also so zu deuten sein: *ich dachte meinerseits, es ist der gerade herunterstürzende Wortschwall Kleons, der diesen Lärm verursacht hat.*

Ein unmittelbarer Vergleich ergibt sich mit Ar. Ach. 379–82 (εἰσελκύσας γάρ μ' εἰς τὸ βουλευτήριον / διέβαλλε καὶ ψευδῆ κατεγλώττιζέ μου / κἀκυκλοβόρει κἄπλυνεν, ὥστ' ὀλίγου πάνυ / ἀπωλόμην μολυνοπραγμονούμενος), wo Dikaiopolis, der hier die Rolle des Dichters übernimmt, auf Kleons gewaltsame Reaktion auf seine Komödie vom vorigen Jahr anspielt und ihn mit dem über ihn herfallenden Sturzbach Kykloboros vergleicht (gegen die von Kassel 2003, 28 erwogene Ähnlichkeit zu Chion. fr. 2 [*Hērōes*] καὶ μὴν μὰ τὸν Δί' οὐδὲν ἔτι γέ μοι δοκῶ / ἄγνου διαφέρειν ἐν χαράδρᾳ πεφυκότος vgl. Bagordo 2014a, 46).

Die aus Kleons Verbalattacken hervorgehende akustische Dimension des Lärms läßt sich auch in Ar. Vesp. 1034 (φωνὴν δ' εἶχεν χαράδρας ὄλεθρον τετοκυίας) beobachten (so auch im wörtlich übernommenen Pac. 757; vgl. Taillardat 1965², § 590, O'Sullivan 1992, 115–24, Olson 2002, z. St. und Beta 2004, 96). Ähnliche Gleichnisse, in denen ein ‚Sturzbach' für den gellenden Lärm der weiblichen Stimme steht, sind in Pher. fr. 56,3 [*Epilēsmōn*] (χαράδρα κατελήλυθεν) zu finden (vgl. Beta 2004, 96).

Der Kykloboros ist uns nur durch die aristophanischen Stellen und die daraus entstandene lexikographische Tradition bekannt (vgl. hier oben, Zitatkontext; Wilamowitz 1882 dachte an einen sprechenden Namen, der als vorübergehender Spitzname für einen attischen Sturzbach – χαράδρα – gedient haben soll, und setzte diesen mit einer atthidographischen Nachricht – Demon. FGrHist 327 F 8 – in Beziehung, wo ausgehend vom sprichwörtlich gewordenen Οἰναῖοι τὴν χαράδραν der Bach bei Oinoe in der Tetrapolis u. a. so beschrieben wird: συνέβη καταῤῥαγέντα τὸν ποταμὸν τῶν κτημάτων πολλὰ διαφθεῖραι, καὶ τῶν τόπων δὲ τοὺς κύκλους ἐγχῶσαι).

Eine Reminiszenz an Hom. Λ 492 (ποταμὸς πεδίονδε κάτεισι χειμάρρους) bietet sich an und würde dem Vers ein episch-feierliches Kolorit verleihen.

Anhand von Poll. X 185 (οὗ μέντοι οἱ κεραμεῖς τὰς πλίνθους ἔπλαττον, πλινθεῖον καλεῖ τὸν τόπον ἐν Δράμασιν ἢ Νιόβῳ Ἀριστοφάνης, περὶ τοῦ Κυκλοβόρου τοῦ ποταμοῦ λέγων· „ὁ δ' ἐς τὸ πλινθεῖον γενόμενος ἐξέτρεψε" [Ar. fr. 293 [*Dramata ē Niobos*]]) wurde eine Zugehörigkeit des Fragments zu den *Dramata ē Niobos* des Aristophanes erwogen (Dindorf 1835, 608. 679; an die *Holkades* dachte hingegen Bergk in Meineke II.2 1197: „Videntur autem haec quoque ad Cleonis vociferationem referenda esse; fortasse ad Holcades pertinet hic versus"): aufgrund seiner Verbreitung (etwa in den *Acharner*- und *Ritter*-Stellen; vgl. hier oben) läßt sich allerdings das Motiv des Vergleichs Kleon / Kykloboros nur schwerlich als Indiz für die Zugehörigkeit zu einer bestimmten Komödie heranziehen.

Wenn hier tatsächlich Kleon verspottet wird, dann wäre das Fragment wahrscheinlich vor 421 v. Chr. zu datieren, weil zu diesem Zeitpunkt die Verspottung Kleons aufzuhören scheint (zu Kleons Verspottung in der Archaia vgl. Paladini 1958, 56–73): zwar wird er in Ar. Ran. 568–71 [ΠΑ.] ἀλλ' ἐχρῆν τι δρᾶν. / ἴθι δὴ κάλεσον τὸν προστάτην Κλέωνά μοι. / [ΠΛ.] σὺ δ' ἔμοιγ', ἐάνπερ ἐπιτύχῃς, Ὑπέρβολον, / ἵν' αὐτὸν ἐπιτρίψωμεν) mit Hyperbolos noch einmal erwähnt, aber die Szene findet in der Unterwelt statt (vgl. Dover 1993, z. St.: „He may have acted as προστάτης for a number of metics, but this could be a joke against his alleged enthusiasm for prosecution").

ᾤμην δ' ἔγωγε Dieser Satz kommt oft in Kontexten vor, wo der Sprecher auf etwas reagiert, das seiner ursprünglichen Erwartung entgegensteht und ihn zur Revision seiner Meinung oder seines Eindrucks bewegt (vgl. Ar. Ran. 934 ἐγὼ δὲ τὸν Φιλοξένου γ' ᾤμην Ἔρυξιν εἶναι, Plut. 834–6 κἀγὼ μὲν ᾤμην, οὕς τέως / εὐεργέτησα δεομένους, ἕξειν φίλους / ὄντως βεβαίους, Stratt. fr. 63,2 ἐγὼ δ' ᾤμην σε „γαλῆν" λέγειν „ὁρῶ", Diph. fr. 67,1–2 [*Polypragmōn*] ᾤμην ἐγὼ τοὺς ἰχθυοπώλας τὸ πρότερον / εἶναι πονηροὺς τοὺς Ἀθήνησιν μόνους).

τὸν Κυκλοβόρον Der Kykloboros ist ein sonst unbekannter attischer Sturzbach, der als besonders stürmisch und geräuschvoll empfunden wurde (vgl. hier oben, Interpretation).

κατιέναι Das Verb eignet sich für im Winter strömende Flüsse bereits im zitierten Hom. Λ 492 (vgl. hier oben, Interpretation) und kann u. a. in der Komödie (z. B. Ar. Equ. 520 ἅμα ταῖς πολιαῖς κατιούσαις) auch im übertragenen Sinn verwendet werden (ähnlich ist der Gebrauch von κατέρχεσθαι, wie etwa in Hdt. II 19,2 ὅ τι κατέρχεται μὲν ὁ Νεῖλος πληθύων ἀπὸ τροπέων τῶν θερινέων ἀρξά).

Die alternative Lesart καθιέναι wäre an sich in einem solchen Kontext nicht undenkbar (vgl. etwa Plat. Phaed. 112e δυνατὸν δέ ἐστιν ἑκατέρωσε μέχρι τοῦ μέσου καθιέναι, von einem *stürzenden* Strom; vgl. auch Ar. Equ. 430 λαμπρὸς ἤδη καὶ μέγας καθιείς, im Sinne von „swoop down like a wind", LSJ s. v.).

fr. 645 K.–A. (637 K.)

ἐβάδιζέ μοι τὸ μειράκιον ἐξ ἀποτρόχων

ἐβάδιζε Elmsley: βαδίζει cod.

er lief mir, der Jüngling, vom Lauftraining her

schol. (B) Eur. Med. 46 (II p. 146,5 Schw.)
ἐκ τρόχων: βαρυτόνως ὡς νόμων. Ἀριστοφάνης· ——. ὡς ἀπὸ γυμνασίας οὖν ἐλθόντας τοὺς παῖδας

ek trochōn (‚von den Laufübungen'): nicht oxyton, wie *nomōn* (‚der Gesetze') Aristophanes: ——. Wie die Kinder nämlich, die aus der Turnübung zurückkommen

Phot. ε 1106
ἐξ ἀποτρόχου (ἐξαποτρ- z: dist. Theodoridis)· ἐξ ἀποτροχασμοῦ (ἐξαποτρ- z: dist. Theodoridis). Ἀριστοφάνης

ex apotrochou (‚vom Lauftraining her'): vom Lauftraining her. Aristophanes

Metrum Iambischer Trimeter:

⏖–⏑– ⏑–⏑⏖ –⏖⏑–

Zitatkontext Der Aristophanes-Vers wird bezüglich einer Akzentfrage beim Wort τρόχος ‚(Kreis)lauf' herangezogen (zu unterscheiden von τροχός ‚Rad'), und zwar ausgehend von ἐκ τρόχων in Eur. Med. 46 (ἀλλ' οἵδε παῖδες ἐκ τρόχων πεπαυμένοι / στείχουσι). Eine ausführliche Diskussion über diese Frage der attischen Prosodie fand sich bereits beim Grammatiker des 1. Jh. v. Chr. Tryphon (Tryph. fr. 11 Vels., mit van Velsen 1853, 14–5), überliefert in Ammon. De adfin. voc. diff. 478 (vgl. Valckenaer 1822, 164–5). Auf Aristophanes sind wohl auch die entsprechenden Hesych-Lemmata zurückzuführen (Hsch. ε 3591 ἐξ ἀποτρόχου· ἐκ περιδρόμου; α 6749 ἀποτρόχου· ἐξ ἅρματος δρόμου).

Textgestalt Die Korrektur des tradierten βαδίζει in ἐβάδιζε (Elmsley 1818, 85) ist metrisch bedingt.

Interpretation Das Bild von Jugendlichen, die gerade am Lauftraining teilgenommen haben, bietet das zitierte Eur. Med. 46 (vgl. hier oben, Zitatkontext). Denkbar ist eine Situation, in der der Sprechende eine männliche Figur ist, die in einer Beziehung mit dem Jüngling steht, was sich durch den Dat. ethicus μοι unterstützen läßt: es könnte ein Verwandter, der Vater, ein Erzieher, aber auch ein *erastēs* sein. In letzterem Fall würde Ar. Av. 137–42 (ὅπου συναντῶν μοι ταδί τις μέμψεται / ὥσπερ ἀδικηθεὶς παιδὸς ὡραίου πατήρ· / „καλῶς γέ μου τὸν υἱόν, ὦ Στιλβωνίδη, / εὑρὼν ἀπιόντ' ἀπὸ γυμνασίου λελουμένον / οὐκ ἔκυσας, οὐ προσεῖπας, οὐ προσηγάγου, / οὐκ ὠρχιπέδισας, ὢν ἐμοὶ πατρικὸς φίλος") ein gutes Pendant anbieten: hier beschwert sich sogar der Vater eines Jünglings (was nur in der idealisierten, verkehrten Welt des Euelpides möglich ist), daß ein Familienfreund seinem Sohn keine sexuellen Avancen gemacht hat, als dieser, frisch gewaschen, die Turnhalle verließ (zu *gymnasia* und *palaistrai* als beliebten Orten für Kontakte mit *erōmenoi* vgl. Dover 1978, 54–5; zu Wettlauf und Training im antiken Griechenland vgl. Decker 2012², 57-63. 117–23; zum Laufen bei Aristophanes vgl. Aigner / Mauritsch-Bein / Petermandl 2002, 21–31).

ἐβάδιζέ μοι Das Verb βαδίζειν kommt in der Komödie sowie in der att. Prosa häufig vor, ist in der seriösen Dichtung durchaus selten (vgl. Olson 2002, zu Ar. Ach. 393–4, der es für „presumably colloquial" hält). μοι ist Dat. ethicus.

τὸ μειράκιον Das att. Standardwort zur Bezeichnung eines jungen Mannes in der adoleszenten Phase (zwischen 13/14 und ca. 20 Jahren), der also älter als ein παῖς und jünger als ein νεανίας ist (für weitere Lit. zu den verschiedenen Stufen der Kindheit und Jugend und den häufigen Inkongruenzen in deren Bezeichnungen vgl. Napolitano 2012, 230 A. 629).

ἐξ ἀποτρόχων Für das Hapax ἀπότροχος hatte bereits die antike Lexikographie keine eindeutige Erklärung (vgl. hier oben, Zitatkontext; die plausibelste moderne Deutung bietet Kaibel in Kassel–Austin z. St.: „decurrendi exercitatio"; allgemeiner hält sich Kock I 550: „sunt igitur *ambulationes*"). Der nächstliegende Anhaltspunkt ist der Gebrauch vom Verb ἀποτρέχειν, etwa in Ar. Nub. 1005 (ἀλλ' εἰς Ἀκαδήμειαν κατιὼν ὑπὸ ταῖς μορίαις ἀποθρέξει, mit Dover 1968, z. St. „run off" bzw. LSJ s. v. „run hard, of one training for a race"; vgl. auch Plat. fr. 260 ἀποθρέξεις, erklärt durch die Zitatträger Phot. α 2493 = Sud. α 3325 = Synag.[b] (Σ') α 1838 als συναποτροχάσεις).

Von Interesse ist die Glosse *deportat*: διαβαίνει. ἀποτροχίζει (Gloss. Lat. II p. 45 Goetz), die letzten Endes der Etymologie von ‚Sport' zugrunde liegt; es verwirrt, daß die nur hier bezeugte Form ἀποτροχίζειν mit dem bei Photios belegten Hapax ἀποτροχασμός (vgl. hier oben, Zitatkontext) nicht harmoniert.

fr. 646 K.–A. (639 K.)

καὶ πρός γε τούτοις ἥκετον πρέσβη δύο

und überdies sind (/ seid ihr) zwei Alten / Botschafter angekommen

Ioann. Alex. De accent. p. 14,15. 22 Dind.
πᾶσα εὐθεῖα δυϊκὴ εἰς α λήγει ἢ εἰς ε ἢ εἰς ω [...] τὰ δύο εε εἰς η συναιροῦσιν Ἀθηναῖοι· (Ar. Pac. 820). ——

Jeder Nominativ Dual endet auf *a* oder auf *e* oder auf *ō* [...] die beiden *ee* kontrahieren die Athener in *ē*: (Ar. Pac. 820). ——

Choerob. in Theodos. can., GrGr IV.1 p. 396,30 Hilgard
ἰστέον δὲ καὶ τοῦτο, ὅτι ἡ εὐθεῖα τῶν δυϊκῶν τὼ πρέσβη παρὰ μὲν τοῖς ῥήτορσι βαρυτόνως ἀναγινώσκεται, ὡς ἀπὸ τοῦ πρέσβυς πρέσβεος πρέσβεε πρέσβη, παρὰ δὲ Ἀριστοφάνει περισπωμένως, „ἥκετον πρεσβῆ δύο", ὡς ἀπὸ ὀξυτόνου εὐθείας, οἷον ὡς ἀπὸ τοῦ ὁ πρεσβεύς τοῦ πρεσβέος τὼ πρεσβέε τὼ πρεσβῆ

Und auch dies gilt es zu wissen, daß der Nominativ Dual *tō presbē* bei den Rednern mit dem Akzent auf der vorletzten Silbe gelesen wird, wie aus *présbys présbeos présbee présbē*, bei Aristophanes aber mit dem Akzent auf der letzten Silbe, *„hēketon presbê dyo"*, wie aus einem Nominativ mit Akzent auf der letzten Silbe, als wäre es aus der Reihe *ho presbeús tou presbéos tō presbée tō presbê*

Metrum Iambischer Trimeter:
——∪— —|—∪— ——∪—

Zitatkontext In vollständiger Form erscheint der Vers in den epitomierten *Tonika parangelmata* (‚Vorschriften über den Akzent') des Grammatikers

Ioannes Philoponos aus Alexandria, um die attische Kontraktion von εε in η (πρέσβη) zu bekräftigen (das Zitat folgt auf Ar. Pac. 820 ἔγωγέ τοι πεπόνηκα κομιδῇ τὼ σκέλει [σκέλη Choer.]). Die auf die abweichende Akzentuierung bei Aristophanes (πρεσβῆ) fokussierte Information bei Choiroboskos, der in seinen Prolegomena zu den *Kanones* des Theodosios von Alexandria nur den zweiten Versteil zitiert, dürfte derselben Tradition entstammen (so Kaibel in Kassel–Austin z. St., mit einem Vorbehalt: „sed tamen ratio dubia est").

Kontrahierte attische Dualformen behandelt ebenfalls Phot. α 1386 (ἀμφορῆ· τὸ δυικὸν συναλείφοντες οἱ Ἀττικοὶ λέγουσιν ἀντὶ τοῦ ἀμφορέε καὶ τὰ ἄλλα ὁμοίως. Ἀριστοφάνης Θεσμοφοριαζούσαις [Ar. Thesm. 282]· „ἀλλ', ὦ περικαλλῆ Θεσμοφόρω, δέξασθέ με". Πλάτων Μετοίκοις [Plat. fr. 82 [*Metoikoi*]]· „ὧδ' ἀναισχυντοῦντε τὼ μιλτηλιφῆ". καὶ Διὶ Κακουμένῳ [fr. 54 [*Zeus kakoumenos*]]· „τὼ προσεμφερῆ τὴν σοφίαν". οὕτως Τηλεκλείδης Ἡσιόδοις [Telecl. fr. 21 [*Hēsiodoi*]] καὶ οἱ λοιποί), der seinerseits von Ailios Dionysios stammen dürfte (Ael. D. α 113 Erbse; eine ausführliche Diskussion über die Auseinandersetzung der Grammatiker mit diesen Dualformen in Lobeck 1862, 56).

Interpretation Von *zwei älteren Herren*, die gerade *angekommen sind*, ist mit einem übereinstimmenden Wortschatz auch in Ar. Av. 320–1 (φήμ' ἀπ' ἀνθρώπων ἀφῖχθαι δεῦρο πρεσβύτα δύο· / ἥκετον δ' ἔχοντε πρέμνον πράγματος πελωρίου) die Rede. Im Fragment könnte es sich jedoch auch um Botschafter handeln (vgl. hier unten, zu πρέσβη δύο).

Der adverbiale Ausdruck (πρός γε τούτοις) deutet auf eine Situation hin, in der die beiden Alten (bzw. Botschafter) nicht gerade willkommen geheißen werden dürften; vielmehr wird ihre Gegenwart als unerfreulich wahrgenommen, und zwar als zusätzlich zu dem, was bereits eingetroffen ist.

καὶ πρός γε τούτοις Dieser adverbiale Ausdruck mit dem Nt. Pl., zu dem das καί und das γε stets gehören, scheint einen gewissen Überschuß anzuzeigen (vgl. Ar. Ran. 1193–4 ἔπειτα γραῦν ἔγημεν αὐτὸς ὢν νέος / καὶ πρός γε τούτοις τὴν ἑαυτοῦ μητέρα, Eub. fr. 7,1–2 [*Amaltheia*] καὶ πρός γε τούτοις ἀσκὸν εἰς μέσον ‹ › / καταθέντες; vgl. auch Aesch. Sept. 265, PV 622, Plat. Soph. 226b, Isocr. 7,72).

πρέσβη δύο Zu dieser Dualform vgl. hier oben, Zitatkontext; das Attische der Komödie kennt auch πρεσβύτα δύο (wie im zitierten Ar. Av. 320). πρέσβυς ist gegenüber πρεσβύτης die eher poetische Variante. Wer mit Choiroboskos πρεσβῆ liest, muß den Begriff für eine Form von πρεσβεύς ‚Botschafter' halten (sonst πρεσβευτής); aber diese Bedeutung wäre theoretisch auch für πρέσβυς möglich (vgl. Ar. Ach. 93 πρέσβεως; die Dualform πρέσβει – geschrieben πρεσβε – ist in IG XII.1 977,45. 57, aus Karpathos, 4. Jh. v. Chr., bezeugt).

fr. 647 K.–A. (640 K.)

ἑκτεὺς δέ ‹γ'› ἐστὶν ἑξαχοίνικον μέτρον

δέ γ' ἐστὶν Fritzsche: γ' om. codd.: τί ἐστὶν; :: Nauck: ἄρ' ἔστιν (. . . μέτρον) Kaibel ἑξαχοίνικον A: ἑξχ- HLMO: ὀκταχοίνικον Klein

und ein *sextarius* ist also ein sechs-*choinikes*-Maß

Erot. η 14 p. 43 Nachm. (codd. A, HLMO) et fr. 94 p. 121 Nachm. (schol. V^H Hipp. De steril. 230)
ἡμιεκτέον· τὸ ἥμισυ τοῦ ἑκτέως. ἑκτεὺς δὲ λέγεται Ἀττικὸν μέτρον ἔχον χοίνικας ὀκτώ, ὥς φησι Μένανδρος ἐν Βοιωτίᾳ· (Men. fr. 93 [*Boiōtia*]). καὶ Ἀριστοφάνης· ——

hēmiekteon: die Hälfte des *hekteus*. Und *hekteus* wird ein attisches Maß genannt, das acht *choinikes* enthält, wie Menander in der *Boiōtia* sagt: (Men. fr. 93 [*Boiōtia*]). Auch Aristophanes: ——

Metrum Iambischer Trimeter:
——⏑— ⏑|—⏑— ⏑—⏑—

Zitatkontext Ausgehend vom Lemma *hēmiekteon*, ein halber *hekteus* (vgl. hier unten, zum Wort; vgl. Ps.-Galen. De pond. et. mens. XIX p. 755 Kühn), werden zwei Komikerzitate angeführt, vor Aristophanes Men. fr. 93 [*Boiōtia*] (οὐκ ἔστιν ἑκτεὺς τοῦτο, μὰ τὸν Ἀσκληπιόν), welches jedoch für die Argumentation der Glosse (‚enthält acht *choinikes*') belanglos ist. Der aristophanische Usus widerspricht sogar dem Inhalt der Glosse.

Textgestalt In δέ γ' ἐστὶν geht das γε auf Fritzsche 1838, 602 A. 26 zurück. Den Text weiter zu emendieren und einen Sprecherwechsel vorzunehmen (so Nauck 1851, 415: ἑκτεὺς τί ἐστιν; :: ἑξαχοίνικον μέτρον), trägt zwar nicht sonderlich zu einem besseren Verständnis der Pointe bei (vgl. hier unten, Interpretation), ist allerdings nicht unvorstellbar – anders als eine Emendation in ὀκταχοίνικον (Klein 1865, 76), welche die Pointe völlig übersieht.

Interpretation Der unbekannte Sprecher mißversteht das Wort *hekteus*. Dem Fragment liegt also ein Wortspiel zwischen zwei Getreidemaßeinheiten zugrunde, wobei der *hekteus* in der Tat nicht sechs – der Name evoziert diese Zahl, aber als *sechster* Teil von einer größeren Maßeinheit (vgl. hier unten, zum Wort) –, sondern acht *choinikes* enthält (die Wiedergabe mit lat. *sextarius*, Sechstel eines *modius*, dient zum Wortspiel um die Zahl sechs und klingt exotisch genug).

Wie eine Maßeinheit einen sich um die Ignoranz des Dialogpartners drehenden Wortwitz veranlassen kann, zeigt die an *double entendres* reiche Szene in Ar. Nub. 639–45 ([ΣΤ.] περὶ τῶν μέτρων ἔγωγ'· ἔναγχος γάρ ποτε / ὑπ' ἀλφιταμοιβοῦ παρεκόπην διχοινίκῳ. / [ΣΩ.] οὐ τοῦτ' ἐρωτῶ σ', ἀλλ' ὅτι κάλλιστον μέτρον / ἡγεῖ, πότερον τὸ τρίμετρον ἢ τὸ τετράμετρον; / [ΣΤ.] ἐγὼ μὲν οὐδὲν πρότερον ἡμιέκτεω. / [ΣΩ.] οὐδὲν λέγεις, ὤνθρωπε. [ΣΤ.] περίδου νυν ἐμοὶ / εἰ μὴ τετράμετρόν ἐστιν ἡμιέκτεων): hier befragt Sokrates den unwissenden Strepsiades über die *metra*, wobei dieser die *Versmaße* (Trimeter, Tetrameter) mit den *Getreidemaßen* (*dichoinikos*, *hēmiekteōn*) verwechselt.

Es ist demnach nicht notwendig, an einen Kaufmann zu denken, der einen Fremden betrügt, oder sogar für ein solches Mißverständnis einen Nicht-Attiker ins Spiel zu bringen (so hingegen Kock I 551: „si statuas peregrinum a caupone decipi τὸν ἑκτέα ita interpretante, quasi a numerali ἕξ deducatur"): es könnte sich dabei genausogut um einen Athener handeln, der aber – im Gegensatz zum Strepsiades der *Wolken*, der mit Getreidemaßen viel besser vertraut ist als mit den rhythmischen Kenntnissen der kultivierten Leute –, nicht über ein solches praktisches Wissen verfügt. Vergleichbar für die Assoziation von *choinix* und *hekteus* ist Ar. fr. 481 [*Proagōn*] (ὁ δ' ἀλφίτων ‹⏑̄› πριάμενος τρεῖς χοίνικας / κοτύλης δεούσας ἑκτέα λογίζεται ‚und der kauft mir drei *choinikes* Mehl minus eine *kotylē* [= 1/4 *choinix*] und rechnet einen *hekteus* [= acht *choinikes*]; hier ist das von Kassel–Austin gedruckte ἑκτέα λογίζεται eine Emendation von Dobree 1833, 255 des tradierten οἴκαδ' ἀπολογίζεται; Kock I 511 hat εἴκοσ' ἀπολογίζεται): es geht um einen Käufer, der seinen Verkäufer betrügt (um 2/3 des Warenwerts).

ἑκτεύς Von ἕκτος ‚sechster', der sechste Teil verschiedener Getreidemaße (μέδιμνος, πυρῶν, κριθέων); in Attika entspricht er zumeist 8,75 l (zum att. Hohlmaß für das Trockene vgl. Hultsch 1882^2, 104–11); in der Komödie sonst nur in Ar. Eccl. 547 (πυρῶν ἑκτέα) und fr. 481,2 [*Proagōn*] (vgl. hier oben, Interpretation).

ἑξαχοίνικον μέτρον Die *choinix* (ein technischer Begriff unbekannter Etymologie; vgl. Frisk GEW, s. v.) ist ein Trockenmaß, v.a. für Getreide, das vier *kotylai* entspricht und sich nach der Tagesration eines Mannes richtet (= 1,01 l in Attika; vgl. Broneer 1938, 222–4; von Feigen in Ar. Vesp. 718; bisweilen in der übertragenen Bedeutung von *Fußfessel*, wie in Plut. 276). Unter den Komposita – außer χοινικομέτρης ‚der eine *choinix* (als tägliche Ration) aufmißt' und ἁμοχοῖνιξ ‚der eine *choinix* mit einem anderen teilt', ‚Mitsklave' – finden sich nur thematische Erweiterungen wie δι- (z. B. Ar. Nub. 640) oder τριχοίνικος (z. B. Vesp. 481): hierhin gehört auch das nur hier bezeugte ἑξαχοίνικος.

fr. 648 K.–A. (642 K.)

θύειν με μέλλει καὶ κελεύει βῆ λέγειν

θύειν με Dindorf, θύσειν West: θύτην cod.

er/sie ist dabei, mich zu opfern und befiehlt mir *mäh* zu sagen

Antiatt. p. 86,3
βῆ· προβάτων βληχή. Ἀριστοφάνης· θύτην —— λέγειν
bē (‚mäh'): das Blöken der Schafe. Aristophanes: ——

Hsch. β 554
βὴ λέγει (βήλγει cod.)· βληχᾶται. ἢ θύει (θύεται Meineke)
er/sie sagt *bē* (‚mäh'): er/sie blökt. Bzw. er/sie opfert (‚wird geopfert')

Metrum Iambischer Trimeter:
——⏑— —|—⏑— ——⏑—

Zitatkontext Die Hesych-Glosse leitet sich höchstwahrscheinlich aus dem Aristophanes-Fragment her, wobei die Alternative zum normalen Sinn (‚blöken') im Interpretamentum verwirrend ist: das Aktive θύει scheint das θύειν des (nicht zitierten) Fragments versehentlich zu reproduzieren, ohne daß sich so ein Sinn ergibt; ob wir aber berechtigt sind, das sinngemäß zu erwartende θύεται zu restituieren (so Meineke II.1 40: „Nempe oves, si quis forte nesciat, cum mactantur, balare solent"), bleibt dahingestellt. Eingebaut in eine Diskussion über die korrekte Wiedergabe des *Blökens* sind hingegen die weiteren lexikographischen Bezeugungen für βῆ (Phot. β 130 = Et. Sym. β 105 Berg. [AB; Et. magn. p. 196,7] = Sud. β 250; Eust. in Od. p. 1721,26 [Ael. D. β 12 Erbse], in Il. p. 768,14), die anhand von Cratin. fr. 45 [*Dionysalexandros*] (vgl. hier unten, Interpretation) zu zeigen versuchen, daß *bē* – und nicht etwa *bai* – richtig ist (ähnliche Debatte zwischen *balare* und *baelare* in Varr. de re rust. II 1,7).

Textgestalt Das θύτην der Hss. (Akk. vom auch in der Komödie belegten θύτης ‚Opferer') wurde in θύειν με von Dindorf 1835, 684 emendiert. Das θύσειν με von M. L. West (in Henderson 2007, z. St., der θύ‹σ›ειν με druckt) ist weder paläographisch besser vereinbar mit dem tradierten θύτην noch an sich notwendig, da μέλλειν im Attischen unterschiedslos mit einem Inf. Präs. oder einem Inf. Fut. konstruiert werden kann.

Interpretation Jemand stellt fest, daß er (oder sie) gerade *zum Opfer fallen* und sich wie ein blökendes Schaf (ein typisches Opfertier) verhalten soll. Ob die Tatsache, daß auf Tierfriesen der archaischen griechischen Vasen das Beutetier (Rind, Schaf, Ziege) nahezu ausschließlich als männlich dargestellt wird (vgl. dazu Burkert 1972, 88 mit A. 7), die Wahrscheinlichkeit einer männlichen Figur in dieser Szene erhöht, ist nicht mehr als eine suggestive Vermutung. Das Opfer könnte aber auch nur zu einem komischen Gleichnis dienen.

Das Opfern von Schafen – nicht im Kontext eines Gleichnisses – ist in der Komödie sonst in zwei Szenen zu finden: in der langen Opferszene in Ar. Pac. 922–1022 führt der ‚Opferpriester' Trygaios für die gerade wiedergewonnene Eirene ein Opferritual mit konventionellen, oft ins Komische gezogenen Formeln durch (vgl. Gödde 2010, 238), wobei der Vorschlag des Chors, ein Schaf zu opfern, gleich zu Beginn ein Wortspiel zwischen der ion. Form (Dat.) ὀΐ und dem Klageruf ὀί veranlaßt (929–32) und die konkrete Intention des Schafopfers (937–8 ἴθι νυν, ἄγ' ὡς τάχιστα τὸ πρόβατον λαβών· / ἐγὼ δὲποριῶ βωμὸν ἐφ' ὅτου θύσομεν) letzten Endes wegen des Schlachtverbots auf dem Altar der Göttin (1018–9) durch ein Braten des Tiers ersetzt wird (1039–126); in Av. 855–6 (ἅμα δὲ προσέτι χάριτος ἕνε-/κα προβάτιόν τι θύειν) fordert der Chor neben feierlichen Prozessionen ein Schafopfer zu Ehren der *neuen Götter* (der Vögel), um die Gründung der Stadt offiziell zu besiegeln.

Das onomatopoetische Bild des *Blökens* als ‚*bē* sagen' ist sonst in Cratin. fr. 45 [*Dionysalexandros*] (ὁ δ' ἠλίθιος ὥσπερ πρόβατον βῆ βῆ λέγων βαδίζει) bezeugt, wo sich wohl Dionysos aus Angst vor Paris in einen Widder verwandelt (vgl. Bianchi 2015, z. St.); im kontextlosen fr. 181 [*Pylaia*] (γλῶσσαν εὐέρων βοτῶν) könnte sich theoretisch die *Zunge* / *Sprache* – in einem paratragisch klingenden Tonfall – ebenfalls auf das Blöken beziehen.

Eine vergleichbare Szene ist wohl in Ar. Ach. 780–803 zu finden, wo die beiden Töchter des Megarers gezwungen werden, den Laut der Säue (κοΐ κοΐ) zu imitieren, wobei sie nebenbei (784–5 [ΔΙ.] ἀλλ' οὐδὲ θύσιμός ἐστιν αὑτηγί. [ΜΕ.] σά μάν; / πᾷ δ' οὐχὶ θύσιμός ἐστι; – vgl. auch 792–3 κάλλιστος ἔσται χοῖρος Ἀφροδίτᾳ θύειν. / [ΔΙ.] ἀλλ' οὐχὶ χοῖρος τἀφροδίτῃ θύεται) ebenfalls als verkäufliche Opfertiere behandelt werden.

Der Vers ist chiastisch strukturiert, mit den Infinitivformen am Anfang und am Schluß (denen jeweils ein einsilbiges Wort folgt und vorausgeht) und den durch καί verbundenen finiten Formen in der Mitte.

βῆ λέγειν Eine onomatopoetische Wiedergabe des *Blökens*, wofür das eigentliche Verb βληχᾶσθαι lautet (vgl. etwa Ar. Pac. 535 προβατίων βληχωμένων, fr. 402,5 [*Nēsoi*] ἔπειτ' ἀκούειν προβατίων βληχωμένων; vgl. auch Plut. 293. 297; von Kindern gesagt in Vesp. 570; das u. a. in Aesch. Sept. 348 in der dor. Form βλαχά vorkommende βληχή ‚Geblök' ist eher als postverbal aufzufassen; vgl. Frisk GEW, s. v.; βληχάζειν nur in Autocr. fr. 3 ἀμνοὶ δὲ βληχάζουσιν ὑπ' ἀγαλακτίας; vgl. Tichy 1983, 158).

Hierzu gehören ebenfalls Glossen wie Hsch. β 545 (βηβήν· πρόβατον), β 546 (βήζει· φωνεῖ), β 552 (βήκη· χίμαιρα); ob die Glosse β 551 (βῆμα· πρόβατα) dazu gehört, muß dahingestellt bleiben (τὰ δὲ βῆμα könnte nämlich eine Variante in Hom. E 140 τὰ δ' ἐρῆμα φοβεῖται bilden: gemeint sind die Troianer, die gegenüber dem wie ein Löwe angreifenden Diomedes mit erschrockenen *Schafen* verglichen werden).

Die Komödie kennt vergleichbare Onomatopöien für Tierlaute (außer dem zitierten κοΐ κοΐ; vgl. hier oben, Interpretation): αὖ αὖ für den Hund (Ar. Vesp. 903); verschiedene Vogellaute wie etwa ἐποποποῖ, ποποποποῖ ποποῖ (Av. 227), τιο τιο τιο τιο τιο τιο τιο τιο (237) bzw. τιο τιο τιο τιο (vgl. 738. 770) sowie τιο τιο τιο τίγξ (vgl. 741. 752. 784) oder τριοτό· τριοτό· τοτοβρίξ (243); βρεκεκεκὲξ κοὰξ κοάξ für die Frösche (Ran. 209–10. 220. 223. 225. 239. 250. 260. 267); vergleichbare Beispiele aus der römischen Lit. in Heller 1942.

fr. 649 K.–A. (644b K.)

† ὅταν φίλοι παρῆσαν ἐπὶ τὴν ἐκφοράν

ὅταν cod.: ὅτων Nauck, Henderson: ὦ τᾶν (. . . ἐκφοράν;) Renehan: ὅθ' οἱ Blaydes: ὅσοι Kaibel: "an ὅτ' οὖν" Kassel–Austin   παρῶσιν Daremberg, Kock

† *wenn* die Lieben dabei waren, beim Leichenzug

schol. (F) Oribas. collect. med., lib. inc. 12,1 (IV p. 99,19 adn. Raeder [CMG VI 2.2]) (post Cratin. fr. 305) ἀλλὰ καὶ ἐπὶ τῆς ‹ἐκ›κομιδῆς (suppl. Nauck 1894, 63) εἴρηται, ὡς Εὐριπίδης· (Eur. Alc. 422) [...] καὶ Ἀριστοφάνης· ——

aber auch über das Begräbnis wurde es gesagt, wie Euripides (Eur. Alc. 422) und Aristophanes: ——

Metrum Iambischer Trimeter (?):

⏑–⏑– †⏑––|⏖† ––⏑–

Zitatkontext Überliefert wird das Fragment in einem Scholion zu Oribas. collect. med., lib. inc. 12,1 (περὶ τῶν ὀκταμήνων εἰσί τινες οἵ φασιν οὐθὲν ζῆν· τοῦτο δ' ἐστὶ ψεῦδος· ζῇ γάρ, καὶ τοῦτο μάλιστα μὲν ἐν Αἰγύπτῳ δῆλον διὰ τὸ τρέφειν τε πάντα τὰ γινόμενα τοὺς Αἰγυπτίους, καὶ ἔτι τὰς γυναῖκας ἐκφόρους εἶναι, καὶ τῶν παίδων τὴν τροφὴν μὴ εἶναι ἐπίκαιρον). Anlaß zum

Komikerzitat, das auf Cratin. fr. 305 (θύραζ' οὐκ ἔστι μῦθος ἔκφορος / ἐντεῦθεν ὡς ‹τοὺς› ἄφρονας) folgt und zusammen mit Eur. Alc. 422 ([...] ἐκφορὰν γὰρ τοῦδε θήσομαι νεκροῦ) genannt wird, hatte die Bezugnahme des Oreibasios – Leibarzt des Kaisers Julian, der hier Galens medizinische Schriften epitomierte – auf die Frauen geboten, die im Ägypten als ἐκφόροι dienten.

Textgestalt Der Vers ist aus syntaktischen Gründen korrupt (ὅταν mit Indik.), so daß die Emendationsvorschläge sich auf diese Konjunktion konzentrieren: das Relativpronomen ὅτων von Nauck 1888, 227–8 (so auch in Henderson 2007, 428–9, mit der Übers.: „those whose loved ones were present for the funeral") ist im 5 Jh. v. Chr. nur einmal belegt (Soph. OT 414 οὐδ' ὅτων οἰκεῖς μέτα); das ὦ τᾶν (... ἐκφοράν;) von Renehan 1976, 103–4 ist aufgrund der hohen Häufigkeit dieser Anrede in der Komödie (zumal oft verschiedentlich korrupt) eine ernst zu nehmende Möglichkeit; ebenfalls denkbar sind das ὅθ' οἱ von Blaydes 1885, 393 und das ὅσοι von Kaibel in Kassel–Austin z. St., die ihrerseits mit Hinblick auf Soph. Ant. 170–1 (ὅτ' οὖν ἐκεῖνοι πρὸς διπλῆς μοίρας μίαν / καθ' ἡμέραν ὤλοντο) ὅτ' οὖν vorschlagen. Auch mit dem παρῶσιν von Daremberg in Bussemaker–Daremberg 1862, z.St. ergäbe sich ein korrekter 3ia (gedruckt in Kock III 725: ὅταν φίλοι παρῶσιν ἐπὶ τὴν ἐκφοράν), aber eine solche Änderung der Verbalform erscheint auch paläographisch weniger ökonomisch.

Interpretation Abgesehen davon, was syntaktisch restituiert wird, ist die angedeutete Szene klar: jemand erzählt von der Präsenz von *Freunden* bei einem *Leichenzug*. Die Teilnahme von Familienangehörigen an der *ekphora* ist spätestens in Lys, 1,8 und [Dem.] 43,62 bezeugt (vgl. Hame 2004, 562 mit A. 42, mit Verweis auf LSCG 97A, 24–9).

Für eine ausdrückliche literarische Präsenz von Freunden bei der Trauerfeier wird man erst auf Ael. Var. hist. VIII 4 (καὶ ἐπὶ τὴν ἐκφορὰν αὐτῶν παρεκάλει τοὺς φίλους) warten müssen, aber die Miteinbeziehung des Familien- und Freundeskreises (d. h. οἰκεῖοι bzw. φίλοι) in die Begräbnisfeier, die viel häufiger als die von *demos* und *polis* ist (für Athen etwa CEG I 11. 12), ist bereits in archaischer und klassischer Zeit epigraphisch bezeugt (für Attika etwa CEG I 25. 35. 50. 57. 96. 97. 530. 534) und läßt die ganze Angelegenheit in eine eher private Sphäre projizieren.

† ὅταν Vgl. hier oben, Textgestalt.

φίλοι Zur Teilnahme von Freunden an der *ekphora* vgl. hier oben, Interpretation.

παρῆσαν Vgl. das bereits zitierte Eur. Alc. 422–3 (ἀλλ', ἐκφορὰν γὰρ τοῦδε θήσομαι νεκροῦ, / πάρεστε) und Thuc. II 34,3 (ξυνεκφέρει δὲ ὁ βουλόμενος καὶ ἀστῶν καὶ ξένων, καὶ γυναῖκες πάρεισιν αἱ προσήκουσαι ἐπὶ τὸν τάφον ὀλοφυρόμεναι); anders bezieht man sich auf diejenigen, die bei einem Leichenzug nur *vorbeikommen* (oft in den Epigrammen – z.B. CEG I 80. 108. 110. 174 – als παριόντες bzw. παροδῖται bezeichnet; vgl. auch Lys. 4,4 ὥστε οἴεσθαι τοὺς παριόντας ἐπ' ἐκφορὰν αὑτοὺς ἥκειν τούτου τεθνεῶτος).

ἐπὶ τὴν ἐκφοράν Die *ekphora* ist das Hinaustragen (ἐκφέρειν) des Leichnams für die Trauerfeier (literarisch bezeugt seit Aesch. Sept. 1024; vgl. auch das bereits zitierte Thuc. II 34,3), d.h. der auf die Aufbahrung (*prothesis*) folgende Trauerzug, der zu dem Verbrennungsplatz bzw. der Begräbnisstätte (*taphos*) führte: sie bildet somit das Herzstück der ganzen *kēdeia*. Im Athen des 5. Jhs. v. Chr. konnten begüterte Familien die *ekphora* auch ziemlich prunkvoll gestalten, auch wenn seit dem 6. Jh. v. Chr. (unter Solon) exzessiver Aufwand und öffentliche Totenklage untersagt worden waren (vgl. im allg. Garland 1985, 31–4, für bildliche Darstellungen Kurtz–Boardman 1971, 144–6, für die solonischen Begräbnis- und Grabgesetze insbes. zur Einschränkung des funeralen Luxus Engels 1998, 45. 77–96, für die öffentliche bzw. private Dimension der *ekphora* in klass. Zeit Kavoulaki 2005).

In der Komödie ist die *ekphora* (als ‚Leichenzug') sonst bezeugt in Ar. Ran. 167–70 ([ΞΑ.] μὴ δῆθ', ἱκετεύω σ', ἀλλὰ μίσθωσαί τινα / τῶν ἐκφερομένων, ὅστις ἐπὶ τοῦτ' ἔρχεται. / [ΔΙ.] ἐὰν δὲ μηὔρω; [ΞΑ.] τότ' ἔμ' ἄγειν. [ΔΙ.] καλῶς λέγεις. / καὶ γάρ τινες φέρουσι τουτονὶ νεκρόν ‚[Xa.] Bitte nicht, ich flehe dich an, verpflichte doch einen / von denen, die gerade bestattet werden, der für diesen Lohn kommt. / [Di.] Und wenn ich keinen finde?; [Xa.] Dann trage ich. [Di.] Gut! / Und da tragen sie gerade jemanden vorüber auf der Bahre, diesen Toten da'; vgl. Dover 1993, zu Ran. 170: „Most MSS have τινες φέρουσι, but τινες ἐκφέρουσι E^{pc} Md1_2^{pc} U Vb3. If the former is right, it exemplifies the use of a simple verb when the appropriate compound has been used just before; [...]. Elmsley acutely suggested τιν' ἐκφέρουσι") und Apollod. Car. vel Gel. fr. 4 [*Diamartanōn*] (ὅτε μειράκιον ἦν, τοὺς ἀώρους ἠλέουν, / νυνὶ δ' ὅταν γέροντος ἐκφορὰν ἴδω, / κλάω· πρὸς ἐμὲ γάρ ἐστι τοῦτ', ἐκεῖνο δ' οὔ ‚Als ich ein Jüngling war, bemitleidete ich die frühzeitig Verstorbenen, / heute aber, wenn ich den Leichenzug eines Alten sehe, / weine ich: denn dies betrifft mich, jenes nicht'). In Ar. Plut. 1138, Theop. fr. 71 und Euphr. fr. 1,20–1 [*Adelphoi*] (mit Kassel–Austin z.St.) bezeichnet der Begriff hingegen Opferfleisch.

Die Konstruktion mit ἐπί + Akk., bei der sich nie um einen statischen Zustand handelt (vgl. Kühner–Gerth II.1 503–5 und Schwyzer–Debrunner 465–8), auch in Ar. Eccl. 926 (οὔκουν ἐπ' ἐκφοράν γε. καινόν γ', ὦ σαπρά) und Plut. 1007–8 (ἐπὶ τὴν θύραν ἐβάδιζεν ἀεὶ τὴν ἐμήν / [ΧΡ.] ἐπ' ἐκφοράν;).

fr. 650 K.–A. (65 K.)

ἀνὴρ πεδήτης ἰτέαν ἐνημμένος

ein Gefesselter, ausgerüstet mit einem (Weiden-)Schild

Eust. in Il. p. 911,63
καὶ ἰτέας δέ τινας ἀσπίδας Αἴλιος Διονύσιος ἱστορεῖ φέρων καὶ χρῆσιν ἐξ Ἀριστοφάνους ταύτην· ——

und Ailios Dionysios (Ael. D. ι 19) berichtet, daß die *iteai* ein Typ von Schild sind, indem er diesen Wortgebrauch bei Aristophanes anführt: ——

Metrum Iambischer Trimeter:
⏑–⏑– –|–⏑– ⏑–⏑–

Zitatkontext Ausgehend von den *ledernen Schildern* in Hom. M 425–7 (οἳ δ' ὑπὲρ αὐτέων / δῄουν ἀλλήλων ἀμφὶ στήθεσσι βοείας / ἀσπίδας εὐκύκλους λαισήϊά τε πτερόεντα) findet sich bei Eustathios eine kurze Diskussion der verschiedenen Materialien, in denen antike Schilder gebaut werden konnten: dazu gehören die *leinenen* und die *geflochtenen*, wie eben die *iteai*, wofür sich Eustathios auf Ailios Dionysios (Ael. D. ι 19 Erbse) beruft, der Aristophanes' Fragment für diesen speziellen Gebrauch des Wortes ἰτέα zitiert hatte.

Auf dieselbe attizistische Quelle sind wohl die weiteren lexikographischen Einträge zurückzuführen, die genau dasselbe Schema wie bei Ailios Dionysios (ἰτέας ... ἀσπίδας) reproduzieren (vgl. Phot. ι 261 ἰτέας· τὰς ἀσπίδας; vgl. auch Hsch. ι 1087 ἰτέαι· αἱ ἀσπίδες. διὰ τὸ πρώτας ἐκ ταύτης τῆς ὕλης ἐγχειρήσασθαι κατασκευασθῆναι, mit Carlini 1986, 18).

Interpretation Daß ein Gefesselter bzw. Gefangener, oder einfach nur ein Sklave, als bewaffnet dargestellt wird, mag verwunderlich klingen, könnte allerdings nur als Witz gemeint sein.

Die von Bergk in Meineke II.2 974 erwogene Zuweisung des Fragments zu Aristophanes' *Babylōnioi* geht von der falschen Voraussetzung aus, daß in Eust. in Od. p. 1542,48 ([Suet. Π. βλασφ. p. 62 Taill.] οὕτω δὲ καὶ ὁ γράψας ὅτι στίχων καὶ πέδων δοῦλος ὁ στιγματίας. καὶ πεδήτης παρὰ Ἀριστοφάνει, μετ' ὀλίγα λέγει ὅτι τριπαίδων, ὁ τρίδουλος: vgl. Ar. fr. 99 [*Babylōnioi*] und fr. 871) das Wort πεδήτης Aristophanes zuzuschreiben sei (vgl. dagegen Gunning 1882, 14–5).

ἀνὴρ πεδήτης Von πέδαι ‚(Fuß-)Fesseln', steht es nicht nur für ‚Gefangener', sondern auch allgemein für ‚Sklave'; einziger weiterer Beleg in der Komödie ist der für Kallias und Krates bezeugte Stücktitel *Pedētai* ‚Die Gefesselten' (zu diesem Titel und insbes. zu Kallias' Stück vgl. Bagordo 2014,

z. St.); zu Junkturen mit ἀνήρ, etwa mit Berufs- bzw. Amtsbezeichnungen vgl. hier oben, zu fr. 607,2 (ἀνδρὸς χαλκέως).

ἰτέαν Die primäre Bedeutung von ἰτέα ist ‚Weide' (Hom. Φ 350): daher der Sinn von ‚aus Weide geflochtener Schild' (seit Eur. Hcld. 375–6 οὐ σοὶ μόνῳ ἔγχος οὐδ' / ἰτέα κατάχαλκός ἐστιν; vgl. auch Suppl. 695 ἰτέαν λαβὼν χερὶ, Tro. 1193 χαλκόνωτον ἰτέαν, Cycl. 6–7 παρασπιστὴς βεβὼς / ἰτέαν ἐς μέσην θενὼν; Schwartz 2009, 29, macht klar, daß *itea* in diesen Stellen nur noch einen metonymischen Gebrauch für *aspis* reflektiert; zum militärischen Einsatz dieses Schildes vgl. Lorimer 1950, 158 und Schwartz 2013, 158).

Die Information über die Verwendung von *Weidenholz* für die Fabrikation von Schildern – aufgrund seiner Klebrigkiet und Leichtigkeit – ist auch der naturwissenschaftlichen Prosa nicht fremd (vgl. Thphr. Hist. plant. V 3,4 καὶ γλίσχρα δὲ τὰ ἰτέϊνα καὶ ἀμπέλινα, δι' ὃ καὶ τὰς ἀσπίδας ἐκ τούτων ποιοῦσι· συμμύει γὰρ πληγέντα· κουφότερον δὲ τὸ τῆς ἰτέας, μανότερον γάρ, δι' ὃ καὶ τούτῳ μᾶλλον χρῶνται, V 7,7 ἰτέᾳ δὲ πρός τε τὰς ἀσπίδας καὶ τὰς κίστας καὶ τὰ κανᾶ καὶ τἆλλα; vgl. auch schol. Theocr. 16,79 ἰτεΐνοισιν· διὰ τὸ ἐλαφρὸν ἐποίουν ἀπὸ ἰτέας τὰς ἀσπίδας).

ἐνημμένος Im Partiz. Pf. Passiv hat ἐνάπτειν, bezogen auf Personen, die Bedeutung von ‚bekleidet', ‚eingehüllt', ‚bestückt mit' (vgl. Ar. Nub. 72 διφθέραν ἐνημμένος, Av. 1250 παρδαλᾶς ἐνημμένους; vgl. auch Hdt. VII 69,1 λεοντέας ἐναμμένοι, wo es um u. a. mit Bogen bewaffneten Aithiopen geht; vgl. auch Ar. Pac. 1224–5 θώρακος κύτει / ἐνημμένῳ κάλλιστα, mit Olson 1998, z. St.).

fr. 651 K.–A. (35 Dem.)

ἀγαθός τε δαίμων κἀγαθὴ σωτηρία

καὶ ἀγαθὴ codd.

und der gute Daimon und die gute Rettung

Phot. (b, z) α 76
ἀγαθὸς δαίμων. Ἀριστοφάνης· ——

agathos daimōn (‚guter Daimon'): Aristophanes: ——

Metrum Iambischer Trimeter:

⏖–⏑– –|–⏑– ––⏑–

Zitatkontext Dem *agathos daimōn* sind auch die folgenden Photios-Lemmata gewidmet, die ebenfalls zur Erklärung des Aristophanes-Fragments beitragen: Phot. α 77 (ἀγαθοῦ δαίμονος· οὕτω καλεῖται παρὰ τοῖς παλαιοῖς τὸ μετὰ τὴν ἄρσιν τῶν τραπεζῶν προσφερόμενον ποτήριον); α 78 (ἀγαθοῦ δαίμονος πόμα· τὸ μετὰ τὸ δεῖπνον ἄκρατον πινόμενον παρὰ Ἀθηναίοις. καὶ τὴν δευτέραν ἡμέραν οὕτως ἐκάλουν); vgl. auch Eust. in Od. p. 1471,32, schol. Ar. Vesp. 525 und schol. Ar. Equ. 85a (daher stammt Sud. α 966); zu den Komödienstellen vgl. hier unten, zu ἀγαθός τε δαίμων.

Interpretation Die Erwähnung des Guten Daimon deutet i.d.R. auf einen Trinkspruch bzw. eine Weinspende hin (vgl. hier unten, zu ἀγαθός τε δαίμων), die jedoch auch metaphorisch erfolgen kann. Die Verbindung zur *sotēria* scheint sonst nur in Ar. Pac. 300–1 (νῦν γὰρ ἡμῖν ἁρπάσαι πάρεστιν ἀγαθοῦ δαίμονος / [XO.] δεῦρο πᾶς χώρει προθύμως εὐθὺ τῆς σωτηρίας) vorzuliegen: auf die Nachricht, daß der Kriegsmörser verlorengegangen ist, reagiert Trygaios – einen ideellen Trinkspruch ausrufend – mit der Absicht, Eirene aus der Höhle herauszuholen, woraufhin der Chor alle Griechen zur Rettung herbeizueilen ruft, d. h. zur Befreiung der gefangen gehaltenen Friedensgöttin.

Jede erdenkliche Situation ist als Kontext möglich, in der ein erfolgreiches oder erfolgsversprechendes Ereignis, das mit einer Rettung bzw. Befreiung verbunden ist, entweder konstatiert oder anvisiert wird, wobei ein konkret symposialer Anlaß für den Trinkspruch, zumal da der Begriff hier nicht im Gen. vorliegt, nahezu auszuschließen ist.

ἀγαθός τε δαίμων Diesem sonst namenlosen, unbestimmten göttlichen Wesen war die erste Weinspende direkt nach der Mahlzeit und vor dem eigentlichen Symposion geweiht (vgl. Aristot. Oec. 1353b 21, Thphr. fr. 572 Fortenb., Plut. Quaest. conv. 735d, Athen. XV 692f–693f sowie Poll. VI 100, Ael. D. α 11 Erbse, Paus. att. α 6 Erbse, Moer. α 142 Hansen): er galt nämlich als der Erfinder des (ungemischten) Weins und konnte daher mit Dionysos gleichgestellt werden (zum Agathos Daimon vgl. Fauth 1979; zu *daimōn* bei Aristophanes vgl. François 1957, 155, mit Verweis auf Ar. Pac. 945/6–7 νῦν γὰρ δαίμων φανερῶς / εἰς ἀγαθὰ μεταβιβάζει und Av. 544–5 σὺ δέ μοι κατὰ δαίμονα καί τινα συντυχίαν / ἀγαθὴν ἥκεις ἐμοὶ σωτήρ, in denen „δαίμων semble désigner la Puissance céleste au même titre que θεός").

In der Komödie erscheint er stets in der Form ἀγαθοῦ δαίμονος im Zusammenhang mit Trinksprüchen, die zumeist anläßlich eines glücklichen Ereignisses nur imaginiert werden: Ar. Equ. 85 (μὰ Δί' ἀλλ' ἄκρατον οἶνον ἀγαθοῦ δαίμονος), 106 (λαβὲ δὴ καὶ σπεῖσον ἀγαθοῦ δαίμονος), Vesp. 525 (μηδέποτε πίοιμ' ἄκρατον μισθὸν ἀγαθοῦ δαίμονος, mit μισθόν statt οἶνον), Pac. 300 (vgl. hier oben, Interpretation), Theop. fr. 41,2 [*Pamphilē*] (ἣν [d. h. die λεπαστή] ἐκπιοῦσ' ἄκρατον Ἀγαθοῦ Δαίμονος, mit dem wohl damit zusammenhängenden fr. 99 [*dub.*] Ἀγαθοῦ Δαίμονος ἐπιρροφεῖν), Nicostr. fr. 19 [*Pandrosos*] (ἄλλ' ἐγχέασα θᾶττον Ἀγαθοῦ Δαίμονος / ἀπενεγκάτω μοι τὴν τράπεζαν ἐκποδών. / ἱκανῶς κεχόρτασμαι γάρ. Ἀγαθοῦ Δαίμονος / δέχομαι. λαβοῦσ' ἀπένεγκε ταύτην ἐκποδών ‚aber nachdem sie mir für den Guten Daimon eingeschenkt habe, / möge sie mir diesen Tisch von den Füßen räumen. / Ich habe nämlich zu Genüge gegessen. Für den Guten Daimon nehme ich es auf. Nimm diesen Tisch und räum' ihn auf'); Antiphan. fr. 135 [*Lampas*] (τράπεζα † φυστημινεις ἀλλὰ μήν Δαίμονος / Ἀγαθοῦ μετάνιπτρον, ἐντραγεῖν, σπονδή, κρότος); in Eriph. fr. 4 [*Meliboia*] und Xenarch. fr. 2 [*Didymoi*] sowie in Diph. fr. 70 [*Sapphō*] empfängt der ‚Gute Daimon' nach Zeus Soter den Trinkspruch (der allgemeine Sinn von *Charakter* – gut oder schlecht – im gnomisch klingenden ps.-Epich. fr. 266 ὁ τρόπος ἀνθρώποισι δαίμων ἀγαθός, οἷς δὲ καὶ κακός, mit Kassel–Austin z. St., die auf Heraclit. VS 22 B 119 ἦθος ἀνθρώπῳ δαίμων verweisen).

κἀγαθὴ σωτηρία Eine sonst unbezeugte Junktur (vgl. Handley 1983, 85 [zu P. Oxy. L 3540]: „ἀγαθὴ σωτηρία looks like an expression modelled on ἀγαθὴ τύχη or indeed ἀγαθὸς δαίμων itself"); für einen Bezug zum ‚Guten Daimon' vgl. hier oben, Interpretation.

fr. 652 K.–A. (40 Dem.)

σαυτὸν δ' ἀμαυροῖς, ὥστε λήσεις τῷ χρόνῳ

λήσει codd.: corr. Reitzenstein

aber du verdunkelst dich selbst, so daß du mit der Zeit unbemerkt bleiben wirst

Phot. (b, S^z) α 1148
ἀμαυροῖς. Ἀριστοφάνης· ——

amaurois (‚du verdunkelst'). Aristophanes: ——

Metrum Iambischer Trimeter:
—— ⏑ — — | — ⏑ — —— ⏑ —

Zitatkontext Dem zum Lemma-Verb zugehörigen Adj. und Derivaten sind auch die vorangehenden Photios-Lemmata gewidmet: Phot. α 1145 (ἀμαυρά· σκοτεινά· ὅθεν καὶ ἀμαυρὸν τὸ μὴ διαφανές), α 1146 (ἀμαυρόβιοι· Ἀριστοφάνης ἔφη [Ar. Av. 685]. καὶ ἀμαυροῦν Ξενοφῶν [Xen. Cyneg. 5,4], καὶ ἀμαυροῦσθαι Φίλιστος (Philist. FGrHist 556 F 71). ἀμαυρὸν δὲ Ὅμηρος [Hom. δ 824. 835]· εἴδωλον ἀμαυρόν. οὕτως καὶ Μένανδρος [Men. fr. 519]), α 1147 (ἀμαυρός θηλυκῶς Πλάτων Ἑλλάδι [Plat. fr. 20 [*Hellas ē Nēsoi*]]· „αὐτὴ δ' ἀμαυρὸς ἀσθενής τ' ἐγιγνόμην [ἐγενόμην Phot.]". Εὐριπίδης δὲ „ἀμαυρὰ γλῶσσα" ἔφη [Eur. fr. 955a Kn.]).

Textgestalt Die tradierte Form λήσει (att. für -σῃ, 2. Sg. Fut. Med.: ‚du wirst dich [von etwas] vergessen', mit Gen., wie etwa in Hom. α 308 οὔ ποτε λήσομαι αὐτῶν; alternativ 3. Sg. Fut. Akt.: z. B. ‚es wird unbemerkt bleiben') wurde zu Recht von Reitzenstein 1907, 88 verbessert: die ‚Selbstverdunkelung' durch die angesprochene Person muß als logische Folge haben, daß es diese Person selbst ist, die – aus eigener Schuld – in Vergessenheit geraten wird (vgl. LSJ s. v. für λήσει als spätere att. Form).

Interpretation Jemand konstatiert, daß sein Sprechpartner sich selbst der Vergessenheit zu geben wird. Dies zumindest, wenn der Vers in sich geschlossen ist; es könnte nämlich auch ein Partiz. folgen. Das Motiv einer unscheinbaren Existenz, die der Ruhmeserwartung entgegengesetzt ist und zur Vergessenheit verurteilt, findet sich mit einem ähnlichen Wortschatz bereits in Sapph. fr. 55 V. (κατθάνοισα δὲ κείσηι οὐδέ ποτα μναμοσύνα σέθεν / ἔσσετ' οὐδὲ †ποκ'† ὔστερον· οὐ γὰρ πεδέχηις βρόδων / τὼν ἐκ Πιερίας· ἀλλ' ἀφάνης κἀν Ἀίδα δόμωι / φοιτάσηις πεδ' ἀμαύρων νεκύων ἐκπεποταμένα), wo von einem musisch unbegabten Mädchen vorhergesagt wird, sie sei dazu verdammt, nach ihrem Tod vergessen zu werden und in der Unterwelt unscheinbar unter *obskuren* Totenschatten umherzuirren. Einen gnomischen Tonfall hat die auch zeitlich nächste Parallele (Soph. fr. 954 R. = Men. monost. 831 Jäkel χρόνος δ' ἀμαυροῖ πάντα κεἰς λήθην ἄγει), von dem der Aristophanes-Vers eine Adaption zu sein scheint. In dieselbe Tradition gehört Simonides' Gedicht über die Gefallenen bei den Thermopylen, deren Erinnerung nicht einmal von der allbezwingenden *Zeit ausgelöscht* werden wird (Sim. PMG 531,4–5 ἐντάφιον δὲ τοιοῦτον οὔτ' εὐρὼς / οὔθ' ὁ πανδαμάτωρ ἀμαυρώσει χρόνος). Aristophanes' Vers wirkt demnach nicht wie eine harmlose Zwischenbemerkung, sondern ist im Tonfall und Vokabular mit einem durch die hohe Dichtung transportierten, traditionellen Gedankengut beladen.

σαυτὸν δ' ἀμαυροῖς Für den Satz vgl. Ar. Av. 1642 (βλάπτεις δέ τοι σὺ σαυτόν). ἀμαυροῖς ist ein denominales Verb von ἀμαυρός ‚dunkel', ‚obskur', ‚schwach', das sich bereits in Hom. δ 824 (von einem εἴδωλον) und im zitierten Sapph. fr. 55,4 V. auf die schattenhafte Existenz im Jenseits beziehen kann (vgl. auch Hes. Op. 284 ἀμαυροτέρη γενεή, Sol. fr. 4,34 W.^{2} = 3,34 G.–P.^{2} ὕβριν ἀμαυροῖ [d. h. εὐνομίη], mit Noussia-Fantuzzi 2010, 263, und Aesch. Ag. 462–6 κελαι-/ναὶ δ' Ἐρινύες χρόνῳ / τυχηρὸν ὄντ' ἄνευ δίκας / παλιντυχεῖ τριβᾷ βίου / τιθεῖσ' ἀμαυρόν, das auch bezüglich des adv. χρόνῳ ‚früher oder später' eine Parallele darstellt); die Tragiker verwenden den Begriff vorwiegend im Sinne von ‚dunkel', häufig aber auch in dem von ‚schwach' (vgl. Wilamowitz 1895^2, zu Eur. HF 124, mit einer unrichtigen formalen Erklärung; vgl. Frisk GEW, s. v.), was auch in der Komödie belegt ist (im zitierten Plat. fr. 20 [*Hellas ē Nēsoi*], bezogen auf Hellas' geschwächten Zustand; vgl. hier oben, Zitatkontext); die Bedeutung von ‚obskur', ‚unbekannt' ist in der Komödie sonst auf das ebenfalls bei Photios angedeutete Ar. Av. 685 (ἄγε δὴ φύσιν ἄνδρες ἀμαυρόβιοι; vgl. hier oben, Zitatkontext), eine mit Reminiszenzen an epische und lyrische Bilder zur Fragilität der menschlichen Existenz gefüllte Passage (vgl. Kugelmeier 1996, 94–5). Das Verb kommt im Aktiv seltener vor als im Passiv (‚trübe, dunkel werden').

λήσεις Ein absoluter Gebrauch von λανθάνειν im Sinne von ‚unbemerkt / unbekannt bleiben' läßt sich schwer belegen, ist jedoch die einzige Möglichkeit, um dem Sinnesgehalt des Verses gerecht zu werden (vgl. hier oben, Textgestalt).

τῷ χρόνῳ Zu diesem adv. Ausdruck, der in der Komödie fast immer mit Fut. vorkommt, vgl. Bagordo 2014, zu Call. fr. 16,1 [*Pedētai*] (ἴσως ξυνῳδὸς τῷ χρόνῳ γενήσεται).

fr. 653 K.–A. (41 Dem.)

κατεσκέδασέ μου τὴν ἀμίδα κεχηνότος

er/sie schüttete den Nachttopf auf mich aus, als ich gerade den Mund offen hielt

Phot. (b, S^z) α 1197

ἀμίδα· δασέως· (Eup. fr. 52 [*Autolykos*]) Εὔπολις Αὐτολύκῳ. καὶ ὁ Ἀριστοφάνης· ––. λέγουσι δὲ καὶ ἅμαξαν δασέως καὶ καθημαξευμένα καὶ ὅλως τῇ δασείᾳ προσῳδίᾳ χαίρουσιν οἱ Ἀττικοί. καὶ παρὰ Μενάνδρῳ {ὡς del. Reitzenstein} λέγεται ἐν τῷ ‹Νομο›θέτῃ (suppl. Körte) διὰ τοῦ θ ἡ συναλοιφὴ (-ειφὴ b) αὕτη· (Men. fr. 252 [*Nomothetēs*])

hamis (‚Nachttopf', Akk.): mit Aspirata (Ael. D. α 98 Erbse): (Eup. fr. 52 [*Autolykos*]) Eupolis im *Autolykos*. Auch Aristophanes: ––. Sie sagen aber auch *hamaxa* mit Aspirata und *kathēmaxeumena* und überhaupt verwenden die Attiker gern die aspirierte Aussprache. Auch bei Menander im *Nomothetēs* wird diese Elision mit dem Theta ausgesprochen: (Men. fr. 252 [*Nomothetēs*])

Metrum Iambischer Trimeter:

⏑–⏑⏖ –|–⏑⏖ ⏑–⏑–

Zitatkontext Der Glosse liegt wohl eine attizistische Quelle zugrunde (Ael. D. α 98 Erbse). Es geht um die Frage der Aspirata im Wort ἁμίς (vgl. hier unten, zum Wort), wofür außer Aristophanes auch Eup. fr. 52 [*Autolykos*] (τί δῆτ' ἄν, εἰ μὴ τὴν ἁμίδα καθεῦδ' ἔχων;) und Men. fr. 252 [*Nomothetēs*] (ἑκκαίδεκα / κεῖνθ' ἁμίδες) herangezogen werden. Aristophanes' Worte sind im *Zavordensis* am Rande zitiert. Eine weitere attizistische Quelle (Moer. κ 22 Hansen κατεσκέδασε τὴν ἀμίδα Ἀττικοί· κατέχεεν Ἕλληνες) betrachtet denselben Ausdruck (vielleicht direkt von Aristophanes übernommen) als attisches Äquivalent von καταχεῖν ‚herabgießen' (vgl. auch P. Magd., BCH 27 [1903] 177 τὸ οὖρον κατέχεέν μου, aus dem 3. Jh. v. Chr.). Eine Diskussion über den Gebrauch der ἁμίδες am Symposion findet sich in Athen. epit. I 17c–e (zu den für das Fragment relevanten Stellen vgl. hier unten, Interpretation).

Interpretation Aus den Worten des Sprechers läßt sich folgende Situation rekonstruieren: der Inhalt eines Nachttopfs wurde – wie üblich in athenischen Haushalten (vgl. Hurschmann 2000) – von oben auf die Straße geleert, wobei sich der Sprechende gerade dort unten befand, zudem aus irgendeinem Grund mit offenem Mund; mit der unangenehmen Folge – das ist daraus zu schließen –, daß er Urin schlucken mußte. Dies scheint zum einen eine komische Konstellation zu reflektieren, in der etwas Ekelerregendes herabfällt und jemanden trifft, der den Mund gerade offen hält: in Ar. Nub. 172–3 (εἶτ' ἄνω κεχηνότος / ἀπὸ τῆς ὀροφῆς νύκτωρ γαλεώτης κατέχεσεν) wird etwa Sokrates beim Beobachten des Himmels von den Exkrementen einer Eidechse ebenfalls mit offenem Mund erwischt. Zum anderen scheint das absichtliche Leeren eines Nachttopfs über jemanden auch eine offensive Geste gewesen zu sein, wie etwa in Dem. 54,4 (ἔτυπτον καὶ τὰς ἀμίδας κατεσκεδάννυον καὶ προσεούρουν; zum Ausschütten von Urin und Fäkalien auf Personen in verschiedenen Kulturen vgl. Bossi 1986, 31–2).

Ein absichtlicher Einsatz ist ebenfalls in zwei durchaus einander ähnlichen Satyrspiel-Zitaten bezeugt, die in Athen. epit. I 17cd – im Rahmen einer Diskussion über Verstösse in der späteren Dichtung gegen das traditionell maßvolle Benehmen der homerischen Helden – in direkter Reihenfolge überliefert sind (vgl. hier oben, Zitatkontext): in Aesch. fr. *180 R. (×– ὅδ' ἔστιν, ὅς ποτ' ἀμφ' ἐμοὶ βέλος / γελωτοποιόν, τὴν κάκοσμον οὐράνην, / ἔρριψεν οὐδ' ἥμαρτε· περὶ δ' ἐμῷ κάρᾳ / πληγεῖσ' ἐναυάγησεν ὀστρακουμένη, / χωρὶς μυρηρῶν τευχέων πνέουσ' ἐμοί) und in Soph. fr. 565 R. (ἀλλ' ἀμφὶ θυμῷ τὴν κάκοσμον οὐράνην / ἔρριψεν οὐδ' ἥμαρτε· περὶ δ' ἐμῷ κάρᾳ / κατάγνυται τὸ τεῦχος οὐ μύρου πνέον) erzählt wahrscheinlich Odysseus von jemandem, der ihn mit einem stinkenden Nachttopf (*ouranē*) getroffen hatte, der an seinem Kopf zerbrach.

κατεσκέδασε μου Mit Gen. (bzw. κατά + Gen.) heißt es ‚ausschütten auf jdn.' (vgl. Ar. Av. 535–6 κατάχυσμ' ἕτερον / λιπαρόν, κἄπειτα κατεσκέδασαν θερμὸν θερμῶν, Dem. 18,50 ὥσπερ ἑωλοκρασίαν τινά μου τῆς πονηρίας κατασκεδάσας).

τὴν ἀμίδα Die ἀμίς (die übliche ion. Form ohne Aspirata z.B. in Ar. Vesp. 935) stammt von ἄμη ‚Wassereimer' (eigentlich ἅμη; vgl. lat. *hama*), wohl einer rückläufigen Bildung von ἀμᾶσθαι ‚sammeln', ‚anhäufen' (vom Adv. ἅμα; vgl. Frisk GEW, s.v.). Der Nachttopf (auch als οὐράνη – vgl. hier oben, Interpretation –, λάσανα, οὐροδόκη – das in Phot. ο 685 Xenophon zugeschrieben wird, – oder οὔρειος βῖκος – vgl. Antisth. fr. 121 Decleva-Caizzi – bekannt) war ein Gefäß aus unterschiedlichen Materialien (zur archäologischen Evidenz vgl. Sparkes 1975, 128 und Olson 2014, zu Eup. fr. 385,5 τίς εἶπεν „ἀμίδα παῖ" πρῶτος μεταξὺ πίνων; – dieser Beleg zeugt für die Präsenz von Nachttöpfen am Symposion); im zitierten Ar. Vesp. 935 (ὁ θεσμοθέτης· ποῦ 'σθ' οὗτος; ἀμίδα μοι δότω) wird dem unter Harnzwang leidenden Philokleon ein Nachttopf während einer Gerichtssitzung gebracht; vgl. auch fr. 280 [*Dramata ē Kentauros*] (ἀλλ' εἰς κάδον λαβών τιν' οὔρει πίττινον, mit Kassel–Austin z.St.: „ἀμίδα poposcerat Hercules, ut fit inter potandum").

κεχηνότος Das Verb χάσκειν ‚klaffen', ‚gähnen', ‚den Mund offen halten' wird in der Komödie in verschiedenen Situationen eingesetzt (etwa bei enttäuschten Erwartungen, wie in Ar. Ach. 10 ὅτε δὴ 'κεχήνη προσδοκῶν τὸν Αἰσχύλον, mit Olson 2002, z.St.; weitere Kontexte in Ach. 30, Equ. 261. 1032, Vesp. 617, Lys. 426, Ran. 990).

fr. 654 K.–A. (645 K.)

εἰ μὴ Προμηθεύς εἰμί· τἄλλα ψεύδομαι

εἰμί· τἄλλα Kock: εἰμί :: τἄλλα Kaibel: εἰμὶ τἄλλα Kassel–Austin

(...) wenn ich nicht Prometheus bin: im Bezug auf alles andere lüge ich

schol. (s) Lycophr. Alex. 1 (II p. 8,32 Scheer)
‚ἅ μ' ἱστορεῖς' ὡς τοῦ Πριάμου πρότερον πυνθανομένου, κατὰ τὸ σιωπώμενον, ὡς Ἀριστοφάνης· ——

‚wonach du mich fragst', als ob sich Priamos zuvor erkundigen würde, nach dem Verschwiegenen, wie Aristophanes: ——

Metrum Iambischer Trimeter:

——⏑— —|—⏑|— ——⏑—

Zitatkontext Das Scholion zu Lycophr. Alex. 1 (λέξω τὰ πάντα νητρεκῶς, ἅ μ' ἱστορεῖς – es sind die Worte des Boten an den fragenden Priamos) zieht den Vers zum Vergleich für ein narratives Mittel heran (vgl. Bachmann 1830, 347 A. 2): mit der Formel κατὰ τὸ σιωπώμενον wird nämlich – v.a. in der Homerexegese (vgl. Meinel 1915 und Nünlist 2009, 157–73) – angedeutet, daß Teile einer Narration durch den Dichter weggelassen bzw. verschwiegen worden sind.

Textgestalt Der Vers ist mit Interpunktion nach der Hephthemimeres (εἰμί· τἄλλα; so Kock I 552) am besten verständlich (*pace* Kassel–Austin, die εἰμὶ τἄλλα drucken und somit aus τἄλλα ψεύδομαι den Hauptsatz, aus dem εἰ-Satz einen hypothetischen Satz machen: der Vers *wenn ich nicht Prometheus bin, lüge ich im Bezug auf alles andere* ergibt jedoch wenig Sinn); eine elliptische Konstruktion ist daher anzunehmen (vgl. hier unten, Interpretation), was auch einen Sprecherwechsel unnötig erscheinen läßt (dagegen Kaibel in Kassel–Austin z. St.: „incipit aliquis dicere εἰ μὴ Προμηθεύς εἰμί, κακῶς μοι γενέσθαι εὔχομαι ψευδομένῳ, interceptum sermonem alter παρ' ὑπόνοιαν absolvit. similiter aliquatenus Eur. Cycl. 259 [ἀλλ' οὗτος ὑγιὲς οὐδὲν ὢν φησιν λέγει] fortasse eiusdem sermonis cuius fr. 655 et 675"). Ein eingefügtes γε ist zwar denkbar (vgl. hier unten, zu εἰ μὴ – εἰμί), aber keineswegs zwingend (vgl. etwa Ar. Ran. 579 κάκιστ' ἀπολοίμην, Ξανθίαν εἰ μὴ φιλῶ).

Interpretation Der Sprecher dürfte Prometheus selbst sein. Der elliptische, mit Interpunktion und ohne Sprecherwechsel durchaus vertretbare Satzbau läßt sich am wahrscheinlichsten durch einen Ausruf im vorigen Vers ergänzen (vgl. hier unten, zu εἰ μὴ – εἰμί): ‚*bei den Göttern / um Gottes Willen* bzw. *möge ich sterben*, / wenn ich nicht ...'. In der für ihn typischen Rolle des Betrügers und Tricksers will Prometheus seinem Gesprächspartner versichern, daß er ihn wenigstens über seine Identität nicht belügen wird.

Die Präsenz des Prometheus in der Archaia ist außer der Komödie des Epicharmos *Pyrrha kai Promatheus* (PCG I 73–93, Epich. fr. 113–120 [*Pyrrha kai Promatheus*]; vgl. Kerkhof 2001, 136–40) beschränkt auf einen Auftritt als Rollenfigur in Ar. Av. 1494–564, der wie eine Parodie des (aischyleischen) *Gefesselten Prometheus* gestaltet ist, und com. adesp. fr. 461 (Κλέων Προμηθεύς ἐστι μετὰ τὰ πράγματα ‚Kleon ist ein Prometheus, nachdem gehandelt wurde'; anonym überliefert in Luc. Prom. es in verb. 2, früher als Eup. fr. 456 Kock; vgl. Gargiulo 1992), wo der Erfindungsreichtum des Prometheus auf Kleons politisches Handeln, wenn auch *ex post*, übertragen wird. Danach taucht er wieder in zwei beiläufigen Bemerkungen in der Nea auf: Men. fr. 508,1–4 (εἶτ' οὐ δικαίως προσπεπατταλευμένον / γράφουσι τὸν Προμηθέα πρὸς ταῖς πέτραις, / καὶ γίνετ' αὐτῷ λαμπάς, ἄλλο δ' οὐδὲ ἓν / ἀγαθόν;) und Philem.

fr. 93,1–3 (τί ποθ' ὁ Προμηθεύς, ὃν λέγουσ' ἡμᾶς πλάσαι / καὶ τἄλλα πάντα ζῷα, τοῖς μὲν θηρίοις / ἔδωχ' ἑκάστῳ κατὰ γένη φύσιν μίαν;); zur umstrittenen Präsenz des Prometheus in Plat. fr. 145 [*Sophistai*] vgl. Pirrotta 2009, 289–90.

Aufgrund des fehlenden Kontextes verbietet sich jegliche Assoziation zu anderen Fragmenten (die Rede ist von fr. 655. 675; vgl. hier unten, zu fr. 655).

εἰ μὴ – εἰμί Ein direkter Vergleich für diese Konstruktion ist mit weiteren aristophanischen Passagen möglich: Ar. Equ. 185–6 (μὰ τοὺς θεούς, / εἰ μὴ 'κ πονηρῶν γ'), Av. 1680–1 (μὰ τὸν Δί' οὐχ οὗτός γε παραδοῦναι λέγει, / εἰ μὴ βαβάζει γ' ὥσπερ αἱ χελιδόνες), Lys. 942–3 (οὐχ ἡδὺ τὸ μύρον μὰ τὸν Ἀπόλλω τουτογί, / εἰ μὴ διατριπτικόν γε κοὐκ ὄζον γάμων), Thesm. 897–8 (μὰ τὼ θεώ / εἰ μὴ Κρίτυλλά γ' Ἀντιθέου Γαργηττόθεν, mit Austin–Olson 2004, z. St.: „Lit. 'unless [I'm] Kritylla', i. e. 'I'm *Kritylla*!'. For the ellipse (of τί δέ vel sim.; exclusively Aristophanic) cf. Eq. 186 [...] with Neil ad loc."), Ran. 579 (κάκιστ' ἀπολοίμην, Ξανθίαν εἰ μὴ φιλῶ) und fr. 226 [*Daitalēs*] (εἰ μὴ δικῶν γε γυργάθους ψηφισμάτων τε θωμοὺς / φέροντες; vgl. Werres 1936, 17–8 und Denniston 1954², 121). Zu Prometheus vgl. hier oben, Interpretation.

τἄλλα ψεύδομαι Dieser genaue Ausdruck sonst nur in der Prosa ([Dem.] 49,57, Liban. epist. 897,1). Der absolute Gebrauch des Mediums von ψεύδειν im Sinne von ‚lügen', ‚Unwahres sagen' (bereits homerisch: Hom. K 534, δ 140 ψεύσομαι ἦ ἔτυμον ἐρέω; vgl. auch Pind. O. 13,52 οὐ ψεύσομ' ἀμφὶ Κορίνθῳ) kommt in der Komödie sonst nur in Ar. Vesp. 782 (ψευδομένων τῶν μαρτύρων) und Thesm. 875–6 (ψεύδεται νὴ τὼ θεώ, / ἐπεὶ τέθνηκε Πρωτέας ἔτη δέκα) vor; mit Acc. rei vgl. Ar. Ach. 560–1 (καὶ λέγει γ' ἅπερ λέγει / δίκαια πάντα κοὐδὲν αὐτῶν ψεύδεται, mit Olson 2002, z. St.: „Probably mid. with Dik. as subj. [...] rather than pass., with ουδέν as subj."), Eccl. 445 (τοῦτό γ' οὐκ ἐψεύσατο) und Plut. 571 (ἀλλ' οὐ ψεύδει τούτων γ' οὐδέν, καίπερ σφόδρα βάσκανος οὖσα).

fr. 655 K.–A. (605 K.)

πόθεν δ' ἐγώ σοι συγγενής, ὦ φαρμακέ;

ξυγγενής Dindorf

woher soll ich denn mit dir verwandt sein, du Verbrecher?

Eust. in Od. p. 1415,62
ὁ δὲ φαρμακὸς ἤτοι τὸ κάθαρμα, ἑτεροῖόν τι ἐμφαίνει φαρμάκου σημαινόμενον. Ἀριστοφάνης ——. ὁ μέντοι φαρμακεὺς ἢ κατὰ Πλάτωνα φαρμακευτὴς ὁ φαρμάκοις διαφθείρων, τῷ φαύλῳ φαρμάκῳ παρωνόμασται

Und der *pharmakós* (‚Reinigungsopfer', ‚Sündenbock') bzw. das *katharma* (wörtl. ‚Reinigung', ‚Sühnung') weist eine etwas verschiedene Bedeutung des Wortes *pharmakon* (‚Heilmittel' bzw. ‚Giftstoff') auf. Aristophanes ——. Der *pharmakeus* (‚Giftmischer', ‚Zauberer') allerdings oder, nach Platon, *pharmakeutēs* ist, wer durch *pharmaka* (‚Giftstoffe') verdirbt, und wurde nach der schlechten Art des *pharmakon* (d.h. ‚Giftstoff') benannt

Metrum Iambischer Trimeter:

⏑–⏑– –|–⏑– ––⏑–

Zitatkontext Das Zitat findet sich in einer ausführlichen, von Hom. α 261 (φάρμακον ἀνδροφόνον) ausgehenden Diskussion über φάρμακον und Derivate – wie φαρμακοφόρον, φαρμακίς, πολυφάρμακος, φαρμακῶνες und φαρμακᾶν vor dem Zitat, φαρμακεύς, φαρμακευτής φαρμακεύτρια, ἀφάρμακος, εὐφάρμακος, φαρμάττειν nach dem Zitat –, wobei der Schwerpunkt in der Ambiguität des Begriffs φάρμακον liegt, das sowohl für einen *zerstörerischen* als auch einen *heilenden* Wirkstoff stehen kann. Inmitten der aufgelisteten Formen sticht φαρμακός in seinem Sinn von *Reinigungsmittel* nur bedingt heraus, da es geschickt den positiven wie auch den (anhand des platonischen φαρμακευτής illustrierten) negativen Eigenschaften des *pharmakon* angeglichen wird.

Das lexikographische Interesse für φαρμακός dreht sich v.a. um die Akzentuierung und scheint eher auf die Redner Bezug zu nehmen (Harp. φ 5 Keaney Λυσίας ἐν τῷ κατ' Ἀνδοκίδου ἀσεβείας [[Lys.] 6,53], εἰ γνήσιος· δύο ἄνδρας ἐξῆγον καθάρσια ἐσομένους τῆς πόλεως ἐν τοῖς Θαργηλίοις, ἕνα μὲν ὑπὲρ τῶν ἀνδρῶν, ἕνα δὲ ὑπὲρ τῶν γυναικῶν [...] Δημοσθένους δ' ἐν τῷ κατ' Ἀριστογείτονος λέγοντος „οὗτος οὖν αὐτὸν ἐξαιρήσεται ὁ φαρμακός." Δίδυμος [Did. p. 314 Schm.] προπερισπᾶν ἀξιοῖ τοὔνομα, ἀλλ' ἡμεῖς οὐχ εὕρομεν οὕτω που τὴν χρῆσιν; Hdn. Π. προσ. καθ. I [GrGr III.1] p. 150,3. 4 Lentz φαρμακὸς ὁ ἐπὶ καθαρμῷ τῆς πόλεως τελευτῶν, φαρμακὸς δὲ ὁ γόης; vgl. auch Hsch. φ 181 φαρμακοί, καθαρτήριοι, περικαθαίροντες τὰς πόλεις, ἀνὴρ καὶ γυνή, Phot. φ 64 [Ael. D. φ 2 Erbse] φαρμακός· τὸ κάθαρμα βραχέως. οἱ δὲ Ἴωνες ἐκτείνοντες λέγουσι φαρμᾶκον· οὗτοι γὰρ διὰ τὴν τῶν βαρβάρων παροίκησιν ἐλυμήναντο τῆς διαλέκτου τὸ πάτριον· τὰ μέτρα, τοὺς χρόνους· δηλοῖ καὶ Ἱππῶναξ [Hippon. fr. 6 W.^{2} = 26 Deg.] und Λέξ. Ῥητ. p. 315,22 φαρμακός· ἀνὴρ πονηρός).

Textgestalt Die Korrektur in ξυγγενής für das tradierte συγγενής durch Dindorf 18695, 745 wäre – statistisch betrachtet – kaum berechtigt: diese Form kommt nämlich in nur etwas mehr aristophanischen Belegen des Wortes vor (Ar. Ach. 712. 789, Nub. 1128. 1322, Lys. 1130, Thesm. 574, Ran. 1489), συγγενής dagegen in Equ. 1280, Nub. 409, Pac. 618, Av. 368, Ran. 701 und ist dann eher in Mese und Nea geläufig (ähnlicher Befund für das Verb ξυγ- bzw. συγγίγνεσθαι).

Interpretation Jemand erwidert in empörter Stimmung auf die Behauptung von jemand anderem, es bestehe irgendeine Verwandtschaft zwischen den beiden. Der indignierte Ton ergibt sich aus dem Adv. πόθεν sowie der Beschimpfung ὦ φαρμακέ (vgl. hier unten, zu den Wörtern). Höchst willkürlich erscheinen sowohl Zuweisungen des Verses zu einer bestimmten Komödie (Fritzsche 1831, 134 A. 0 suggeriert die *Daitalēs*) als auch Assoziationen mit anderen Fragmenten (Kock I 550 dachte, nur anhand von πόθεν, an Ar. fr. 675 σὺ δ' ὁμέστιος θεοῖς; πόθεν; – „quod si verum videtur, Herculem adpellari consentaneum est" –, Kaibel in Kassel–Austin z. St. an fr. 654, mit der Folge, daß der Angesprochene Prometheus wäre; vgl. hier oben, zum Fr.).

πόθεν Vgl. van Leeuwen 1896, zu Ar. Ran. 1455: „cum risu vel cum indignatione negantis hoc est, ut ποῖος adiectivi usus [...]; mente supplendum est: *undenam in mentem tibi venit istiusmodi aliquid?*" (mit Verweis auf Ar. Vesp. 204. 1145, Eccl. 389. 976, fr. 675 , Eur. Alc. 95, Andr. 83, El. 657, Plat. Crat. 398e, Symp. 172a).

ὦ φαρμακέ; Der *pharmakós* ist jemand, der zu Reinigungs- bzw. Läuterungszwecken geopfert wird, ein Sündenbock; da es dabei um Kriminelle ging, erwarb der Begriff den übertragenen Sinn einer Beschimpfung im Attischen. Bereits in Hippon. fr. 5–10 W.[2] (6. 26–30 Deg.) und fr. 104 W.[2] (107 Deg.) deutet das Wort auf das archaische Ritual der Reinigung einer Stadt, die von einem durch göttlichen Zorn verursachten Desaster wie Hunger oder Seuche getroffen wurde, nach dem ein häßlicher Mensch zum Opfer dargeboten werden mußte (an einem bestimmten Ort mußte der Mann Käse, Kuchen und trockene Feigen in einer Hand halten, während sein Penis siebenmal mit Zwiebeln, Feigenbaumzweigen und anderen wilden Gewächsen geschlagen wurde; schließlich wurde er dann mit Holz von einem wildem Baum verbrannt und seine Asche im Meer und im Wind zerstreut; über den Sündenbock in der griechischen Kultur vgl. Gebhard 1926, Deubner 1932, 179–98, Burkert 1979, 59–77, Bremmer 1983, 299–320, Parker 1983, 24–6, 257–80, Hughes 1991, 139–65, Di Marco 1997, Ogden 1997, 15–46, Rosenbloom 2002 und Compton 2006).

Relikte des ursprünglichen Sinnes von *pharmakós* lassen sich auch in der Komödie aufspüren, gelegentlich mit der im Attischen des 5./4. Jh. v. Chr. attestierten Valenz eines Schimpfworts (dies gilt auch für das gleichwertige κάθαρμα): Ar. Equ. 1135–40 (εἰ τούσδ' ἐπίτηδες ὥσ-/περ δημοσίους τρέφεις / ἐν τῇ Πυκνί, κᾆθ' ὅταν / μή σοι τύχῃ ὄψον ὄν, / τούτων ὃς ἂν ᾖ παχύς, / θύσας ἐπιδειπνεῖς), 1404–5 (καί σ' ἀντὶ τούτων εἰς τὸ πρυτανεῖον καλῶ / εἰς τὴν ἕδραν θ', ἵν' ἐκεῖνος ἦσθ' ὁ φαρμακός, bezogen auf Kleon), Ran. 731–3 (καὶ πονηροῖς κἀκ πονηρῶν εἰς ἅπαντα χρώμεθα / ὑστάτοις ἀφιγμένοισιν, οἷσιν ἡ πόλις πρὸ τοῦ / οὐδὲ φαρμακοῖσιν εἰκῇ ῥᾳδίως ἐχρήσατ' ἄν), Plut. 454–5 (γρύζειν δὲ καὶ τολμᾶτον, ὦ καθάρματε, / ἐπ' αὐτοφώρῳ δεινὰ δρῶντ' εἰλημμένω;), Eup. fr. 132 [*Dēmoi*] (ὃν χρῆν ἐν ‹τε› ταῖς τριόδοις κἀν τοῖς ὀξυθυμίοις / προστρόπαιον τῆς πόλεως κάεσθαι τετριγότα, mit Telò 2007, 309–10), fr. 384,7–8 (ὥστ' ἀσφαλῶς ἐπράττομεν· νυνὶ δ' ὅπῃ τύχοιμεν / στρατευόμεσθ' αἱρούμενοι καθάρματα στρατηγούς; *pace* Olson 2014, z. St., der es wörtlich als „garbage, trash" wiedergibt), Men. Sam. 480–2 ([ΔΗ.] τί φῄς; / οὐδὲν ἐνθυμεῖσθε; [ΜΟ.] τί βοᾷς; [ΔΗ.] ὅ τι βοῶ, κάθαρμα σύ, / τοῦτ' ἐρωτᾷς;); ein ähnlicher Usus in Dem. 18,128 σοὶ δ' ἀρετῆς, ὦ κάθαρμα, ἢ τοῖς σοῖς τίς μετουσία; ἢ καλῶν ἢ μὴ τοιούτων τίς διάγνωσις; πόθεν ἢ πῶς ἀξιωθέντι;), 21,185 (ἄλλος οὑτοσί τις ἀναιδὴς καὶ πολλοὺς ὑβρίζων, καὶ τοὺς μὲν πτωχούς, τοὺς δὲ καθάρματα), 199 (καὶ πάντες εἰσὶ τούτῳ καθάρματα καὶ πτωχοὶ καὶ οὐδ' ἄνθρωποι), 25,80 (αὐτὸς ὢν ἐπίληπτος πάσῃ πονηρίᾳ. οὗτος οὖν αὐτὸν ἐξαιρήσεται, ὁ φαρμακός, ὁ λοιμός, ὃν οἰωνίσαιτ' ἄν τις μᾶλλον ἰδὼν ἢ προσειπεῖν βούλοιτο), Aeschin. 3,211 (ἃ δὲ σὺ λέξεις, εἴποι ἂν κάθαρμα ζηλοτυποῦν ἀρετήν, bezogen auf Demosthenes). Von Interesse für das Bild des *Sündenbocks* in klassischer bis hellenistischer Zeit sind ferner [Lys.] 6,53 (νῦν οὖν χρὴ νομίζειν τιμωρουμένους καὶ ἀπαλλαττομένους Ἀνδοκίδου τὴν πόλιν καθαίρειν καὶ ἀποδιοπομπεῖσθαι καὶ φαρμακὸν ἀποπέμπειν καὶ ἀλιτηρίου ἀπαλλάττεσθαι, ὡς ἓν τούτων οὗτός ἐστι) und Callim. fr. 90 Pf. (ἔνθ', Ἄβδηρ', οὗ νῦν .[...]λεω φαρμακὸν ἀγινεῖ; mit der Erklärung in *Diēgēsis* II 29–40).

Das zweite α von φαρμακός ist hier kurz gemessen, wie auch etwa im zitierten Ar. Equ. 1405, während im ebenfalls zitierten Ran. 733 auch eine Länge möglich wäre (nur lang – wohl in Anlehnung an pejorative Wörter in -ᾱξ – vgl. Frisk GEW, s. v. – in den zitierten Hipponax-Stellen).

fr. 656 K.–A. (CGFP 59[a])

δι' ἧς (scil. γλώσσης) τὰ .[. .]ṭα ῥήματ' [ἐξεσ]μ̣ήχετο

φ̣[υρ]ṭὰ Edmonds [ἐξεσ]μ̣ήχετο Wilamowitz: [εἰσε]νήχετο Richards

durch welche [d. h. Euripides' Zunge] die [...] Worte ausgewischt wurden

Satyr. Vit. Eur. F 6 fr. 8 II Schorn (= Eur. test. 136 Kn.)
[. . . . . .]ος ζη[. . .]λ̣α καὶ [ηὔξ]εν καὶ ἐ[τε]λ̣είωσεν ὥστε τοῖς μετ' αὐτὸν ὑπερβολὴν μ̣ὴ λιπεῖ̣ν· κατὰ μὲν οὖν [τ]ὴν τέχνην [ἀ]νὴρ [Euripides] τοιοῦτος. διὸ καὶ Ἀριστοφάνης

ἐπιθυμεῖ τὴν γλῶσσαν αὐτοῦ μετρῆσαι —— (= Eur. test. 89 Kn.). [ἔτι δ]ὲ καὶ τὴν [ψυ]χὴν μέγας [ἦν] σχεδὸν [ὡς] ἐν τοῖς [ποιή]μασιν· [προσ]εμάχε[το γ]ạρ, ὥσπερ [προ]ẹίρηκ̣α[μ]εṿ, ἐṿ ṭῶι ἀγ̣ῶνι μᾶλ̣[λο]ν [π]ρὸς π.[. . .]ς [ὅ]τε κα[. . . .]α [τ]οσ̣α̣υ̣[. . .]υ̣ν [.]δ̣α̣[

... und er entwickelte weiter (?) und vollendete, so daß er seinen Nachfolgern keine Möglichkeit ließ, ihn zu übertreffen. Bezüglich der (dramatischen) Kunst war der Mann (d. h. Euripides) also ein solcher. Deshalb möchte auch Aristophanes seine Zunge / Sprache messen ——. Er war außerdem auch in seinem Charakter groß, beinahe wie in seinen *Werken*; er kämpfte nämlich, wie wir vorhin gesagt haben, beim Wettkampf mehr gegen ...

Metrum Iambischer Trimeter:

⏑–⏑[–] ⏑|–⏑[– –]–⏑–

Zitatkontext Der Vers wird in einem Abschnitt aus der Euripides-Biographie des Satyros aus Kallatis zitiert: auf die Behandlung seiner dramatischen Kunst (τέχνη) folgt die seiner Persönlichkeit (ψυχή). Das abschließende Urteil über Euripides' Dichtung, nach dem er die Tragödie oder eines ihrer Elemente weiterentwickelt (αὐξάνειν ist bereits in Aristot. Poet. 1449a 13 technisch) und zu einer teleologisch zu verstehenden Vollendung geführt habe, wird durch das Aristophanes-Zitat besiegelt, wobei es nicht klar ist, ob γλῶσσα für *Sprache* oder *Zunge* steht.

Textgestalt Die Ergänzung von .[. .]ṭα als λ[επ]ṭά (Wilamowitz in Hunt 1912, z. St., noch im App. von Kassel–Austin und in nahezu allen Übersetzungsversuchen) ist laut Schorn 2004, 188 auszuschließen, der seinerseits für den ersten Buchstaben von einem rechts geöffneten Halbkreis spricht (am ehesten ein φ, weniger wahrscheinlich ein σ, ein ο oder ein ω); denkbar wäre also das sonst nur in Hsch. φ 1037 (φυρτοῖσιν· εἰκαίοις, συμπεφυραμένοις. [οἱ δὲ ἄλφιτα οἴνῳ δεδευμένα]) bezeugte φ[υρ]ṭά ‚schmutzig' von Edmonds I 742 (vgl. hier unten, Interpretation). Durchaus ernst zu nehmen ist hingegen die Ergänzung (ebenfalls von Wilamowitz in Hunt 1912, z. St.) des Verbs in [ἐξεσ]μήχετο; eine wenig plausible Alternative stellt das [εἰσε]νήχετο von Richards 1913 dar (εἰσνήχεσθαι ‚hineinschwimmen' ergibt keinen befriedigenden Sinn, zumal *mit Hilfe der Zunge*).

Interpretation Die literaturkritische Dimension des Fragments ist durch den Zitatkontext gegeben, wobei Satyros eine ursprünglich spöttisch-ironisch gemeinte Aussage des Aristophanes (*pace* Arrighetti 1964, z. St., der an ein Lob denkt) – typisch für seine biographische Methode (Schorn 2004, 41–3) – in ein positives und durchaus ernsthaftes Urteil verwandelt (vgl. die Wiedergabe in Taillardat 1965[2], 296: „aussi Aristophane désire-t-il mesurer sa langue *qui* *râclait fin les mots subtils*“). Das Bild des *Ausmessens* der *Zunge* weist in Aristophanes’ *Fröschen* eine Reihe von Entsprechungen auf: das *Abwiegen* der Verse im Agon zwischen Aischylos und Euripides (Ar. Ran. 1364–413), das bereits zuvor in konkreten Bildern des Vermessens und Durchmessens etwa in v. 799 (πήχεις ἐπῶν) und 801 (διαμέτρους) vorweggenommen wird (vgl. Schorn 2004, 188). Die Imperfektform hat an einen bereits verstorbenen Euripides denken lassen (Leo 1912, 277–8 [= Ausg. Kl. Schr. II 370]).

Wenn die einschlägigen Ergänzungen φ[υρ]τ̣ᾴ und [ἐξεσ]μ̣ήχετο angenommen werden (vgl. hier oben, Textgestalt), ergibt sich ein konsequentes Bild: die *schmutzigen* (d.h. gewöhnlichen) Worte werden durch poetische Verwendung – mittels Euripides’ Zunge – *herauspoliert* (vgl. Schorn 2004, 189).

δι’ ἧς Instrumental, d.h. *mittels* bzw. *mithilfe* der *Zunge/Sprache* des Euripides.

τὰ .[. .]τ̣α ῥήματ’ Zum Adj. vgl. hier oben, Textgestalt und Interpretation. Mit dem Begriff ῥῆμα (‚Wort‘, genauer ‚was gesagt, gesprochen wird‘) kann auch ein *Vers* gemeint sein (z.B. Ar. Ran. 1379 καὶ λαβομένω τὸ ῥῆμ’ ἑκάτερος εἴπατον); in der Komödie fast immer im Pl., oft bezogen auf poetische Worte, und begleitet durch Adjektive (Pac. 220 ὁ γοῦν χαρακτὴρ ἡμεδαπὸς τῶν ῥημάτων, fr. 158,1 [*Gērytadēs*] καὶ πῶς ἐγὼ Σθενέλου φάγοιμ’ ἂν ῥήματα;, fr. 205,5 [*Daitalēs*] ἀποβήσεταί σοι ταῦτά ποι τὰ ῥήματα, fr. 719,1 ῥήματά τε κομψὰ καὶ παίγνι’ ἐπιδεικνύναι, Eup. fr. 348 οὐ γὰρ κατάξει τῆς κεφαλῆς τὰ ῥήματα, fr. 392,1–2 ἀλλ’ ἀκούετ’, ὦ θεαταί, τἀμὰ καὶ ξυνίετε / ῥήματ’, Plat. fr. 69,1 [*Lakōnes ē Poiētai*] ὅταν δέωμαι γωνιαίου ῥήματος); pejorativ im Sinne von (allzu) subtilen, gedankreichen Worten bzw. Versen, daher nicht selten in bezug auf Euripides selbst gesagt, ist die Diminutivform ῥημάτια (vgl. Ar. Ach. 444 ὅπως ἂν αὐτοὺς ῥηματίοις σκιμαλίσω, 447 οἷον ἤδη ῥηματίων ἐμπίμπλαμαι, Equ. 215–6 καὶ τὸν δῆμον ἀεὶ προσποιοῦ / ὑπογλυκαίνων ῥηματίοις μαγειρικοῖς, Nub. 942–4 κᾆτ’ ἐκ τούτων ὧν ἂν λέξῃ / ῥηματίοισιν καινοῖς αὐτὸν / καὶ διανοίαις κατατοξεύσω; Pac. 532–4 κλαύσἄρα σὺ / ταύτης καταψευδόμενος· οὐ γὰρ ἥδεται / αὕτη ποητῇ ῥηματίων δικανικῶν; vgl. auch Ar. Vesp. 668).

[ἐξεσ]μ̣ήχετο Wenn Wilamowitz’ Ergänzung in [ἐξεσ]μήχετο stimmt (vgl. hier oben, Textgestalt und Interpretation), dann könnte das bereits homerische σμήχειν (Hom. ζ 226 ἐκ κεφαλῆς δ’ ἔσμηχεν ἁλὸς χνόον) – erweiterte Form des etymologisch unklaren σμᾶν (für ἐκσμᾶν vgl. Hdt. III 148,1 ὅκως ποτήρια ἀργύρεά τε καὶ χρύσεα προθεῖτο, οἱ μὲν θεράποντες αὐτοῦ ἐξέσμων αὐτά) den v.a. in der medizinischen Lit. gewöhnlichen Sinn von ‚auswischen‘ / ‚herausputzen, -polieren‘ haben (vgl. etwa Hipp. Acut. 65, Steril. 219; zu σμῆγμα ‚Seife‘, ‚Salbe‘ vgl. hier oben, zu fr. 590,8); ein weiteres Derivat findet sich in Ar. Nub. 1237 (ἁλσὶν διασμηχθεὶς ὄναιτ' ἂν οὑτοσί) im Sinne von ‚gut reiben'; ἐκσμήχειν ist sonst erst in der byz. Literatur vereinzelt bezeugt.

fr. 657 K.–A. (605 K.)

φθέγξαι σὺ τὴν φωνὴν ἀνατειχίσας ἄνω

ἀνατειχίσας F: -τυχήσας S: -στοιχήσας A: -τοιχήσας Wackernagel: -στήσας Bergk

erl̈öne und laß dabei deine Stimme (wie eine Mauer) wieder hoch errichten

Poll. IV 114 (codd. FS, A)
ἀναζυγῶσαι δὲ τὸ φθέγμα ἔλεγον, καὶ καταπεπνῖχθαι τὸ φθέγμα. καὶ Ἀριστοφάνης πού φησι ——. (sequitur Ar. fr. 658)

Und sie sagten ‚die Stimme lockern' und ‚die Stimme ersticken'. Auch Aristophanes sagt irgendwo: ——

Metrum Iambischer Trimeter:
——∪— ——|∪∪— ∪—∪—

Zitatkontext Pollux überliefert das Fragment in einem Abschnitt über die Bühnenschauspieler (Poll. IV 113–4) und speziell über den Wortschatz der Stimm-Modulation, die in II 117–30 viel ausführlicher behandelt worden war (insbes. zu φθέγγεσθαι u.ä. vgl. II 118).

Textgestalt Die überlieferten Varianten von ἀνατειχίσας (nur in F) lassen sich durch Itazismus erklären (-τυχήσας S: -στοιχήσας A, aufgenommen von Kock I 544, der ἀνατειχίσας mit einem „non intellego", das ganze Fragment mit einem „non liquet" erledigt). Das -τοιχήσας von Wackernagel (in der Pollux-Edition von Bethe 1900) erklärt vielleicht besser das in A tradierte und unmetrische -στοιχήσας, aber das Verb ἀνατοιχεῖν (LSJ s. v.: „roll from side to side, esp. of sailors in a storm") ist außer in Epict. III 12,7 (metaphorisch) nur in der lexikographischen Tradition bezeugt und von den Attizisten als nicht zu empfehlendes Synonym von διατοιχεῖν disqualifiziert (z. B. Phryn. Praep. soph. p. 62,2 διατοιχεῖν· τὸ εἰς τὸν ἕτερον τοῖχον τῆς νεὼς διαβαίνειν ἐν τῷ πλῷ, ὅπερ οἱ ἰδιῶται ἀνατοιχεῖν λέγουσιν; vgl. auch Ecl. 413 F. ἀνατοιχεῖν μὴ λέγε, ἀλλὰ διατοιχεῖν), was kein gutes Argument für einen aristophanischen Wortgebrauch ist (ein Usus von ἀνατοιχεῖν wird für Eub. fr. 50 [*Katakollōmenos*] von Hunter 1983, z. St. vermutet, der nicht ohne Grund vom Zitatträger Antiatticista eine Position erwarten würde, die mit der attizistischen Ablehnung des Wortes kontrastiert; das -στήσας von Bergk in Meineke II.2 1183 wird durch den Ausdruck ἱστάναι βοήν unterstützt, ist aber textkritisch nicht plausibel).

Interpretation Der Vers scheint eine Aufforderung an jemanden zu sein, die Stimme (beim Singen?) zu erheben. Das Verb ἀνατειχίσας läßt das Fragment zu den häufigen Komödienstellen zuordnen, welche handwerklich-architektonische Bilder auf die literarische Dimension projizieren (vgl. Taillardat 1965², § 491, der trotz des Vorbehaltes gegenüber einer ungewöhnlichen Metapher – „l'image paraîtra étrange; mais n'a-t-elle pas le ton familier et la cocasserie d'une métaphore comique?" –, sie zu den Bildern wie ἱστάναι βοήν – Aesch. Cho. 885 – assimiliert, welche (ἀν-)ἱστάναι πύργον / τεῖχος „*élever une tour, un mur*" nachbilden würde; allgemein zur poetologischen Baumetaphorik in der Komödie und speziell in Aristophanes' *Fröschen*, vgl. Porter 2010, 262–75, insbes. 272–3). Die nächste Parallele hierfür ist Ar. Ran. 1004 (πυργώσας ῥήματα σεμνά), auch wenn hier das *Auftürmen feierlicher Wörter* – bezogen auf Aischylos – eine stilistische Erhabenheit evoziert, die dem Fragment fremd sein dürfte: es liegt näher, daß das Erheben der Stimme rein akustisch-musikalischer Natur ist (vgl. ferner Pac. 749–50 ἐπόησε τέχνην μεγάλην ἡμῖν κἀπύργωσ' οἰκοδομήσας / ἔπεσιν μεγάλοις καὶ διανοίαις καὶ σκώμμασιν οὐκ ἀγοραίοις und Pher. fr. 100 [*Krapataloi*] ὅστις ‹γ'› αὐτοῖς παρέδωκα τέχνην μεγάλην ἐξοικοδομήσας).

Da ἀνα- wohl nur iterativ sein kann (vgl. hier unten, zum Wort), sollte angenommen werden, daß die Stimme des/der Angesprochenen nach einem Abbruch (welcher mit der Zerstörung der wieder zu errichtenden Mauern gleichzusetzen ist) wieder hergestellt werden muß und er/sie erneut singen kann.

Ob sich dieses Fragment mit fr. 658 kombinieren läßt und das Ganze wiederum eine Affinität mit einer Szene aus Aristophanes' *Fröschen* suggeriert (Ar. Ran. 258*a*–67 ([XO.] ἀλλὰ μὴν κεκραξόμεσθά γ' / ὁπόσον ἡ φάρυξ ἂν ἡμῶν / χανδάνῃ δι' ἡμέρας [...] [ΔΙ.] [...] κεκράξομαι γὰρ / κἄν με δῇ δι' ἡμέρας ἕ-/ως ἂν ὑμῶν ἐπικρατήσω τῷ κοαξ. / βρεκεκεκὲξ κοὰξ κοάξ), in der ein *un*unterbrochenes Singen anvisiert wird (so Taillardat 1965², 278 A. 3), hängt von der Voraussetzung ab, daß φθέγμα in fr. 658 ebenfalls auf eine Singstimme hindeutet – eine aller Wahrscheinlichkeit nach verfehlte Voraussetzung (vgl. hier unten, zu fr. 658).

φθέγξαι Das bereits homerische φθέγγεσθαι heißt ‚einen Laut von sich geben', ‚rufen', ‚reden' (vgl. Beta 2004 73 mit A. 137).

ἀνατειχίσας ἄνω Das Verb ἀνατειχίζειν (wenn die Lesart richtig ist; vgl. hier oben, Textgestalt) kann nur ‚wiedererbauen/-errichten' heißen (Xen.

Hell. IV 4,18 οἱ δ' αὖ Ἀθηναῖοι [...] ἡγήσαντο κράτιστον εἶναι ἀνατειχίσαι τὰ διῃρημένα ὑπὸ Πραξίτα τείχη; für ἀνατειχισμός vgl. auch 8,10; deutlich auch, unter den Ableitungen von τειχίζειν, Dosith. 75,23 ἀνατειχίζω *remunio*); für die Kombination von ἀνα- / ἄνω u.ä. vgl. Ar. Eccl. 268 (ἄγε νυν ἀναστέλλεσθ' ἄνω τὰ χιτώνια) und Plut. 238 (εὐθὺς κατώρυξέν με κατὰ τῆς γῆς κάτω).

fr. 658 K.–A. (606 K.)

φθέγμα κεκράτηκεν

καὶ φθέγματα καὶ κρακτικόν FS

das Gerücht hat sich durchgesetzt

Poll. IV 114
(post Ar. fr. 657) ὁ δ' αὐτὸς καὶ ——

Und derselbe (d. h. Aristophanes) auch ——

Metrum Iambisch (?) (–⏑⏖–⏓).

Zitatkontext Pollux überliefert das Fragment direkt hinter Ar. fr. 657 (vgl. hier oben). Zwar findet sich die einleitende Formel ὁ δ' αὐτὸς καί bei Pollux nicht selten (Kassel–Austin z. St. verweisen auf Poll. II 120. VI 62. 159. VII 166), die Annahme von Bergk in Meineke II.2 1183, daß καί doch zum Fragment gehören könnte, ist jedoch anhand von Aesch. Suppl. 293 (καὶ φάτις πολλὴ κρατεῖ) nicht ganz auszuschließen. Wenn die vorgeschlagene Deutung des Fragments stimmt (vgl. hier unten, Interpretation), dann erscheint das Zitat – anders als im Falle des vorausgehenden Aristophanes-Fragments – in einer Sektion über Stimme und Stimmlaut fehl am Platz.

Textgestalt Die Lesart von FS καὶ φθέγματα καὶ κρακτικόν ist paläographisch unproblematisch (Monophthongierung des zweiten καὶ, Itazismus von -τη-; Verwechslung von -έν mit -όν), wobei κρακτικόν ‚lärmend', ‚krachend' an sich mit semantischem Bereich und Kontext des Fragments durchaus kompatibel ist (z. B. Luc. Gall. 4, Symp. 12).

Interpretation φθέγμα steht generell für die menschliche Stimme bzw. deren Laut (z. B. Ar. Nub. 319), aber auch – wie hier – für eine *Aussage*, ein *Gerücht* (vgl. Plat. Rep. 616a). So ist die Kombination zwischen diesem Subst. als Subjekt und dem Verb κρατεῖν vergleichbar etwa – außer mit dem zitierten Aesch. Suppl. 293 (vgl. hier oben, Zitatkontext) – mit Pers. 738 (λόγος κρατεῖ σαφηνὴς τοῦτό γ'· οὐκ ἔνι στάσις), Soph. Ai. 978 (ὥσπερ ἡ φάτις κρατεῖ: in einer pathetisch gefärbten Aussage des Teukros vor Aias' Leiche) oder auch Polyb. IX 26,11 (κρατεῖ ἡ φήμη παρά τισι), und zwar im Sinne eines Gerüchts, das sich durchsetzt und entsprechend verbreitet. Eine alternative, von φθέγμα als *Stimme* ausgehende Interpretation sieht im Fragment – weniger wahrscheinlich – den Sieg der lauten Stimmkraft über den von der Stimme vermittelten Inhalt (so Beta 2004 73: „Le parole sono state sconfitte dal volume della voce. Anche l'urlo è quindi un esempio di «parola negativa»").

Daß eine tragische Nuancierung angesichts der genannten Parallelen mitzuhören ist, ist möglich (von „numeri paeonici" spricht Kaibel in Kassel–Austin z. St.: —⏑⏑⏑ —⏑ = pae I + —⏑).

φθέγμα Vgl. hier oben, Interpretation.

κεκράτηκεν Zu κρατεῖν als agonistischem Begriff (speziell des Ringkampfs) vgl. Campagner 2001, 196–7 (mit Verweis auf den übertragenen Sinn von ‚überlegen sein', ‚als Sieger hervorgehen' in Ar. Vesp. 537. 539. 1515, Ran. 792).

fr. 659 K.–A. (612 K.)

ἐνταῦθα δὴ παιδάριον ἐξαυαίνεται

‹τὸ› παιδάριον {ἐξ}αὑαίνεται Blaydes

gerade hier / dort / in der Zeit wird ein Kind ausgetrocknet

Phot. (z) α 3148 = Sud. α 4418 (cf. Synag. α 1075)
αὑαίνεται· ξηραίνεται. αὖοι γὰρ οἱ ξηροί. καὶ αὑασμός, ξηρασία. ἡ πρώτη δασύνεται (δασεῖα Phot.). Ἀριστοφάνης (in marg. Phot.)· —— (ἐνταῦθα – ἐξαυαίνεται om. Phot.). καὶ ἑτέρωθι· (Ar. fr. 660)

hauainetai (‚es trocknet'): ‚es trocknet'. *auoi* (‚trockene', Mask. Pl.) heißt nämlich ‚die Trockenen'. Und *hauasmos*, ‚Austrocknung'. Die erste Silbe wird / ist aspiriert. Aristophanes: ——. Und an anderer Stelle: (Ar. fr. 660)

Metrum Iambische Trimeter:
——⏑— ——⏑⏑|— ——⏑—

Zitatkontext Vgl. auch Phot. α 3149 (αὑάνθη· ἐξηράνθη), Hsch. α 8218 (αὑαίνεται· ξηραίνεται), ε 3615 (ἐξαυαίνεται· ξηραίνεται), Erot. ε 26 Nachm. (ἐξαυαίνεται· ἀποθνήσκει); vgl. Cunningham 2003 zu Synag.[b] α 2388 (αὑαίνεται = Σ α 1075. | ἡ πρώτη δασεῖα. (Σ | Σ΄): „addit Σ″ exempla Aristophanica, fr. 659–60“.

Textgestalt Die Rekonstruktion von Blaydes 1885, 379 (‹τὸ› παιδάριον {ἐξ}-αὐαίνεται) ist durch das problematische Fehlen des Artikels (vgl. auch Kaibel in Kassel–Austin z. St.: „quo iure articulus desit indicari nequit“) sowie das Lemma, wo das Verb ohne Präverb ἐξ- erscheint, veranlaßt. Die von Kock I 546 erwogene Möglichkeit, Platons Komödientitel Παιδάριον (mit dem Komikernamen im nächsten Vers: Πλάτωνος) im Fragment zu lesen, erscheint als etwas gewagt: παιδάριον ist in der Komödie und bei Aristophanes selbst eine durchaus gängige Form (vgl. hier unten, zum Wort).

Interpretation Jedes Wort des Fragments wirft eine Frage auf, deren Antwort offen bleiben muß: wir wissen nicht, ob der Bezug lokal (‚hier' / ‚dort') bzw. temporal (‚in der Zeit', ‚damals') ist, ob das *paidarion* ein Junge oder ein Mädchen ist (zumal beide auch Sklaven sein könnten), was unter dem Verb, wofür das Fragment zitiert wird und dessen wörtliche Bedeutung ‚trocken werden' ist, zu verstehen sein könnte. Ein interpretatorischer Ansatz könnte etwa von Ar. Lys. 383–6 ([ΧΟ. ΓΕ.] ποῖ θερμόν; οὐ παύσει; τί δρᾷς; / [ΧΟ. ΓΥ.] ἄρδω σ' ὅπως ἀναβλαστανεῖς. / [ΧΟ. ΓΕ.] ἀλλ' αὖός εἰμ' ἤδη τρέμων. / [ΧΟ. ΓΥ.] οὐκοῦν, ἐπειδὴ πῦρ ἔχεις, σὺ χλιανεῖς σεαυτόν) kommen (mit Faraone 1997, 53: „The women, by using the verb ἀναβλαστάνω to explain their final goal, claim that the water will cause the men to 'bloom again', an image that reflects the salvific themes inherent in the eschatological myths discussed above. The response of the men, moreover, – αὖός εἰμ' – is quite oddly phrased until one realizes that it recalls a traditional description of the withered state of the uninitiated dead in the underworld that was apparently known to Aristophanes' audience. Thus the old men refute the women's claim of the rejuvenating capacity of their bath waters by pointing out that in fact the reverse has happened: the cold water has withered them like the unredeemed dead in Hades. The coldness of the bath given to the old men at the climax of the parodos of the *Lysistrata* may, in fact, have had additional eschatological significance for an Athenian audience, for we know that the Lesser Eleusinian Mysteries probably involved a bath in or with the waters of the Ilissus River, which were notably frigid in antiquity“).

ἐνταῦθα δή Das ἐνταῦθα kann sowohl lokal (v.a. in der Prosa; für die Komödie vgl. z. B. Ar. Av. 1184, Eccl. 739) als auch temporal zu verstehen sein (vgl. z. B. Vesp. 149 ἐνταῦθά νυν): hier ist beides möglich; zum verstärkenden Gebrauch von δή vgl. Schwyzer–Debrunner 562–3.

παιδάριον Dieses Diminutiv von παῖς steht für ‚kleines Kind' (männl. oder weibl.) u. a. in Ar. Nub. 821, Vesp. 568 (Pl.), Av. 494, Plut. 536, für einen jungen Sklaven etwa in 823. 843 (vgl. auch παιδισκάριον in Men. Mis. fr. 2,1 Sandb., fr. 296,15 [*Plokion*]). Das Suffix -άριον ist zwar in klass. Zeit selten, in der Komödie aber relativ produktiv (z. B. κυνάριον σκευάριον ζευγάριον ὀψάριον μισθάριον; vgl. Bergk 1838, 410–1 und Peppler 1902, 11–2).

ἐξαυαίνεται Dieses Kompositum von αὑαίνειν (vgl. hier unten, zu fr. 660,1) gehört sonst ausschließlich zur ionischen (Hdt. IV 151,1. 173,1) bzw. medizinisch-wissenschaftlichen Prosa (Hipp. Carn. 11 ἀπὸ τοῦ θερμοῦ ξηραινόμενον καὶ ἐξαυαινόμενον, gesagt vom feuchtesten Anteil an der klebrigen Substanz von Knochen und Gelenken, aus dem Nägel entstehen, Aristot. De gen. anim. 750a 22 τῶν τε γὰρ δένδρων τὰ πολλὰ πολυκαρπήσαντα λίαν ἐξαυαίνεται μετὰ τὴν φοράν).

fr. 660 K.–A. (613 K.)

ὥστ' ἔγωγ' ηὑαινόμην
θεώμενος

1 ὥτ' A ἠναινόμην A 2 καὶ θεώμενος FV

so daß ich selbst verdorrte
beim Anschauen

Sud. α 4418 (codd. AGITFVM)
αὑαίνεται· ξηραίνεται. αὖοι γὰρ οἱ ξηροί. καὶ αὑασμός, ξηρασία. ἡ πρώτη δασύνεται. Ἀριστοφάνης (in marg. Phot.)· (Ar. fr. 659). καὶ ἑτέρωθι· ——

hauainetai (‚es trocknet'): ‚es trocknet'. *auoi* (‚trockene', Mask. Pl.) heißt nämlich ‚die Trockenen'. Und *hauasmos*, ‚Austrocknung'. Die erste Silbe wird aspiriert. Aristophanes: (Ar. fr. 659). Und an anderer Stelle: ——

Metrum Iambische Trimeter (unvollständig):
[⏓–⏑– ⏓]|–⏑– ––⏑–
⏑–⏑– [⏓–⏑– ⏓–⏑–]

Zitatkontext Vgl. hier oben, zu fr. 659.

Interpretation Jemand erzählt, wie er womöglich auf eine (poetische? musikalische?) Performance mit einem Gefühl von Abneigung, Überdruß oder gar Entsetzen reagierte. Die hier gebrauchte Wendung scheint nämlich idiomatisch zu sein (ein nicht übertragener Sinn etwa in Ar. Eccl. 146 δίψει γάρ, ὡς ἔοικ', ἀφαυανθήσομαι: Verdorren aus Durst): im auch für die Kombination mit einem Verb des Sehens relevanten Ach. 15 (τῆτες δ' ἀπέθανον καὶ διεστράφην ἰδών, mit Olson 2002, z. St.), wo sich Dikaiopolis mit Überdruß an die Performance eines schlechten Kitharoden erinnert (das ἀπέθανον erinnert an Erot. ε 26 Nachm. ἐξαυαίνεται· ἀποθνήσκει – vgl. hier oben, zu fr. 659, Zitatkontext – und bestätigt somit den Eindruck eines idiomatischen Gebrauchs von (ἐξ)αὑαίνειν); ebenfalls auf die Reaktion auf eine, diesmal sportliche Performance bezieht sich Ran. 1089–90 (ὥστ' ἐπαφηυάνθην / Παναθηναίοισι γελῶν, mit Dover 1993, z. St., der die Stelle mit „I died laughing at a sight at the Panathenaia, when …" wiedergeben möchte und Aristophanes' Fragment so kommentiert: „boredom?"), wo Dionysos eine drollige Szene evoziert, die er auf den sonst seriösen Panathenaia erlebte (ein kleiner und dicker Mann war im Fackellauf zurückgeblieben und wurde von den Zuschauern so heftig angespornt, daß er mit einem Furz die Fackel auslöschte).

ηὑαινόμην Das bereits in Hom. ι 321 bezeugte Verb αὑαίνειν (denominal aus αὗος ‚dürr, trocken', att. für αὖος) sieht auch einen übertragenen, wohl nur poetischen Gebrauch vor (Sol. fr. 4,35 W.[2] = 3,35 G.–P.[2] αὑαίνει δ' [d. h. Εὐνομίη] ἄτης ἄνθεα φυόμενα; mit ion. Psilose, Aesch. Cho. 260 αὐανθεὶς πυθμήν, Soph. El. 819 αὐανῶ βίον, Phil. 954 ἀλλ' αὐανοῦμαι τῷδ' ἐν αὐλίῳ μόνος, von Philoktets miserablem Zustand).

θεώμενος Die Partizipialform von θεᾶσθαι kommt in der Komödie zumeist im substantivierten Pl. vor, und zwar im Sinne von ‚(Theater-)Zuschauern' (Ar. Ach. 497, Nub. 518, Vesp. 59, Pac. 543. 658. 964, Ran. 2. 132. 926. 1110. 1475, Eccl. 888, Plut. 798); vergleichbar mit dem Gebrauch im Fr. sind hingegen Equ. 327 (ὁ δ' Ἱπποδάμου λείβεται θεώμενος), 703–4 (οἷον ὄψομαί σ' ἐγὼ / ἐκ τῆς προεδρίας ἔσχατον θεώμενον), Vesp. 1287 (οἱ 'κτὸς ἐγέλων μέγα κεκραγότα θεώμενοι), Ran. 16–8 (ὡς ἐγὼ θεώμενος, / ὅταν τι τούτων τῶν σοφισμάτων ἴδω, / πλεῖν ἢ 'νιαυτῷ πρεσβύτερος ἀπέρχομαι), wobei auch in den letzten beiden Beispielen auf das *Zuschauen* im Theater angespielt wird.

fr. 661 K.–A. (593 K.)

⏑– τί δὲ σοὶ δράσω, κακόδαιμον, ἀμφορεὺς
ἐξοστρακισθείς;

1 τί δὲ σὺ δρᾷς ὦ κ. Cobet: τί δή σ' ἔδρασεν ὁ κακοδαίμων Hermann: τί δῆτά σοι δράσω, κ. Bergk ἀμφορεῦ Bergk

was soll ich denn für dich tun, du armer Teufel, ich ein Krug,
ein Hinausgescherbelter?

Plut. Comp. Ar. et Men. (epit.) 853c
λέγω δὲ τὰ ἀντίθετα καὶ ὁμοιόπτωτα καὶ παρωνυμίας. τούτοις γὰρ ὁ μὲν μετὰ τοῦ προσήκοντος λόγου καὶ ὀλιγάκις χρῆται ἐπιμελείας αὐτὰ ἀξιῶν, ὁ δὲ καὶ πολλάκις καὶ οὐκ εὐκαίρως καὶ ψυχρῶς· [...] (Ar. fr. 724). καὶ (Equ. 437) καὶ (454) καὶ (fr. 629) καὶ ——

ich meine die Antithesen, Homoioptota und Wortspiele. Dieser bedient sich der eine (d.h. Menander) auf eine vernünftige und sparsame Weise, indem er deren Einsatz umsichtig einschätzt, der andere (d.h. Aristophanes) viel zu oft und auf eine unangemessene und platte Art [...]: (Ar. fr. 724) und (Equ. 437) und (454) und (fr. 629) und ——

Metrum Iambische Trimeter (unvollständig):
[⏓–]⏖– ––|⏖– ⏑–⏑–
––⏑– –|[–⏑– ⏓–⏑–]

Zitatkontext Vgl. hier oben, zu fr. 629. Das Fragment wird als Beispiel für das Wortspiel um das Verb ἐξοστρακίζειν herangezogen.

Textgestalt Zum tradierten und von Kassel–Austin z.St. beibehaltenen τί δὲ σοὶ δράσω bilden das τί δὲ σὺ δρᾷς, ὦ von Cobet 1858, 178 sowie das τί δῆτα δράσω σ', ὦ von Bergk in Meineke II.2 1189 ernst zu nehmende Alternativen, und zwar v.a. aufgrund der Seltenheit der Anrede κακόδαιμον ohne Interjektion (vgl. hier unten, zum Wort; für τί δῆτα δράσω; vgl. Soph. Phil. 757 und Eur. Phoen. 734; gegen τί δῆτα σοι δράσω, κακόδαιμον ἀμφορεῦ in Bergk 1838, 262 – anhand der Parallele Plat. Rep. 345b τί σοι ἔτι ποιήσω; – weisen Kassel–Austin z.St. auf Ar. fr. 929 [*dub.*] φράζε τοίνυν· ὡς ἐγώ σοι πᾶς ἀνέρριμμαι κύβος hin, wo sich der Sprecher mit einem Gegenstand, im Nom., identifiziert). Das τί δή σ' ἔδρασεν ὁ κακοδαίμων von G. Hermann in Fritzsche 1838, 168 entfernt sich hingegen in der Bemühung, einen vollständigen Trimeter wiederherzustellen, zu sehr vom überlieferten Text.

Interpretation Der nicht zu identifizierende Sprecher wendet sich mit einer Mitleid suggerierenden Anrede an jemanden und drückt vor ihm seine Verzweiflung aus, die wohl mit seinem Status als Opfer des Ostrakismos zu tun hat. Er fragt ihn aber zugleich, was er für ihn tun könnte. Der wahrscheinlichste Kandidat für einen ostrakisierten Politiker bei Aristophanes ist Hyperbolos, der Demagoge, dessen Ostrakismos in das J. 416 v.Chr. datierbar ist (so Kaibel in Kassel-Austin z.St.; an Thukydides Sohn des Melesias dachte hingegen Rutherford 1896, 419 anhand von schol. Ar. Vesp. 947a Θουκυδίδην λέγει τὸν Μελησίου [...] οὐ ξενιστέον δέ, ὅτι ἑτέρωθι μὲν ἐξωστρακίσθαι φησὶν αὐτόν, νῦν δὲ φεύγειν).

Die Pointe des Fragments besteht im Wortspiel um das Wort *ostraka* ‚Scherben', das zugleich zu einem Tongefäß wie der Amphore paßt und den Ostrakismos (bzw. das ‚Scherbengericht') suggeriert. Weitere Fälle in der Komödie, in denen die Scherben des Ostrakismos ein Wortspiel veranlassen, sind Ar. Equ. 855 (ὥστ' εἰ σὺ βριμήσαιο καὶ βλέψειας ὀστρακίνδα, mit Carbone 2005, 272), wo das sog. *ostrakinda*-Spiel metonymisch für das Scherbengericht stehen dürfte, und vielleicht com. adesp. fr. *362 ([= Hsch. κ 2265] κεραμεύς ὁ Λυκοῦργος; vgl. auch com. adesp. fr. 363 [= Hsch. κ 2266] κεραμικὴ μάστιξ: gegen die von Wilamowitz 1894, 241 vermutete Anspielung auf einen Ostrakismos, und zwar wiederum des Hyperbolos, argumentiert Heftner 1997; vgl. auch Mann 2007, 231 A. 3).

In Eder 2002 (= Siewert 2002, 240–2: T (?) 13) wird ἀμφορεὺς / ἐξοστρακισθείς fälschlicherweise als Anrede verstanden – „du hinausostrakisierte Amphore" –, mit der gravierenden Folge, daß die angesprochene Person mit dem Ostrakismos-Opfer identifiziert wird (die hier gezogene Analogie zu Ar. Nub. 1201–3 ὦ κακοδαίμονες, τί κάθησθ' ἀβέλτεροι, / ἡμέτερα κέρδη τῶν σοφῶν, ὄντες λίθοι, / ἀριθμός, πρόβατ' ἄλλως, ἀμφορῆς νενησμένοι; erweist sich somit als täuschend: sie trifft zwar für die Anrede ὦ κακοδαίμονες zu, nicht aber für die Anrede ἀμφορῆς; vgl. hier unten, zu ἀμφορεύς).

τί δὲ σοὶ δράσω Dat. commodi, wie in Ar. Nub. 427 (λέγε νυν ἡμῖν ὅτι σοι δρῶμεν θαρρῶν, der Chor zu Strepsiades) und Eur. Cycl. 132 (πᾶν δέ σοι δρώιημεν ἄν, Silenos zu Odysseus). Für alternative Textvorschläge vgl. hier oben, Textgestalt.

κακόδαιμον Diese in der Komödie sehr häufige Anrede ist fast immer mit ὦ begleitet (ohne Interjektion in der Archaia nur Ar. Thesm. 1225 – der skythische Bogenschütze spricht – und Plut. 896; sonst erst wieder bei Menander); wenn jemand sich selbst bemitleidet, dann sagt er zumeist οἴμοι κακοδαίμων (nur selten κακοδαίμων ἐγώ).

ἀμφορεύς Das Wort ἀμφορεύς (durch Haplologie aus ἀμφι-φορεύς, wörtl. ‚Zweiträger', d. h. ein Krug, der beiderseits getragen wird) bezeichnet einen zweihenkeligen, auch als Maß für Flüssigkeiten verwendeten konischen Krug, und galt bei den Lexikographen als genuin attisch (vgl. Paus. att. α 106 Erbse ἀμφορεύς ὁ ἀμφιφορεὺς ὑπὸ Ἀθηναίων καλεῖται; Moer. α 92 Hansen ἀμφορεύς Ἀττικοί· μετρητής Ἕλληνες). Als Schimpfwort nur hier und im zitierten Ar. Nub. 1203 (ἀμφορῆς νενησμένοι), wo Strepsiades die Zuschauer u. a. als ‚Dummköpfe' beschimpft (vgl. auch Petron. 57,8 *tu lacticulosus, nec mu nec ma argutas, vasus fictilis*).

ἐξοστρακισθείς Sonst ausschließlich in der Prosa bezeugt (seit Herodot; dann bei den Rednern und Platon).

fr. 662 K.–A.

ἀλλ' ὡς ἀληθῶς ἐγγυήσει σοι ⏑–
τὴν καλλίπαιδα

1 fin. τάχα vel παρὼν e. g. Austin

in Wahrheit aber wird er dir zur Ehefrau geben ...
die mit den schönen Kindern / das schöne Mädchen

Harp. in cod. Marc. gr. 444 (in Keaney 1967, 213 nr. 45)
(post Harp. ε 3 Keaney ἐγγυθήκη) ἐγγυῶσιν οἱ διδόντες τὰς κόρας, ὡς Ἀριστοφάνης· ——, καὶ κατεγγυᾶν ἐπὶ τοῦ αὐτοῦ, „ἥν σοι κατηγγύησ' ἑταιρίαν σέβων" καὶ Ὑπερείδης „τὰς δ' ἑαυτοῦ θυγατέρας κατεγγυῆσαι βαρβάροις." ἐγγυῶνται οἱ λαμβάνοντες· „ὁ δ' ἠγγυᾶτο γύναιον" Ἀριστείδης. ἐγγυᾶσθαι καὶ τὸ ὑπισχνεῖσθαι

(nach dem Lemma *engythēkē* [‚Ständer für Gefäße']) *es verloben* diejenigen, die die Töchter [zur Ehefrau] geben, wie Aristophanes: ——, und *katengyan* (‚verloben') für dasselbe, „die ich dir zur Ehe zusicherte, da ich die Freundschaft verehre" (Eur. Or. 1079) und Hypereides: „und seine eigenen Töchter mit den Barbaren verloben." Es werden verlobt diejenigen, die [die Töchter] zur Ehefrau nehmen: „und er nahm die Frau zur Ehefrau" [sagt] Aristides. *engyasthai* heißt auch ‚versprechen'

Metrum Iambische Trimeter (unvollständig):
––⏑– –|–⏑– ––[⏑–]
––⏑– ⏑|[–⏑– ⏓–⏑–]

Zitatkontext Das aristophanische Zitat stammt vom Codex Marcianus Gr. 444 (K), zuletzt in Keaney 1967, 213 Nr. 45 publiziert, das mehrere zusätzliche Lemmata zu Harpokrations Lexikon enthält, entweder in der Form von unabhängigen Glossen oder von Zusätzen zu bereits bei Harpokration vorhandenen Glossen. Letzterer ist auch der Fall bei der Passage mit Aristophanes' Fragment: sie scheint das Lemma ἐγγυθήκη zu ergänzen (Harp. ε 3 Keaney ἐγγυθήκη· φέρεταί τις λόγος ὡς Λυσίου ἐπιγραφόμενος Περὶ τῆς ἐγγυθήκης [Lys. p. 186 Sauppe]. λέβητας ἤ τι τούτων οὐκ ἀλλότριον ἐπικεῖσθαι ἐπιτήδειον [εἶναι], ὡς Καλλίξενός τε ἐν δ' Περὶ Ἀλεξανδρείας [Callix. FGrHist 627 F 2b β] ὑποσημαίνει καὶ Δαΐμαχος ὁ Πλαταιεὺς ἐν β' Περὶ Ἰνδικῆς [Daimach. FGrHist 716 F 1]). Die Quelle für dieses lexikographische Material ist vielleicht ein locker alphabetisch geordnetes Lexikon, in dem frühere attizistische Lexika sowie aristophanische Scholien kompiliert wurden (vgl. Keaney 1967, 219). Ein weiterer lexikographischer Beleg für das Verb ist Hsch. ε 161 (ἐγγυῶ· ἐκδίδωμι).

Interpretation Eine nicht zu identifizierende Figur wendet sich an einen Mann, um ihm mitzuteilen bzw. ihn daran zu erinnern, daß ein ebenfalls unbekannter Vater ihm seine Tochter (oder Verwandte) zur Ehefrau geben wird. Es könnte sich auch um einen mythischen Kontext handeln. Das hohe Stilregister des Kompositums, mit dem die künftige Braut präsentiert wird, deutet vielleicht auf einen parodischen Stoff (vgl. hier unten, zu καλλίπαιδα). Da dieses Epitheton hier wahrscheinlich eher *mit den schönen Kindern* als *schönes Kind* heißt, fehlt im Fragment eine weitere Angabe zur Identifikation der Verlobten (etwa ein Eigenname oder ein Subst.).

ἀλλ᾽ ὡς ἀληθῶς Die ganze Sequenz sonst nur in der Prosa (seit Platon); ὡς ἀληθῶς (LSJ s. v.: „in the true way, really") häufig überall, in der Komödie erst im 4. Jh. v. Chr.

ἐγγυήσει σοι Als denominal von ἐγγύη ‚Bürgschaft', ‚Ehevertrag' (bereits homerisch) heißt das Verb ἐγγυᾶν ‚zur Ehe zusichern', ‚verloben' (mit Akk. der künftigen Braut), wobei Subj. der Vater der Verlobten ist, bzw. wer über sie die Verfügungsgewalt hat (vgl. Hdt. VI 57,4 ἢν μή περ ὁ πατὴρ αὐτὴν ἐγγυήσῃ); der Bräutigam steht im Dat. (vgl. etwa Isae. 3,45 τῷ Ξενοκλεῖ ἠγγύα ὁ Ἔνδιος τὴν ἀδελφιδῆν σου, Dem. 29,47 ταύτην [...] τούτῳ γυναῖκ᾽ ἠγγύησεν). Es handelt sich um die juristische Voraussetzung, damit die Kinder als ehelich betrachtet werden (vgl. Men. Dysc. 842 ἐγγυῶ παίδων ἐπ᾽ ἀρότῳ γνησίων τὴν θυγατέρ᾽ ἤδη).

καλλίπαιδα In der tragischen und lyrischen Sprache ist καλλίπαις ein Epitheton des Bahuvrīhi-Typs im Sinne von ‚mit schönen Kindern': so etwa Aesch. Ag. 762 (οἴκων γὰρ εὐθυδίκων / καλλίπαις πότμος ἀεί, mit schol. ἀγαθοὺς τίκτουσα παῖδας), Eur. HF 839 (τὸν καλλίπαιδα στέφανον), TrGF adesp. 178 (von Apollons Mutter Leto gesagt), Phld. Pae. Dion. CA 7 (καλλίπαις Θυώνα, Mutter des Dionysos), PMG adesp. 67b,10–1 (von Lemnos, Geburtsort des Kabeiros). Obwohl καλλίπαις auch im Sinne von ‚schönes Kind' belegt ist (Eur. Or. 964 †Περσέφασσα καλλίπαις θεά†; Plat. Phdr. 261a, von Phaidros, in einer hochstilisierten Passage; vgl. auch Eur. HF 689 τὸν Λατοῦς εὔπαιδα γόνον, ‚das schöne Kind der Leto', mit Wilamowitz 1895², z. St., der auch an Bacch. 520 εὐπάρθενε Δίρκα „die schöne jungfrau Dirka" erinnert), eignet sich die Bedeutung *mit schönen Kindern* in einem Kontext, in dem ein Ehevertrag anvisiert wird, für eine künftige Braut – und Mutter – besser (anders Henderson 2007, 433, der mit „the beautiful girl" übersetzt).

fr. 663 K.–A. (646 K.)

οἶμαι γὰρ αὐτὸν κόλλοπι
ἐοικέναι

1 ἀωρὶ θανάτῳ Synag.[b] α 2638 (correxerat Dindorf)

ich denke nämlich, der sei einer Schwarte
ähnlich

Et. gen. AB (Et. Gud. p. 333,60 Sturz = An. Par. IV p. 75,1, Et. magn. p. 526,19) κόλλοπες· τὰ τῶν ὑῶν καὶ βοῶν σκληρὰ δέρματα περὶ τοὺς τραχήλους, ἐξ οὗ καὶ τοὺς νῦν λεγομένους κολλάβους ἐποίουν· ἐλέγετο δὲ καὶ (δὲ καὶ om. AB) τὸ νωτιαῖον δέρμα διὰ τὴν κόλλαν ἐξ αὐτοῦ γίνεσθαι, ὅθεν Ἀριστοφάνης τὴν σκληρότητα Αἰσχύλου ἐνδεικνύμενος ἔφη (φησίν Et. Gud.)· ——

kollopes (‚Wülste'): die harten Häute um den Hals der Schweine und der Ochsen, aus denen sie auch die heute so genannten *kollaboi* (‚Kuchen') machten: und man sagte, es sei auch die Haut vom Rücken, weil *kolla* (‚Leim') aus ihr hergestellt wurde, woher Aristophanes sagte, indem er die Härte des Aischylos (Aesch. test. 121 R.) aufzeigen wollte: ——

Metrum Iambische Trimeter (unvollständig):

[⏓–⏑–] ––⏑|– ––⏑–
⏑–⏑– [⏓–⏑– ⏓–⏑–]

Zitatkontext Das Fragment wird zur Erklärung des Begriffs *kollops* angeführt, und zwar nur für eine der mindestens drei Bedeutungen, die das Wort haben kann (*Schwarte*, *Bolzen eines Saiteninstruments*, *Effeminierter*, in der mechanichen Lit. auch *Hebel zum Umdrehen eines Rades*; vgl. hier unten, zum Wort). Weitere lexikographische Quellen um diesen Begriff sind bereits alexandrinisch (Ar. Byz. fr. 36 Sl. κόλλοπα τὸ παχὺ δέρμα φασὶ λέγεσθαι καὶ τὸν τῶν ὀργάνων κόλλαβον, παρατιθέμενοι Ὅμηρον [Hom. φ 407] καὶ ἄλλους τινάς, mit Nauck 1848, 169–70 und Slater 1986, z. St.) und dann v.a. attizistisch (Ael. D. ε 27 Erbse ἐκολλόπωσε [Achae. TrGF 20 F 22]· ἐκόλλησε. κόλλοπες γὰρ βοῶν νεῦρα, ὅθεν κόλλα γίνεται; Paus. att. ε 25 Erbse ἐκολλόπωσε· κόλλῃ συνήρμοσεν. ἀπὸ γὰρ τοῦ νωτιαίου κόλλοπος τῶν βοῶν ἑψομένου γίνεται κόλλα. ὅθεν καὶ ᾧ ἐπιτείνουσι τὰς χορδάς, κόλλοψ· ἦν γὰρ δερμάτινος; Phryn. Ecl. 164 F. κολλάβους τοὺς ἐν τῇ λύρᾳ εἰ μὲν ἄλλη διάλεκτος λέγει, „οὐ φροντὶς Ἱπποκλείδῃ" φασίν· σὺ δὲ ὡς Ἀθηναῖος λέγε κόλλοπας; vgl. auch Ael. D. κ 34 Erbse und Antiatt. p. 102,33); vgl. auch Suet. Π. βλασφ. p. 3,29 Taill. (κόλλοψ· ὁ σκληρός, ὑπὲρ τὴν ἀκμὴν πάσχων· καὶ κολλοποδιῶκται οἱ ἄγριοι περὶ τὰ τοιαῦτα· ἀπὸ τοῦ ἐπαυχενίου τοῦ ταύρου δέρματος ἐξ οὗ καὶ οἱ τῶν ὀργάνων πάλαι ποτὲ κόλλαβοι), Zonar. p. 670,10 (ἀπὸ γὰρ τοῦ νωτιαίου κόλλοπος καὶ δέρματος ἑψομένου ἐγένετο ἡ κόλλα τῶν βοῶν, ὅθεν καὶ ᾧ ἐπιτείνουσι τὰς χορδάς, κόλλοψ λέγεται) und Hsch. κ 3335 (κόλλοπες· οἱ κόλλαβοι, περὶ οὓς αἱ χορδαί· τὸ γὰρ νωτιαῖον, τὸ τραχηλιαῖον τοῦ βοός, κόλλοψ, διὰ τὸ εἰς κόλλαν εὐθετεῖν).

Interpretation In welchem Zusammenhang und von wem diese wenig schmeichelhafte und etwas rätselhafte Bemerkung über Aischylos ausgesprochen worden ist, ist nicht bekannt. Vorstellbar wäre eine Situation wie in Ar. Nub. 1366–7 („ἐγὼ γὰρ Αἰσχύλον νομίζω πρῶτον ἐν ποηταῖς – / ψόφου πλέων, ἀξύστατον, στόμφακα, κρημνοποιόν"), wo derselbe Aischylos von Pheidippides u. a. mit dem Epitheton στόμφαξ (von στόμφος ‚schwülstige Rede') etikettiert wird (vgl. Dover 1969, z. St., der es mit „bombastic ranter" wiedergibt; vgl. hier oben zu fr. 635). Der Vorwurf der Hart- bzw. Dickhäutigkeit an Aischylos findet unter den antiken Urteilen über ihn und seine Kunst (Aesch. test. 111–144b R.) keine direkte Entsprechung: es herrscht die Metaphorik der *Schwere* und der *Höhe* vor; am nächsten kommt wohl manches Bild in Aristophanes' *Fröschen*: in Ar. Ran. 924 weist ihm Euripides *ochsengroße/-dicke* Worte zu (ῥήματ' ἂν βόεια δώδεκ' εἶπεν), während Aischylos selbst auf eine ähnliche Metapher rekurriert (Ran. 1017 θυμοὺς ἑπταβοείους, mit Dover 1993, z. St.: „spirits of seven (hides) of oxen (in thickness)").

Eine syntaktisch ähnliche Formulierung in Ar. Vesp. 1141–2 (ἀτὰρ δοκεῖ γέ μοι / ἐοικέναι μάλιστα Μορύχου σάγματι).

κόλλοπι Der κόλλοψ (zu Etymologie und Bedeutungen vgl. Pöhlmann–Tichy 1982) ist primär die ‚Rinder-, oder ‚Schweineschwarte' (für letztere vgl. Ar. fr. 520,4–5 [*Tagēnistai*] ἡπάτιον ἢ καπριδίου νέου / κολλοπά τιν'; daher auch die übertragene Bedeutung von ‚Effeminierter', z. B. in Eub. fr. 10,3 [*Antiopē*] und Diph. fr. 42,22 [*Zōgraphos*], mit Henderson 1991², 212–3; vgl. Sommerstein 2009, 127–8 A. 75: „Aeschylus is compared in Ar. fr. 663 to the hard skin (or tough meat?) on the neck of cattle or pigs (κόλλοψ)"); eine sekundäre Bedeutung ist ‚Bolzen bzw. Schraube zum Anspannen der Saiten einer Lyra' (Hom. φ 407 ῥηϊδίως ἐτάνυσσε νέῳ περὶ κόλλοπι χορδήν; vgl. Maas–Snyder 1989, 6; metaphorisch in Ar. Vesp. 574 χἠμεῖς αὐτῷ τότε τῆς ὀργῆς ὀλίγον τὸν κόλλοπ' ἀνεῖμεν, d. h. *den Wirbel des Zornes nachlassen*, mit schol.: ἀπὸ τοῦ κατὰ τὸν τένοντα κόλλοπος· ἔστι δὲ δέρμα στερεώτατον).

ἐοικέναι Zu dieser Perfektform vgl. Willi 2003, 249 A. 88.

fr. 664 K.–A. (647 K.)

ἀλλὰ τὸ στρόφιον λυθέν
τὰ κάρυά μου 'ξέπιπτεν

1 ἀλλὰ om. FS 2 τὰ om. FS καταρμοῦ FS

aber, einmal die Busenbinde gelöst,
fielen meine *Nüsse* heraus

Poll. VII 67 (codd. FS, A)
τὸ μέντοι γυναικεῖον ζώνιον οὕτω τ' ἐκάλουν καὶ στρόφιον ὠνόμαζον, ὡς Ἀριστοφάνης·
——

Das weibliche *zōnion* (‚Gürtel') allerdings nannten sie so und gaben ihm den Namen *strophion* (‚[Busen]binde'), wie Aristophanes: ——

Metrum Iambische Trimeter (unvollständig):
[⏓–⏑– ⏓]|–⏑– ⏖–⏑–
⏑⏖⏑– ⏑–⏑|[– ⏓–⏑–]

Zitatkontext Im den τέχναι ἀγοραῖαι (‚Gewerbetätigkeiten') gewidmeten 7. Buch von Pollux' *Onomastikon* bietet eine längere Sektion (Poll. VII 29–79) eine detaillierte Behandlung der Kleidung in all ihren Aspekten und Sorten; speziell in VII 62–9 geht es um Kleidungs*teile*; in V 96 war bezüglich des στρόφιον ebenfalls Aristophanes (ohne Zitate) erwähnt worden.

Das Wort *strophion* in der Bedeutung eines weiblichen Accessoires wird in der lexikographischen Tradition mehrfach behandelt: Zonar. p. 1678,7 (στρόφιον. τὸ τῆς γυναικὸς ἐνώτιον) und Phot. σ 639 (στρόφιον· τὸ στρογγύλον ζωνάριον), beide mit wörtl. Zitat von Ar. Lys. 931 (vgl. auch Sud. σ 1221 στρόφιον· τὸ στρογγύλον ζωνάριον. Ἀριστοφάνης· τὸ στρόφιον ἤδη λυόμενον, Synag. σ 261 und Et. magn. p. 730,57), Hsch. σ 2044 (στρόφιον· ἡ στρογγύλη ζώνη); vgl. auch Et. gen. α 684 Lass.–Liv. (ἄμπυξ· τὸ γυναικεῖον ἀνάδεμα, ὅ ἐστι στρόφιον) und Et. magn. p. 86,21 (ἄμπυξ· ἡ γυναικεία ἀναδέσμη, ὅ ἐστι στρόφιον).

Textgestalt Bergk in Meineke II.2 1185 und Kock I 552 drucken μοὐξέπιπτεν.

Interpretation Eine Frau erzählt von einer wohl erotisch konnotierten Szene, die sie erlebt hat, als sie ihre Brüste entblößte: wie das passive λυθέν zeigt, erfolgte dieser Akt intentionell, also nicht durch einen kleinen ‚Unfall' (wie in Ar. Ran. 409–12*b* καὶ γὰρ παραβλέψας τι μειρακίσκης / νυνδὴ κατεῖδον καὶ μάλ' εὐπροσώπου / συμπαιστρίας / χιτωνίου παρραγέν-/τος τιτθίον προκύψαν, wo das zerrissene Gewand den Blick auf einen nackten Busen gewährt). Die nächsten Pendants zur Szene des Brust-Entblößens bieten in der Komödie Ar. fr. 338 [*Thesmophoriazousai* II] (τὴν πτέρυγα παραλύσασα τοῦ χιτωνίου / καὶ τῶν ἀποδέσμων οἷς ἐνῆν τιτθίδια), wo eine Frau den *Flügel* ihres Gewands sowie die Busenbinden (*apodesmoi*) lockert, welche ihre Brüste hielten, und Lys. 931 (τὸ στρόφιον ἤδη λύομαι), wo sich Myrrhine auf den Geschlechtsverkehr mit Kinesias vorbereitet.

Nichts schließt aus, daß die sprechende Person auch ein als Frau verkleideter Mann sein könnte, wie in Ar. Thesm. 638 (χάλα ταχέως τὸ στρόφιον, ὦναίσχυντε σύ), wo der in Frauenkleidern auftretende ‚Verwandte' ertappt wird und seinen Intimbereich enthüllen muß. Der Vergleich zwischen weiblichen Brüsten und Früchten ist geläufige Münze in der erotischen Bildersprache, v.a. der Komödie (vgl. Bagordo 2014, zu Canth. fr. 6 [*Tēreus*] Κυδωνίοις μήλοισιν εἰς τὰ τιτθία). Die Festigkeit der weiblichen Brüste wird auch mit anderen Bildern betont: in Ar. Thesm. 1185 (οἰμ' ὡς στεριπο το τιττι', ὥσπερ γογγυλι) wird der Busen mit einer Rübe (γογγυλίς) verglichen.

τὸ στρόφιον λυθέν Zum Acc. abs. vgl. Willi 2003, 252 („There is a remarkable, probably traditional, extended usage of such absolute accusatives (or nominatives?) with a personal subject", mit Verweis auf Ar. Ach. 1182 und vielleicht Plut. 277). Für den ganzen Ausdruck *die Brustbinde lösen* vgl. die zitierten Ar. Lys. 931 und Thesm. 638 (vgl. hier oben, Interpretation). Das στρόφιον, Diminutiv von στρόφος (‚Band', ‚Strick', ‚Seil', auch ‚Büstenhalter' etwa in Ar. fr. 332,4 [*Thesmophoriazousai* II]), ist außer einer Kopf- auch eine Brustbinde, wie in Ar. Thesm. 139 (τί λήκυθος καὶ στρόφιον;), wo dieses weibliche Accessoire zusammen mit dem wohl für das männliche Glied stehende *lēkythos* den effeminierten Agathon charakterisiert, 250–1 (ἀλλ' ἱμάτιον γοῦν χρῆσον ἡμῖν τουτῳῒ / καὶ στρόφιον), 254–5 (νὴ τὴν Ἀφροδίτην ἡδύ γ' ὄζει ποσθίου. / σύζωσον ἀνύσας. αἶρε νῦν στρόφιον) und Pher. fr. 106 [*Lēroi*] (μίτραν ἁλουργῆ, στρόφιον, ὄχθοιβον, κτένα); vgl. auch IG XXII 1388,19 (vgl. Bieber [Gr. Kleidung] 1928, Taf. VIII 4 und Stone 1984^2, 184–5; zur erotischen Konnotation in der nachklass. Literatur vgl. Stafford 2005). Syntaktisch handelt es sich um einen Accusativus bzw. Nominativus absolutus (zu letzterem vgl. Kühner–Gerth II.2 108–9 und Kassel–Austin z. St.), der bei nicht-unpersönlichen Partizipien wohl ebenfalls in Ar. Ach. 1182–3 (πτίλον δὲ τὸ μέγα κομπολακύθου πεσὸν / πρὸς ταῖς πέτραισι, δεινὸν ἐξηύδα μέλος) und Plut. 277–8 (ἐν τῇ σορῷ νυνὶ λαχὸν τὸ γράμμα σου δικάζειν, / σὺ δ' οὐ βαδίζεις;, mit Holzinger 1940, z. St.) zu finden ist (für eine Diskussion über beide Passagen vgl. Fraenkel 1962, 36–8, mit auch nicht-komischen Belegen, und v.a. Sommerstein 1978, 392, der den Acc. abs. in der *Plutos*-Stelle und diesem Fragment für gesichert, den Kontext einer paratragischen Rhesis in der

Acharner-Stelle für diese an sich eher komödieneigene Konstruktion jedoch für ungeeignet hält und zu diesem Schluß kommt: „The natural conclusion on the evidence is that in colloquial speech of Aristophanes' time the use of the accusative as the 'absolute case' neuter participles was occasionally extended from impersonal to personal verbs; it may be significant for the stylistic level of this usage that the speaker in *Plutus* is a slave and in the fragment apparently a woman"; für einen Acc. abs. auch in Ach. 1182 plädiert hingegen Olson 2002, z. St., der gegen Sommersteins Vorbehalt „the absurd mix of stylistic registers and sentiments" in den paratragischen Passagen des Aristophanes heranzieht).

τὰ κάρυά μου Das *karyon* steht für jede Art von Nuß (z. B. Ar. Vesp. 58, Plut. 1056) sowie spezieller für Walnüsse (z. B. Epich. fr. 148, Philyll. fr. 24); es dient gelegentlich zu obszönen Wortspielen (vgl. Henderson 1991^2, 126. 149, der an die männlichen Genitalien denkt, mit Verweis auf das zitierte Ar. Plut. 1056 sowie den Gebrauch des Volksnamen *Karystioi* in Lys. 1058/9. 1181, ferner in Eub. fr. 135 κάρυα Καρύστια).

Eine Nuß evoziert die in der griechischen Antike bei weiblichen Brüsten gefragten Eigenschaften: sie sollen nämlich *klein*, *fest* und *rund* sein (Gerber 1978, 208; für die Komödienbelege vgl. auch Cameranesi 1987, 41–2 und Robson 2013, 47–8; zur sexuellen Valenz der weiblichen Brüste in den bildenden Künsten Kilmer 1993, 26 und Cohen 1997, speziell zu den Brüsten der Bräute Sebesta 2002, 129–30 und Llewellyn-Jones 2002, 185).

'ξέπιπτεν Der Sinn von ‚(aus etwas) herausfallen' sowie die Konstruktion mit dem Dat. der Person ist bereits homerisch (vgl. etwa Hom. B 266 θαλερὸν δέ οἱ ἔκπεσε δάκρυ, O 465 τόξον δέ οἱ ἔκπεσε χειρός).

fr. 665 K.–A. (648 K.)

οὔτε νύκτωρ παύεται
οὔθ' ἡμέραν

1 ΠΑΥΕΤΑΥ R 2 OYTE OTRVEMOxX, OYTH W HMHPAN M, NMEPAN V, EIMEPAN W

weder nachts hört er/sie/es auf
noch tagsüber

Priscian. inst. gramm. XVIII 240 (GrL III p. 327,7 Hertz, codd. VRMO; cf. Rosellini 2014, 361)
Attici μεθ' ἡμέραν καὶ ἡμέραν *ponunt per se et* νύκτωρ καὶ ἡμέραν. *Aristophanes:* ——. *Nostri quoque frequenter huiuscemodi utuntur constructionibus: ‚noctu et die; interdiu et*

nocte'. Virgilius in I: „noctem non amplius unam / falle dolo". Idem in eodem: „una cum gente tot annos / bella gero"

Die Attiker verwenden als selbständige Ausdrücke *meth' hēmeran kai hēmeran* (‚untertags und tagsüber') und *nyktōr kai hēmeran* (‚nachts und tagsüber'). Aristophanes: ——. Auch die unsrigen (d. h. die lateinischen Autoren) bedienen sich häufig derartiger Junkturen: *noctu et die*; *interdiu et nocte*. Vergil im 1. Buch (Verg. Aen. I 683): „Nicht länger als eine einzige Nacht nimm dir seine Gestalt / mit List". Und in demselben Buch (Verg. Aen. I 47): „Gegen ein einziges Volk führe ich seit vielen Jahren / Krieg"

Metrum Iambische Trimeter (unvollständig):

[⏓–⏑– ⏓]–⏑– ––⏑–
––⏑– [⏓–⏑– ⏓–⏑–]

Zitatkontext Das Zitat befindet sich in einem Abschnitt von Buch XVIII der *Ars* Priscians, der gemeinhin als ‚Syntaktisches Lexikon' bekannt ist (Priscian. GrL III p. 278,13–377,18 Hertz; vgl. jetzt die Lesarten in Rosellini 2014, 361), in dem der griechische morphosyntaktische Gebrauch mit dem lateinischen verglichen wird; in diesem Abschnitt, der besonders viele Komikerzitate (vorwiegend aus der Archaia) enthält, erscheinen die Griechen – anders als im Rest des Werks, in dem sie nahezu ausschließlich *Graeci* genannt werden – fast nur als *Attici* (48mal; *Graeci* nur dreimal); dies wurde als ein weiteres Indiz dafür gedeutet, daß der Abschnitt auf ein attizistisches Lexikon zurückzuführen ist, wobei dieses wiederum aus einer Phase stammen dürfte, die der Polemik zwischen dem strengen, auf die Komiker der Archaia beschränkten Attizismus des Phrynichos und der auch gegenüber der Mese und Nea offenen Einstellung des Pollux vorausgegangen sein soll (vgl. Sonnino 2014). *ponunt* (das in Kassel–Austin z. St. versehentlich gedruckte *possunt* wurde in PCG V 639 korrigiert) ist der Ausdruck, den Priscian im Sinne von *sie bedienen sich dieser Form* gewöhnlich einsetzt, während *ponunt per se* – hier wohl: *sie verwenden diese* (d. h. die Junktur *tags und nachts*) *als standardisierten, untrennbaren Ausdruck* – bei Priscian keine Parallelen aufweist.

Interpretation Nichts läßt sich über einen möglichen Kontext sagen (absolut willkürlich erscheint der durch Ar. Eccl. 55–6 ὁ γὰρ ἀνὴρ τὴν νύχθ' ὅλην / ἔβηττε, τριχιδίων ἑσπέρας ἐμπλήμενος veranlaßte Vorschlag von Kock I 553: „initio videtur excidisse βήττων"); die Parallelstellen für die Sequenz *weder nachts noch tagsüber* bzw. *weder tagsüber noch nachts* sind formal interessant, hinsichtlich des Inhalts jedoch genauso wenig aufschlußreich (Xen. Eph. III 5,1 ἐπαύετο δὲ οὔτε νύκτωρ οὔτε μεθ' ἡμέραν δακρύουσα, ἀλλ' ἀεὶ πρὸ ὀφθαλμῶν εἶχεν Ἁβροκόμην, Eur. Bacch. 187 ὡς οὐ κάμοιμ' ἂν οὔτε νύκτ' οὔθ' ἡμέραν, 485 τὰ δ' ἱερὰ νύκτωρ ἢ μεθ' ἡμέραν τελεῖς; – bei Kassel–Austin z. St., mit Verweis auf Lobeck 1837, 62–3 und Headlam 1922 zu Herond. 1,58–9 καί μευ οὔτε νυκτὸς οὔτ' ἐπ' ἡμέρην λείπει / τὸ δῶμα; vgl. auch Bacchyl. dith. 5,25–8 οὐδὲ Μαίας / υἱὸς δύνατ' οὔτε κατ' εὐ-/φεγγέας ἀμέρας λαθεῖν / νιν οὔτε νύκτας ἀγν[άς, Soph. El. 780–1 ὥστ' οὔτε νυκτὸς ὕπνον οὔτ' ἐξ ἡμέρας / ἐμὲ στεγάζειν ἡδύν, Hdt. II 133,4 ἀνάψαντα αὐτὰ πίνειν τε καὶ εὐπαθέειν, οὔτε ἡμέρης οὔτε νυκτὸς ἀνιέντα, VIII 71,2 καὶ ἐλίνυον οὐδένα χρόνον οἱ βοηθήσαντες ἐργαζόμενοι, οὔτε νυκτὸς οὔτε ἡμέρης, Plat. Phdr. 251e καὶ ἐμμανὴς οὖσα οὔτε νυκτὸς δύναται καθεύδειν οὔτε μεθ' ἡμέραν οὗ ἂν ᾖ μένειν, Alcib. I 106e οἶμαι δέ γε, οὔτε νύκτωρ οὔτε μεθ' ἡμέραν ἐξιὼν ἔνδοθεν, Xen. Apol. 31 ἀλλ' ὁ νεανίσκος ἡσθεὶς οἴνῳ οὔτε νυκτὸς οὔτε ἡμέρας ἐπαύετο πίνων, Dion. Hal. X 16,6 οὔτε ἡμέρας οὔτε νυκτὸς ἀναπαυόμενοι τῶν πόνων, Plut. Quom. adul. 60d οὔτε μεθ' ἡμέραν οὔτε νυκτὸς ἀναπαυόμενος).

νύκτωρ Dieses Adv. (laut Hdn. Π. προσ. καθ. I [GrGr III.1] p. 511,2 Lentz und Π. μον. λέξ. [GrGr III.2] p. 952,1 Lentz das einzige mit Suffix -ωρ; vgl. Frisk GEW, s. v., wonach diese Form die vorgriech. Existenz eines *r*-Stamms, wie im lat. *nocturnus*, bestätigen würde) ist außer in der Komödie (weitere elf Belege allein bei Aristophanes) ebenfalls in der hohen Dichtung (etwa Hes. Op. 177, Archil. fr. 49,7 W.², Soph. Ai. 47. 1056, Eur. Bacch. 469. 485. 486, Ap. Rh. III 293. IV 101) und der Prosa (häufig bei den attischen Rednern, Platon und Xenophon; nie bei Herodot und Thukydides) vertreten.

fr. 666 K.–A. (649 K.)

ἀγρὸν γὰρ ἔλαβεν –∪– ⏓–∪–
ἀργὸν παρ' αὐτοῦ

einen bebauten Acker nahm er nämlich in Besitz ...
unbebaut von ihm ...

Aristot. Rhet. 1410a 23
παρίσωσις δ' ἐὰν ἴσα τὰ κῶλα, παρομοίωσις δὲ ἐὰν ὅμοια τὰ ἔσχατα ἔχῃ ἑκάτερον τὸ κῶλον. ἀνάγκη δὲ ἢ ἐν ἀρχῇ ἢ ἐπὶ τελευτῆς ἔχειν, καὶ ἐν ἀρχῇ μὲν ἀεὶ τὰ ὀνόματα, ἐπὶ δὲ τελευτῆς τὰς ἐσχάτας συλλαβὰς ἢ τοῦ αὐτοῦ ὀνόματος πτώσεις ἢ τὸ αὐτὸ ὄνομα· ἐν ἀρχῇ μὲν τὰ τοιαῦτα· ——

die *parisōsis* (‚Balancierung gleicher Kola') [ist vorhanden], wenn die Kola gleich sind, und die *paromoiōsis* (‚Assonanz') [ist vorhanden], wenn das eine und das andere Kolon in den äußersten Teilen gleich sind. Und es ist notwendig, daß es sich entweder am Anfang oder am Ende so verhält, und am Anfang immer die Wörter, am Ende aber die letzten Silben bzw. die Endungen desselben Wortes oder dasselbe Wort: am Anfang zum Beispiel so: ——

anon. in Aristot. Rhet. III 9 (CAG XXI 2 p. 201,4 Rabe)
ἀγρὸν ἔλαβε, τὸ κῶλον (τὸ ἓν κῶλον Rabe), ἀργὸν παρ᾽ αὐτοῦ (τὸ ἕτερον κῶλον add. Rabe). πάρισα τὰ κῶλα ἔχοντα ἐν τῇ ἀρχῇ τὸ αὐτὸ ὄνομα ἤτοι ἀγρόν καὶ ἀργόν, τὸ αὐτὸ δὲ κατὰ τὸν ψόφον ἐστὶν ὄνομα τὸ ἀγρόν καὶ ἀργόν. ἐκ τοῦ Ἀριστοφάνους

agron elabe, das [eine?] Kolon, *argon par' autou* [das andere Kolon?]. Gleich balanciert [sind] die Kola, die am Anfang das gleiche Wort haben wie z. B. *agron* und *argon*, und vom Klang her sind *agron* und *argon* das gleiche Wort. Aus Aristophanes

Metrum Iambische Trimeter (unvollständig):
⏑–⏑⏖ ⏓| [–⏑– ⏓–⏑–]
––⏑– –| [–⏑– ⏓–⏑–]

Zitatkontext Der bei Aristoteles anonym zitierte Vers wird vom Kommentator mit der Autorangabe versehen (Aristophanes). Der Kontext in der aristotelischen *Rhetorik* ist die Lautfigur der Assonanz (*paromoiōsis* hat hier eindeutig diese Bedeutung; in der sog. *Rhetorica ad Alexandrum* – Anaxim. Rhet. 28,1 – wird sie hingegen so definiert: παρομοίωσις δέ ἐστιν ἡ μείζων τῆς παρισώσεως· οὐ γὰρ μόνον ἴσα τὰ κῶλα ποιεῖ, ἀλλὰ καὶ ὅμοια ἐξ ὁμοίων ὀνομάτων, οἷον· †δεῖ σε† λόγου μίμημα, φέρε πόθου τέχνασμα). Der Kommentator greift mit dem Begriff πάρισα auf eine Lautfigur zurück, die Aristoteles unmittelbar davor behandelt, die *parisōsis* (παρίσωσις δ' ἐὰν ἴσα τὰ κῶλα; inwieweit sich beide Begriffe miteinander überschnitten, zeigt etwa Syrian. in Hermog. Π. ἰδ. 1,51 Rabe, der sie als Assonanz deutet, während sie noch in Hermog. Π. ἰδ. 1,11 Rabe die bereits aristotelische Bedeutung von Balancierung der Satzkola hatte).

Interpretation Die beiden beim Zitatträger zusammengefügten Verskola wurden von Kaibel in Kassel-Austin z. St. als Trimeter-Anfänge bis zur Penthemimeres wiederhergestellt. Der Sinn wäre dann, daß jemand einen *unbebauten* Acker erhalten hätte, wobei er diesen letztlich *unbebaut* belassen hat. Die Opposition ἀγρός ‚bebautes Land' / ἀργός ‚unbebautes Land' ist auch in einer Inschrift aus Chios als eine Art Standardformel (ἀγροὶ καὶ ἀργοί) bezeugt (McCabe 1986, Nr. 37,13–4. 15–6. 30–1. 42–3 [ἀγροὶ πάντες καὶ ἀργοί]; vgl. LSJ s. v.: „tilled land, opp. fallow"). Worauf sich hierbei παρ' αὐτοῦ bezieht, ist allerdings unklar; schwerlich wird man es von ἀργός abhängen lassen (‚unbebaut von ihm'; im passiven Sinn von ‚ungetan (gelassen)' wird mit Dat. agentis gebildet: z. B. Soph. OC 1605 κοὐκ ἦν ἔτ' οὐδὲν ἀργόν, Eur. Phoen. 766 ἓν δ' ἐστὶν ἡμῖν ἀργόν).

Auch ἀγρὸν γὰρ ἔλαβεν / ἀργὸν παρ' αὐτοῦ wäre theoretisch mit 3ia kompatibel (⏒ –⏖⏑– / ––⏑– –; so Kock I 553): diese Kolometrie setzt allerdings voraus, daß Aristoteles in den Worten, mit denen er das Zitat einführt, nicht den Anfang eines *Verses*, sondern eines *Kolons* meint. Tatsächlich würde sich so παρά + Gen. mit λαμβάνειν bestens fügen (‚von jdm. bekommen'), die prädikative Funktion von ἀργός bliebe erhalten und das Zitat würde sich als vollkommen erweisen: ‚ein Acker bekam er nämlich / von ihm, unbebaut'. Von den weiteren ähnlich gestalteten Wortspielen (aufgelistet in Schmid I.4 429 A. 8; vgl. auch Willi 2010, 497) vgl. etwa Ar. Ach. 575 (λόφων ~ λόχων), Equ. 954 (δῆμος / δημός), 1060 (πυέλους ~ Πύλος), Nub. 394 (βροντή ~ πορδή), Av. 1287 (νομόν ~ νόμον), Eccl. 184 (Ἀγύρριον ~ ἀργύριον), 903 (μήλοις ~ μηροῖς); nicht ganz hierzu gehört Vesp. 759 (κλέπτοντα Κλέωνα); ein prominentes Beispiel außerhalb der Komödie ist Heraclit. VS 22 B 48 (βίος / βιός).

ἀγρὸν – ἔλαβεν Derselbe Ausdruck sonst nur in Aristoteles-Kommentaren, und zwar in einem sprichwörtlich klingenden Zusammenhang, in dem das Wortspiel mit ἀργύριον erfolgt (anon. in Aristot. EN V 12 [CAG XX p. 246,7 Heylb.] ὡς γὰρ ὁ ἐπ' ἀργύρῳ κρίνας τὸν ἀγρόν τινι ἀδικεῖ, καίτοι οὐκ ἀγρὸν ἔλαβεν ἀλλά τι ἀντὶ ἀγροῦ, οὕτω καὶ ὁ ὁτιοῦν ἀντὶ τῆς ἀνίσου κρίσεως λαμβάνων ἐπλεονέκτησεν ἑκών· οὕτω δὲ καὶ ἀδικεῖ).

ἀργόν Kontrahiert von ἀεργός, kann es in der Komödie auch für ‚faul' (etwa Ar. Nub. 53) oder ‚fruchtlos' (Ran. 1498) stehen; auf das Land bezogen, wie hier, heißt es jedoch ‚unbebaut' (so auch in Isocr. 4,132 ὁρῶντας τούτους μὲν διὰ σπανιότητα τῆς γῆς ὄρη γεωργεῖν ἀναγκαζομένους, τοὺς δ' ἠπειρώτας δι' ἀφθονίαν τῆς χώρας τὴν μὲν πλείστην αὐτῆς ἀργὸν περιορῶντας, Xen. Cyrop. III 2,19 βούλοιο ἄν σοι τὴν νῦν ἀργὸν οὖσαν [γῆν] ἐνεργὸν γενέσθαι, VIII 3,37 οὐ δυνάμενος τρέφειν ἀργόν, εἰς ἀγρὸν ἀπαγαγὼν ἐκέλευσεν ἐργάζεσθαι, Thphr. Hist. plant. IX 12,2 χωρία δὲ φιλεῖ ψυχρὰ καὶ ἀργά).

παρ' αὐτοῦ Zu der Möglichkeit, daß es von ἔλαβεν abhängt, vgl. hier oben, Interpretation.

fr. 667 K.–A. (712 K.)

ἀπόμακτρ' ἀπεσκοτωμένα

schattierte Abbilder

Hsch. α 6049 = Phot. (z) α 2363 = Sud. α 3061
ἀπεσκοτωμένα· ἐσκιαγραφημένα. κεχρωσμένα (κεχρ. om. Hsch.). τὰς γὰρ χρίσεις (χρώσεις Kock) σκότη (σκότους Hsch.) καλοῦσιν οἱ ζωγράφοι. οὕτως Ἀριστοφάνης (οὕτ. Ἀρ. om. Hsch.)

apeskotōmena (‚vernebelt', ‚verdunkelt', Nt. Pl.): schattiert. Gefärbt. Denn die Maler nennen die Schattierungen *skotē* (‚Schatten'). So Aristophanes

Eust. in Il. p. 953,53
σημείωσαι δὲ ὅτι κατὰ Παυσανίαν καὶ τὰς χρίσεις σκότη ἐκάλουν οἱ ζωγράφοι, ὅθεν ἀπεσκοτωμένα, φησί, τὰ ἐζωγραφημένα (ἐσκιαγρ- Kaibel) καὶ κεχρωσμένα ἐλέγετο

Beachte aber, daß laut Pausanias (Paus. att. α 132 Erbse) die Maler auch die Schattierungen *skotē* (‚Schatten') nannten, woher die gemalten und gefärbten Dinge *apeskotōmena* (‚schattiert'), sagt er, genannt wurden

Phot. (z) α 2564 = Sud. α 3433 = Synag. (Σ') α 1898
ἀπόμακτρα· σκυτάλαι (ἀπ. σκυτάλων Sud., ἀπ. σκυταλῶν Phot., ἀπ.· ἀπ. σκυτάλων Synag., corr. Kassel–Austin Dindorfium secuti nisi quod σκυτάλαι pro σκύταλα scripserunt, coll. Hsch. α 6478, Poll. IV 170. X 113). ἀπεσκοτημένα (δὲ add. Sud., δ' Synag)· ἐσκιαγραφημένα (ἐσκιοτροφ- codd., corr. Bachmann, Dindorf). e Sud. α 3433 corruptum ε 3152 ἐσκιοτροφημένα. Ἀριστοφάνης· ἀπόμακτρα σκυτάλων ἐσκιοτροφημένα (‚poetae nomen accessit ex α 3061' Kassel–Austin)

apomaktra: Briefstäbe. Schraffiert: schattiert

Metrum Iambischer Trimeter (unvollständig):
[⏓–⏑–] ⏑⏑–|⏑– ⏑–⏑–

Zitatkontext Einer der Zitatträger, Eustathios, beruft sich explizit auf eine attizistische Quelle (Paus. att. α 132 Erbse), die auch den anderen lexikographischen Bezeugungen, die sich grundsätzlich überschneiden, zugrunde liegen dürfte.

ἐσκιαγραφημένα ist im wörtlichen Sinn (vgl. LSJ s. v.: „paint with the shadows, so as to produce an illusion of solidity at a distance") nur platonisch (Plat. Rep. 523b); σκότος (Nt.) ist im Sinne von „shadows of a picture" nur in dieser, wohl auf den Attizisten Pausanias zurückgehenden lexikographischen Tradition bezeugt.

Für *apomaktron*, allerdings nur im materiellen Sinn von einer Art *skytalē*, sind nur noch die Belege bei Pollux zu nennen (Poll. IV 170 ἐπὶ δὲ τῶν ξηρῶν μέτρων τὰ οὐκ ἀπεψημένα· τὸ δ' ἀποψῶν ἐργαλεῖον ἀπομάκτρα ἢ σκυτάλη ἢ περιστροφίς; X 113 ἐκ δὲ τούτων ὀβελοί, σπάλαθρον, ἀπομάκτρα, σκυτάλη, περιστροφίς, μαγίς; vgl. auch VII 188 ἀπομάκται ἀπομάκτριαι, καὶ τὸ ῥῆμα ἀπομάξομαι).

Interpretation Die gesuchte Künstlichkeit der Junktur, die aus einem Hapax und einem in klass. Zeit nur hier belegten Verb besteht, suggeriert einen höheren Kontext, der für eine Metapher poetologischer Natur durchaus günstig wäre (Kock I 565: „sunt '*imagines adumbratae*'"; Kaibel in Kassel–Austin z. St.: „possunt velut de tenui Aeschyli imitatore aliquo dicta esse"): ob durch einen aischyleischen *imitator* oder nicht, das Bild eines literarischen Abklatsches wäre denkbar. Diese Interpretation gilt, wenn *apomaktron* der übertragene Sinn von *Abbild* gegeben wird; die vom materiellen Sinn ‚abgewischter Schmutz', ‚Rest' ausgehende Deutung ‚kaum sichtbare weggeworfene Reste' (DGE s. v. ἀπόμακτρον: „*residuo* que se aparta al pasar el rasero ἀπόμακτρ' ἀπεσκοτωμένα *restos desechados apenas visibles*") ist insofern problematisch, als die Wiedergabe für ἀπεσκοτωμένα als *kaum sichtbar* etwas forciert erscheint: nicht nur übersieht sie die Erklärungen der Zitatträger, sondern sie ist auch mit den späteren Bedeutungen schwer zu vereinbaren (inwieweit kann abgewischter Schmutz *vernebelt* oder *verdunkelt* werden?).

Wenn die erste Interpretation stimmt, ist eine konkretere Anspielung auf die v.a. durch Platons Kritik bekannte Technik der σκιαγραφία nicht auszuschließen. Diese wurde im letzten Viertel des 5. Jhs. v. Chr. von Apollodoros (*Skiagraphos* genannt) eingeführt, der als erster ‚die Farbabstufung und die Vertiefung bzw. Farbschichtung des Schattens' erfand (Plut. De glor. Ath. 346a Ἀπολλόδωρος ὁ ζωγράφος, ἀνθρώπων πρῶτος ἐξευρὼν φθορὰν καὶ ἀπόχρωσιν σκιᾶς, Ἀθηναῖος ἦν, mit Brunn 1856, 71: „Sie beruhen sämmtlich auf dem einen Fortschritte, dass Apollodor, wie Plutarch sagt: φθορὰν καὶ ἀπόχρωσιν σκιᾶς, d. h. das Vermischen und Vertreiben der Farben in einander und die Abstufung der Farben nach Licht und Schatten erfand"; vgl. auch Plin. Nat. hist. XXXV 15 *umbra hominis lineis circumducta*, bezogen auf anonyme Vorläufer der Malerei in Sikyon und Korinth), wobei dieser Begriff bald im Sinne einer illusionistischen, täuschenden Darstellungskunst mißdeutet wurde (vgl. Bianchi Bandinelli EAA, s. v. 'ombra portata': „L'o. p. è strettamente connessa con il chiaroscuro, il cui inizio si può porre, nell'arte greca, alla metà del V sec. a. C., o almeno all'ultimo quarto dello stesso, quando operò Apollodoros (v.) che venne chiamato espressamente "pittore di ombre" (v. chiaroscuro). Ma l'o. p. non sorge immediatamente col chiaroscuro; essa segna un ulteriore passo verso l'illusionistico rendimento dello spazio, la prospettiva aerea e un cromatismo sempre più ricco"; vgl. auch P. Moreno in Bianchi Bandinelli EAA, s. v. 'skiagraphia': „Da tale valore si sviluppa tuttavia quello di "pittore di parvenze", cioè dell'apparenza illusiva delle cose, grazie al chiaroscuro e al divisionismo: tecniche che a loro volta trovano ragione nella contemporanea affermazione di Democrito, che non è la cosa a colpire gli organi dei nostri sensi, e quindi a poter essere effettivamente rappresentata dal pittore, bensì un'immagine inconsistente, emanata dagli atomi che compongono la materia").

ἀπόμακτρ(α) Unter den Derivaten von (ἀπο)μάττειν bzw. -μάττεσθαι (‚kneten', ‚plastisch formen', ‚abwischen', ‚abdrücken', ‚abbilden'; für das Med. vgl. Ar. Equ. 819 Ἀχιλλείων ἀπομάττει ‚du wischest dir die Hände mit den feinsten Broten', Ran. 1040 ὅθεν ἡμὴ φρὴν ἀπομαξαμένη: Aischylos *inspiriert* von

Lamachos' Kampftugend) ist ἀπόμακτρον ein Hapax; Synonyme aus demselben Verb, im Sinne von ‚Abdruck', ‚Abbild', ‚Handtuch', sind ἔκμακτρον, ἐκμαγεῖον, ἀπόμαγμα ‚Abdruck', ‚abgewischter Schmutz', ἀπομάκτης ‚Abwischer' (vgl. com. adesp. fr. 235 δεινότατος ἀπομάκτης τε μεγάλων συμφορῶν).

ἀπεσκοτωμένα Wenn es sich nicht um ein vom Komiker *ad hoc* erfundenes Bild handelt, dürfte die für Aristophanes' Fragment angeführte Bedeutung von ‚schattieren', ‚schraffieren' zum Künstler-Jargon gehört haben (vgl. DGE s. v.: „en pintura *sombrear, trazar con rasgos apenas visibles*"; am nächsten liegt it. *ombreggiare*, technisch bereits bei den Traktatisten der Renaissance; vgl. dazu Battaglia GDLI, s. v.: „Distribuire le ombre in una raffigurazione pittorica (disegno, acquerello, dipinto, incisione) o cartografica in rapporto o in contrasto con le luci e le variazioni dei colori, per ottenere l'effetto del rilievo; trattare a chiaroscuro un disegno – Anche: colorire applicando tinte sfumate, di tonalità degradanti", mit Verweis auf Filarete und Vasari; zu den Implikationen für die antike Technik der *skiagraphia* vgl. hier oben, Interpretation).

Das Verb ἀποσκοτοῦσθαι ist nämlich sonst erst in nachklass. Zeit bezeugt, und zwar im Sinne von ‚geblendet / verdunkelt / vernebelt werden': Polyb. I 48,6 (ἀλλ' ἀποσκοτουμένους ὑπὸ τῆς εἰς αὐτοὺς φερομένης λιγνύος καὶ τῶν φεψαλύγων), Plut. Sert. 17,12 (ἀπεσκοτοῦντο τὰς ὄψεις), Athen. X 446b („τὸ δὲ πῖθι τίς εἴρηκεν;" „ἀπεσκοτώθης, φίλτατε," ἔφη ὁ Οὐλπιανός, „σπάσας οἴνου τοσοῦτον"), wo das Zitat – über den betrunkenen Zustand – für ein komisches Fragment gehalten wurde (com. adesp. fr. 426 Kock; nicht mehr in Kassel–Austin), Diog. Laert. VI 38 (ἀποσκότησόν μου), Galen. De consuet. p. 115,16 Dietz (οἱ ἀσυνήθεις ζητῆσαι [...] τυφλοῦνται καὶ ἀποσκοτοῦνται); Aktiv nur in Poll. I 118 (ἀποσκοτοῦν τὰ ὄμματα).

fr. 668 K.–A. (663 K.)

ἀωροθάνατος ἀπέθανεν

1 ἀωρὶ θανάτῳ Synag.[b] α 2638 (correxerat Dindorf)

eines frühzeitigen Todes verstarb er/sie

Phot. (z) α 3493 = Synag.[b] (Σ''') α 2638

ἀωρί, ἀωρία· τὸ παρὰ τὸν προσήκοντα καιρὸν καὶ τὴν ὥραν. λέγουσι δὲ ἀωρὶ τῶν νυκτῶν καὶ ἀωρὶ νύκτωρ. Ἀριστοφάνης δὲ ἔφη (δὲ ἔφη supra Ἀρ. Phot.) καὶ ——, τουτέστι πρὸ τῆς προσηκούσης ὥρας

aōri (‚vor-/unzeitig'), *aōria* (‚Vor-/Unzeitigkeit'): was nicht zum angemessenen Zeitpunkt geschieht. Sie sagen auch *aōri tōn nyktōn* (‚spät in der Nacht'; vgl. Antiphont.

II 1,4. 4,5) und *aōri nyktōr* (‚spät in der Nacht‘; vgl. Ar. Eccl. 741). Und Aristophanes sagte auch ——, das heißt vor der angemessenen Zeit

Phryn. Praep. soph. p. 42,12
ἀωροθάνατος· ὁ πρὸ τῆς καθηκούσης ὥρας ἀποθανών, ἀνὴρ καὶ γυνή

aōrothanatos (‚wer vorzeitig stirbt‘): wer vor der angemessenen Zeit stirbt, Mann und Frau

Metrum Ungewiß (iambisch oder trochäisch; unvollständig: vgl. Kock I 555: „ex verso iambico vel trochaico excerpta“) (⏑–⏑⏖⏑⏖⏑⏓).

Zitatkontext Das Fragment wird unter den Lemmata ἀωρί (Adv.) und ἀωρία (Subst.) angeführt (vgl. auch Phot. (z) α 3492 ἀωρί, ἀωρία [...] λέγουσι δὲ {καὶ} ἀωρίαν καὶ τὴν ὥραν, mit Zitat von Pher. fr. 88 [*Krapataloi*] ἐβάδιζον δ' ἀπὸ / δείπνου· κνέφας δ' ἦν ἄρτι κοὐκ ἀωρία und Ar. Ach. 23–4 ἀλλ' ἀωρίαν / ἥκοντες, εἶτα δ' ὠστιοῦνται πῶς δοκεῖς sowie Phot. (z) α 3495 ἄωροι· οἱ πρὸ ὥρας ἀποθνῄσκοντες. σύνηθες δὲ τὸ ὄνομα πολλοῖς καὶ μάλιστα Ἀλεξανδρεῦσιν. ἔστι δὲ Ἀττικόν, mit Zitat von Ar. fr. 703; vgl. hier unten, Interpretation). Die Präsenz des sonst nirgends bezeugten Epitheton in Phryn. Praep. soph. p. 42,12 (ohne das Aristophanes-Zitat) verrät eine attizistische Quelle für Photios; mit der Angabe ἀνὴρ καὶ γυνή drückt Phrynichos aus, daß das Wort sowohl Maskulinum als auch Femininum sein kann.

Interpretation Über Kontext, Sprecher und Bezugsperson läßt sich nichts sagen. Das nächste Pendant ist das zitierte Ar. fr. 703 (ἔθανον κἄλλοισιν ἄωροι / παῖδες; vgl. hier oben, Zitatkontext), wo die Form ἔθανον die tragisch gefärbte Variante für ἀπέθανον darstellt. Man beachte die *figura etymologica* (-θάνατος -θανεν). Das Motiv der *mors immatura* ist insbesondere in den poetischen Grabinschriften präsent (vgl. Grießmair 1966 und hier unten, zu ἀωροθάνατος; zum Motiv, assoziiert mit der Schönheit, in den hellenistischen und kaiserzeitlichen Grabepigrammen vgl. Wypustek 2013, 93–4. 175. 193). Für die Kombination von Tod und Angabe zum erreichten Alter in der Komödie findet sich eine vergleichbare Formulierung in Phryn. fr. 32,1–2 [*Mousai*] (μάκαρ Σοφοκλέης, ὃς πολὺν χρόνον βιοὺς / ἀπέθανεν; zum Altersmotiv in der Archaia vgl. Brandt 2002, 63–9).

Eine wohl entgegengesetzte Vorstellung sieht einen frühen Tod sogar als wünschenswert an (so z. B. in Diocl. fr. 14 μηδείς ποθ' ὑμῶν, ἄνδρες, ἐπιθυμησάτω / γέρων γενέσθαι, †προνοησάτω δὲ† / ὅπως νέος ὢν ἀγαθόν τι τῇ ψυχῇ παθὼν / ὥρᾳ καταλύσῃ, μηδ' ἀγόμφιόν ποτε / αἰῶνα τρίψῃ ‚Niemand von euch, ihr Männer, soll sich je wünschen, / ein alter Mann zu werden, †sondern er soll vorsorgen† / daß er im jungen Alter, nachdem er in seiner

Seele etwas Gutes erlitten hat, / im rechten Moment abtritt, und nie sich durch die zahnlose / Lebenszeit schleppt', mit Orth 2014, z. St., der für das Motiv auch an Men. Dis exap. fr. 4 ὃν οἱ θεοὶ φιλοῦσιν ἀποθνῄσκει νέος sowie Soph. OC 1225–38 erinnert).

ἀωροθάνατος Das Kompositum (vom Typ Bahuvrīhi, aus ἄωρος und θάνατος) ist ein Hapax; inschriftlich bezeugt ist ἀωροθανής (ISmyrn 533,6, 2. Jh. v. Chr.; SEG XXVIII 1101. 1206,13, 4. Jh. n. Chr., Phrygien); synonymisch sind ἀωρόβιος (SEG XXIII 659,3, 3. Jh. n. Chr., Zypern) sowie ἀώριος (etwa in Nonn. XI 276 νέον ἔσχον ἀώριον, Anth. Pal. VII 600 ἀώριος εἷλέ σε τύμβος daher ἀγώρις > ngr. ἀγώρι ‚Jüngling'; vgl. auch das Abstr. ἀωρότης ‚frühzeitiger Tod' in SEG VI 140,10, 4. Jh. n. Chr., Phrygien); weitere Komposita mit ἀωρο- sind ἀωροβόρος (Hymn. mag. 18,54), ἀωρόλειος (Cratin. fr. 11 [*Archilochoi*], Ael. Nat. anim. XIII 27), ἀωρόμορος (IG XII.8 444,6, Thasos), ἀωρόνυκτος (Aesch. Cho. 34) und ἀωρότοκος (Hippiatr. 22,12); zu ἄωρος im Sinne von ἀωροθάνατος vgl. Apollod. Car. vel Gel. fr. 4,1 [*Diamartanōn*] (ὅτε μειράκιον ἦν, τοὺς ἀώρους ἠλέουν ‚Als ich ein Jüngling war, bemitleidete ich die frühzeitig Verstorbenen' (vgl. auch Philostr. VA 6,4 ἐπὶ ἀώρῳ κλαίουσι).

fr. **669 K.–A.** (652 K.)

ἐγὼ δ' ὑπερῶ τὸν ὅρκον

ἐγὼ δ' Impropr. A* B*: ἐγὼ δὲ Ammon. γπ: ἐγὼ δὲ τὸν Ammon. M: ἐγὼ Thom.: σὺ δὲ Impropr. Q, Et. Gud. (ex Eup. fr. 87 [*Baptai*] quod sequitur) ὑπερῶ Valckenaer: ὑπέρω Impropr. A* B*, Ammon. cod. F (αι supra έ): ὑπαίρω Ammon. cett.: ὑπαιρῶ Thom.: ὑπάγεις Impropr. Q, Et. Gud. (item ex Eup.) ὅρκον Ammon., Impropr. Q, Et. Gud., Thom.: ὄρθρον Impropr. A* B*

und ich werde den Eid diktieren

Ammon. De adfin. voc. diff. 488 p. 127,3 Nickau (γMπ) = De impropr. 7 p. 142,9 Nickau = Et. Gud. p. 541,10 Sturz = Thom. Mag. p. 368,14
ὑπάγειν λέγομεν ἀντὶ τοῦ προάγειν [...] ὥς φησι καὶ Ἀριστοφάνης (ὥς φησιν Ἀρ. ὁ κωμικός Impropr., Et. Gud.)· ——. ἀντὶ τοῦ προερῶ (ἀ. τ. προαίρω Ammon., Thom., ἀ. τ. ὑπάγης Et. Gud., παντὶ προείς Impropr., corr. Valckenaer)

hypagein (‚darunterführen', ‚unterwerfen', ‚veranlassen') sagen wir statt *proagein* (‚weiterführen', ‚zu etwas bewegen') [...] wie auch Aristophanes sagt (wie Aristophanes der Komiker sagt, Impropr., Et. Gud.): ——. Statt *proerō* (‚ich werde diktieren')

Metrum Iambisch (oder trochäisch) (⏑–⏖–⏑–⏓).

Zitatkontext Ammonios geht vom Unterschied zwischen den Verben ὑπάγειν und πορεύεσθαι aus, wobei er ersteres als ὑπὸ ζυγὸν ἄγειν anhand von Hom. Π 148 (ὕπαγε ζυγὸν ὠκέας ἵππους) deutet. Der Anschluß zum Aristophanes-Fragment erfolgt durch die Beobachtung, daß ὑπάγειν anstelle von προάγειν (sowie ὑφηγητής anstelle von προηγητής oder ὑπογραμμός anstelle von προγραμμός) gesagt werde: so sei auch der aristophanische Gebrauch von ὑπαγορεύειν für προαγορεύειν zu erklären; das folgende Zitat (Eup. fr. 87 [*Baptai*] σὺ δ' ὕπαγ' εἰς τοὔμπροσθεν) greift nochmals auf ὑπάγειν für προάγειν zurück.

Textgestalt Die sonstigen Lesarten der verschiedenen Zitatträger sind alle entweder unmetrisch oder semantisch unpassend oder beides (in zwei Fällen – σὺ δέ und ὑπάγεις – werden sie vom folgenden Komödienzitat – vgl. hier oben, Zitatkontext – beeinflußt).

Interpretation Jemand äußert die Absicht, jemand anderem einen Eid zu diktieren (vgl. Sommerstein, *Oath* ID 1254: „This single line refers to the dictation of an oath"), wobei schon allein der Akt des Diktierens den Eid in eine feierlich-offizielle Dimension zu projizieren scheint. Es bietet sich ein Vergleich mit Ar. Lys. 210–1 (λεγέτω δ' ὑπὲρ ὑμῶν μί' ἅπερ ἂν κἀγὼ λέγω· / ὑμεῖς δ' ἐπομεῖσθε ταῦτα κἀμπεδώσετε ‚möge eine von euch zu euren Gunsten die Worte sagen, die ich eben sage; / und ihr alle werdet dann mit diesen Worten schwören und sie bestätigen'), wo Lysistrate – im Rahmen der langen Eidesszene der konspirativen Frauen in vv. 181–239 (Henderson 1987, 90 spricht von „good-natured travesty of the official language and protocol of a solemn oath-ceremony") – eine von ihnen stellvertretend darum bittet, die von ihr ausgesprochenen (also diktierten) Eidesformeln eine nach der anderen exakt zu wiederholen, was Kalonike prompt ausführt.

ὑπερῶ Dieses Verb ist sonst nur im Aor. ὑπεῖπον als Ersatzform für ὑπαγορεύειν („say or repeat before another", LSJ s. v.) belegt; eine weitere auch in der Komödie vertretene, hier aber unpassende Bedeutung ist *vorausschicken* (Ar. Vesp. 55 ὀλίγ' ἄτθ' ὑπειπὼν πρῶτον, Plut. 997–8 ὑπειπούσης θ' ὅτι / εἰς ἑσπέραν ἥξοιμι; in Philetaer. fr. 1,2 [*Asklēpios*] ἐπειπὼν τῆς Ὑγιείας τοὔνομα wurde die in Athenaios' Hs. A tradierte Lesart ὑπειπών von Schweighäuser korrigiert).

fr. 670 K.–A. (676 K.)

μὰ τοὺς πρόσωθεν

bei denen, die von fern her sind

schol. (M) Eur. Hipp. 102 (II p. 19,6 Schw.)
οὕτως Ἀριστοφάνης· ——

So Aristophanes: ——

Metrum Iambisch (?) (⏑–⏑–⏓).

Zitatkontext Das Fragment wird als einziges Beispiel für das Adv. πρόσωθεν im Scholion zu Eur. Hipp. 102 (πρόσωθεν αὐτὴν ἁγνὸς ὢν ἀσπάζομαι) herangezogen, wobei sich das Zitat durch das eher gehobene Stilniveau dieser Form rechtfertigt, deren Präsenz im Attischen der Komödie eine Anomalie darstellt (vgl. hier unten, Interpretation).

Interpretation Es handelt sich um eine wohl *ad hoc* kreierte Schwurformel (zu weiteren ungewöhnlichen Schwurformeln in der Komödie vgl. Bagordo 2013, zu Telecl. fr. 29 [*Prytaneis*] ναὶ μὰ τὰς κράμβας).

μὰ τοὺς πρόσωθεν Zu den Möglichkeiten der von μά eingeleiteten Beteuerungsformeln als Replik vgl. Arnott 1996, zu Alex. fr. 233,1–2 [*Tokistēs*] (μὰ τὸν Δία / τὸν Ὀλύμπιον καὶ τὴν Ἀθηνᾶν). Schwurformeln mit μά, wenn nicht mit νή oder ναί verbunden, bekräftigen ausschließlich verneinte Sätze.

πρόσω(θεν) ist die ionische (und poetische) Form (vgl. auch das tragisch-lyrische πόρσω), die u. a. in der Tragödie gängig ist (Aesch. Ag. 947. 952, Cho. 694, Eum. 297. 397, Soph. Ai. 723, Eur. Hipp. 831, Ion. 586) und dem att. πόρρω(θεν) entspricht. Da sich im Attischen der Komödie sonst nur πόρρω(θεν) findet, ist die Annahme einer tragischen Färbung in diesem Ausdruck durchaus berechtigt (vgl. Kock I 558: „in parodia igitur id dixerat. nam comici πόρρωθεν").

fr. 671 K.–A. (656 K.)

ποῖ κῆχος; :: εὐθὺ Σικελίας

εὐθὺς codd.: corr. Valckenaer

[A.] wohin des Weges? [B.] geradewegs nach Sizilien

Et. magn. p. 682,52
ποῖ κῆχος· ζήτει καὶ τοῦτο· ποῖ κῆχος; εἰς τὸν οὐρανόν. καὶ Ἀριστοφάνης δέ· ——. καὶ παρὰ Φερεκράτει (Pher. fr. 175) καὶ ἀεὶ μὲν παρεζευγμένον εὑρήσεις τὸ ποῖ τῷ κῆχος. Ἐρατοσθένης δὲ λαμβάνει ἐκ ταύτης τῆς συντάξεως· ποῦ ἐγγύς καὶ εἰς τίνα τόπον· ποῦ ἄγχος, ποῦ κῆχος; τὸ πῇ κῇ. πῇ ἐγγύς, πῇ ἄγχος, ὅπερ ἐστὶν ἐν τῷ ἔναγχος, κῆχος. ἔλλειψις ἄρα τοῦ γ κῆχος· ἄγχος ἔχει αὐτὸ ἐν τῷ ἔναγχος

poi kēchos? (,wohin des Weges?'): (unter)suche auch dies: wohin des Weges? in den Himmel. Auch Aristophanes: ——. Und bei Pherekrates: (Pher. fr. 175) und immer wirst du *poi* und *kēchos* verbunden finden. Und Eratosthenes (Erat. fr. 68 Strecker) leitet es aus dieser Konstruktion her: *pou engys* (,wo in der Nähe') und ,zu welchem Ort': *pou anchos* (,wo gerade'), *pou kēchos*? (,wo gerade?'), die Form *pēi kēi*. Die Formen *pēi engys*, *pēi anchos* (,wo in der Nähe', ,wo gerade?'), was genau in *enanchos* [ist], *kēchos*. Mit Ellipse des *g* [d.h. des *n* in **kēnchos*] ergibt sich also *kēchos*: *anchos* hat dasselbe in *enanchos*

Metrum Iambisch (?) (——⏑— ⏑⏕⏑—).

Zitatkontext Die Quelle für das Lemma des *Etymologicum magnum* wird kurz darauf angegeben (Hdn. Π. παθ. [GrGr III.2] p. 295,13 Lentz; vgl. auch Π. προσ. καθ. I [GrGr III.1] p. 513,1 Lentz καὶ Ἀριστοφάνης „ποῖ κῆχος, εὐθὺ Σικελίας" καὶ παρὰ Φερεκράτει „ποῖ κῆχος;" und Π. ὀρθογρ. [GrGr III.2] p. 533,20 Lentz κῆχος· τὸ πῇ κῇ· πῇ ἐγγύς, πῇ ἄγχος, ὅπερ ἐστὶν ἐν τῷ ἔναγχος; p. 572,7 Lentz ποῖ κῆχος οἷον ποῦ γῆς· εἰς τίνα τόπον; Partit. p. 66 Boiss. κῆχος, ἀντὶ τοῦ πρὸ μικροῦ; hiervon hängt auch Hsch. π 2712 ποῖ κῆχος· οἷον ποῦ γῆς. εἰς τίνα τόπον ab; vgl. auch π 3166 ποῦ κῆχος· πῆ γῆς, εἰς τίνα τόπον; sowie κ 2585 κῆχος· τόπος). Weitere, wohl auf Mißverständnissen derselben Komikerstellen basierende Deutungen sind in Zonar. p. 1207,11 (κῆχος. πρὸ ὀλίγου, ἢ ὅπου) bzw. Et. magn. p. 512,23 (κῆχος· ἐπίρρημα· ἀντὶ τοῦ ποῦ) vertreten (Sud. κ 1570 κῆχος ist eine Glosse ohne Interpretamentum).

ζήτει ist in den alphabetisch geordneten Lexika (v.a. *Etymologicum magnum* und *Suda*) ein häufig verwendeter interner Vermerk (mit καὶ τοῦτο nur hier).

Textgestalt Für die Emendation des tradierten εὐθύς (Valckenaer 1739, 91) sprechen die Belege für εὐθύ mit Gen. (vgl. hier unten, zu εὐθὺ Σικελίας; derselbe Eingriff wurde für den tradierten εὐθύς in Eup. fr. 99,84 [*Dēmoi*] εὐθὺ τοῦ ξένου vorgenommen).

Interpretation Zwei nicht identifizierbare Figuren sind im Gespräch: die eine fragt die andere, wohin es denn gehe; die andere gibt Sizilien als ihr Ziel an, und zwar auf einem gradlinigen Weg. Ob hinter der Erwähnung Siziliens irgendeine Pointe steckt, läßt sich nicht bestimmen (zu den Merkmalen der

Einwohner Siziliens gehört hauptsächlich die Schwelgerei; vgl. Göbel 1915, 119–23); genauso wenig ist klar, ob diese Reise reell oder nur imaginiert ist.

ποῖ κῆχος; Das Wort κῆχος (auch in den Varianten κῆγχος – Hsch. κ 2585 – und κηγχός – Apoll. Dysc. Adv. [GrGr II.1] p. 184,9 Schn.) ist etymologisch ungeklärt (Frisk GEW, s. v.: „Volkstümlicher Ausdruck ohne Etymologie“) und kommt ausschließlich im Satz ποῖ κῆχος; vor (sonstiger Beleg Pher. fr. 175 [A.] ποῖ κῆχος; [B.] ἐγγύς, ἡμερῶν γε τεττάρων, mit ironischer Antwort). Bezüglich der genauen Bedeutung dieses Satzes sind die Grammatiker uneins: für die einen heißt es ποῖ γῆς; ‚wohin des Weges?‘ (vgl. das hier oben zitierte Hdn. Π. ὀρθογρ. [GrGr III.2] p. 572,7 Lentz ποῖ κῆχος οἷον ποῦ γῆς· εἰς τίνα τόπον); für die anderen ποῖ δή; ‚wohin denn?‘ (Moer. κ 39 Hansen κῆχος ἀντὶ τοῦ δή Ἀττικοί;).

εὐθὺ Σικελίας Als lok. Adv., gebildet mit dem Gen., im Sinne von ‚geradewegs‘, ‚stracks‘, wohl ein syntaktischer Kolloquialismus (so Willi 2010, 483: „One example [d. h. für ‚syntactic colloquialisms‘ in der Attischen Komödie] ist the quasi-prepositional adverb εὐθύ + gen. ‘(straight) to’, which occurs fifteen times in comedy and only ten times elsewhere in all the rest of classical Attic literature“), wie in Ar. Equ. 254 (εὐθὺ τῶν κυρηβίων), Av. 1421 (εὐθὺ Πελλήνης), Eup. fr. 54 [*Autolykos*] (εὐθὺ τοὐρόφου), fr. 196,1 [*Marikas*] (εὐθὺ πόλεως), Epicr. fr. 9,2 (κεὐθὺ τοῦ καρχησίου); mit nicht örtlichen Begriffen Ar. Pac. 68 (εὐθὺ τοῦ Διός), 301 (εὐθὺ τῆς σωτηρίας), fr. 166 [*Gērytadēs*] (εὐθὺ τοῦ Διονυσίου), Eup. fr. 99,84 [*Dēmoi*] (εὐθὺ τοῦ ξένου), fr. 327,3 (κεὐθὺ τῶν ἀρωμάτων, mit Olson 2014, z. St.: „not attested in elevated poetry and thus apparently colloquial“); für die Prosa vgl. Thuc. VIII 88, Xen. Hell. I 2,11, Plat. Lys. 203a.

fr. 672 K.–A. (443 K.)

βλᾶκες φύγεργοι

βλάκες AB, Et. magn. φυγεργοί AB, Et. magn.: φιλεργοί Et. Sym.: πύγαργοι Hemsterhuys ap. Gaisford

arbeitsunwillige Stumpfsinnige

Et. gen. β 129 Lass.–Liv. (Et. magn. p. 198,57, Et. Sym. β 117)
βλάξ· ὁ εὐήθης καὶ ἀργὸς (μωρὸς Et. Sym.) καὶ ἀνόητος. Ἀριστοφάνης· ——.

blax (‚schlaff‘): der Naive und Faule und Dumme. Aristophanes: ——

Phryn. Praep. soph. p. 53,19
βλάκες· οἱ ἐκλελυμένοι

blakes (‚schlaffe', Nom. Pl.): die Aufgelockerten

Metrum Iambisch (?) (––⏑––).

Zitatkontext Die breitere Umgebung des Zitats enthält u. a. die wohl richtige Etymologie (ἀπὸ τοῦ μαλακός, καὶ τὸ ὑποκοριστικὸν μάλαξ; vgl. hier unten, zu βλᾶκες), die inkorrekte Zuordnung zu Subst. auf -αξ wie βῶμαξ oder πλούταξ (vgl. hier unten, zum Wort) sowie eine Erklärung des Wortes als ursprünglich bezogen auf eine Fischart (ἀπὸ ἰχθύος τινὸς ὁμοίου σιλούρῳ, ἀχρήστου ὄντος ὡς μηδὲ κύνα αὐτῷ χρῆσθαι). Die in den Etymologika vorhandene Autorangabe fehlt beim Attizisten Phrynichos, dessen *Praeparatio sophistica* jedoch in epitomierter Fassung überliefert wird, was es theoretisch ermöglicht, an die Urfassung des Phrynichos als direkte Quelle der späteren lexikographischen Tradition zu denken (vgl. auch Phryn. Ecl. 238 F. λέγε οὖν βλὰξ καὶ βλακικὸν ὡς οἱ ἀρχαῖοι). Phrynichos hielt das Wort für gutes Attisch.

Das lexikographische Interesse für βλάξ und Derivate ist bereits alexandrinisch (Ar. Byz. fr. 16A–D Sl. βλακεύεσθαι, βλάξ*, βλακεύειν*, βλάκες) und setzt sich fort in der attizistischen Tradition, zu der auch Phrynichos, einer der Zitatträger, gehört (vgl. auch Antiatt. p. 84,4 βλάξ, βλακεύειν, βλακεύεσθαι καὶ βλάκες καὶ βλακικῶς [Ar. Av. 1323?], Πλάτων Γοργίᾳ [Plat. Gorg. 488a βλᾶκα], ὁ αὐτὸς Εὐθυδήμῳ [Euthd. 287e βλακείαν], Ἀριστοφάνης Πλούτῳ [Ar. Plut. 325 κατεβλακευμένως?], Paus. att. β 10 Erbse, Ael. D. β 15. 16 Erbse, Erot. β 28,15 Nachm., Phot. β 150–4. 160, Hsch. β 664. 667. 668; vgl. Slater 1986, 13, der bezüglich eines nicht-existierenden Xenophon-Zitats – Ξενοφῶν δὲ βλακεύεσθαι ἔφη τὸ νωθρεύεσθαι – auf die Konfusion in Eust. in Il. p. 1405,35 zwischen der Glosse des Aristophanes von Byzanz und Suet. Π. βλασφ. p. 58,176–8 Taill. hinweist und zu dem Schluß kommt, daß dem Antiatticista, Erotian und Sueton eine vollständigere Liste der ursprünglich von Ar. Byz. behandelten Glossen vorgelegen haben muß).

Textgestalt Gegenüber dem im Et. Sym. tradierten und relativ häufigen φιλεργοί ist φύγεργοι als *lectio difficilior* eindeutig zu bevorzugen. Das πύγαργοι von Hemsterhuys bei Gaisford 1848, z. St. ist kaum vorstellbar: metrisch (wir hätten eine Reihe von fünf Längen), paläographisch (wenig kompatibel mit der *lectio* φιλεργοί), aber v.a. semantisch: der πύγαργος kann eine Antilope (Hdt. IV 192,1) oder eine Art von Adler sein (Aristot. Hist. anim. 618b 19), die wiederum metaphorisch für einen *Feigling* stehen könnte (Soph. fr. 1085 R., eine Glosse): letzterer ist der einzig denkbare Sinn für Aristophanes. Eine

Trennung zwischen βλάκες (Lemma) und φυγεργοί (Interpretamentum) – beide Betonungen wie im Et. gen. und Et. magn. überliefert – nahm van Leeuwen 1902, zu Ar. Av. 1323 (ὡς βλακικῶς διακονεῖς) vor, der das Ganze auch von der Erwähnung des Aristophanes loslöst.

Interpretation Zwei wohl auf Personen (ob weiblich oder männlich, läßt sich nicht sagen) bezogene Epitheta, die Dummheit und Faulheit ausdrücken. Die wahrscheinlichste Kombination ist βλᾶκες Subst. + φύγεργοι Adj., aber die Möglichkeit einer adj. Akkumulation (‚stumpfsinnige arbeitsunwillige'), mit fehlendem Subst. scheidet prinzipiell nicht aus. Beide Wörter sind selten, φύγεργοι sogar einmalig, und verweisen auf eine für die Archaia typische, hochstilisierte Art zu schimpfen – die der *lexeis kōmikai*.

Anhand vom zitierten Antiatt. p. 84,4 (vgl. hier oben, Zitatkontext) dachte Bergk in Meineke II.2 1131 an eine Herkunft des Fragments aus dem *Ploutos* I; die Präsenz von einem Adv. aus dem Verb καταβλακεύεσθαι im zitierten Ar. Plut. 324–5 (ἀσπάζομαι δ' ὁτιὴ προθύμως ἥκετε / καὶ συντεταμένως κοὐ κατεβλακευμένως) dürfte jedoch ausreichen, um die Erwähnung des aristophanischen *Plutos* zu rechtfertigen: auch das unmittelbar davor erwähnte Plat. Euthd. 287e wird für eine Form angeführt (βλακείαν), die sich mit denen beim Antiatticista nicht wörtlich überschneidet.

βλᾶκες Das hier (wie in Xen. Oec. 8,16 θεὸς [...] κολάζει τοὺς βλᾶκας) substantivierte Adj. βλάξ ‚schlaff', ‚stumpfsinnig', ‚dumm' (wahrscheinlich mit μαλακός verwandt und somit keine sekundäre Ableitung vom Typ auf -ᾱξ; vgl. Frisk GEW, s. v.), ist v.a. in der att. Prosa vertreten, nicht selten gepaart mit Synonymen (vgl. Heraclit. VS 22 B 87, Plat. Gorg. 488a, Xen. Cyrop. I 4,12 βλάξ τε καὶ ἠλίθιος γένωμαι, zitiert bei einem der Zitatträger direkt vor Aristophanes-Fragment, Aristot. EE 1247a 18 βλάξ καὶ ἄφρων). In der Komödie sonst nur im Adv. κατεβλακευμένως (Ar. Plut. 325; vgl. hier oben, Interpretation). Es ist auch ein geringwertiger Fisch (so definiert in Erot. β 28,16 Nachm.: ὃς ἐν τῷ συνουσιάζειν δυσαπολύτως ἔχει; vgl. Strömberg 1943, 33–4).

φύγεργοι Ein Hapax, vielleicht mit dem Status einer komischen Lexis. Das einzige weitere Kompositum mit -εργος als Hinterglied und einem verbalen Element als Vorderglied ist φιλεργός ‚fleißig' (z. B. Dem. 36,44), das als Grundlage für φύγεργος gedient haben mag und wofür dieses das exakte Antonym bietet. Vergleichbare Komposita mit dem verbalen φυγ- und einem nominalen Hinterglied sind hingegen viel zahlreicher, und gehören zumeist der hochpoetischen Sprache (semantisch gruppiert: φυγόπονος, das φύγεργος am nächsten steht, φυγόμαχος, das hom. φυγοπ(τ)όλεμος und das tragische φυγαίχμας, φυγόπολις und φυγόπατρις, das epische φυγόδεμνος bzw. -δέμνιος und φυγόλεκτρος, das lyrische φυγόξενος, φυγανθρωπίη und φυγαρσενίη, φυγοδικεῖν und φυγαρχεῖν).

fr. 673 K.–A. (660 K.)

πόσος ἐσθ' ὁ καῦνος;

πόστος? Kaibel καύνος V: καῦνος Kassel–Austin

wieviel ist das Los?

schol. vet. (VΓ) et Tricl. (Lh) Ar. Pac. 1081a
διακαυνιάσαι: ἢ διακληρώσασθαι [...] καῦνον γὰρ τὸν κλῆρόν φασιν (λέγουσιν V). καὶ ἐν ἄλλοις· ——

diakauniasai (‚zuteilen', ‚zulosen'): oder *diaklērōsasthai* (‚zuteilen', ‚zulosen') [...] Sie nennen nämlich *kaunos* (‚Los') den *klēros* (‚Los'). Auch an anderen Stellen: ——

Metrum Iambisch (?) (⏖–⏑– ⏓).

Zitatkontext Um die außer in Ar. Pac. 1081–2 (ἢ διακαυνιάσαι πότεροι κλαυσούμεθα μεῖζον, / ἐξὸν σπεισαμένοις κοινῇ τῆς Ἑλλάδος ἄρχειν;) unbezeugte Verbform διακαυνιάζειν zu erklären, rekurriert der Scholiast auf zwei Komödienzitate: auf das Aristophanes-Fragment folgt nämlich Cratin. fr. 207 [*Pytinē*] (ἀπὸ ποτέρου τὸν καῦνον ἀριθμήσεις;, zu dem Kaibel in Kassel–Austin z. St.: „ego non satis intellego"). Von der anschließend vorgeschlagenen Etymologisierung (ἀντὶ τοῦ „κληρωθῆναι" ὡς τῶν Καυνίων μάλιστα χρωμένων· ὡς καὶ σιφνιάζειν καὶ λεσβιάζειν) hängt auch Et. gen. AB (Et. magn. p. 267,18) ab, während das Kratinos-Fragment ebenfalls in Hdn. Π. προσ. καθ. (cod. rescr. Vind. hist. gr. 10) fr. 28,2 Hunger in einer Diskussion über Wörter in -αυνος wieder auftaucht. Zu weiteren lexikographischen Behandlungen von *kaunos* vgl. hier unten, Interpretation.

Textgestalt Kaibel in Kassel–Austin z. St. fragt sich, ob statt des tradierten πόσος das Pronomen πόστος ‚der Wievielte' nicht zu bevorzugen sei (zu πόστος in der Komödie vgl. etwa Ar. fr. 169 [*Gērytadēs*] πόστην [d. h. γραμμήν] ἥλιος τέτραπται;).

Interpretation Beim Subst. unklarer Herkunft καῦνος (vgl. Chantraine DÉLG, s. v. [1], der an das aksl. *kŭšĭ* ‚Los' denkt), das nur in den beiden Komikerfragmenten belegt ist (vgl. hier oben, Zitatkontext) und in der spärlichen lexikographischen Tradition als κλῆρος erklärt wird (Hsch. δ 1043 διακαυνιάσαι· διακληρώσασθαι· καυνὸς γὰρ ὁ κλῆρος; vgl. Zonar. p. 542,16 διακαυνιάσαι· κληρώσασθαι· καυνὸς γὰρ ὁ κλῆρος), ist nicht einmal der Akzent sicher (καῦνος bzw. καυνός). Oxyton ist mit Sicherheit das etymologisch nicht verwandte Adj. καυνός (Chantraine DÉLG s. v. [2], das wohl u. a. mhd. *Hohn* nahesteht; zum Akzent vgl. Hdn. Π. προσ. καθ. I [GrGr III.1] p. 178,4 Lentz τὰ εἰς νος διφθόγγῳ παραληγόμενα τῇ διὰ τοῦ υ μονογενῆ ὀξύνονται, καυνός καὶ Καυνός πόλις Καρίας ὁμοφώνως τῷ οἰκιστῇ; Kaunos ist eine Stadt Kariens, die etymologisch weder mit dem Subst. noch mit dem Adj. zu tun hat). Die kontaminierte Glosse Hsch. κ 1916 (καυνός· κακός. σκληρός κλῆρος), die zu Recht unter Verdacht steht, eine Dittographie zu enthalten, stellt beide (Subst. und Adj.) auf einmal dar (vgl. auch Frisk GEW, s. v.).

Zu einer möglichen Kontextualisierung des Wortes bei Kratinos und Aristophanes vgl. Biles 2002, 196: „In this case the troublesome term *kaunos* represents metaphorically the verdict which Comedy or Cratinus eagerly awaits, while the entire situation points to the fully developed court scene suggested by the other fragments. Thus the debate was not only a formal exchange, as agons by definition are, but one that allowed the litigation threatened by Comedy to play out fully in a private setting" (mit A. 88: „Σ *Peace* 1081, which cites this fragment, equates *kaunos* with *klēros*. But strictly speaking one does not count a lottery (true in Greek as in English), whereas here in *Pytine* and Aristophanes fr. 673, counting is involved. *Peace* 1081 is the only passage that can be independently assessed, and here Aristophanes might simply intend the verb *kauniasai* to humorously represent the idea of chance in the process of drawing lots, while this basic idea applies equally well to disputants awaiting the outcome of a vote. Olson (1998, 1081–82 n.) recognizes the problem and proposes that a *kaunos* represents the outcome of a dice game like *astragaloi*"). Kock I 555 denkt an den Beginn eines 3ia.

fr. 674 K.–A. (653 K.)

φαύλως φέρει νῦν τὸ κακόν

kaum kümmert er/sie sich nun um das Übel

Eust. in Il. p. 1357,1
λέγεται δέ, φασί, φαῦλον καὶ τὸ ἁπλοῦν καὶ μέτριον, καὶ φαύλως τὸ ἁπλῶς καὶ ἡσυχῇ. Ἀριστοφάνης ——

Und *phaulos* kann auch, sagen sie, ‚einfach' und ‚mäßig' heißen, und das Adverb *phaulōs* ‚einfach' und ‚leicht'. Aristophanes: ——

Metrum Iambisch (?) (——⏑——⏖⏓).

Zitatkontext Das Adj. φαῦλος (und das entsprechende Adverb) wird von Eustathios – in einer Diskussion, die von Hom. Ω 420 (οὐδέ ποθι μιαρός) ausgeht – als Beispiel für Wörter angeführt, die ursprünglich ambivalent waren, und später (d. h. im nachhomerischen Usus) eine negative Bedeutung angenommen haben (σημείωσαι δὲ ὅτι πολλαὶ λέξεις, πάλαι ποτὲ μέσως λεγόμεναι, ὕστερον ἐπὶ οὐκ ἀγαθῷ ἐδέχθησαν; unmittelbar vor φαῦλος ist von ἅγιος die Rede, ein Wort, das außer dem positiven Sinn von καθαρός auch den negativen von μιαρός erwerben wird).

Die ganze Palette der Bedeutungen von φαύλως, deren direkte Synonyme μοχθηρῶς und φλαύρως sind, bietet Poll. IV 14. Auf die Verwendungsmöglichkeiten des Adv. bei Aristophanes – immer im Sinne von ‚einfach', ‚leicht' – bezieht sich Sud. φ 145 (φαύλως· εὐκόλως, εὐμαρῶς. Ἀριστοφάνης. εἴθε φαύλως, ὥσπερ εὗρες, ἐκβάλοις τὴν ἔνθεσιν [Ar. Equ. 404]. ἔνθεσις ὁ ψωμός. καὶ φαύλως, τὸ εὐχερῶς καὶ ἄνευ καμάτου. Ἀριστοφάνης· οὐκ ἂν φαύλως ἔτυχε τούτου [Equ. 509]. ὦ δαιμόνιε, τὰ θεῖα μὴ φαύλως φέρε [Av. 961]. τουτέστι μὴ ἀηδίζου ἐπὶ τοῖς χρησμοῖς. εἰπόντος γὰρ ὅτι χρησμολόγος εἰμί, ἔφη· οἴμωζε νῦν), die das Fragment jedoch außer Acht läßt (vgl. auch schol. Ar. Av. 961 μὴ φαύλως φέρε· ἀντὶ τοῦ μὴ ἀηδίζου ἐπὶ τῷ χρησμῷ).

Interpretation Jemand konstatiert, daß jemand anders (das Geschlecht läßt sich nicht bestimmen) gerade in dem Augenblick, in dem der Sprecher redet, sich um irgendeine üble (private oder öffentliche) Angelegenheit kaum kümmert, daß er sie geringschätzt. Inwieweit das νῦν zu emphatisieren ist, im Sinne einer sinistren Vorahnung durch den Sprecher, daß sich die von der geschilderten Person *jetzt* unterschätzte Situation doch irgendwann zu deren Ungunsten ändern könnte, läßt sich nur vermuten.

Die Verbindung vom Adv. φαύλως mit dem Verb φέρειν hat die Bedeutung von ‚außer Acht lassen', ‚geringschätzen' (für das Adj. im Sinne von ‚irrelevant', ‚unwichtig' vgl. etwa Eur. Suppl. 317, von πόνος, Ar. Equ. 213, von ἔργον, Lys. 14, von πρᾶγμα), wie die sonstigen Belege (alle aus dem Drama des 5. Jh. v. Chr.) zeigen: Eur. IA 850 (ἀλλ' ἀμελίᾳ δὸς αὐτὰ καὶ φαύλως φέρε: so reagiert Achill auf das ihm von Klytaimestra bekannt gemachte Gerücht, er solle ihre Tochter Iphigeneia heiraten; die beiden Ausdrücke sind synonym und heißen eindeutig ‚das soll dir völlig egal sein'), 897 (τὸ δ' ἐμὸν οὐ φαύλως φέρω: wiederum sagt Achill zu Klytaimestra, er habe zwar von ihrem Unglück erfahren, die Sache – das Gerücht um seine Hochzeit mit Iphigeneia – sei ihm jedoch auch nicht gleichgültig) und das bereits erwähnte Ar. Av. 961 (ὦ δαιμόνιε, τὰ θεῖα μὴ φαύλως φέρε: der Orakeldeuter rät Peisetairos davon ab, die göttlichen Angelegenheiten – in diesem Fall ein Bakis-Orakel über Nephelokokkygia – zu bagatellisieren). Der Ausdruck φαύλως φέρειν heißt also ‚auf die leichte Schulter tragen' (so LSJ s. v.: „to bear lightly") und ist insofern mit ῥᾳδίως (bzw. χαλεπῶς) φέρειν vergleichbar (zur Partizipialkonstruktion dieser Ausdrücke – wie bei sonstigen Verba affectuum – vgl. Kühner–Gerth II.2 53). Das substantivierte κακόν für ‚Übel' ist in der Komödie und generell in der att. Alltagssprache äußerst häufig vertreten und kann persönlicher, aber auch öffentlich-politischer Natur sein.

Literatur

Editionen der Zitatträger

Ammon. De adfin. voc. diff. = Ammonii qui dicitur liber de Adfinium vocabulorum differentia. Edidit K. Nickau, Stuttgart / Leipzig 1966.

anon. in Aristot. Rhet. = Commentaria in Aristotelem Graeca. Edita consilio et auctoritate Academiae litterarum regiae Borussicae. Vol. XXI 2: Anonymi et Stephani in Artem rhetoricam commentaria. Edidit H. Rabe, Berolini 1896.

An. Par. I = Anecdota Graeca e codd. manuscriptis Bibliothecae Regiae Parisiensis. I. Edidit J. A. Cramer, Oxonii 1839.

arg. Ar. Pac. = Scholia vetera et recentiora in Aristophanis Pacem. Edidit D. Holwerda, Groningae 1982.

arg. Ar. Vesp. = Scholia vetera et recentiora in Aristophanis Vespas. Edidit W. J. W. Koster, Groningae 1978.

Aristot. Rhet. = Aristotelis Ars rhetorica. Recognovit brevique adnotatione critica instruxit W. D. Ross, Oxford 1959.

Athen. = Athenaei Naucratitae Deipnosophistarum libri XV. Edidit G. Kaibel, Lipsiae 1887–1890; epitomen librorum III–XV edidit S. P. Peppink, Lugduni Bat. 1937–1939; librorum I–II (sola epitome traditorum) post Kaibelium edidit A. M. Desrousseaux, Parisiis 1956.

CGFP = Austin 1973.

Choerob. in Theodos. can. = Theodosii Alexandrini Canones. Georgii Choerobosci Scholia. Sophronii patriarchae Alexandrini Excerpta. Recensuit et apparatum criticum indicesque adiecit A. Hilgard (Grammatici Graeci IV.1: Theodosii Canones et Choerobosci Scholia in Canones nominales continens), Lipsiae 1889 (= Hildesheim 1965).

CLGP 27 = Montana 2012^2.

CLGP 28 = Montana 2012^2.

CLGP 29 = Montana 2012^2.

Dio Chrys. or. = Dionis Prusaensis quem vocant Chrysostomum quae exstant omnia. Edidit et apparatu critico instruxit J. von Arnim, Berolini 1893–1896.

Erot. = Erotiani Vocum Hippocraticarum collectio cum fragmentis. Recensuit E. Nachmanson, Upsaliae 1918.

Et. gen. = Etymologicum magnum genuinum. Symeonis etymologicum una cum magna grammatica. Etymologicum magnum auctum. Synoptice ediderunt F. Lasserre – N. Livadaras. Vol. I (α–ἀμωσγέπως), Roma 1976; Vol. II (ἀνά–βώτορες), Ἀθῆναι 1992.

Et. gen. AB = Etymologicum genuinum ('codicum AB lectiones suppeditavit K. Alpers' in PCG).

Et. magn. = Gaisford 1848.

Eust. in Il. = Eustathii Archiepiscopi Thessalonicensis commentarii ad Homeri Iliadem pertinentes edidit M. van der Valk, Lugduni Bat. 1971–1987.

Eust. in Od. = Eustathii Archiepiscopi Thessalonicensis commentarii ad Homeri Odysseam ad fidem exempli Romani editi [a G. Stallbaum], Lipsiae 1825–1826 (= Hildesheim 1970).

Galen. in Hipp. De fract. lib. comm. = In Hippocratis librum de fracturis commentarii iii. Edidit C. G. Kühn (Claudii Galeni opera omnia. Vol. XVIII 2), Lipsiae 1830 (= Hildesheim 1965), 318–628.

Harp. in cod. Marc. gr. 444 = Keaney 1967, 213.

Hdn. Π. προσ. καθ. (cod. rescr. Vind. hist. gr. 10) = Hunger 1967, 9. 15.

Hsch. = Hesychii Alexandrini Lexicon. Edidit K. Latte. Vol. I–II (Α–Ο), Hauniae 1953–1966; Vol. III (Π–Σ): editionem post K. Latte continuans recensuit et emendavit P. A. Hansen, Berolini / Novi Eboraci 2005; Vol. IV (Τ–Ω): editionem post K. Latte continuantes recensuerunt et emendaverunt P. A. Hansen / I. C. Cunningham, Berolini / Novi Eboraci 2009.

Ioann. Alex. De accent. = Ioannes Alexandrinus. De accentibus. Edidit Guil. Dindorf, Lipsiae 1825.

Lex. Vindob. = Lexicon Vindobonense. Recensuit et adnotatione critica instruxit A. Nauck, Petropoli / Lipsiae 1867 (= Hildesheim 1965).

P. Amh. II 13 = Grenfell–Hunt 1901, 4–5 + CLGP 29 = Montana 2012^2.

P. Flor. II 112 = Comparetti 1908, 9–18 + CLGP 28 = Montana 2012^2.

P. Oxy. II 212 = Grenfell–Hunt 1899, 20–23.

P. Oxy. XI 1403 = Grenfell–Hunt 1915, 247.

P. Oxy. XXXV 2737 = Lobel 1968, 39–45 + CLGP 27 = Montana 2012^2.

Phot. = Theodoridis 1982–2013.

Phryn. Ecl. = Die Ekloge des Phrynichos. Herausgegeben von E. Fischer, Berlin / New York 1974.

Phryn. Praep. soph. = Phrynichi Sophistae Praeparatio Sophistica. Edidit J. A. de Borries, Lipsiae 1911.

Plut. Comp. Ar. et Men. = Comparationis Aristophanis et Menandri compendium (853a–854d), in: Plutarch's Moralia. Vol. 10. Edited by H. N. Fowler. Cambridge (MA) 1936 (= 1969), 462–472.

Poll. = Bethe 1900–1937.

Priscian. inst. gramm. = Prisciani Grammatici Caesariensis Institutionum grammaticarum libri XVIII. Ex recensione M. Hertzii. Vol. II (libros XIII–XVIII continens) Lipsiae 1859.

Proleg. de com. = Prolegomena de comoedia. Edidit W. J. W. Koster, Groningae 1975.

Satyr. Vit. Eur. = Schorn 2004.

schol. Ar. Equ. = Scholia vetera in Aristophanis Equites. Edidit D. M. Jones; scholia Tricliniana in Aristophanis Equites. Edidit N. G. Wilson, Groningae / Amstelodami 1969.

schol. Ar. Pac. = Scholia vetera et recentiora in Aristophanis Pacem. Edidit D. Holwerda, Groningae 1982.

schol. Ar. Ran. = Scholia vetera in Aristophanis Ranas. Edidit M. Chantry, Groningae 1999.

schol. Eur. Hipp. = Scholia in Euripidem. Collegit, recensuit, edidit E. Schwartz. Vol. II (Scholia in Hippolytum, Medeam, Alcestin, Andromacham, Rhesum, Troades), Berolini 1891.
schol. Eur. Med. = Scholia in Euripidem. Collegit, recensuit, edidit E. Schwartz. Vol. II (Scholia in Hippolytum, Medeam, Alcestin, Andromacham, Rhesum, Troades), Berolini 1891.
schol. Lycophr. Alex. = Lycophronis Alexandra. II (scholia continens). Recensuit E. Scheer, Berolini 1958², 1–398.
schol. Oribas. collect. med. = Collectiones medicae (libri incerti). Ed. J. Raeder, Oribasii collectionum medicarum reliquiae. IV (Corpus medicorum Graecorum VI 2.2), Lipsiae 1933, 75–180 (= Amsterdam 1964).
schol. Plat. Soph. = Scholia Platonica. Contulerunt atque investigaverunt F. d. F. Allen, J. Burnet, C. P. Parker. Omnia recognita praefatione indicibusque instructa edidit W. C. Greene, Haverford (PA) 1938 + Cufalo 2007.
Steph. Byz. = Stephani Byzantii Ethnica. Recensuit Germanice vertit adnotationibus indicibusque instruxit M. Billerbeck adiuvantibus J. F. Gärtner, B. Wyss, C. Zubler. Vol. 2 (δ–ι), Berolini / Novi Eboraci 2011.
Sud. = Adler 1928–1938.
Synag. = Synagoge. Συναγωγὴ λέξεων χρησίμων. Texts of the Original Version and of Ms. B. Edited by I. C. Cunningham, Berlin / New York 2003.
Theognost. = Theognosti Canones, in: Anecdota Graeca e codd. manuscriptis bibliothecarum Oxoniensium. II. Edidit J. A. Cramer, Oxonii 1835, 1–165.
Vit.¹ Ar. = PCG III.2 1–4 (test. 1).
Vit.² Ar. = Prolegomena de comoedia. Edidit W. J. W. Koster, Scholia in Aristophanem I 1 A, Groningae 1975.
Vit. Eur. = Γένος Εὐριπίδου, in: Scholia in Euripidem. Collegit, recensuit, edidit E. Schwartz. Vol. I (Scholia in Hecubam Orestem Phoenissas), Berolini 1887 [S. 1–8].
Vit. Soph. = Vita Sophoclis, in TrGF 4, 29–40.
Zonar. = Tittmann 1808.

Zitierte Literatur

Adler, A. (1928–1938): Suidae Lexicon. Edidit A. A., Lipsiae.
Aigner, T. / Mauritsch-Bein, B. / Petermandl, W. (2002): Laufen. Texte, Übersetzungen, Kommentar, Köln / Weimar.
Allen, T. W. (1901): Rez. Grenfell–Hunt 1901, CR 15, 425–426.
Alpers, K. (1981): Das attizistische Lexikon des Oros. Untersuchung und kritische Ausgabe der Fragmente, Berlin / New York.
Amyx, D. A. (1958): The Attic Stelai. Part III. Vases and Other Containers, Hesperia 27, 163–254.
AntTrDr = Bagordo 1998.
von Arnim, H. (1913): Aus Satyros' Leben des Euripides, in: H. v. A., Supplementum Euripideum, Bonn, 3–9.

Arnott, W. G. (1996): Alexis: The Fragments. A Commentary, Cambridge.
Arnott, W. G. (2007): Birds in the Ancient World from A to Z, London / New York.
Arrighetti, G. (1964): Satiro. Vita di Euripide. A cura di G. A., Pisa.
Austin, C. (1973): Comicorum Graecorum fragmenta in papyris reperta. Edidit C. A., Berlin / New York.
Austin, C. / Olson, S. D. (2004): Aristophanes. Thesmophoriazusae. Edited with Introduction and Commentary by C. A. and S. D. O., Oxford / New York.
Bachmann, L. (1830): Lycophronis Alexandra. Ad fidem codd. mss. recensuit, paraphrasin ineditam, scholia minora inedita et indices locupletissimos addidit L. B., Lipsiae.
Bachmann, O. (1878): Conjecturarum observationumque Aristophanearum Specimen I, Gottingae.
Bagordo, A. (1998): Die antiken Traktate über das Drama. Mit einer Sammlung der Fragmente, Stuttgart / Leipzig.
Bagordo, A. (2000): Teognide 769-772 e il lessico metaletterario arcaico, SemRom 3, 183–203.
Bagordo, A. (2001): Beobachtungen zur Sprache des Terenz. Mit besonderer Berücksichtigung der umgangssprachlichen Elemente, Göttingen.
Bagordo, A. (2002): Philokles' Lieder (Ar. Vesp. 462), in: A. Ercolani (Hg.), Spoudaiogeloion. Form und Funktion der Verspottung in der aristophanischen Komödie, Stuttgart / Weimar, 317–325.
Bagordo, A. (2003): Reminiszenzen früher Lyrik bei den attischen Tragikern. Beiträge zur Anspielungstechnik und poetischen Tradition, München.
Bagordo, A. (2013): Telekleides. Einleitung, Übersetzung, Kommentar, (Fragmenta Comica 4) Heidelberg.
Bagordo, A. (2014a): Alkimenes – Kantharos. Einleitung, Übersetzung, Kommentar, (Fragmenta Comica 1.1) Heidelberg.
Bagordo, A. (2014b): Leukon – Xenophilos. Einleitung, Übersetzung, Kommentar, (Fragmenta Comica 1.2) Heidelberg.
Bastianini, G. / Haslam, M. / Maehler, H. / Montanari, F. / Römer, C. E. (2012^2): Commentaria et lexica Graeca in papyris reperta (CLGP). Ediderunt G. B. / M. H. / H. M. / F. M. / C. E. R. Pars I (Commentaria et lexica in auctores). Vol. 1 (Aeschines – Bacchylides). Fasc. 4 (Aristophanes – Bacchylides). Editio altera, Berlin / Boston (1. Ed.: Berlin / New York 2006).
Battistini, O. (2007): Aristote, le vin pur et la mélancolie, in: F. Argod-Dutard / P. Charvet / S. Lavaud (Hg.), Voyage au pays du vin. Histoire, anthologie, dictionnaire, Paris, 180–190.
Beavis, I. C. (1988): Insects and other Invertebrates in Classical Antiquity, Exeter.
Belardinelli, A. M. (1994): Menandro. Sicioni. Introduzione, testo e commento a c. di A. M. B., Bari.
Bergk, T. (1838): Commentationum de reliquiis comoediae Atticae antiquae libri duo, Lipsiae.
Beta, S. (2004): Il linguaggio nelle commedie di Aristofane. Parola positiva e parola negativa nella commedia antica, Roma.
Bethe, E. (1900–1937): Pollucis Onomasticon. Edidit E. B. Vol. I (1900); II (1931); vol. III (1937), Lipsiae.

Bianchi, F. P. (2015): Cratino. *Archilochoi – Empipramenoi*. Introduzione, traduzione, commento, (Fragmenta Comica 3.2) Heidelberg.
Bianchi Bandinelli, R. (Hg.) (1958–1985): Enciclopedia dell'arte antica, classica e orientale, Roma.
Biles, Z. P. (2002): Intertextual Biography in the Rivalry of Cratinus and Aristophanes, AJPh 123, 169–204.
Björck, G. (1950): Das Alpha impurum und die tragische Kunstsprache. Attische Wort- und Stilstudien, Uppsala.
Blass, F. (1901): Rez. Grenfell–Hunt 1901, LZ 52, 1769.
Blaydes, F. H. M. (1885): Aristophanis deperditarum comoediarum fragmenta. Ed. F. H. M. B., Halis Sax.
Blaydes, F. H. M. (1890): Adversaria in Comicorum Graecorum fragmenta. Pars I. Secundum editionem Meinekianam, Halis Sax.
Blaydes, F. H. M. (1896): Adversaria in Comicorum Graecorum fragmenta. Pars II. Secundum editionem Kockianam, Halis Sax.
Blümner, H. (1879–1912^2): Technologie und Terminologie der Gewerbe und Künste bei Griechen und Römern. I, Leipzig / Berlin 1912^2 (1. Aufl. 1875); II: 1879; III: 1884; IV: 1886.
Blümner, H. (1891): Studien zur Geschichte der Metapher im Griechischen. 1. Heft: Über Gleichniss und Metapher in der Attischen Komödie, Leipzig.
Bochart, S. (1646): Geographia sacra, Cadomi.
Bond, G. W. (1981): Euripides. Heracles. Edited with Introduction and Commentary by G. W. B., Oxford.
Bossi, F. (1986): Studi sul Margite, Ferrara.
Bothe, F. H. (1805): Aeschyli dramata quae supersunt et deperditorum fragmenta Graece et Latine. Recensuit et brevi annotatione critica illustravit F. H. B., Lipsiae.
Bothe, F. H. (1844): Aristophanis dramatum fragmenta. Recensuit et annotatione instruxit F. H. B, Lipsiae.
Brandt, H. (2002): Wird auch silbern mein Haar. Eine Geschichte des Alters in der Antike, München.
Brazda, M. K. (1977): Zur Bedeutung des Apfels in der antiken Kultur, Diss. Bonn 1977.
Bremmer, J. (1983): Scapegoat Rituals in Ancient Greece, HSPh 87, 299–320.
Brommer, F. (1987): Gefässformen bei Autoren des 5. Jhdts. v. Chr., Hermes 115, 1–21.
Broneer, O. (1938): Excavations on the North Slope of the Acropolis, Hesperia 7, 161–263.
Brunck, R. F. P. (1783): Aristophanis comoediae. Ex optimis exemplaribus emendatae, cum versione Latina, variis lectionibus, notis, et emendationibus. Accedunt deperditarum comoediarum fragmenta, et index verborum, nominum propriorum, phrasium, et praecipuarum particularum, Argentorati.
Brunn, H. (1856): Geschichte der griechischen Künstler. T. 2, Abt. 1, Braunschweig.
Büchsenschütz, B. (1869): Die Hauptstätten des Gewerbfleisses im klassischen Alterthume, Leipzig (= Amsterdam 1967).
Bühler, W. (1968): Rez. K. Alpers, Theognostos. Περὶ ὀρθογραφίας. Überlieferung, Quellen und Text der Kanones 1–84, Hamburg 1964, Gn 40, 1968, 659–663.

Bühler, W. (1973): Eine Theognosthandschrift aus der Zeit um 1000 auf Patmos, JÖByz 22, 49–92.

Burkert, W. (1979): Structure and History in Greek Mythology, Berkeley.

Burkert, W. (1981): Glaube und Verhalten. Zeichengehalt und Wirkungsmacht von Opferritualen, in: J. Rudhardt / O. Reverdin (Hgg.), Le sacrifice dans l'antiquité, EntrHardt 27, Vandœuvres / Genève, 91–125.

Burkert, W. (1997^2): Homo Necans. Interpretationen altgriechischer Opferriten und Mythen, Berlin / New York (1. Aufl. 1972).

Burkert, W. (2007): Kleine Schriften. Bd. 7 (Tragica et historica). Hg. von W. Rösler, Göttingen.

Bussemaker, U. C. / Daremberg, C. (1862): Œuvres d'Oribase, texte grec en grande partie inédit collationné sur les manuscrits, traduit pour la première fois en français [...] par les Drs B. et D. Tome 4ème, Paris.

Butler, S. (1816): Aeschyli tragoediae quae supersunt, deperditarum fabularum fragmenta et scholia Graeca ex editione Th. Stanleii [...] Accedunt variae lectiones et notae vv. dd. criticae ac philologicae, quibus suas passim intertextuit S. B. Tom. VIII, Cantabrigiae.

Butrica, J. (2001): The Lost *Thesmophoriazusae* of Aristophanes, Phoenix 55, 44–76.

Buttrey, T. V. (1977): Ὑπο- in Aristophanes and ὑποκριτής, GRBS 18, 5–23.

Calcaterra, E. (2009): Ecate Signora dei limina. Una rilettura delle fonti più antiche, Mythos 3, 93–115.

Callanan, C. K. (1987): Die Sprachbeschreibung bei Aristophanes von Byzanz, Göttingen.

Cameranesi, R. (1987): L'attrazione sessuale nella commedia attica antica, QUCC 26, 37–47.

Campagner, R. (2001): Lessico agonistico di Aristofane, Roma / Pisa.

Canfora, L. (2001): Ateneo. I Deipnosofisti. I dotti a banchetto. Prima traduzione italiana commentata su progetto di L. C. Introduzione di C. Jacob. Vol. I–IV. Traduzioni e commenti a cura di R. Cherubina (libri IX 1–31; X; XI), L. Citelli (libri IV; XIV), M. L. Gambato (libri I; XII; XIII), E. Greselin (comm. libro III), A. Marchiori (libri II; V; VII; VIII), A. Rimedio (libri VI; IX 32–80; XV), M. F. Salvagno (trad. libro III), Roma.

Carbone, G. (2005): Tabliope. Ricerche su gioco e letteratura nel mondo greco-romano, Napoli.

Carlini, A. (1986): Papiri letterari greci della Bayerische Staatsbibliothek di Monaco di Baviera. A cura di A. C., Stuttgart.

Carrière, J.-C. (2000): L'Aristophane perdu. Une introduction aux trente-trois comédies disparues avec un choix de fragments traduits et commentés, in: Le théâtre grec antique. La comédie (Actes du 10ème colloque de la Villa Kérylos à Beaulieu-sur-Mer les 1er & 2 octobre 1999), Paris, 197–236.

Casolari, F. (2003): Die Mythentravestie in der griechischen Komödie, Münster.

Cassio, A. C. (1977): Aristofane. Banchettanti (Δαιταλῆς). I frammenti, Pisa.

Cassio, A. C. (1981): A 'Typical' Servant in Aristophanes (Pap. Flor. 112, Austin 63, 90ff.), ZPE 41, 17–18.

Cassio, A. C. (1985): Two Studies on Epicharmus and His Influence, HSPh 89, 37–51.

Cassio, A. C. (1991): Ἀνάγκη = clessidra? (Aristoph. fr. 601 Kassel - Austin), in: Studi di filologia classica in onore di Giusto Monaco I, Palermo, 299–302.
Cavallo, G. (1986): Conservazione e perdita dei testi greci: fattori materiali, sociali, culturali, in: A. Giardina (Hg.), Tradizione dei classici. Trasformazioni della cultura, in: Società romana e impero tardoantico. IV, Bari, 83–172 (= G. Cavallo, Dalla parte del libro. Storie di trasmissione dei classici, Urbino 2002, 49–175).
Cavallo, G. / Maehler, H. (1987): Greek Bookhands of the Early Byzantine Period, A.D. 300–800, London.
CGFP = Austin 1973.
Chantraine, P. (1933): La formation des noms en grec ancien, Paris.
Ciriello, S. (1989): Aristofane, fr. 592 K.-A.: *Lemnie*?, Sileno 16, 83–88.
CLGP 27 = Montana 2012².
CLGP 28 = Montana 2012².
CLGP 29 = Montana 2012².
Cobet, C. G. (1855): Variae Lectiones. Pars Secunda, Mn 4, 97–136; 233–280.
Cobet, C. G. (1856): Variae Lectiones (Continuantur e V. pag. 112), Mn 5, 181–272.
Cobet, C. G. (1858): Novae Lectiones quibus continentur Observationes Criticae in Scriptores Graecos (repetita ex Mnemosyne Bibliotheca Philologica Batava), Lugduni Bat.
Cobet, C. G. (1861): Ad Photii lexicon, Mn 10, 50–94.
Cohen, B. (1997): Divesting the Female Breast of Clothes in Classical Sculpture, in: A. O. Koloski-Ostrow / C. L. Lyons (Hgg.), Naked Truths. Women, Sexuality and Gender in Classical Art and Archaeology, London / New York, 66–92.
Cohn, L. (1884): Untersuchungen über die Quellen der Plato-Scholien, Leipzig.
Collard, C. (2005): Colloquial Language in Tragedy: A Supplement to the Work of P. T. Stevens, CQ 55, 350–386.
Comparetti, D. (1908): Papiri Greco-Egizii. Papiri Fiorentini. II. Per cura di D. C., Milano.
Compton, T. M. (2006): Victim of the Muses. Poet as Scapegoat, Warrior, and Hero in Greco-Roman and Indo-European Myth And History, Washington DC.
Cooper, F. A. (1996) (Hg.): The Temple of Apollo Bassitas 1 (The Architecture), Princeton (NJ).
Crönert, W. (1901): Litterarische Texte mit Ausschluß der christlichen, APF 1, 502–539.
Crönert, W. (1908): Rez. Comparetti 1908, LZB 59, 1199–1201.
Cufalo, D. (2007): Scholia Graeca in Platonem, I. Scholia ad dialogos tetralogiarum I–VII continens. Edidit D. C., Roma.
Dalby, A. (2003): Food in the Ancient World from A to Z, London / NewYork.
Daremberg, C. / Saglio, E. (1873): Dictionnaire des antiquités grecques et romaines. Ouvrage rédigé [...] sous la direction de C. D. et E. S. I.1 (A–B), Paris.
Davidson, J. N. (1993): Fish, Sex and Revolution in Athens, CQ n.s. 43, 53–66.
De Angelis, A. (2010): Il vento senz'ossa: su alcuni aspetti della rappresentazione teriomorfa dei fenomeni atmosferici e un passo degli Erga esiodei, in: N. Prantera / A. Mendicino / C. Citraro (Hgg.), Parole. Il lessico come strumento per organizzare e trasmettere gli etnosaperi, Rende, 329–350.
Decker, W. (2012²): Sport in der griechischen Antike. Vom minoischen Wettkampf bis zu den Olympischen Spielen, Hildesheim.

Delneri, F. (2006): I culti misterici stranieri nei frammenti della commedia attica antica, Bologna.
Demiańczuk, J. (1912): Supplementum comicum. Comoediae Graecae fragmenta post editiones Kockianam et Kaibelianam reperta vel indicata collegit, disposuit, adnotationibus et indice verborum instruxit I. D., Kraków (= Hildesheim 1967).
Denniston, J. D. (1954²): The Greek Particles. Second Edition. Revised by K. J. Dover, Oxford.
Dettori, E. (2009): Due *Epicharmea* (frr. 1 e 9,1s. K.-A.), Eikasmós 20, 133–137.
Deubner, L. (1932): Attische Feste, Berlin.
Dickey, E. (1996): Greek Forms of Address. From Herodotus to Lucian, Oxford (= 2003).
Dickie, M. W. (1993): Βασκάνια, προβασκάνια and προσβασκάνια, Glotta 71, 174–177.
Dickie, M. W. (1995): A Joke in Old Comedy: Aristophanes Fragment 607 *PCG*, CPh 90, 241–245.
Di Marco, M. (1997): Pirria φαρμακός (Men. *Dysc.* 103–117), ZPE 117, 35–41.
Dindorf, W. (1835): Aristophanis comoediae. II. Accedunt perditarum fabularum fragmenta. Ex recensione Guil. D., Oxonii.
Dindorf, W. (1869⁵): Poetarum scenicorum Graecorum Aeschyli Sophoclis Euripidis et Aristophanis fabulae superstites et perditarum fragmenta / ex recensione et cum prolegomenis Guil. D., Londinii.
Dittenberger, W. (1915): Sylloge inscriptionum Graecarum. A Guil. D. condita et aucta. Nunc tertium edita. Vol. I, Lipsiae.
Dobree, P. P. (1831; 1833): Adversaria. Tom. I–II. Edidit J. Scholefield, Cantabrigiae.
Dohm, H. (1964): Mageiros. Die Rolle des Kochs in der griechisch-römischen Komödie, München.
Dorati, M. (1993): Αἷμα πιεῖν: Nota a Teognide 349-350, AION(filol) 15, 69–87.
Dover, K. J. (1968): Aristophanes. Clouds. Edited with Introduction and Commentary by K. J. D., Oxford.
Dover, K. J. (1978): Greek Homosexuality, London.
Dover, K. J. (1993): Aristophanes. Frogs. Edited with Introduction and Commentary by K. J. D., Oxford.
Duchêne, H. (1992): La stèle du port. Fouilles du Port 1. Recherches sur une Nouvelle Inscription Thasienne, (Études thasiennes XIV) Athènes.
Dunbar, N. V. (1995): Aristophanes. Birds. Edited with Introduction and Commentary by N. V. D., Oxford.
Dyck, A. R. (1983): Epimerismi Homerici. Edidit A. R. D. Pars Prior. Epimerismos continens qui ad Iliadem librum A pertinent, Berlin / New York.
Eder, B. (2002): Aristophanes fr. 661 PCG III 2 (ca. 416 v. Chr.?): Ostrakisierung eines »Dummkopfs«, vielleicht des Hyperbolos (416 v. Chr.), in: Siewert 2002, 240–242.
Edmonds, J. M. (1957–1961): The Fragments of Attic Comedy after Meineke, Bergk, and Kock, Augmented, Newly Edited with Their Contexts, Annotated, and Completely Translated into English Verse. Vol. I: 1957; Vol. II: 1959; Vol. IIIB: 1961, Leiden.
Elmsley, P. (1809): Aristophanis comoedia Acharnenses. In usum studiosae juventutis emendata et illustrata, Oxonii.
Elmsley, P. (1818): Euripidis Medea. In usum studiosae juventutis recensuit et illustravit P. E., Oxonii.

Elmsley, P. (1830): Aristophanis comoedia Acharnenses. In usum studiosae juventutis emendavit et illustravit P. E., Lipsiae.
Engels, J. (1998): *Funerum sepulcrorumque magnificentia.* Begräbnis- und Grabluxusgesetze in der griechisch-römischen Welt mit einigen Ausblicken auf Einschränkungen des funeralen und sepulkralen Luxus im Mittelalter und in der Neuzeit, Stuttgart.
Erbse, H. (1950): Untersuchungen zu den attizistischen Lexika, Berlin.
Erffa, C. E. von (1950): Αἰδώς und verwandte Begriffe in ihrer Entwicklung von Homer bis Demokrit, Leipzig.
Faraone, C. A. (1997): Salvation and Female Heroics in the Parodos of Aristophanes' *Lysistrata*, JHS 117, 38–59.
Fauth, W. (1979): 'Agathos Daimon', Der Kl. Pauly 1, 121–122.
Fehling, D. (1969): Die Wiederholungsfiguren und ihr Gebrauch bei den Griechen vor Gorgias, Berlin.
Forbes, R. J. (1950): Metallurgy in Antiquity. A Notebook for Archaeologists and Technologists, Leiden.
Fraccaroli, G. (1900): Briciole dai papiri di Ossirinco I. Un nuovo frammento di Aristofane?, RFIC 28, 87–89.
Fraenkel, Ed. (1950): Aeschylus. Agamemnon. Edited with a Commentary by E. F., Oxford.
Fraenkel, Ed. (1960): Elementi plautini in Plauto, Firenze 1960 (ital. Übers. von F. Munari, mit Nachträgen des Verf.; Plautinisches im Plautus, Berlin 1922).
Fraenkel, Ed. (1962): Beobachtungen zu Aristophanes, Roma.
Fraenkel, Ed. (1969): οὐδ' αὖ μ' ἐάσεις, MH 26, 158.
Fränkel, H. (1915): De Simia Rhodio, Lipsiae.
François, G. (1957): Le polythéisme et l'emploi au singulier des mots θεός, δαίμων dans la littérature grecque d'Homére à Platon, Paris.
Fritzsche, F. V. (1830): De Babyloniis Aristophanis commentatio, Lipsiae.
Fritzsche, F. V. (1831): De Daetalensibus Aristophanis commentatio, Lipsiae.
Fritzsche, F. V. (1838): Aristophanis Thesmophoriazusae. Emendavit et interpretatus est F. V. F., Lipsiae.
Fritzsche, F. V. (1845): Aristophanis Ranae, Turici.
Gagarin, M. (1979): The Prosecution of Homicide in Athens, GRBS 20, 301–323.
Gaisford, T. (1810): Hephaestionis Alexandrini Enchiridion. Ad mss. fidem recensitum cum notis variorum [...] Curante T. G. Accedit Procli Chrestomathia grammatica, Oxonii.
Gaisford, T. (1848): Etymologicon magnum. Seu verius lexicon saepissime vocabulorum origines indagans ex pluribus lexicis scholiastis et grammaticis anonymi cuiusdam opera concinnatum ad codd. mss. rec. et notis variorum instruxit T. G., Oxonii (= Amsterdam 1967).
Gall, D. (1997): Menschen, die zu Tieren werden: Die Metamorphose in der 'Hekabe' des Euripides, Hermes 125, 396–412.
Gallo, I. (2005): La biografia greca. Profilo storico e breve antologia di testi, Salerno.
García Soler, M. J. (2001): El arte de comer en la antigua Grecia, Madrid.
Gargiulo, T. (1992): Cleone, Prometeo e gli oracoli, Eikasmós 3, 153–164.

Garland, R. (1985): The Greek Way of Death, London.
Gebhard, V. (1926): Die Pharmakoi in Ionien und die Sybacchoi in Athen, München.
Geißler, P. (1925; 1969²): Chronologie der altattischen Komödie, Berlin (2. Aufl. mit Nachträgen des Verf.: Dublin / Zürich 1969²).
Gelzer, T. (1971): Aristophanes der Komiker, Stuttgart (Sonderausgabe der RE, Suppl.-Bd. XII 1391–1570).
Gelzer, T. (1972): Alte Komödie und hohe Lyrik. Bemerkungen zu den Oden in Pap. Oxy. 2737, MH 29, 141–152.
Gerber, D. E. (1978): The Female Breast in Greek Erotic Literature, Arethusa 11, 203–212.
Gil Fernández, L. (1959): Nombres de insectos en griego antiguo, Madrid.
Ginouvès, R. (1962): Balaneutikè. Recherches sur le bain dans l'antiquité grecque, Paris.
Glaser, T. (2009): Paulus als Briefroman erzählt. Studien zum antiken Briefroman und seiner christlichen Rezeption in den Pastoralbriefen, Göttingen.
Göbel, M. (1915): Ethnica (Pars prima: De Graecarum civitatum proprietatibus proverbio notatis), Breslaviae.
Gödde, S. (2010): Unschuldskomödie oder Euphemismus. Walter Burkerts Theorie des Opfers und die Tragödie, in: A. Bierl / W. Braungart (Hgg.), Gewalt und Opfer. Im Dialog mit Walter Burkert, Berlin / New York, 215–245.
Gostoli, A. (1990): Terpandro. Introduzione, testimonianze, testo critico, traduzione e commento, Roma.
Green, A. C. (2012): The Concept of Ananke in Greek Literature before 400 BCE, Exeter.
Grenfell, B. P. / Hunt, A. S. (1899): The Oxyrhynchus Papyri. Part II. Edited with Translations and Notes by B. P. G. and A. S. H., London.
Grenfell, B. P. / Hunt, A. S. (1901): The Amherst Papyri. Being an Account of the Greek Papyri in the Collection of the Right Hon. Lord Amherst of Hackney, F.S.A., at Didlington Hall, Norfolk. By B. P. G. and A. S. H. Part II (Classical Fragments and Documents of the Ptolemaic Roman and Byzantine Periods), London.
Grenfell, B. P. / Hunt, A. S. (1915): The Oxyrhynchus Papyri. Part XI. Edited with Translations and Notes by B. P. G. and A. S. H., London.
Grießmair, E. (1966): Das Motiv der Mors immatura in den griechischen metrischen Grabinschriften, Innsbruck.
Gronewald, M. (1974): Hellenistische Elegie: Kallimachos? P.Oxy. 14 + P.Mich. Inv. 4761 c., ZPE 15, 105–116.
Gunning, J. H. (1882): De Babyloniis Aristophanis fabula, Amstelodami / Traiecti ad Rhenum.
Halliwell, F. S. (1989): Authorial Collaboration in the Athenian Comic Theatre, GRBS 30, 515–528.
Hame, K. J. (2004): All in the Family: Funeral Rites and the Health of the *Oikos* in Aischylos' *Oresteia*, AJPh 125, 513–538.
Handley, P. (1983): The Oxyrhynchus Papyri. Vol. L. Edited with Translations and Notes by A. K. Bowman et al., London.
Hansen, D. U. (1998): Das attizistische Lexikon des Moeris. Quellenkritische Untersuchung und Edition, Berlin.
Hartmann, A. (2010): Zwischen Relikt und Reliquie. Objektbezogene Erinnerungspraktiken in antiken Gesellschaften, Berlin.

Harvey, D. (2000): Phrynichos and his Muses, in: D. Harvey / J. Wilkins (Hgg.), The Rivals of Aristophanes. Studies in Athenian Old Comedy, London / Swansea, 91–134.

Haupt, M. (1876): Mauricii Hauptii opuscula (Hg. von U. von Wilamowitz-Moellendorff). III, Lipsiae.

Headlam, W. (1896): Blaydes' *Adversaria.* Part II (Rez. Blaydes 1896), CR 10, 436–439.

Headlam, W. (1922): Herodas. The Mimes and Fragments. With Notes by W. H. Edited by A. D. Knox, Cambridge (= Bristol 2001).

Heftner, H. (1997): Der κεραμεὺς Λυκοῦργος von Hesychios κ 2265 Latte (= fr. com. adesp. 362 K.-A.): ein Komödienwitz über den Ostrakismos?, ZPE 119, 13–19.

Heller, J. L. (1942): Lucius the Ass as a Speaker of Greek and Latin, CJ 37, 531–533.

Henderson, J. (1987): Aristophanes. Lysistrata. Edited with Introduction and Commentary by J. H., Oxford.

Henderson, J. (1991²): The Maculate Muse. Obscene Language in Attic Comedy, Oxford / New York.

Henderson, J. (2007): Aristophanes. Fragments. Edited and Translated by J. H., Cambridge (MA) / London.

Hermann, K. F. (1855): Parerga critica, Philologus 10, 233–244.

van Herwerden, H. (1855): Dissertatio literaria continens observationes criticas in fragmenta Comicorum Graecorum, Lugduni Bat.

van Herwerden, H. (1882): Ad Comicos Graecos, Mn N. S. 10, 67–95.

van Herwerden, H. (1886): De fragmentis Comicorum Graecorum Commentatio altera, Mn N. S. 14, 158–196.

van Herwerden, H. (1900): Ad papyros Graecos II, Mn N. S. 28, 118–128.

van Herwerden, H. (1903): Collectanea critica, epicritica, exegetica *sive* Addenda ad Theodori Kockii opus Comicorum Atticorum fragmenta, Lugduni Bat.

Hofmann, H. (1970): Ein Kommentar zum "Anagyros" des Aristophanes (P. Oxy. 2737), ZPE 5, 1–10.

Holzinger, K. (1940): Kritisch-exegetischer Kommentar zu Aristophanes' Plutos, Wien / Leipzig.

Howatson, M. C. (2013) (Hg.): The Oxford Companion to Classical Literature. Edited by M. C. H., Oxford.

Hughes, D. (1991): Human Sacrifice in Ancient Greece, London.

Hülsen, C. (1935): 'Bruttii', RE III.1, 907–911.

Hultsch, F. (1882²): Griechische und römische Metrologie, Berlin.

Hummel, P. (1999): L'épithète pindarique. Étude historique et philologique, Bern / Berlin / Bruxelles / Frankfurt a.M. / New York.

Hunger, H. (1967): Palimpsest-Fragmente aus Herodians Καθολικὴ προσῳδία, JÖByzG 16, 1–33.

Hunt, A. S. (1912): The Oxyrhynchus Papyri. Part IX. Edited with Translations and Notes by A. S. H., London.

Hunter, R. L. (1983): Eubulus: The Fragments. Edited with a Commentary by R. L. H., Cambridge.

Hunter, R. L. (1995): Plautus and Herodas, in: L. Benz / E. Stark / G. Vogt-Spira, Plautus und die Tradition des Stegreifspiels. Festgabe für Eckard Lefèvre zum 60.

Geburtstag, Tübingen, 155–169 (= On Coming After. Studies in Post-Classical Greek Literature and Its Reception. Part 1: Hellenistic Poetry and Its Reception, Berlin 2008, 212–228).

Hurschmann, R. (2000): 'Nachttopf', DNP 8, 673–674.

Jahn, O. (1855): Über den Aberglauben des bösen Blicks bei den Alten, (BSG 7) Leipzig.

Jocelyn, H. D. (1980): A Greek Indecency and its Students: ΛΑΙΚΑΖΕΙΝ, PCPhS 26, 12–66.

Jones, N. F. (1987): Public Organization in Ancient Greece. A Documentary Study, Philadelphia.

Kaibel, G. (1895): Sententiarum liber septimus, Hermes 30, 429–446.

Kanavou, N. (2011): Aristophanes' Comedy of Names. A Study of Speaking Names in Aristophanes, Berlin / New York.

Karachalios, F.-S. (2006): Aristophanes' lost *Thesmophoriazusae* revisited: on the date and plot, LICS 5.02 (2006) (http://www.leeds.ac.uk/classics/lics/).

Karouzou, S. (1972): An Underworld Scene on a Black-figured Lekythos, JHS 92, 64–73.

Kassel, R. (1977): Aus der Arbeit an den Poetae Comici Graeci, ZPE 25, 54–94.

Kassel, R. (1978): Aus der Arbeit an den Poetae Comici Graeci, ZPE 32, 23.

Kassel, R. (2000): IG XII 6,1, ZPE 132, 132.

Kassel, R. (2003): Aus der Arbeit an den Poetae Comici Graeci 13, ZPE 145, 23–29.

Kassel–Austin = Poetae Comici Graeci (PCG): PCG I (Comoedia Dorica Mimi Phlyaces). Ediderunt R. Kassel et C. Austin, Berolini / Novi Eboraci 2001; PCG II (Agathenor—Aristonymus), 1991; PCG III 2 (Aristophanes. Testimonia et Fragmenta), 1984; PCG IV (Aristophon—Crobylus), 1983; PCG V (Damoxenus—Magnes), 1986; PCG VI 2 (Menander. Testimonia et Fragmenta apud scriptores servata), 1998; PCG VII (Menecrates—Xenophon), 1989; PCG VIII (Adespota), 1995.

Kavoulaki, A. (2005): Crossing Communal Space: The Classical *Ekphora*, 'Public' and 'Private', in: V. Dasen / M. Piérart (Hgg.), Ἰδίᾳ καὶ δημοσίᾳ. Les cadres «privés» et «publics» de la religion grecque antique, Liège, 129–145.

Keaney, J. J. (1967): New Fragments of Greek Authors in Codex Marc. Gr. 444, TAPhA 98, 205–219

Keller, O. (1909; 1913): Die antike Tierwelt. Erster Band: 1909; zweiter Band: 1913, Leipzig.

Kerkhof, R. (2001): Dorische Posse, Epicharm und Attische Komödie, München / Leipzig.

Kidd, S. E. (2014): Nonsense and Meaning in Ancient Greek Comedy, Cambridge.

Kidd, T. (1817): in Ricardi Dawesii Miscellanea critica. Typis quartum excusa prodeunt ex recensione et notis T. K., Cantabrigiae.

Kilmer, M. F. (1993): Greek Erotica on Attic Red-Figure Vases, London.

Klein, J. (1865): Erotiani vocum Hippocraticarum conlectio. Recensuit emendavit fragmentaque adjecit J. K., Lipsiae.

Kock, T. (1880–1888): Comicorum Atticorum Fragmenta. Ed. T. K. Vol. I (Antiquae comoediae fragmenta), Lipsiae 1880; vol. II (Novae comoediae fragmenta. Pars I), 1884; vol. III (Novae comoediae fragmenta. Pars II. Comicorum incertae aetatis fragmenta. Fragmenta incertorum poetarum. Indices. Supplementa), 1888.

Kolb, F. (1981): Agora und Theater, Volks- und Festversammlung, Berlin.

Komornicka, A. M. (1981): Sur le langage érotique de l'ancienne comédie attique, QUCC n.s. 9, 55–83.
Körte, A. (1911): Bericht über die Literatur zur griechischen Komödie aus den Jahren 1902–1909, Bursians Jahresberichte 152, 218–312.
Körte, A. (1913): Literarische Texte mit Ausschluß der christlichen, APF 6, 223–268.
Kovacs, D. (1990): De Cephisophonte Verna, Ut Perhibent, Euripidis, ZPE 84, 15–18.
Kraus, T. (1960): Hekate. Studien zu Wesen und Bild der Göttin in Kleinasien und Griechenland, Heidelberg.
Kugelmeier, C. (1996): Reflexe früher und zeitgenössischer Lyrik in der Alten attischen Komödie, Stuttgart / Leipzig.
Kühner, R. / Blass, F. (1890³; 1892³): Ausführliche Grammatik der griechischen Sprache. Erster Teil: Elementar- und Formenlehre (I.1; I.2), Hannover.
Kühner, R. / Gerth, B. (1898³; 1904³): Ausführliche Grammatik der griechischen Sprache. Zweiter Teil: Satzlehre (II.1; II.2), Hannover / Leipzig.
Kuiper, K. (1913): Ad Satyri fragmentum de vita Euripidis adnotationes duae, Mn N. S. 41, 233–242.
Kurtz, D. C. / Boardman, J. (1971): Greek Burial Customs, London.
Küster, L. (1705): Suidæ Lexicon, Græce et Latine. Textum Græcum cum Manuscriptis Codicibus collatum a quamplurimis mendis purgavit Notisque perpetuis illustravit: Versionem Latinam Æ. Porti innumeris in locis correxit; Indicesque Auctorum & Rerum adjecit L. K., Cantabrigiae.
Lambin, G. (1992): La chanson grecque dans l'antiquité, Paris.
Lanni, A. (2006): Law and Justice in the Courts of Classical Athens, Cambridge.
Lautensach, O. (1899): Grammatische Studien zu den griechischen Tragikern und Komikern. Augment und Reduplikation, Hannover / Leipzig.
Lawler, L. B. (1964): The Dance of the Ancient Greek Theatre, Iowa City.
Lederlin, J. H. / Hemsterhuys, T. (1706): Iulii Pollucis Onomasticum. Graece et Latine. Cum commentariis Jungermanni, Kühnii, Seberi et aliorum. Edd. J. H. L. et T. H., Amstelædami.
Lee, M. M. (2015): Body, Dress, and Identity in Ancient Greece, New York.
van Leeuwen, J. (1896): Aristophanis Ranae. Cum prolegomenis et commentariis ed. J. v. L., Lugduni Bat.
van Leeuwen, J. (1898): Aristophanis Nubes. Cum prolegomenis et commentariis ed. J. v. L., Lugduni Bat.
van Leeuwen, J. (1900): Aristophanis Equites. Cum prolegomenis et commentariis ed. J. v. L., Lugduni Bat.
van Leeuwen, J. (1902): Aristophanis Aves. Cum prolegomenis et commentariis ed. J. v. L., Lugduni Bat.
van Leeuwen, J. (1904a): Aristophanis Plutus. Cum prolegomenis et commentariis ed. J. v. L., Lugduni Bat.
van Leeuwen, J. (1904b): Aristophanis Thesmophoriazusae. Cum prolegomenis et commentariis ed. J. v. L., Lugduni Bat.
Lefkowitz, M. R. (1981): The Lives of the Greek Poets, Baltimore.
Lenschau, T. (1949): 'ἐπὶ Παλλαδίῳ', RE XVIII.3, 168–171.

Leo, F. (1912): Satyros βίος Εὐριπίδου, NGG, 273–290 (= Ausgewählte kleine Schriften II, Roma 1960, 365–383).
Leo, F. (1912²): Plautinische Forschungen, Berlin (1. Aufl. 1895).
Leumann, M. (1959): Kleine Schriften, Zürich.
LGPN II = A Lexicon of Greek Personal Names. Edited by P. M. Fraser / E. Matthews. Vol. II (Attica). Edited by M. J. Osborne / S. G. Byrne, Oxford 1994.
Lilja, S. (1972): The Treatment of Odours in the Poetry of Antiquity, Helsinki.
Lilja, S. (1976): Dogs in Ancient Greek Poetry, Helsinki.
Lipsius, J. H. (1905–1915): Das attische Recht und Rechtsverfahren. Mit Benutzung des Attischen Processes von M. H. E. Meier und G. F. Schömann dargestellt, Bd. I: 1905; Bd. II: 1908; Bd. III: 1915, Leipzig (= Hildesheim 1966).
Lobeck, C. A. (1829): Aglaophamus. Sive de theologiae mysticae Graecorum causis libri tres, Regimontii Pruss.
Lobeck, C. A. (1837): Paralipomena grammaticae Graecae. Pars Prior, Lipsiae (= Amsterdam 1967).
Lobeck, C. A. (1843): Pathologiae sermonis Graeci prolegomena, Lipsiae.
Lobeck, C. A. (1853; 1862): Pathologiae sermonis Graeci elementa, Regimontii Pruss. (vol. I: 1853; vol. II: 1862).
Lobel, E. (1968): The Oxyrhynchus Papyri. Part XXXV. Edited with Notes by E. L., London.
Lorimer, H. L. (1950): Homer and the Monuments, London.
Lowe, J. C. B. (1973): γ' ἄρα, γ' ἆρα, and τἄρα, Glotta 51, 34–64.
LSCG = F. Sokolowski, Lois sacrées des cités grecques, Paris 1969.
Ludwich, A. (1884): Aristarchs homerische Textkritik nach den Fragmenten des Didymos. Dargestellt u. beurtheilt von A. L., Leipzig.
Luppe, W. (1971): Der "Anagyros"-Kommentar Pap. Oxy. 2737, APF 21, 93–110.
Luppe, W. (1972): Der Aristophanes-Kommentar Pap. Florentinus 112, WZHalle 21, 75–90.
Luppe, W. (1973): 'Anagyros' – Oder nicht? Zur Identifizierung von Pap. Oxy. 2737, ZPE 11, 275–288.
Luppe, W. (1978): Zum Aristophanes-Kommentar P .Flor. 112/Nr. 63 Austin, ZPE 28, 161–164.
Maas, M. / Snyder, J. McI. (1989): Stringed Instruments of Ancient Greece, New Haven / London.
Maas, P. (1922): Ährenlese, Sokrates 10, 179–180 (= Kleine Schriften, München 1973, 191–192).
MacDowell, D. M. (1963): Athenian Homicide Law in the Age of the Orators, Manchester.
MacDowell, D. M. (1969): Unintentional Homicide in the *Hippolytos*, RhM 111, 156–158.
Mainoldi, C. (1981): Cani mitici e rituali tra il regno dei morti e il mondo dei viventi, QUCC n.s. 8, 7–41.
Mancini, A. (1896): Il dramma satiresco greco, ASNP 11 (= 18). Pars quinta.
Mann, C. (2007): Die Demagogen und das Volk. Zur politischen Kommunikation im Athen des 5. Jahrhunderts, Berlin.

Marcotte, D. (2001): Samnites, Lucaniens et Brettiens. L'Italie sabellique dans l'ethnographie grecque, in: V. Fromentin / S. Gotteland (Hgg.), Origines gentium, Bordeaux, 285–295.
Martorelli, L. (2014) (Hg.), Greco antico nell'Occidente carolingio. Frammenti di testi attici nell'*Ars* di Prisciano, Hildesheim / Zürich / New York.
Marx, F. (1928): Plautus Rudens. Text und Kommentar von F. M., Leipzig.
Marzullo, B. (1993): I sofismi di Prometeo, Firenze.
Mastromarco, G. (1994): Introduzione a Aristofane, Roma / Bari.
Matthiessen, K. (2010): Euripides, ›Hekabe‹. Edition und Kommentar, Berlin / New York.
Mau, A. (1894): 'Anancaeum', RE I.2, 2056.
de Maussac, P. J. (1641): Philip. Iacobi Maussaci Notae, in: Harpocrationis Dictionarium In Decem Rhetores Additae sunt notae, & dissertatio critica in qua de auctore, & de hoc scribendi genere diligenter disputatur, Parisiis.
McCabe, D. F. (1986): Chios Inscriptions. Texts and List, Princeton (NJ).
Meineke, A. (1827): Quaestionum scenicarum specimen secundum, Berolini.
Meineke, A. (1838–1857): Fragmenta comicorum Graecorum. Collegit et disposuit A. M. Vol. I (Historia critica comicorum Graecorum), Berolini 1839; vol. II.1 (Fragmenta poetarum comoediae antiquae), 1839; vol. II.2 (Fragmenta poetarum comoediae antiquae), 1840; vol. III (Fragmenta poetarum comoediae mediae), 1840; vol. IV (Fragmenta poetarum comoediae novae), 1841; vol. V.1–2 (Comicae dictionis index et supplementa), 1857.
Meineke, A. (1847): Fragmenta Comicorum Graecorum. Collegit et disposuit A. M. Editio minor, Berolini.
Meineke, A. (1869): Bemerkungen zu den Mélanges de Littérature Grecque par M. E. Miller. Paris 1868, Hermes 3, 451–458.
Meinel, R. (1915): Κατὰ τὸ σιωπώμενον. Ein Grundsatz der Homererklärung Aristarchs, Ansbach.
Meisterhans, K. / Schwyzer, E. (1900): Grammatik der attischen Inschriften. Dritte vermehrte und verarbeitete Auflage, besorgt von E. S., Berlin.
Mette, H. J. (1969): Nachtrag zu Aischylos, Lustrum 13, Göttingen.
Miller, H. W. (1945): Aristophanes and Medical Language, TAPhA 76, 74–84.
Montana, F. (2009): Terpandrean Hypotexts in Aristophanes, TiC 1, 36–54.
Montana, F. (2012^2) = Bastianini / Haslam / Maehler / Montanari / Römer 2012^2, CLGP Aristophanes 27 [157–182]. 28 [183–211]. 29 [212–218]. 32 (?) [224–228].
Montanari, F. (1996): 'Aristonikos' (5), DNP 1, 1119–1120.
Müller, C. W. (2000): Euripides, Philoktet. Testimonien und Fragmente. Herausgegeben, übersetzt und kommentiert von C. W. M., Berlin / New York.
Napolitano, M. (1992): Euripide, *Cycl.* 14-15, BollClass 13, 117–123.
Napolitano, M. (1996): Del bere sangue e di Teognide-cane (a proposito di Theogn. 341-350), Eikasmós 7, 65–79.
Napolitano, M. (2012): I *Kolakes* di Eupoli. Introduzione, traduzione, commento, Mainz.
Nauck, A. (1848): Aristophanis Byzantii grammatici Alexandrini fragmenta. Collegit et disposuit A. N. Accedit R. Schmidtii comm. de Callistrato Aristophaneo, Halis Sax.
Nauck, A. (1851): Zu den fragmenten der griechischen komiker, Philologus 6, 412–426.

Nauck, A. (1874): Bericht über E. Miller's Mélanges de Littérature Grecque, Mél. Gr.-R. 3, 108–185.
Nauck, A. (1888): Kritische Bemerkungen, Mél. Gr.-R. 5, 98–252.
Nauck, A. (1894): Bemerkungen zu Kock Comicorum Atticorum fragm., Mél. Gr.-R. 6, 53–180.
Neil, R. A. (1901): The Knights of Aristophanes. Edited by R. A. N., Cambridge.
Neri, C. (2013): *Olisboi* e Polianattidi (Sapph. fr. 99 L.-P. = Alc. fr. 303A V.), Eikasmós 24, 11–28.
Nesselrath, H.-G. (1990): Die attische Mittlere Komödie. Ihre Stellung in der antiken Literaturkritik und Literaturgeschichte, Berlin / New York.
Noussia-Fantuzzi, M. (2010): Solon the Athenian, the Poetic Fragments, Leiden / Boston.
Nünlist, R. (2009): Ancient Critic at Work. Terms and Concepts of Literary Criticism in Greek Scholia, Cambridge.
Ogden, D. (1997): The Crooked Kings of Ancient Greece, London.
Olson, S. D. (1997): Was Carcinus I a Tragic Playwright?: A Response, CPh 92, 258–260.
Olson, S. D. (1998): Aristophanes. Peace. Edited with Introduction and Commentary by S. D. O., Oxford / New York.
Olson, S. D. (2002): Aristophanes. Acharnians. Edited with Introduction and Commentary by S. D. O., Oxford / New York.
Olson, S. D. (2014): Eupolis frr. 326–497. Translation and Commentary, (Fragmenta Comica 8.3) Heidelberg.
Olson, S. D. / A. Sens (1999): Matro of Pitane and the Tradition of Epic Parody in the Fourth Century BCE. Text, Translation, and Commentary, Atlanta.
Olson, S. D. / A. Sens (2000): Archestratos of Gela. Greek Culture and Cuisine in the Fourth Century BCE. Text, Translation, and Commentary, Oxford.
Orth, C. (2009): Strattis. Die Fragmente. Ein Kommentar, Berlin.
Orth, C. (2013): Alkaios – Apollophanes. Einleitung, Übersetzung, Kommentar, (Fragmenta Comica 9.1) Heidelberg.
Orth, C. (2014): Aristomenes – Metagenes. Einleitung, Übersetzung, Kommentar, (Fragmenta Comica 9.2) Heidelberg.
Orth, C. (2015): Nikochares – Xenophon. Einleitung, Übersetzung, Kommentar, (Fragmenta Comica 9.3) Heidelberg.
Orth, F. (1922): 'Hund', RE VIII.2 2540–2582.
O'Sullivan, N. (1992): Alcidamas, Aristophanes, and the Beginnings of Greek Stylistic Theory, Stuttgart.
PA = Kirchner 1901–1903.
PAA = Traill 1994–2011.
Padgett, J. M. (2000): The Stable Hands of Dionysos: Satyrs and Donkeys as Symbols of Social Marginalization in Attic Vase Painting, in: B. Cohen (Hg.), Not the Classical Ideal. Athens and the Construction of the Other in Greek Art, Leiden, 43–70.
Paladini, M. L. (1958): Considerazioni sulle fonti della storia di Cleone, Historia 7, 48–73.
Parker, R. (1983): Miasma, Pollution and Purification in Early Greek Religion, Oxford.
PCG = Kassel–Austin.
Pellegrino, M. (1994): Nota a Plutarco (966A = *soll. anim.* 9), Sileno 20, 401–404.

Peppler, C. W. (1902): Comic Terminations in Aristophanes and the Comic Fragments, Diss. Baltimore.
Perrone, S. (2010): Paralleli comici nell'esegesi a commedia su papiro, in: F. Montana (Hg.), *Aner polytropos.* Ricerche di filologia greca antica dedicate dagli allievi a F. Montanari, Roma, 85–103.
Pfeiffer, R. (1949; 1953): Callimachus. Fragmenta. Ed. R. P., Oxford (Vol. I: 1949; Vol. 2: 1953).
Pickard-Cambridge, A. W. (1968²): The Dramatic Festivals of Athens. Second Edition. Revised by J. Gould and D. M. Lewis, Oxford (1. Aufl. 1953; with Suppl. and Corr. 1988).
Pirrotta, S. (2009): Plato Comicus. Die fragmentarischen Komödien. Ein Kommentar, Berlin.
Pitte, J.-R. (2009): Le désir du vin à la conquête du monde, Paris.
Poccetti, P. (1988): Lingua e cultura dei Brettii, in: P. Poccetti (Hg.), Per un'identità culturale dei Brettii, Napoli, 11–158.
Podlecki, A. J. (1998): Perikles and His Circle, London / New York.
Pöhlmann, E. / Tichy, E. (1982): Zur Herkunft und Bedeutung von κόλλοψ, in: J. Tischler (Hg.), Serta Indogermanica. Festschrift für G. Neumann zum 60. Geburtstag, Innsbruck, 287–315.
Poltera, O. (1997): Le langage de Simonide. Étude sur la tradition poétique et son renouvellement, Bern.
Porson, R. (1812): Adversaria, Cantabrigiae.
Porson, R. (1820): Ricardi Porsoni Notae in Aristophanem, quibus Plutum comoediam partim ex ejusdem recensione, partim e manuscriptis emendatam, et variis lectionibus instructam praemisit, et collationum appendicem adjecit P. P. Dobree, Cantabrigiae.
Porson, R. (1823): Photii Lexicon. E codice Galeano descripsit R. P. Pars prior, Lipsiae.
Porson, R. (1824a): Euripidis Hecuba. Edidit R. P., Lipsiae.
Porson, R. (1824b): Euripidis Medea. Edidit R. P., Lipsiae.
Porter, J. I. (2010): The Origins of Aesthetic Thought in Ancient Greece. Matter, Sensation, and Experience, Cambridge.
Poultney, J. W. (1936): The Syntax of the Genitive Case in Aristophanes, Baltimore.
Pritchett, W. K. (1956): The Attic Stelai: Part II, Hesperia 25, 178–328.
Pütz, B. (2007²): The Symposium and Komos in Aristophanes, Oxford.
Quaß, F. (1971): Nomos und Psephisma. Untersuchung zum griechischen Staatsrecht, München.
Raepsaet, G. (1998): 'Esel', DNP 4, 129–135.
Rakoczy, T. (1996): Böser Blick, Macht des Auges und Neid der Götter. Eine Untersuchung zur Kraft des Blickes in der griechischen Literatur, Tübingen.
Rau, P. (1967): Paratragodia. Untersuchung einer komischen Form des Aristophanes, München.
Rehrenböck, G. (1985): Pherekrates-Studien, Diss. Wien.
Reisig, C. (1816): Coniectanea in Aristophanem, Lipsiae.
Reitzenstein, R. (1897): Geschichte der griechischen Etymologika. Ein Beitrag zur Geschichte der Philologie in Alexandria und Byzanz, Leipzig.

Reitzenstein, R. (1907): Der Anfang des Lexikons des Photios, Leipzig / Berlin.
Renehan, R. (1976): Studies in Greek Texts, Göttingen.
Rengakos, A. (1992): Homerische Wörter bei Kallimachos, ZPE 94, 21–47.
Richards, H. (1913): Satyrus' Life of Euripides, CR 27, 47–48.
Risch, E. (1949): Griechische Determinativkomposita. Teil III, IF 59, 245–294 (= Kleine Schriften, Berlin / New York 1981, 62–111).
Robbins, E. (1992): Rez. Gostoli 1990, CR n.s. 42, 8–9.
Robson, J. (2013): Beauty and Sex Appeal in Aristophanes, EuGeStA 3, 43–66.
Rocconi, E. (2003): Le parole delle Muse. La formazione del lessico tecnico musicale nella Grecia antica, Roma.
Roetter, F. E. (1888): De Daetalensium fabula Aristophanis, Diss. Erlangae.
Rohde, E. (1894): Psyche. Seelencult und Unsterblichkeitsglaube der Griechen, Freiburg i.Br. / Leipzig.
Ronconi, F. (2005): P.Oxy. II 212 + P.Oxy. XXXVII 2808: Aristophanes, *Fabula incerta*, APF 51, 197–204.
Roselli, A. (2006): Sulla tradizione del Commento di Galeno a Fratture, in V. Boudon-Millot / A. Garzya / J. Jouanna / A. Roselli (Hgg.), Ecdotica e ricezione dei testi medici, Napoli, 199–210.
Rosellini, M. (2014): Frammenti di autori attici negli *Idiomata* di Prisciano: trascrizioni dei manoscritti altomedievali *in usum editorum*, in: Martorelli 2014, 517–595.
Rosenbloom, D. (2002): From *Ponēros* to *Pharmakos*. Theater, Social Drama, and Revolution in Athens, 428–404 BCE, ClAnt 21, 283–346.
Rossi, L. E. (1977): Un nuovo papiro epicarmeo e il tipo del medico in commedia, A&R 22, 238–245.
Rossi, L. E. (1978): Mimica e danza sulla scena comica greca (a proposito del finale delle *Vespe* e di altri passi aristofanei), RCCM 20, 1149–1170.
Rossignol, J. P. (1832): Découverte de deux Fragmens inédits, l'un appartenant à Aristophane, et l'autre à Euripide, JS, 240–249.
Rutherford, W. G. (1896): Scholia Aristophanica. Arranged, Emended, and Translated by W. G. R., London.
van de Sande Bakhuyzen, W. H. (1877): De Parodia in comoediis Aristophanis. Locos ubi Aristophanes verbis epicorum lyricorum, tragicorum utitur, Traiecti ad Rhenum.
Schlesier, R. (1990): 'Apotropäisch', in: H Cancik / B. Gladigow / M. Laubscher (Hgg.), Handbuch religionswissenschaftlicher Grundbegriffe. Bd 2, Stuttgart, 41–45.
Schmid, W. (1946): Die klassische Periode der griechischen Literatur, in: W. Schmid / O. Stählin (Hgg.), Geschichte der griechischen Literatur, Teil 1: Band 4, München.
Schnurr, C. (1995): Zur Topographie der Theaterstätten und der Tripodenstrassen in Athen, ZPE 105, 139–153.
Schorn, S. (2004): Satyros aus Kallatis. Sammlung der Fragmente mit Kommentar, Basel.
Schulze, W. (1892): Quaestiones epicae, Gueterslohae.
Schütrumpf, E. (2004): Traditional Elements in the Concept of *Hamartia* in Aristotle's *Poetics*, HSPh 92, 137–156.
Schwartz, A. (2009): Reinstating the Hoplite. Arms, Armour and Phalanx Fighting in Archaic and Classical Greece, Stuttgart.

Schwartz, A. (2013): Large Weapons, Small Greeks: The Practical Limitations of Hoplite Weapons and Equipment, in: D. Kagan / G. Viggiano (Hg.), Men of Bronze. Hoplite Warfare in Ancient Greece, Princeton (NJ), 157–175.

Schwyzer, E. (/ Debrunner, A.) (1939–1950): Griechische Grammatik. Auf der Grundlage von K. Brugmanns Griechischer Grammatik, München.

Seaford, A. (1984): Euripides. Cyclops. With Introduction and Commentary by R. S., Oxford.

Sebesta, J. L. (2002): Visions of Gleaming Textiles and a Clay Core: Textiles, Greek Women, and Pandora, in: L. Llewellyn-Jones / S. Blundell (Hgg.), Women's Dress in the Ancient Greek World, London, 125–142.

Seidler, A. (1818): Brevis disputatio de Aristophanis fragmentis, Halis Sax.

Sicking, C. M. J. (1964): Γῆρας-Γηρυτάδης, Mn 4ª S. 17, 158–161.

Siewert, P. (2002) (Hg.): Ostrakismos-Testimonien I. Die Zeugnisse antiker Autoren, der Inschriften und Ostraka über das Athenische Scherbengericht aus vorhellenistischer Zeit (487–322 v. Chr.). Hg. v. P. S. in Zusammenarbeit mit S. Brenne, B. Eder, H. Heftner und W. Scheidel, Stuttgart.

Slater, N. W. (1986): The Lenaean Theatre, ZPE 66, 255–264.

Slater, W. J. (1986): Aristophanis Byzantii Fragmenta. Post A. Nauck collegit, testimoniis ornavit, brevi commentario instruxit W. J. S., Berlin / New York.

Sommerstein, A. H. (1978): Notes on Aristophanes' *Acharnians*, CQ N. S. 28, 383–395.

Sommerstein, A. H. (1980): Notes on Aristophanes' *Knights*, CQ N. S. 30, 46–56.

Sommerstein, A. H. (1987): The Comedies of Aristophanes. Vol. 6: Birds. Edited with Translation and Notes by A. H. S., Warminster.

Sommerstein, A. H. (1996): How to Avoid Being a *Komodoumenos*, CQ 46, 327–356.

Sommerstein, A. H. (2001): The Comedies of Aristophanes. Vol. 11: Wealth. Edited with Translation and Notes by A. H. S., Warminster.

Sommerstein, A. H. (2003/04): Cuckoos in tragic nests? Kephisophon and others, LICS 3.1, 1–13.

Sommerstein, A. H. (2009): Talking about Laughter and Other Studies in Greek Comedy, Oxford / New York.

Sommerstein, A. H. (2012): Sophocles the sensationalist, or tragic one-upmanship, Athenaeum 100, 17–32.

Sonnino, M. (1998): L'accusa di plagio nella commedia attica antica, in: R. Gigliucci (Hg.): Furto e plagio nella letteratura del Classicismo, Roma, 19–51.

Sonnino, M. (2014): I frammenti della commedia greca citati da Prisciano e la fonte del lessico sintattico del libro XVIII dell'*Ars*, in: Martorelli 2014, 163–204.

Sparkes, B. A. / Talcott, L. (1958): Pots and Pans of Classical Athens, Princeton (NJ).

Sparkes, B. A. (1975): Illustrating Aristophanes, JHS 95 (1975), 122–135.

Spyropoulos, E. S. (1974): L'accumulation verbale chez Aristophane (Recherches sur le style d'Aristophane), Thessaloniki.

Stafford, E. (2005): Viewing and Obscuring the Female Breast Glimpses of the Ancient Bra, in: L. Cleland / M. Harlow / L. Llewellyn-Jones (Hgg.), The Clothed Body in the Ancient World, Oxford, 96–110.

Stama, F. (2014): Frinico. Introduzione, traduzione e commento, (Fragmenta Comica 7), Heidelberg.

Steffen, V. (1935): Satyrographorum Graecorum reliquiae. Collegit disposuit praefatione adnotationibusque criticis instruxit V. S., Posnaniae.
Steffen, V. (1952): Satyrographorum Graecorum fragmenta collegit disposuit adnotationibus criticis instruxit V. S., Poznań.
Steier, A. (1939): 'Pflaume', RE XIX.2, 1456–1461.
Steiger, H. (1888): Der Eigenname in der attischen Komödie, Erlangen.
Stemplinger, E. (1912): Das Plagiat in der griechischen Literatur, Leipzig / Berlin (= Hildesheim / Zürich / New York 1990).
Stone, L. M. (1977): Costume in Aristophanic Comedy, Salem (NH).
Storey, I. C. (2003): Eupolis. Poet of Old Comedy, Oxford / New York.
Storey, I. C. (2011): Fragments of Old Comedy. Vol. I–III. Edited and Translated by I. C. S., Cambridge (MA) / London.
Strömberg, R. (1940): Griechische Pflanzennamen, Göteborg.
Strömberg, R. (1943): Studien zur Etymologie und Bildung der griechischen Fischnamen, Göteborg.
Strömberg, R. (1944): Griechische Wortstudien. Untersuchungen zur Benennung von Tieren, Pflanzen, Körperteilen und Krankheiten, Göteborg.
Sturz, F. W. (1818): Etymologicum Graecae linguae Gudianum et alia grammaticorum scripta e codicibus manuscriptis nunc primum edita; cum indice locupletissimo. Accedunt notae ad Etymologicon magnum ineditae E. H. Barkeri [...] quas digessit et una cum suis edidit F. G. S., Lipsiae.
Süvern, J. W. (1826): Über Aristophanes Wolken, Berlin.
Süvern, J. W. (1827): Über Aristophanes Drama benannt Das Alter, Berlin.
Svoronos, J. N. (1908): Das Athener Nationalmuseum, Athen.
Taillardat, J. (1965^2): Les images d'Aristophane. Études de langue et de style. Paris.
Telò, M. (2007): Eupolidis Demi. Testi con commento filologico, Firenze.
Teuffel, W. S. (1835): Rez. R. Klotz, Titi Flavi Clementis Alexandrini Opera omnia. Recognovit R. K. Vol. I–IV, Lipsiae 1831–34, Zeitschrift für die Alterthumswissenschaft Nr. 10, 83–93.
Theodoridis, C. (1982–2013): Photii Patriarchae Lexicon. Edidit C. T. Vol. I (Α–Δ), Berlin / New York 1982; vol. II (Ε–Μ), 1998; vol. III (Ν–Φ), Berlin / Boston 2013.
Theodoridis, C. (1990): Ῥαγολογίαι, ZPE 82, 39–46.
Thesleff, H. (1954): Studies on Intensification in Early and Classical Greek, Helsingfors.
Thompson, D'A. W. (1936^2): A Glossary of Greek Birds, London.
Thompson, D'A. W. (1947): A Glossary of Greek Fishes, London.
Thompson, H. A. / Wycherley, R. E. (1972): The Agora of Athens. The History, Shape and Uses of an Ancient City Center, Princeton (NJ).
Tichy, E. (1983): Onomatopoetische Verbalbildungen des Griechischen, Wien.
Tittmann, I. A. H. (1808): Iohannis Zonarae Lexicon. Ex tribus codicibus manuscriptis nunc primum edidit, observationibus illustravit et indicibus instruxit I. A. H. T., Lipsiae 1808 (= Amsterdam 1967).
Totaro, P. (1991): Il bianco Arignoto (Ar. *Eq.* 1279), Eikasmós 2, 153–157.
Traill, J. S. (1994–2011): Persons of Ancient Athens, Toronto.
Travlos, J. (1974): The Lawcourt ἐπὶ Παλλαδίῳ, Hesperia 43, 500–511.
Travlos, J. (1977): Bildlexikon zur Topographie des antiken Athen, Tübingen.

TrGF = Tragicorum Graecorum Fragmenta. Vol. 1 (Didascaliae Tragicae. Catalogi Tragicorum et Tragoediarum. Testimonia et Fragmenta Tragicorum Minorum). Ed. B. Snell / R. Kannicht, Gottingae 1986²; Vol. 2 (Fragmenta Adespota. Testimonia volumini 1 addenda. Indices ad volumina 1 et 2). Ed. R. Kannicht / B. Snell, 1981; Vol. 3 (Aeschylus). Ed. S. Radt, 1985; Vol. 4 (Sophocles). Ed. S. Radt, 1977; Vol. 5.1–2 (Euripides). Ed. R. Kannicht, 2004.

Trojahn, S. (2002): Die auf Papyri erhaltenen Kommentare zur Alten Komödie. Ein Beitrag zur Geschichte der antiken Philologie, München / Leipzig.

Tuci, P. A. (2007): *Boulé* e assemblea ateniese in Polluce, *Onomasticon* VIII, in: C. Bearzot / F. Landucci / G. Zecchini (Hgg.), L'*Onomasticon* di Giulio Polluce. Tra lessicografia e antiquaria, Milano, 69–102.

Urios-Aparisi, E. (1992): The Fragments of Pherecrates, Diss. Glasgow.

Valckenaer, L. C. (1739): Animadversiones ad Ammonium Libros cum specimine scholiorum ad Homerum ineditorum, Lugduni Bat.

Valckenaer, L. C. (1822): De differentia adfinium vocabulorum. Accedunt opuscula nondum edita [...]. Ammonium ope ms. primae editionis aldinae et aliunde emaculavit et notis illustravit, reliqua ex codd. mss. Bibliothecae Lugduno-Batavae nunc primum vulgavit L. C. V., Lipsiae.

Valente, S. (2012): I lessici a Platone di Timeo Sofista e Pseudo-Didimo, Berlin / Boston.

van Velsen, A. (1853): Tryphonis grammatici Alexandrini fragmenta. Collegit et disposuit A. de V., Berolini.

Versnel, H. S. (2011): Coping with the Gods. Wayward Readings in Greek Theology, Leiden.

Vetta, M. (1980): Teognide. Libro secondo. Introduzione, testo critico, traduzione e commento, Roma.

Vollgraff, W. (1956): Le sanctuaire d'Apollon Pythéen à Argos, Paris.

Vuono, L. / Krauskopf, I. (2007): Kadoi für Wein – Kadoi für Wasser, Thetis 13/14, 49–57.

Wackernagel, J. (1887): Miszellen zur griechischen Grammatik, KZ 28, 109–145 (= Kleine Schriften I, Göttingen 1955, 591–627).

Wackernagel, J. (1928²): Vorlesungen über Syntax mit besonderer Berücksichtigung von Griechisch, Lateinisch und Deutsch. Zweite Reihe. 2 Aufl., Göttingen (= Basel 1957).

Waeschke, H. (1875): De crasi Aristophanea, Dessaviae.

Wankel, H. (1976): Demosthenes. Rede für Ktesiphon über den Kranz. Erläutert und mit einer Einleitung versehen von H. W., Heidelberg.

Wehrli, F. (1936): Motivstudien zur griechischen Komödie, Zürich / Leipzig.

Weißl, M. (2012): Torgottheiten. Studien zum sakralen und magischen Schutz von griechischen Stadt- und Burgtoren unter Einbeziehung der benachbarten Kulturen, Wien.

Wentzel, G. (1895): Zu den atticistischen Glossen in dem Lexikon des Photios, Hermes 30, 367–384.

Werres, J. (1936): Die Beteuerungsformeln in der attischen Komödie, Bonn.

West, M. L. (1968): Notes on Newly-discovered Fragments of Greek Authors, Maia 20, 195–205.

West, S. R. (1966): Rez. Arrighetti 1964, Gn 38, 546–550.

Wilamowitz-Moellendorff, U. von (1882): ΚΥΚΛΟΒΟΡΟΣ, Hermes 17, 647–648.

Wilamowitz-Moellendorff, U. von (1894): Pausanias-Scholien, Hermes 29, 240–248.
Wilamowitz-Moellendorff, U. von (1895[2]): Euripides. Herakles. Erklärt von U. v. W.-M., Berlin (1. Aufl. 1889[1]).
Wilamowitz-Moellendorff, U. von (1927): Aristophanes Lysistrate, Berlin.
Wilamowitz-Moellendorff, U. von (1931): Der Glaube der Hellenen, Berlin.
Wilhelm, U. (1906): Urkunden dramatischer Aufführungen in Athen. Mit einem Beitrage von G. Kaibel, Wien (= Amsterdam 1965).
Wilkins, J. (2000): The Boastful Chef. The Discourse of Food in Ancient Greek Comedy, Oxford.
Willi, A. (2003): The Languages of Aristophanes. Aspects of Linguistic Variation in Classical Attic Greek, Oxford / New York.
Willi, A. (2010): The Language of Old Comedy, in: G. Dobrov (Hg.), Brill's Companion to the Study of Greek Comedy, Leiden / Boston, 471–510.
Willi, A. (2015): Epicharmus, the *Pseudepicharmeia*, and the Origins of Attic Drama, in: S. Chronopoulos / C. Orth (Hgg.), Fragmente einer Geschichte der griechischen Komödie / Fragmentary History of Greek Comedy, Heidelberg, 109–145.
Wilson, N. G. (2007): Aristophanis fabulae. Recognovit brevique adnotatione critica instruxit N. G. W., Oxonii.
Wilson, P. (2000): The Athenian Institution of the *Khoregia*. The Chorus, the City and the Stage, Cambridge.
Wright, M. (2012a): The Comedian as Critic. Greek Old Comedy and Poetics, London.
Wright, M. (2012b): The Reception of Sophocles in Antiquity, in: A. Markantonatos (Hg.), Brill's Companion to Sophocles, Leiden, 581–599.
Wycherley, R. E. (1956): The Market of Athens. Topography and Monuments, GR 3, 2–23.
Wycherley, R. E. (1957): Literary and Epigraphical Testimonia, in: The Athenian Agora 3, iii–vii. ix–x. 1–259.
Wypustek, A. (2013): Images of Eternal Beauty in Funerary Verse Inscriptions of the Hellenistic and Greco-Roman Periods, Leiden / Boston.
Young, S. (1939): An Athenian Clepsydra, Hesperia 8 (No. 3, The American Excavations in the Athenian Agora: Sixteenth Report (Jul.–Sep., 1939)), 274–284.
Zanetto, G. (2000): Plutarco e la commedia, in: I. Gallo / C. Moreschini (Hgg.), I generi letterari in Plutarco, Napoli, 319–333.
Zhivkov Simeonov, G. (2011): Obst in Byzanz. Ein Beitrag zur Geschichte der Ernährung im östlichen Mittelmeerraum, (Masterarbeit) Wien.
Zimmer, G. (1982): Antike Werkstattbilder. Bilderheft der Staatlichen Museen preußischer Kulturbesitz 42, Berlin.
Zimmermann, B. (2011): Die attische Komödie, in: B. Zimmermann (Hg.), Die Literatur der archaischen und klassischen Zeit (in: B. Zimmermann [Hg.], Handbuch der griechischen Literatur der Antike [HGL]. Bd. 1 = Handbuch der Altertumswissenschaft VII.1), München, 671–800.
Zirkle, C. (1936): Animals Impregnated by the Wind, Isis 25, 95–130.

Indices

Index verborum

Index nominum

Index rerum

Index locorum